本书得到了创新方法工作专项"创新方法培训认证体系建设与企业试点示范"（2009IM020500）项目和"基于网络教育的我国创新方法师资培训与示范"（2012IM040300）项目的支持

制造创新方法链

Innovation Methodology Chain for Manufacturing

周 元 等 编著

科学出版社

北京

内 容 简 介

产品作为一类复杂的技术人工物系统，其需要经历创意产生、技术突破、成型优化、生成制造和市场营销等制造创新链的不同阶段。在每个阶段，产品都以不同类型的形态出现，它需要不同类型的创新方法给予支持，从不同角度来分析和解决产品制造中的不同创新问题。这些创新方法各具特点并各有侧重，形成一个前后有机衔接的创新方法链。本书将系统介绍制造创新方法链各模块包含的典型创新方法及其应用等内容，辅助企业各类工作人员掌握创新方法和创新技能。

本书可为企业管理人员、技术人员在产品创新工作中提供参考，也可为各类工程科学相关领域的师生、科研院所研究人员学习、研究提供参考。

图书在版编目(CIP)数据

制造创新方法链/周元等编著. —北京：科学出版社，2015.1
ISBN 978-7-03-042488-4

Ⅰ.制… Ⅱ.周… Ⅲ.企业管理–产品开发–研究 Ⅳ.F273.2

中国版本图书馆 CIP 数据核字（2014）第 263097 号

责任编辑：李 敏 吕彩霞/责任校对：刘亚琦
责任印制：肖 兴/封面设计：王 浩

科学出版社 出版
北京东黄城根北街 16 号
邮政编码：100717
http://www.sciencep.com

中国科学院印刷厂 印刷
科学出版社发行 各地新华书店经销
*
2015 年 1 月第 一 版 开本：787×1092 1/16
2015 年 1 月第一次印刷 印张：26 插页：2
字数：650 000
定价：180.00 元
（如有印装质量问题，我社负责调换）

前　　言

写这本书是我多年以来的一个愿望。

在我的战略研究生涯中，许多问题解决之后其答案看来似乎很简单，可是在解决之前则是非常困难的，大多经历过百思不得其解直至顿悟的过程。"制造创新方法链"概念的产生、理论框架的建立及其在实践中的应用也符合这一规律。

六年多前，创新方法工作推进之初，许多问题困扰着我们，其中之一是：在企业推广应用中，不同方法之间是相互独立还是存在着有机的联系？这个问题连同外界对创新方法工作包含内容的质疑、快速开展的各种工作对说清不同方法间逻辑联系的要求等，一起构成了现实的压力。由于创新方法自身的超经验性，从历史文献、国外实践等渠道都找不到可供借鉴的参考思路。经过对相关方法内容的认真学习和长时间的思考，逐步将思索的范围聚焦于不同方法的适用性、制造业创新链不同环节的特点及其对方法支撑的需求等方面，并最终"杜撰"出了"制造创新方法链"（innovation methodology chain for manufacturing，IMCM）这一政策性概念。我还清晰地记得在 2009 年初的一个研讨会上第一次提出这个概念时，全场一片寂静，直到另外一个话题出现。这当然是由于这一概念无论是对于研发技术方法专家还是管理技术方法专家而言确实是太生僻了，这也是没有办法的办法，实在是因为找不到现成的理论可去套用。尽管如此，这个概念以其包容性、可拓展性、政策实现性以及相对清晰的可说明性使它在其后的创新方法工作中逐渐扮演了越来越重要的角色。从 2009 年夏天、2010 年夏天科学技术部第一期、第二期创新方法师资培训班的课程设计，到统编教材《创新方法教程》（初级、中级、高级）的内容安排；从《创新方法应用能力等级规范》国家标准研究的总体框架，到创新方法工作专项项目管理对多方法融合的考核思路，都使用了这一概念所承载的"围绕创新链打造方法链"的主要思想。

当"制造创新方法链"的理论框架基本成型并开始在实践中应用时，我就动了编写一本专著的念头，一方面希望进一步梳理相关内容，以利于补缺补弱；另一方面也希望能给在实践中的深入应用提供一些参考线索。但由于涉及学科知识众多、且专家资源匮乏等原因而多次放弃，直到本书的集体作者这样一支精于专业知识又富于创造激情的青年学者团队的出现，才使得这一愿望的实现成为可能。

本书的编著是一次全新的探索，同时也是一个苦并快乐着的过程。在近两年的时间里，来自全国各地的青年学者们克服不服水土、暂别家人的实际困难，多次集聚北京、集中研讨、集体创作，每天讨论、写作直至深夜，而他们更多的时候则是在各自的计算机前奋笔疾书、挑灯夜战。他们用智慧与活力克服了创作过程中一个又一个困难，我在与他们的一次次讨论中也受益匪浅。在本书即将付梓之际，谨向他们表示衷心的感谢！

本书由周元提出创意和总体框架，并主持编著工作；第 1 章、第 2 章由李文强负责；第 3 章由周贤永负责；第 4 章由周贤永负责，史晓凌协助；第 5 章由裴小兵、黄超负责；第 6 章由周贤永负责；第 7 章由史晓凌负责；第 8 章由李文强、裴小兵负责，史晓凌、黄超协助。参加本书相关工作的还有常影、栾芸、仲伟俊、谭培波、胡炜、辛越峰等。

由于本书的探索性，不足之处在所难免，望读者不吝赐教。

周　元

2014 年 10 月 6 日

目　　录

|第 1 章| 制造创新方法链：结构、机制与实施

1.1 产品制造链

1.1.1 产品的全生命周期

产品作为一类复杂的人工系统，正如自然界生物的生命循环一样，同样具有产生、成长、衰老、消亡的生命过程，即从产品的需求产生开始到产品淘汰报废的全部生命历程，这个过程称作产品生命周期（product overall lifecycle），也有时称为"生命循环"或"寿命周期"。

早期，人们对产品生命周期的认识仅仅局限于与产品销量相关的过程，常将其划分为一些不同的阶段，如引入期、成长期、成熟期和衰退期四个阶段，如图 1-1 所示。在产品抢占市场的初期，由于适销对路，社会需求量大，产品由小批量到大规模生产，表现了一个迅速增长的过程；当市场需求量逐渐稳定饱和，产品供给量和市场需求量达到一定的平衡，产品销量稳定，进入成熟期；随着人们日益增长的物质和文化需要，原有产品已经不能完全满足这些新增的功能需求，逐渐被新的产品替代，市场份额不断减小，进入衰退期，直至最后的消亡期。这种以销售量作为产品生命周期划分的方法仅仅反映了产品的市场生存周期特性，是一种以市场作为首要驱动力的理念。因此，这个时期的产品生命周期就是市场周期。

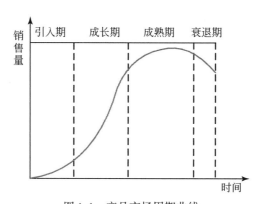

图 1-1 产品市场周期曲线

现代竞争不仅表现在终端的有形产品上，而且扩展到包括服务等各个领域，因而人们越来越关注产品研发、制造及销售等各个方面，即产品全生命周期的各个阶段。目前国内

外研究人员普遍认为广义的产品全生命周期主要包括一个产品从产品开发开始,到产品实现、产品销售、产品使用和产品回收的整个生命过程。

产品的全生命周期可以详细划分为多个阶段,每个阶段都有其特定的活动、产生相应的信息、涉及相关的人员和部门。这里从产品开发、产品实现、产品销售、产品使用和产品回收等阶段介绍产品生命周期分析过程(图1-2)。

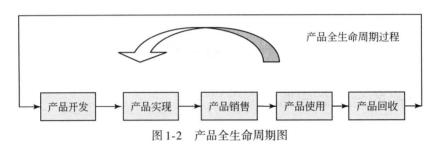

图1-2　产品全生命周期图

(1) 产品开发阶段

产品开发是产品全生命周期的起点,它是指企业、科研机构或个人通过获取的某种技术,将某种产品概念物化为具体产品原型的过程。它从产品使用单位(包括市场部或外部单位的产品订单)提出产品申请开始,对产品的功能、结构、外观进行产品规划、方案评估和工艺规划等。在该阶段,产品开发部门对使用单位提出的产品申请等进行技术条件评审;评审通过后,计划管理部门根据使用单位提出的产品交付日期确定设计计划,设计部门、工艺部门和制造部门通过分析产品的数据信息和工艺数据信息以及产品设计数据和思路,完成产品的设计工作。该阶段包括:根据需要编制开发任务书和产品开发计划,对设计开发各环节的主要工作项目、负责部门及负责人、计划完成时间及输出资料进行描述。

(2) 产品实现阶段

产品实现是将产品原型生产制造为可供销售实体产品的过程。该阶段通过对产品制造所需的工艺、器件、材料、部件和设备进行分析,确定产品外购件和自制件计划,并由物料管理单位负责采购,然后将产品从概念原型、设计方案转化为具体可供销售的产品;生产计划管理部门要进行生产计划的编制,将生产计划下达到产品制造单位;产品制造单位根据计划管理部门确定的生产计划进行产品的生产,并对半成品、产成品、外协件等工序检测信息进行收集、统计、分析,及时向企业的各级管理人员提供企业各环节的质量分析报告。

(3) 产品销售阶段

产品销售是指产成品、代制品、代修品、自制半成品等产品和工业性作业的销售过程。产品制造完工后,首先要进行试用验证;验证合格后,才能通过市场销售方式正式交付给使用者,车间相关部门填写移交单,填写工时、交付时间等信息,确认产品生产、返修等正式完成。

(4) 产品使用阶段

产品使用阶段是产品使用价值被应用的过程。消费者使用产品不是使用产品的实体,而是获取产品的核心利益(即向消费者提供的基本效用和利益)。产品的实体称为一般产品，即产品的基本形式，只有依附于产品实体，产品的核心利益才能实现。期望产品是消费者采购产品时期望的一系列属性和条件。附加产品是产品的第四层次，即产品包含的附加服务和利益。产品的第五层次是潜在产品，潜在产品预示着该产品最终可能的所有增加和改变。产品使用阶段的主要任务是确保产品在良好状态下进行使用，并对产品使用过程的状态进行监控和维护。

（5）产品回收阶段

产品回收是按照法律、合同要求，或者责任义务，生产企业对所有弃置产品、零部件和材料进行回收的过程。产品进入回收阶段，也就宣告了产品的生命周期进入了尾声，对于特殊的产品应由相应的技术监督管理部门来申请执行报废操作。废旧产品的回收处理不仅能实现资源再生，而且能够减轻大量废弃物对环境的破坏和对人类健康的危害。回收再处理过程根据废旧产品的质量状况，可以分为三个层次：再利用、再制造、再循环。

随着近 20 年市场竞争的逐渐加剧以及技术演化的不断发展，企业开始进行产品全生命周期管理（product lifecycle management，PLM），其主要是指企业面向客户和市场，快速重组产品每个生命周期中的组织结构、业务过程和资源配置，从而使企业实现整体利益最大化的先进管理理念。产品全生命周期管理是在经济、知识、市场和制造全球化环境下，将企业的扩展、经营和管理与产品的全生命周期紧密联系在一起的一种战略性方法。

1.1.2 从产品开发到产品实现的制造链

制造链主要包括产品全生命周期中产品开发和产品实现两个阶段，它是指从技术源获取技术，经过成果物化、产品原型等步骤，生产出合格产品的过程，如图 1-3 所示。它是产品全生命周期链的一条重要子链，也是企业中最基本的活动链，是决定产品供应链运作的关键阶段。对于传统企业而言，制造链就是该企业工作的全部。成功的制造链虽然可以生产出合乎规范的产品，但是这种产品是否能给企业带来利润，是否具有市场竞争力，其整个制造过程是否将减少在制品库存，产品生产周期是否能缩短，生产成本是否能降低，产品质量是否能提高，这些都不是制造链关注的重点。制造链包括的两个阶段既存在逻辑顺序关系，也构成一种并行工程关系。在进行产品开发时，生产部门可以开展产品实现的过程，若产品实现环节遇到问题无法进行的时候，就需要对产品开发阶段进行一些调整。以下将从产品开发和产品实现这两个阶段对制造链展开介绍。

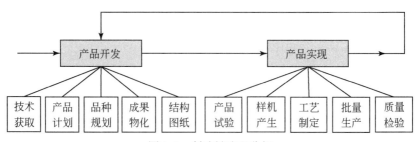

图 1-3　制造链流程分析

1.1.2.1　产品开发

产品开发是指从技术源获取技术，将其物化成产品结构图纸的过程。它是企业人员根据现实需求，通过一定的材料和技术路线，采用适当的方法和手段，筛选出能满足某种需求的产品形式。产品开发流程按照其逻辑性可以划分为技术获取、产品计划、品种规划、成果物化和结构图纸五个子阶段。

企业通过内部研发、内外合作研发以及外部技术获取等途径，获得所需开发产品的技术、设备等相关要素，这些方式都是以满足市场为目标、以经济效益为中心的市场行为。

企业根据获取的技术要素开展产品计划和品种规划，将有关市场需求、技术可行性、生产需求，以及对上一代产品优缺点的反馈信息综合起来，确定下一代产品的框架和品种划分。这包括产品的目标市场、期望性能的水平、投资需求与财务影响等。

一旦产品方案和品种确定后，产品开发过程便转入产品具体详细设计阶段。该阶段的基本活动是将获取的技术成果物化为产品原型的具体设计与构造，以及产品生产制造中所需使用的工具与设备。如果物化的产品原型不能体现期望性能特征，工程师还应寻求新的改进方式以弥补这一差异，成果物化阶段结束的产品开发成果是以产品结构图纸形式存在，最终符合要求的产品结构图纸要达到开发人员的技术要求并签字认可作为标志。

1.1.2.2　产品实现

产品实现是将产品开发的成果转化为规模生产产品的过程，它是工人借助于生产资料对生产对象进行一系列的加工，使之按人们的预定目的变成工业产品的过程。生产过程是围绕完成产品生产的一系列有组织的生产活动，这些活动既包括产品的具体生产制造活动，还包括对生产过程进行计划、组织、指挥、协调、控制和考核等一系列管理活动。产品实现包含技术准备、基本生产、辅助生产和产品评价四个过程，按照其逻辑性可以划分为产品试验、样机产生、工艺制定、批量生产和质量检验五个阶段。

1）技术准备过程：该过程包括产品工艺规划、工艺装备的设计与制造、标准化工作、定额工作、调整劳动组织和设备的平面布置、原材料与协作件的准备等，同时需要采用分析工具对产品原型进行试验，检验其工作原理实现的可行性，并通过对物理样机的现场试验，进一步为大规模生产制造提供技术支持。

2）基本生产过程：产品实现的核心阶段是实现产品的大批量生产，构成满足用户需求的产品过程，与构成产品直接有关的生产活动包括毛坯制造、零部件制造、整机装配。为使产品能够在大生产线上实现工艺可靠、质量合格、工程稳定的要求，基本生产制造过程必须按质量标准和生产运行程序进行。

3）辅助生产过程：为保证产品大批量生产制造过程的顺利进行，还需要一系列辅助生产活动。其中包括生产动力工具的生产、设备维修和维修用备件的生产等，以及各种生产服务过程，如供应、运输、仓库等管理活动。同时，为实现科技成果产业化提升的效率，在逐步扩大生产规模的基础上，企业还需建立生产制造网络体系。

4）产品评价过程：产品评价包括设计方案质量的评价和产品研发不同阶段的质量评

价。由于产品设计的多目标性，很难找到统一的评价指标来对产品进行评价。而且由于不同评价人员的价值观念各不相同，即使对于同一指标，不同的评价人员也会得出相异的评价结果。同时，评价指标和评价是否为最优的尺度（标准）也会随着时间而变化发展，所以产品评价过程是综合选优的过程。

1.2 制造创新链

1.2.1 推动产品创新的动力机制

制造链是企业最基本的活动链，也是企业传统开发新产品的模式。成功的制造链虽然能够制造出合格的产品，但是这种产品是不能保证具有市场竞争力和满足变化多端的市场需要的。在当今这个快速发展的时代，要制造出具有新颖性和实用性的产品，在激烈的市场竞争中立于不败之地，传统制造链显然已经不能满足市场竞争的要求。世界上有无数曾经辉煌的企业因为没有实现产品创新而倒闭，世界企业发展史告诉我们"创新则兴，不创新则亡"是市场经济的一条铁律，凡是固守原有以产品开发到产品实现传统制造链的企业，都必然因为其制造链缺乏创新能力而退出历史舞台。因而，推动企业产品创新能力的提升，将传统制造链转化为具有创新能力的产品创新制造链是目前企业实施创新战略的关键。

推动产品创新过程顺利开展的动力通常来自于多个方面，主要有技术推进模式、市场拉引模式、产品驱动模式三种。技术推进模式依赖于科学技术的重大突破来实现产品的创新，市场拉引模式是基于"需求获取→功能分析→结构设计"流程或类似流程进行产品创新设计，产品驱动模式是立足于对产品自身所具市场竞争信息加以挖掘的创新模式。

1）技术推进模式。该模式源于技术发展对产品的推动作用，是通过科学发现或技术发明，实现技术创新，在新技术指导下开发新产品，以投入市场，一般表现为全新产品的创新，如图 1-4（a）所示。科技发展的历史表明，科学技术上的重大突破总会引起企业的技术创新活动，并形成高潮。来自市场或者其他原因的科学和技术上的重大突破，是导致创新的根本动因。

2）市场拉引模式。市场需求是创新活动的基本起点，也是产品创新的重要动力源泉和成功的保证。该模式既表现为全新产品的创新，也可以表现为改进产品的创新。它是以市场需求作为新产品开发的起点，在明确设计任务后，通过相关的研发和设计活动，创造出满足市场需求的适销产品，如图 1-4（b）所示。美国麻省理工学院 D. Marquis 等的研究结果表明，与技术推进相比，需求拉引是激励企业技术创新活动更为重要的动力源泉。

3）产品驱动模式。产品要想在不断变化的市场中立足，不能仅满足于为了适应市场需求的变化而进行进化，还应专注于对产品内部的改变和重构，形成新的产品创意方案，并以此帮助用户和设计人员发现隐藏较深的潜在需求，进一步将产品方案具体化，创造出有创新性的产品，如图 1-4（c）所示。

基于技术推进模式、市场拉引模式、产品驱动模式的产品创新实现对传统的产品制造

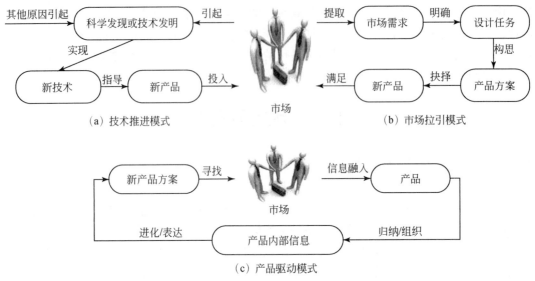

图 1-4　基于技术与市场的产品创新模式

链提出了全新的创新需求，这些创新需求对产品开发、产品制造和产品销售各阶段的创新要素发挥都提出了新的要求和挑战，这些要求主要体现在如下方面。

1）制造链仅关注产品开发和产品实现过程，忽略了市场在产品制造链中的牵引作用。因产品创新的动力来源于市场，所以要将产品开发和产品实现延伸到产品销售阶段，围绕产品销售和市场需求开展产品开发和产品实现活动，突出市场对产品创新的拉动作用，将产品营销作为产品制造链中重要的创新要素。

2）在产品开发阶段不仅需要分析市场的期望性显性需求，还要深入挖掘市场的兴奋性潜在需求，并通过对这些需求的分析，结合内外部环境和资源激励设计人员突破传统产品设计限制，生成具有较高市场竞争力的产品创意。通过借助不同领域的设计知识对产生的创意方案采用新原理、新途径加以实施，从而有效突破原有的技术壁垒和技术限制。所以，在产品开发阶段应突出创意激发、技术突破和知识的核心作用。

3）在产品实现阶段，因为产品开发阶段获得的产品概念方案与已有产品有很大不同，传统的产品制造模式和流程已很难完成对这类产品的实现，需要采用更多快速知识物化方法和原型优化方法，以及更加高效的生产模式和管理流程。所以，在产品实现阶段应突出产品方案的原型优化和产品生产的高效、低耗等创新要素的核心作用。

4）知识是产品创新的动力和源泉，是产品创新过程实现的关键。制造链中包括的知识多是关于某类产品或技术的具体知识，知识应用的形式也多是知识的重用。如何实现多学科、跨领域知识的有效融合、迁移与管理，这是实施产品创新活动和获得产品较高创新水平产品的关键。

日益激烈的市场竞争对制造链中的各种创新要素提出了新的创新要求，而这些创新要求又是环环相扣的，上一阶段的创新要素成果将成为下一阶段的创新要素需求，最终在传统制造链上形成了一个基于制造的产品创新链，如图 1-5 所示。通过对传统制造链上的创新需求牵引，调动各种创新要素借助多领域知识展开各类创造性活动，从而将原有简单知识重用的产品制造过程，提升到全新的能够实现产品创新目标的产品制造创新链。

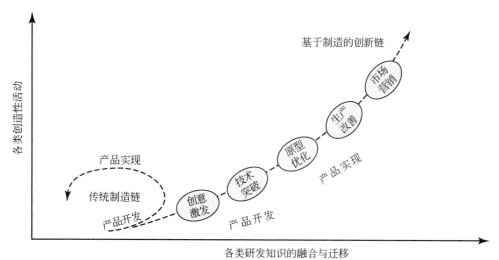

图 1-5　基于产品制造的创新链

1.2.2　制造创新链的构成要素与关系

制造创新方法链包含了人、市场、产品和知识等组成要素，其中人作为创新的行为主体，参与整个创新活动；产品作为创新的目的，是承载创新的载体，通过产品能反映出创新的成果；在制造创新链中，产品不是创新的终点，需要将产品进一步商业化，通过市场策略与手段，最终体现产品的市场价值，因而在整个制造创新链中，市场通过客户需求来体现，为创新提供拉动力。创新是市场不断发展的原动力，创新的本质是知识的迁移和组合，各类知识是创新的基础，而企业通过持续的创新活动，积累着新的知识。图 1-6 显示了制造创新链的组成要素及要素间的关系。

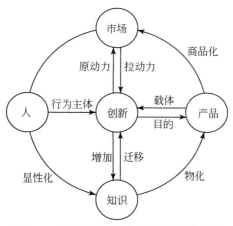

图 1-6　制造创新链的组成要素及其关系

1.2.3 制造创新链的环节组成

制造创新链（manufacturing innovation chain，MIC）是指在传统制造链的基础上，以满足市场需求为导向，强化创意、技术、知识、效率、市场等因素的核心地位，实现产品创新的链状系统。从产品全生命周期的视角观察，与传统制造链仅包含产品开发与产品实现阶段相比，制造创新链强化了市场对产品创新实现的牵引作用，而这种牵引作用通过产品销售形式表现，所以制造创新链应包括产品全生命周期中的产品开发、产品实现和产品销售三个阶段，其中产品开发阶段包括创意激发和技术突破两个环节，产品实现阶段包括成型优化和生产改善两个环节，产品销售阶段包括市场营销环节，这五个环节还可以展开成需求分析、创意产生、概念设计、详细设计、产品原型、产品试制、生产计划、生产保障、产品营销和营销保障十个子环节，如图1-7所示。

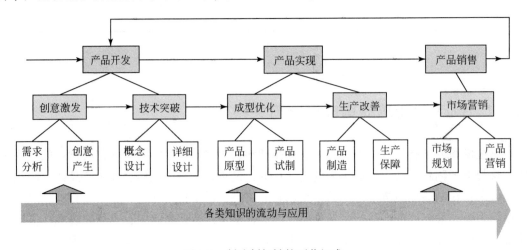

图1-7 制造创新链的环节组成

（1）创意激发环节

该环节的主要作用是通过各种方法和工具，实现企业在产品创意方面的新突破。在该阶段，需要明确创意产生的机制，获取、分析和转换用户需求，并将用户需求转化为创意方案。

（2）技术突破环节

该环节的主要作用是准确判定研发方向，对产品进行功能、行为和结构设计。打破知识领域界限，从更广阔的视角看待问题，对技术问题或者矛盾提供更合理的解决思路，制订创新产品方案。

（3）成型优化环节

该环节的作用是对技术突破模块形成的具有自主知识产权的产品模型进行测试、物化和优化，使拥有自主知识产权的产品知识更好地体现在产品初型之中，构成企业的核心技术能力。只有通过合理的物化，才能实现相应创意和方案的价值，才能形成企业的核心技术。

（4）生产改善环节

该环节的作用是通过现场改善、质量控制、消除浪费等各种过程控制手段的实施，实现产品的高效、高质和低耗。这一阶段将成型优化环节所得到的核心技术应用到产品的生产过程中，为企业实现产品的价值创造条件。

（5）市场营销环节

该环节的主要作用通过一系列方法与技法将企业生产出的产品销售到消费者手中，在综合分析外部环境的基础上确定适合自身发展的市场定位，采取有效的开拓市场策略并积极培育顾客的忠诚度，实现企业的盈利。

除了以上五个环节外，整个制造创新链创新活动的开展也是各类知识流动与应用的过程。一方面，各环节都需要从上一环节继承一定形式的知识，然后经过处理后将产生的新知识输入下一环节；另一方面，每一环节的产品创新活动的实现都需要不同类型的知识支撑，所以对各类知识进行有效聚集、处理和应用，将企业中的各类显性知识和隐性知识进行共享，将对产品创新的实现起到关键作用。

1.2.4 制造创新链的工作机制

制造创新链实质上是由不同创新行为主体展开的创新活动相连接而形成的链条。各类创新知识在制造创新链中流动和应用，通过推动创新活动在各环节开展，由创意方案开始，到新产品市场实现结束一个循环。在制造创新链条上具有多个相关的行为主体，首先是提出创新思想或发明意图，并通过科学研究形成技术成果的研发行为主体；其次是将技术成果转化成新产品，并进行批量生产的生产行为主体；最后是通过营销手段将产品推向市场、满足顾客需求、实现产品最终价值的销售行为主体。为生产出满足市场需求的创新产品，各参与行为主体将创新活动予以分工，通过他们之间的有机配合，生产出最终的创新产品。各行为主体之间的协作良好与否，直接决定制造创新链各个环节能否衔接并高效运作。创新链的整体运作过程、各创新操作单元的自身特点及相应的创新链合作机制，如图1-8所示。

在图1-8中，产品研发行为主体从创意产生开始，制定技术研究路线，进行基础研究和应用研究，其产出为新工艺技术、新产品技术、生产技术等；然后将这些产出传递给生产行为主体，生产行为主体通过转化，将技术成果转化成新产品、新材料、新工艺等。在这一过程中，新工艺的应用将大大节约生产成本，提高生产效率；生产主体将生产的新产品、新材料等传递给营销行为主体，将产品生产过程中遇到的技术难题、生产成本、产品功能等信息传递给研发行为主体；研发行为主体根据生产信息和销售信息对产品工艺技术进行改进；销售行为主体根据市场需求，将产品推向市场并满足顾客需求，通过营销创新获取市场竞争优势；同时销售行为主体又将顾客的新需求、市场的新信息、竞争的新态势传递给研发主体和生产主体，为研发部署和生产安排提供依据。在整个创新链中，研发、生产和销售行为主体围绕创新链的运作，同时在进行着相互间的互动沟通、交流，推动着信息、资金、技术的流动。

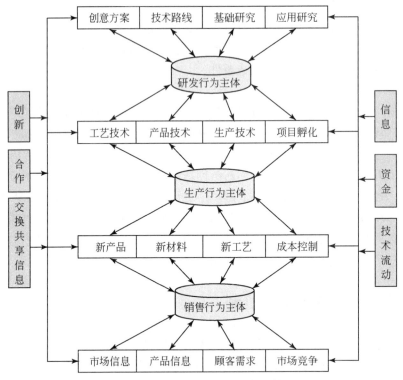

图 1-8 制造创新链的工作机制

1.3 制造创新方法链

1.3.1 制造链向制造创新链的转化

制造创新链突出产品制造前期的创意激发、技术突破与知识融合，产品生产过程中突出优化概念、高效低耗，同时突出产品生产制造后期市场的拉动作用，根据市场需求开展多种模式的产品营销。根据这"三个突出"对制造链进行全方位的创新重塑，即可将制造链转化为制造创新链。在影响制造链向制造创新链转化的这"三个突出"中包含的因素有很多，有人员、设备、资金、工具、信息、制度等。例如，高素质、经验丰富的研发人员利于对制造链的创新要素进行认识和掌握，先进的设计工具和制造工具利于提高设计与制造效率，充裕的资金、丰富的信息和完善的制度都利于各种创新要素发挥作用，从而推动传统制造链向制造创新链转化。但是，这些影响因素要真正发挥作用，都需要创新行为主体的创造性活动，而制约创新行为主体高效开展创造性活动的关键是其掌握的创新方法的程度及在具体创新问题中的应用情况。因此可以说，这些影响因素都需要借助创新方法作为桥梁来实现由制造链向制造创新链的转化。所以，创新方法的掌握和应用是传统制造链向制造创新链转化的关键要素之一，如图 1-9 所示。

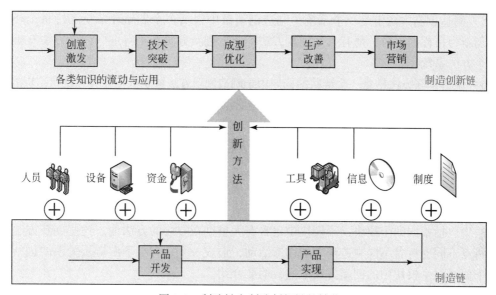

图 1-9　制造链向制造创新链的转化

总之，在企业内部，制造链不会自动转化为制造创新链，实现这一转化的重要途径是创新方法的应用。因为制造创新链每个创新环节都包括多种方法群，企业只有将这些基于创新环节的方法群加以甄别并系统设计，强化不同方法群之间的有机联结，才能使企业自身的制造链转化为具有较强竞争力的制造创新链。

1.3.2　制造创新方法链的定义

如前所述，制造创新链中的各个创新环节及其创新需求都与大量的创新方法相对应，有针对性地将这些创新方法融合与链接到制造创新链的各个环节中，即组成了制造创新方法链。因此我们认为，制造创新方法链（innovation methodology chain for manufacturing，IMCM）是以产品创新为目标，链接与融合同产品制造链紧密相关的多种创新方法所形成的，推动制造链转化成制造创新链的方法系统。

关于该定义有以下几点说明。

1）制造创新方法链的目标是实现产品创新。其中，本书涉及的创新、技术创新等概念均属于熊彼特创新概念范畴。

2）制造创新方法链是一个过程，是一个通过推动制造链转化为制造创新链，实现产品创新目标的过程。

3）制造创新方法链实施的手段是将产品制造链紧密相关的多种创新方法进行链接与融合，使其发挥各自优势及综合优势，促进产品创新。

4）制造创新方法链是一类要素。制造创新方法链是将制造链转化成制造创新方法链的方法要素，推动这一转变的要素还有人员、设备、资金、工具、信息、制度等多种类型，本书只讨论方法要素。

5）制造创新方法链是一个系统。制造创新链中包括多个创新环节，支持每个环节以产品创新为目标的运行，都有大量创新方法，制造创新方法链是将这些创新方法有机集成的一个方法系统。

6）制造创新方法链是一个链状结构。由于制造创新方法链是依托在具有链状结构的制造创新链基础上，所以制造创新链中各创新环节包含的创新方法之间也自然形成了链状结构。

1.3.3 组成制造创新方法链的方法群

制造创新方法链由创意激发、技术突破、成型优化、生产改善、市场营销和知识管理六个模块组成，每个模块由制造创新链相应环节及支持该环节运行的创新方法所构成。每个模块中包括不同的子模块，子模块中包含有大量创新方法的方法池。这些创新方法池根据其特点不同支持着不同制造环节的创新活动，形成一个具有上下游链接关系的创新方法群。下面对每个模块中的创新方法池进行简要介绍。

创意激发模块的功能是利用创新行为主体的创造性活动，获得满足市场需求的新产品、新技术、新材料和新服务等。该模块包括需求分析、创意产生两个子模块。需求分析子模块中包括的主要创新方法有：根源分析、失效模式与后果分析（failure mode and effects analysis，FMEA）、质量功能配置（quality function deployment，QFD）、系统功能建模、进化原理分析等。创意产生子模块中包括的主要创新方法有：头脑风暴法、矛盾矩阵、物-场模型、系统进化法则、ARIZ 等。

技术突破模块的功能是将创意生成模块产生的初步创意想法转化为一个可供开发的具体产品方案。该模块包括概念设计和详细设计两个子模块。概念设计模块包括的主要创新方法有：公理化设计（axiomatic design，AD）、约束理论（theory of constraints，TOC）、功能结构树、效应库、SIT、功能导向搜索和 Pugh 矩阵等。详细设计子模块包括的主要创新方法有：并行设计（concurrent design，CD）、快速响应设计（rapid response design，RRD）、全寿命周期设计、模糊设计（fuzzy design，FD）、有限元分析设计（finite element analysis，FEA）、可靠性设计、稳健设计（robust design，RD）。

成型优化模块的功能是将技术突破模块产生的产品方案转化为一个具体的物理模型。该模块包括产品原型和产品试制两个子模块。产品原型子模块包括的主要创新方法有：虚拟仿真、数字样机、乐高头脑风暴、3D 打印技术、虚拟油泥原型、有机原型、熔融沉积造型等。产品试制子模块包括的主要创新方法有：工序流程分析、可靠性试验、实验设计（design of experiment，DOE）、同步方法、高加速寿命试验（highly accelerated life test，HALT）、可制造性设计、测量系统分析等。

生产改善模块的功能是根据市场需求制订有效的生产计划，组织优质、低成本、灵活和准时的生产过程，运用先进管理创新方法不断改进已有产品生产工艺，持续提升产品的性能，降低生产成本。该模块包括生产计划和生产保障两个子模块。生产计划子模块包括的主要创新方法有：在制品定额法、提前期法、生产周期法、定货点法、成组技术计划法、网络法、准时生产制、混流生产方法、优先控制方法、投入/产出控制方法、"漏斗"

模型等。生产保障子模块包括的主要创新方法有：基于经验的成本管理方法、基于历史数据的成本控制方法、基于预算的目标成本控制方法、基于标杆的目标成本控制方法、基于市场需求的目标成本控制方法、基于价值分析的成本控制方法等。

市场营销模块一方面围绕其目标市场，以分销和促销等多种举措加强新市场的开拓，尽可能提升产品的市场占有率；另一方面对已有的客户，加强客户关系管理，使其成为长期稳定的客户。该模块包括营销过程和营销保障两个子模块。营销过程子模块包括的主要创新方法有：销售数据分析法、问卷调查法、观察法、实验法、单一因素法、综合因素法、系列因素法等。营销保障子模块包括的主要创新方法有：遴选方法、激励方法、绩效评价方法、离网分析、数据挖掘技术、竞争情报分析等。

知识管理模块：知识管理模块是围绕产品创新过程不同阶段的创新需求，为制造创新方法链其他五个模块的顺利进行提供知识支撑；该模块包括知识聚集和知识应用两个子模块。知识聚集子模块包括的主要创新方法有：数据集成、网络爬虫等。知识应用子模块包括的主要创新方法有：关联规则、自动分类、自动聚类、趋势分析、偏差分析、文本挖掘、语义技术、搜索引擎、中文分词、多维分析、用户行为分析、知识图示化表达、知识管理系统等。

1.3.4 制造创新方法链的演进

在产品创新的过程中，制造创新链并非仅仅经历一次。由于市场需求变化多端，产品创新永无止境。因此，制造创新方法链在实际运作中具有循环往复的特性。即使在一个具体产品的创新过程中，制造创新方法链的运行也可能是往复多次的，直至产生的创新产品合格为止。在这个循环往复的过程中，各创新模块与创新方法的配对也呈现出多样化的特征。随着市场需求的变化，制造创新方法链的发展并非在原地循环往复，而是呈现出螺旋式上升状态，每一次或每若干次的循环往复都进入到技术和管理水平更高的阶段。制造创新方法链多次循环构成完整的产品开发过程，最终达到的效果是不仅能开发出适合市场需求的创意产品，同时还能反馈产品在市场中的价值力度，不断提取市场需求，进而促进研发人员进行需求分析，拉动新的创意不断产生，企业才能源源不断地与市场进化同步甚至超前，才能真正实现自主创新，立于不败之地。

总之，制造创新方法链通过创意激发、技术突破、成型优化、生产改善、市场营销和知识管理六个模块的创造性活动，形成了一个创新活动与创新方法相互匹配、相互链接和螺旋上升的双螺旋结构，如图 1-10 所示。

1.3.5 制造创新方法链的模块构成

制造创新方法链通过将多种创新方法引入传统产品制造链并将各种创新要素有机整合，聚焦创意激发、技术突破、成型优化、生产改善、市场营销和各模块中的知识管理，共同支撑产品制造全过程的整体创新。制造创新方法链的基本流程是：通过创新需求分析和机会识别技术方法，在需求信息中提取出有用的设计参数、技术要求及产品约束；使用

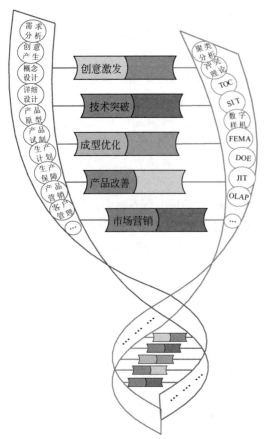

图 1-10　制造创新方法链的演进过程

创造性思维方法实现对这些需求在功能、行为或结构层面的优化并产生创意方案；对这些创意方案进行概念设计，根据设计参数、技术要求及产品约束进行技术突破并形成概念方案；将概念方案具体化并确定其生产要求、加工精度及工艺流程，开展产品的快速仿真、学科优化、实验测试和产品试制，降低产品的失败风险和返工率；通过应用创新方法开展市场需求制定，并有效地进行生产计划，不断改进传统产品生产工艺，提升产品性能，降低生产成本；运用多种方法和分销、促销举措加强新市场的开拓，尽可能提高市场占有率；借助创新方法加强客户关系管理，使其成为长期稳定的客户。同时，产品制造的全过程是对各种知识资源重组、迁移、组合和有效管理的过程。所以，制造创新方法链中也必然包括基于知识组织与应用方法的知识管理模块。

因此，制造创新方法链包括的创意激发、技术突破、成型优化、生产改善、市场营销和知识管理六个模块之间紧密联系、相互依存，形成一个有机的链状系统。各模块关系、框架结构如图 1-11 所示。

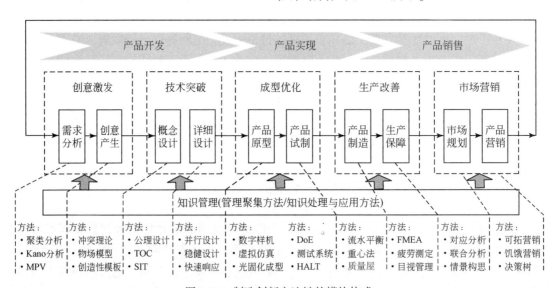

图 1-11　制造创新方法链的模块构成

1.3.6 制造创新方法链的集成方式

制造创新方法链的每个模块都包含大量的创新方法，这些创新方法是从不同角度来分析和解决制造链向制造创新链转化中的不同创新问题。由于这些创新方法侧重点不同而具有不同的特点和优势，因此，集成制造创新方法链不同模块的创新方法，取长补短、延伸和扩展每种方法的作用，是制造创新方法链的重要思想。制造创新方法链中创新方法的集成形式包括串行集成和并行集成两类。

串行集成：根据产品制造不同阶段的创新需求，对于不同模块相适应的创新方法加以序贯式集成应用，即属于串行集成形式，如技术突破模块的公理化设计（axiomatic design，AD）方法和创新激励模块的 QFD 方法的集成。技术突破模块中的 AD 方法将设计过程分为不同设计域间的映射过程，规范了每个域的设计原则，但每个域如何实现，它并没有提供相应方法。而创新激发模块中的 QFD 方法是把顾客或市场的要求转化为设计要求、零部件特性、工艺要求、生产要求的多层次演绎分析方法，它能有效实现用户域的具体获取。QFD 方法从质量保证角度出发，通过市场调查获取 AD 方法中 CAS（用户域）的内容，采用矩阵图解法将 CAS 的实现过程分解到产品开发的各个过程和各职能部门，并协调各部门工作。QFD 方法建立质量屋的过程与公理化设计的域间映射密切联系，相互配合支持设计过程的进行。

并行集成：根据创新方法在解决某阶段创新问题时存在方法自身的缺陷和不足，需要以该方法为基础，将其他方法与之集成，合作完成某种创新问题，这种集成属于并行集成形式，如创意激发模块的矛盾解决理论与技术突破模块中的 AD 方法。AD 方法对设计过程要求具有独立性和信息化最小两条原理，而如何完成独立性要求，AD 方法虽然有自己的一套方法来实现，但由于这些方法的解决思路都是折中的思想，获得的独立解并非完全独立，而大多是组弱耦合的解系统，而矛盾解决理论恰好能比较好地解决这些矛盾问题，利用矛盾矩阵解决功能耦合问题，弥补 AD 方法在实施过程中的缺陷。所以可以将这两种方法并行使用，取长补短、合作支持产品创新过程。

1.4 制造创新方法链的创新需求

如前所述，制造创新方法链包括创意激发、技术突破、成型优化、生产改善、市场营销和知识管理六个模块，根据每个模块不同的创新目标，还可将这六个模块进一步划分为：需求分析、创意产生、概念设计、详细设计、产品原型、产品试制、产品制造、生产保障、产品营销、营销保障、知识组织、知识应用十二个子模块，每个子模块也都有自己特定的创新需求。

1.4.1 创意激发模块的创新需求

创意方案的生成过程，就是对结构不良问题进行求解的过程。设计者需要对用户需求进行获取、分析和转换，结合创新设计知识与方法，进行思维加工处理，产生产品创意方案。对于创意激发模块的创新活动，首先需要明确用户需求，并将其转化为产品的技术特性；其次是需要根据产品研发行为主体的创造性活动，形成满足某种需求的创意方案。它包括需求分析和创意产生两个子模块。

1.4.1.1 需求分析

在对研发产品所处的技术阶段以及类型做了分析之后，需要明确客户对产品的需求和期望，并将需求转化为产品的技术特性。

（1）需求获取

需求获取部分的主要任务是通过倾听用户关于产品的需求声音，创建能够准确反映客户需求的需求列表。传统常用的用户需求获取方法包括：直接使用产品、小组讨论、调查问卷、访问。

直接使用产品：研发人员将作为客户到他们或竞争对手产品使用的地区，这种活动必须通过客户与研发人员共同协作完成，或设计者就是客户。

小组讨论：有一个协调员组织客户小组会议，通常这种会议要求安排在产品开发者所处的环境中，讨论中由协调员提出各种探究性的问题。

调查问卷：研发者编写一个客户关心的标准问卷，按照这些标准问卷排列产品，也可编制一个问题列表，然后对答案进行编排。

访问：研发者与一位客户就需求进行讨论，通常，这样的会面安排在客户使用产品的环境中。

目前这些常用的需求获取方法虽然能够获得用户的需求，但它们大多只能获取用户潜在的、显性的一般性需求和期望需求。而对于具有较高创新层次的兴奋性和隐形需求，使用这些方法很难获得，所以要采用其他需求分析的创新方法，使这些需求的获取成为可能。

（2）需求整理

获取用户需求信息之后需要对所获取的用户需求信息进行系统的整理和分类。首先，由于大多数时候顾客的需求描述都是比较模糊和笼统的，需要将这些模糊的描述转换成简洁、功能明确或质量明确的产品设计需求，传统的需求整理及分类方法多是通过研发人员根据经验转化，这样的转化过于主观和笼统，也不宜整理出用户的本质需求和创新机会，所以需要使用有效的创新方法对这类问题的解决提供支撑；其次，要准确地合并类似的需求，合并后的需求间应尽量做到相互独立，即不同的需求间有较大区分度，而相同的需求间有紧密的相关度，需求与需求间的耦合关系较小，这些也是目前需求整理阶段的问题；最后，将用户需求进行归类整理后，形成层次分明的需求逻辑结构，也需要更多有效方法给予支撑。

（3）需求转换

需求转换部分的主要任务是将整理后的需求转化成可供设计人员开展创造性活动的设计要素的过程，需要将用户需求用规范的工程参数加以表达，用工程语言加以描述，并根据需求确定设计目标、设计过程和设计约束。目前已有一些方法可以对该阶段工作提供支持，如 QFD 方法就是将顾客需求与技术特性结构化地联系起来的工具，从而实现需求转换；TOC 是运用约束理论实现用户需求的转化。但如何更有效推动该阶段的创新活动，还需要多种方法配合使用。

1.4.1.2 创意产生

创意产生子模块的主要任务是根据创新目标，在各类创新资源的激励下，创新行为主体通过创造性思维过程，获取某种创意方案。创意产生过程是个复杂的过程，Wallas 在其《思考的艺术》一书中将其划分为四个阶段：准备期、酝酿期、顿悟期、验证期。

（1）准备期

准备期包括掌握问题、搜集资料等内容，它是外界信息的输入环节。对于有意识的创意开发活动来讲，准备期是十分必要的。这一环节行为主体的状态是高度紧张、全神贯注的，并努力对研究对象进行深入探讨。这一阶段的创新需求包括如何发现并提出问题、如何有效开展经验知识的搜集与整理、如何对创新问题进行分析评价、如何对必要事实资料进行搜集等四个部分内容。

（2）酝酿期

酝酿期在本质上是一个深入理解、细致分析、对准备期收集的信息进行"消化"的环节，这个环节可能是短暂的，也可能很漫长。在酝酿期需要针对面临的具体问题，根据已有的理论和所搜集到的事实，运用再现性思维，提出各种解决方案。该阶段的创新需求包括如何有效提出假说和检验假说两个部分。

（3）顿悟期

顿悟期是创意产生的关键环节，因为灵感或顿悟是在这个环节出现的。这个环节的创新需求是，如何突破陈旧观念、思维定势的束缚，创造性提出新的观念，并用新观念将已有的有关知识组织起来，使之系统化、条理化，从而形成解决问题的新办法、新技术、新设想。

（4）验证期

在顿悟期的豁然开朗之后，创意开发者还要运用逻辑手段进行一系列推演，对形成的新设想加以验证，这是对整个创意产生过程的反思，是检验解决方案是否正确的"验收期"，是对创造成果的总结。该阶段的创新需求是，如何对新想法、新理论的检验提出有效手段，并安排相应设计、观察或实验，检验运用逻辑手段对新假说所推演出来的新结论。

1.4.2 技术突破模块的创新需求

技术突破模块是研发行为主体根据市场现实或潜在的需求，通过一定的材料和技术路线，采用适当的创新方法和手段，筛选出能更好地满足市场需求的新品种、新技术、新服务。该模块的创新需求是，如何针对创意目标，采用有效创新方法获得实现该创意的具体技术实现方案。它包括概念设计和详细设计两个子模块。

1.4.2.1 概念设计

概念设计子模块的任务是将用户需求转化为具体概念产品，它表现为一个由粗到精、由模糊到清晰、由抽象到具体不断进化的产品演化过程。概念设计是产品创新设计过程中至关重要的核心环节，概念设计输出的产品方案虽然还不是实体产品，但它却在很大程度上决定着最终产品的性能、质量、价格、市场竞争能力和企业效益。所以如何有效集成并应用支持产品概念设计的各类创新方法也是产品创新过程的重要任务。概念设计子模块主要包括产品功能设计和概念草图设计两个部分。

（1）产品功能设计

产品开发的目标是产品功能的实现，如何最大限度地为用户提供能满足其所需功能的产品是产品开发的动力，同时也是产品设计与开发的根本依据。关于产品功能设计与分析的创新方法有很多，如功能分析系统技术（functional analysis system technique，FAST）、减件—运行法、基于组件的功能分析方法等。但这些方法都从某个视角对产品功能及实现形式进行考虑，如何集成使用这些方法是这一创新阶段的重点。

由设计的观点看，任何产品系统内的组件必有其存在的目的，即提供某种功能。运用产品功能分析，可以重新发现系统组件存在的目的和其性能表现，进而发现问题的症结，并结合运用其他创新方法进一步对产品加以改进。利用产品功能分析，可对设计产品建立功能模型，从而为后续设计工作奠定基础。

（2）概念草图设计

在产品设计过程中，通常会形成多种类型的设计图样，包括布置图、零件图、装配图等。设计草图作为一种图样形式，在一定程度上扩展了人们产生概念时所需要的短期记忆。伴随着设计过程中零部件形状的逐步形成，需要制作更多的正规图样，以保证信息的系统化，便于在设计人员之间、设计人员与制造人员之间进行沟通和交流。在概念设计环节所倡导的草图，必须能够将其逐步完善成最终的工程图，会涉及生产所需的各个环节。草图的制作过程一般从产品布置图开始，这将有助于确定零部件的几何尺寸，且在布置图中获得的零部件细节的尺寸要部分地标注出来。在产品完善过程中，这些设计信息会转化成相应的零件图和装配图。目前的 CAD 工具虽然可以有效支持正规图样的设计过程，但却无法表达由创意激发产生的产品概念方案。所以如何研究并实现概念草图工具的开发与使用，是支持该阶段创新活动的重要需求。

1.4.2.2 详细设计

详细设计是一个将产品概念方案发展成为可供加工方案的过程。如何准确、高效获得详细设计方案，并对设计方案进行优化和仿真，将会为产品后续生产过程提供有效支撑。详细设计子模块包括结构设计和优化设计两个部分。

（1）结构设计

产品的结构及机构组成是产品的"骨架系统"，包括产品内部组成结构、安装结构、产品外壳及其连接结构、产品运动机构等。产品结构设计通常可分为总体结构设计、外部结构设计、内部结构设计和机构设计四个层次。该部分的主要创新需求是如何快速、合理地获得满足产品功能需求的结构载体，采用合理的实现方式减小材料消耗和降低工艺复杂性等。

1）总体结构设计：主要包括确定产品总体结构关系、局部结构与整体结构关系、总体空间尺寸、结构原理与框架；确定安装关系以及拆卸维修关系；确定材料使用与表面处理的主要方法、成型的工艺等。

2）外部结构设计：主要包括外部结构方式、外部结构连接关系、外部结构成型性质、表面涂饰工艺、成型工艺、操作结构、显示结构、开启与拆卸结构等的设计。

3）内部结构设计：主要包含产品骨架结构、骨架内部连接结构，操作件与内部安装连接结构、运动件内部安装结构、内部安装结构，显示件与内部安装连接结构、组装结构、维修结构、内部其他辅助结构的设计等。

4）机构设计：包括相互产生运动的构件结构设计，以及带动机构动力源安装结构设计等。

（2）优化设计

优化设计的任务是对产品详细设计出的结果进行优化，通过消除产品的各类缺陷来提高产品的设计质量。在优化设计过程中，常常要根据产品设计要求，合理确定并优化各种参数、性能及结构，如质量、成本、尺寸等，以达到最优设计目标。因为影响设计优化的因素有很多，如成本、质量、可制造性、可装配性等涉及多个学科，这就需要相关人员既要熟悉本学科的知识和方法，还要掌握相关的其他学科知识和方法，只有这样才能使该阶段的创新活动顺利实现。

1.4.3 成型优化模块的创新需求

成型优化是一个将制造创新链中技术突破模块产生的技术方案转化为一个具体的物理产品模型，实现设计从图纸到产品的过程。其创新需求是快速、高效实现从方案图纸到实体产品的转化，尽早发现成型过程中的问题，为产品的大规模生产提供技术保障。该模块包括产品原型和产品试制两个子模块。

1.4.3.1 产品原型

产品原型是在最终产品实现之前，产品研发人员所构建的产品表达（包括文字、图表、示意图以及各种模型等）形式。该子模块的创新需求是，如何高效、准确地构造良好的产品原型，以利于概念的评估或设计成果的展示与交流，为最终的产品生产提供依据，并且可以缩短研发时间和降低开发成本。产品原型子模块包括原型选择、原型构建、原型评估三个部分。

（1）原型选择

原型选择首先需要收集与产品设计有关的大量资料，学习相关的技巧与方法，描绘出我们观察和期望的结果。根据产品生产制造的需要,采用合适的手段对已形成的各种产品概念形式加以记录保存,如图表、草图、模型等低保真原型。

(2)原型构建

在前面工作的基础上进一步细化设计工作与策略,进一步构建出更接近最终物理原型的高保真原型。这些高保真原型会从交互方式、结构、形态以及色彩等多方面完善我们的设计,并逐渐整合为一体,接近最终原型。

(3)原型评估

原型评估的主要任务是提交完整的最终原型,并能在现实环境中从各个方面对原型进行评估以确定是否能够进入实际生产。在最后的设计评估中,各种宏观微观的评估方法将会被充分利用起来,甚至可以进行小批量的产品试制以便进行完整的综合测试。

1.4.3.2 产品试制

产品试制是指新产品在完成原型制作与工艺准备之后、正式投产之前进行的对物理原型的试制生产,以便于验证新产品设计能否达到预期的质量和效果。这一子模块包括工艺分析、批量试制和总结评估等部分。

(1)工艺分析

工艺分析是以产品的制造过程为研究对象,按照产品制造作业流程从第一道工序走到最后一个工序,直至产品产出的一种系统分析技术。工艺分析的目的是改善整个生产过程中不合理的工艺内容、工艺方法、工艺程序和作业现场的空间配置,通过严格的考查与分析,设计出经济合理、最优化的工艺方法、工艺程序、空间配置。

(2)批量试制

批量试制可分为样品试制和小批量试制两种。样品试制采用简单的工艺要求和少数必要生产设备,由试制车间试制出少数样品,以便检验产品的结构、性能及主要工艺是否达到设计要求;小批量试制是在样品试制基础上,根据大批量生产的要求,详细制定工艺规程,确定所需的全部制造装备,然后生产一小批产品;其目的是检验工艺规程和工艺装备是否适应生产的要求,并进一步对产品图纸进行工艺性审查,以便进行必要的校正,为大批量生产创造条件。

(3)总结评估

在样品试制和小批试制结束后,应该对考核情况进行总结,并编制实验总结文件、型号试验报告和试用(运行)报告;对设计的正确性、设计控制的有效性以及工艺的执行情况进行监督、考核。对于试制过程中各阶段出现的异常问题要分析其产生的原因,然后采取相应的改进措施,并对各种相应的检验和试制过程中存在的问题所做的处理作记录,最后编制总的试验报告并进行保存。

1.4.4 生产改善模块的创新需求

生产改善模块的创新需求是如何制订有效的生产计划,组织产品优质、低成本、灵活、准时的生产，同时还要不断改进已有的生产工艺技术，持续提高产品的生产效率、提升产品的性能，降低生产成本。生产制造模块包括产品制造和生产保障两个子模块。

1.4.4.1　产品制造

产品制造系统是人、机器和装备以及物料流和信息流的一个组合体。企业产品制造系统包括的内容广泛，主要涉及工厂选址、设施规划与布置、物流搬运系统设计、质量控制等方面。

（1）工厂选址

构建一个产品制造系统首先面临的一个任务就是工厂或服务设施选址问题。如何运用科学的方法决定设施的位置，使之与企业的整体经营运作系统有机结合，以便有效、经济地达到企业的经营目的，是工厂选址环节的重要工作。选址问题包含两个基本问题：①选位，即选择什么地区设置工厂；②定址，即具体选择在该地区的什么位置设置工厂。

（2）设施规划与布置

设施布置是指在一个给定的设施范围内，对多个经济活动单元进行位置安排。也就是在确定了企业内部生产单位组成之后，合理安排企业或某一组织内部各生产单位和设施的相对位置与面积、车间内部生产设备的布置。具体来讲，设施布置需要考虑：应包括哪些经济活动单元，每个单元需要多大空间，每个单元空间的形状如何，以及每个单元在设施范围内的位置等问题。其目的就是将企业内的各种物质设施进行合理安排，使它们组合成一定的空间形式，从而有效地为企业的生产运作服务，以获得更好的经济效益。

（3）物流搬运系统设计

物流管理（logistics management）是指在社会在生产过程中，根据物质资料实体流动的规律，应用管理的基本原理和科学方法，对物流活动进行计划、组织、指挥、协调、控制和监督，使各项物流活动实现最佳的协调与配合，以降低物流成本，提高物流效率和经济效益。

（4）质量控制

为达到质量要求所采取的作业技术和活动称为质量控制。这就是说，质量控制是为了通过监视质量形成过程，消除质量环上所有阶段引起不合格或不满意效果的因素；为达到质量要求，获取经济效益，而采用的各种质量作业技术和活动。质量检验从属于质量控制，是质量控制的重要活动。

1.4.4.2　生产保障

生产保障子模块的目标与需求是通过生产管理控制方法，有效将人力、物力等企业有效资源进行整合、控制、协调、安排，以保证主要生产作业内容顺利进行的活动。生产保障的内容主要包括生成要素管理、质量与成本控制和物料与物流管理。

（1）生产要素管理

1）物资管理：根据生产需求，为保障生产的连续顺利进行提供物资支持，同时有计划地、合理高效地利用管理企业技术力量和资源，以降低企业生产成本，加速资金周转，推动企业经济效益的实现，提升企业的市场竞争能力。

2）设备管理：以设备为主要对象，采取一系列方法，通过一系列技术、经济、组织措施，对设备的物质运动和价值运动进行全过程的科学管理。

3）人力资源管理：为生产的顺利进行提供人力资源保障，从人员招聘、培训、管理到人员评定、合同解除等方面为生产提供人力保障。

4）技术管理：是对企业的技术开发、产品开发、技术改造、技术合作以及技术转让等进行计划、组织、指挥、协调和控制等一系列管理活动。

5）生产管理：对生产内容进行有计划的、有组织的指挥、监督、调节活动。从而不断降低物耗、降低生产成本和缩短生产周期。

6）财务管理：为生产活动提供资金支持，分析生产成本和利润，实现企业资金的正常运作。

（2）质量与成本控制

质量与成本控制是为达到质量要求，在质量形成的每一个环节所进行的一系列专业技术作业过程和质量管理过程的控制。对硬件类产品来说，专业技术过程是指产品实现所需的设计、工艺、制造、检验等。质量控制的关键是使所有质量过程和活动始终处于完全受控状态。

成本控制是企业根据一定时期预先建立的成本管理目标，由成本控制行为主体在其职权范围内，对各种影响成本的因素和条件采取的一系列预防和调节措施，以保证成本管理目标实现的管理行为。

（3）物料与物流管理

物料管理是将管理功能导入企业产销活动过程中，希望以经济有效的方法，及时取得供应组织内部所需的各种活动。其主要目标和任务有：①物料规格标准化，减少物料种类，有效管理物料规格；②确保实时供应，避免停工待料；③管制采购渠道，在确保质量的前提下降低成本；④确保收发物料的有效性；⑤确保仓库空间充分利用。

物流管理是在社会再生产过程中，根据物质资料实体流动的规律，应用管理的基本原理和科学方法，对物流活动进行计划、组织、指挥、协调、控制和监督，使各项物流活动实现最佳的协调与配合，从而降低物流成本，提高物流效率和经济效益。

1.4.5 市场营销模块的创新需求

市场营销模块是在变化的市场环境中，企业开展的一系列与市场有关的经营活动。该模块的创新需求是将产品及劳务从生产者直接引向消费者或使用者，从而满足顾客需求及实现公司利润，满足社会需要，实现产品的社会目标。该模块包括市场规划和产品营销两个子模块。

1.4.5.1 市场规划

市场规划，就是在市场调查分析和研究的基础上，根据产品市场容量预测以及消费者的行为、偏好、需求和购买意愿差异及其变化情况，结合市场竞争形势和企业的资源、能力、优势、劣势等具体条件，科学合理地选择一个特定的消费群体作为目标市场，从而为本企业产品确定合适的市场位置，并树立其鲜明形象，以便进一步制定相关营销策略，实现企业的营销目标。市场规划包含以下创新需求。

（1）如何开展市场调查

作为市场营销模块的初始阶段，如何以科学的方法、客观的态度，研究市场营销有关问题所需的信息，寻找有效地收集和分析这些信息的方法与工具，为制定更加合理的营销战略和策略提供基础性数据和资料。

（2）如何分析市场轮廓

在市场调查的基础上，如何运用科学的方法，进一步分析某类产品市场的市场规模、市场增长率以及该市场上的产品品牌情况等情况，以便对市场的整体情况进行确切了解，为制定产品策略奠定基础。

（3）如何进行市场细分

运用方法对消费者需求上可能存在的各种差异导致的某一市场的特征进行分析，并将整个市场划分为若干个具有相同需求的细分市场。

（4）如何选择目标市场

即如何估计每个细分市场的吸引力程度，并选择进入一个或多个细分市场。

（5）如何确定市场定位

如何在选定的目标市场上，根据自身的优劣势和竞争对手的情况，为本企业产品确定位置，树立形象，这对于市场营销的成功至关重要。具体包括：确认细分市场的商机与风险，识别与细分市场业务相关的优势与劣势资源，分析企业在各个细分市场成功的关键点，确定企业的市场定位战略。

1.4.5.2 产品营销

产品营销是通过创造和交换产品的价值，创造出产品的经济效用。产品营销的创新需求包括如何制定产品品牌与价格决策、分销渠道决策、沟通与促销决策等。

（1）产品品牌与价格决策

品牌是产品的商业名称，是由生产该产品的企业独创，具有显著特点的，用以识别卖主产品的某一名词、术语、标记、符号、设计或它们的组合，其基本功能是把不同企业之间的同类产品区别开来，使竞争者之间的产品不致发生混淆。产品品牌决策的主要内容包括品牌化决策、品牌归属决策、个别品牌与统一品牌决策、品牌扩展决策、多品牌决策等。

价格通常是影响商品交易成败的关键因素，同时也是市场营销组合中最难以确定的因素。产品价格决策的目标是追求利益最大化、短期的利润最大化、实现预期的投资回报率、提高市场占有率、实现销售增长率、适应价格竞争、保持营业、稳定价格、维护企业形象等。

（2）分销渠道决策

分销渠道是产品从制造者手中转至消费者所经过的各种中间商连接起来形成的通道。它由位于起点的生产者和位于终点的消费者（包括产业市场的用户），以及位于两者之间的中间商组成。

分销渠道决策需要在分析顾客的需求，了解渠道选择中的限制因素（产品特性、市场需求特性、生产企业的状况和目的、环境特性等）之后进行。要确定渠道的模式（即渠道的长度）；确定中间商的数目（即渠道的宽度），主要包括密集分销、选择分销、独家分销；规定渠道成员的权利与责任。分销渠道建立起来后，关于渠道的管理决策也包含了三个方面的内容：一是选择渠道的成员，即在渠道设计完成后，具体选择哪些中间商做自己的渠道伙伴；二是如何激励中间商并处理好他们的日常关系；三是适时对渠道成员的工作成果做出评估，并进行调整。

（3）沟通与促销决策

沟通是指企业将其产品及相关的有说服力的信息告知目标顾客，以达到影响目标顾客购买决策行为，促进企业产品销售的市场营销活动。沟通是为了达到实现传递信息、引起购买欲望、扩大产品需求、突出产品特点、树立产品形象、维持和扩大企业的市场份额的目的。产品沟通主要包括人员推销、广告、公告关系、销售促进、直接营销、产品促销等手段。

1.4.6 知识管理模块的创新需求

研究表明，提升企业技术创新和产品自主研发能力的关键在于大力提升知识和信息的聚集、处理与应用的能力，即知识管理能力。该模块包括知识聚集、知识处理与应用两个子模块。

1.4.6.1 知识聚集

制造创新链各创新模块的实现都需要多种类型知识的支撑，而这些知识都存在于各种外部文献与企业内部，知识的应用首先需要将这些内外部知识资源进行挖掘和汇聚，形成企业知识。因为在不同创新模块中所需要的知识类型不同，需要在不同创新模块实施不同的创新知识挖掘和知识聚集。

在创意激发模块的知识挖掘和知识聚集活动中，需要将用户需求和市场发展趋势作为知识来源进行分析。通过了解用户需求和市场未来发展趋势是什么，研发人员就可以分析各类创新机会点所需的知识类型。用户需求挖掘类知识主要来自于企业内部已有的知识资源，有的存储于已有信息系统中，如客户关系管理库（customer relationship management，CRM）；有的为纸质或电子文档形式，如用户问卷以及技术路线图等；市场趋势类知识主要来自于企业外部，包括网络、行业期刊、权威机构报告和专利数据库等。

在技术突破模块的知识挖掘和知识聚集活动中，则需要将产品功能实现的科学原理知识作为知识挖掘源。通过对产品、工艺的运作方式、原理、规律进行了解，构建出产品，实现技术突破的各类原理方案。原理类知识主要来自于企业外部数据库，如科学原理库、科学效应库，以及纸质或电子类文档，同时企业也需要建立适合产品详细设计的领域知识库和产品专题知识库。

在成型优化模块的知识挖掘和知识聚集活动中，需要将规范和报告编写模板类知识和原型设计加工、原型原理类知识作为知识挖掘源。基于这些知识的分析进行原型设计制作，验证详细设计方案的可行性。这些知识一般作为企业内部已有的知识资源，存储在已有的信息系统中，如模板库、原型原理库、材料库、工艺库中，还包括纸质或电子文档形式的案例报告、模板等。

在生产改善模块的知识挖掘和知识聚集活动中，需要将上一模块的试制方案、调研分析产生的市场用户需求量和生产计划与调度相关文档作为知识挖掘源。基于这些知识的应用，完成生产过程的计划、管理与调度。这些知识主要为企业内部已有知识资源，存在于如客户关系管理库（CRM）、企业资源计划系统（enterprise resource planning，ERP）、物料需求计划（material requirement planning，MRP）等数据库，也有可能以纸质或电子文档的形式。

在市场营销模块的知识挖掘和知识聚集活动中，需要将市场轮廓估计、市场细分、产品定价、用户需求、市场趋势、产品成本结果作为知识挖掘源，基于这些知识完成营销从策划到执行的过程。这些知识主要存在于企业外部，如网络、行业期刊、行业报告等。

1.4.6.2 知识处理与应用

在这个科学技术快速发展的时代，知识与信息极其丰富，且呈现出爆炸的趋势。由于知识处于分散、混乱、无序的状态，如果不对这些知识加以处理，企业便无法快速地获取知识。知识处理的本质是通过揭示知识与知识之间的关系，将知识组织起来，形成一系列规范的知识库。其中，本体、概念图和主题图是常见的三种知识组织的方法。

（1）基于本体的知识组织

从本体论的角度出发，知识的组织是对知识建立彼此关联的本体关系，把零散、分离的知识片段，串接成"信息链"和"信息网"。因此，要实现知识的有效组织，就需要建立本体关系库。本体论涉及的概念包括术语（词汇）、关系和规则等。术语是描述某个领域内一个概念的词汇，是知识的"结点"。术语之间的联系或关联，称之为"关系"，可以是多重的和强制性的。本体论的作用是将错综复杂、游离的信息片段，按照同义关系和层次关系全部关联在一起，形成有用的信息链和信息网。由于信息之间彼此关联，不再出现断点，故从任何一个信息结点出发，都可以沿着某个路径到达所有其他的信息结点。基于本体论构建创新知识库，有利于进行高效的知识检索与处理，快速获取知识，尤其是具有学科跨度的、意想不到的知识。

（2）基于概念图的知识组织

概念图是利用概念以及概念之间的关系表示和组织结构化知识的一种可视化方法。概念图一般由节点、连接和连接语组成。

1）节点：由几何图形、图案、文字等表示某个概念，每个节点表示一个概念，一般同一层级的概念用同种符号（图形）标识。

2）连接：表示不同节点间有意义的关系，常用各种形式的线连接不同节点。例如，传动链与齿形链、滚子链之间的关系为包括关系，内链板和套筒之间是过盈连接关系，套筒和滚子之间为间隙配合关系等。

3）连接语：可以表示不同节点概念间的关系，也可以对节点概念进行详细阐述，还可以对整幅图进行有关说明。连接语一般标识在节点与节点之间的连接线上，如包含、包括、过盈连接、间隙配合等。

（3）基于主题图的知识组织

主题图是一种新兴的知识组织和知识表示工具，它是以图形方式来展示某一资源库的知识结构。它是一种用于描述信息资源知识结构的数据格式，可以用来定义某一主题概念所在的资源位置，也可以用来表示主题概念间的相互联系。主题图实际在信息资源的上层构建了一个结构化的语义网，它独立于技术平台，用来描述主题之间的关系及主题与具体资源之间的联系。通过揭示主题概念之间的关系，将用户指引到相关的资源。

知识体系设计、知识聚集、知识处理的终极目标是为了满足制造创新链各个环节不同层级不同角色用户的使用。产品制造过程本质也是一个多知识共享和综合运用的过程，产品研发人员必须具备正确的共享各类知识资源的方法，即知识的搜索及推理方式。这里所说的知识搜索及推理方式与知识简单重用的涵义有所不同，它是以克服设计人员思维惯性，提高设计人员创新能力为目标的知识应用方法。在知识共享和运用层面，要求必须确保在知识获取和聚集阶段产生的知识在做某个创新模块活动时及时被找到，并在这些知识的激励下能获得解决某个创新问题的解决方案。要做到这点需要在知识应用平台上，通过多种方式完成知识的查询和推送。

针对这些目标和需求，每个子模块中都存在大量的创新问题需要解决。而创新方法可为这些创新问题的解决提供创新的思维和途径。且各创新模块对应的创新环节都是相互衔接和转化的，即每一个制造创新方法链模块的产品输出形式将是下一个模块的产品输入形式，依此类推，最终形成了一个头尾相连、环环相扣的链状结构。在制造创新方法链的每个链条节点综合使用这些创新方法，可以获得产品在制造的不同环节上的创新收益和在全链条上的综合收益。具体的各模块的创新目标、各子模块需解决的创新问题，以及支撑这些创新问题解决的创新方法和各模块的输入输出形式，见表1-1。

1.5 制造创新方法链的实施策略

1.5.1 应以提升企业创新能力为落脚点

制造创新方法链的实施不仅要考虑创新的成功实现或者工程问题的有效解决，而且要密切关注产品的顺利生产以及产品价值在市场上的最终实现。倘若某项产品在开发过程中

表 1-1 制造创新方法模块及支撑方法

模块	子模块	模块目标	需解决的创新问题	支撑方法表	输入	输出
创意激发	需求分析	通过分析用户的各种需求，挖掘创新机会产生创新点，激发设计者产生创新性的产品、工艺、组织与管理等创意	获取用户需求，对其进行分析、处理，并转化为产品设计需求	根源分析、鱼骨分析、预期失效分析（anticipatory failure determination, AFD）、故障树分析、Kano分析、客户声音分析、功能价值分析、近似图表、聚类分析、专利分析、技术路线图、QFD方法、需求进化分析法	用户需求	用户需求说明书
创意激发	创意产生		从产品整体策略入手，通过对系统的设计方法得到创新产品创意	矛盾解决理论、物场模型、效应法、ARIZ法、小人法、综摄法、裁剪风暴法、亲和图法、七何分析法设计问方法、核检表法、概念扇、SIT法、创造性模板、形态分析法	用户需求说明书	示意图
技术突破	概念设计	打破知识领域界限，突破思维定势，从更广阔的视角看待同一问题，对技术问题或者矛盾提供更合理的解决方案和更好的途径	由用户需求到生成概念产品的一系列有序、可组织、有目标的设计活动	公理设计、功能结构树、"功能-环境-行为-结构"（function-environment-behavior-structure, FEBS）效应库、功能导向搜索、标准性、系统性创新思维（systematic inventive thinking, SIT）、发明问题解决算法（algorithm of inventive problem solving, ARIZ）	示意图	方案图
技术突破	详细设计		是对概念方案的细化，对方案的实现结构构进行具体化的过程	快速响应设计、模糊设计、有限元分析设计、可靠性设计、价值工程设计法、并行设计法、FMEA、稳健性设计、优化设计、全寿命周期设计法	方案图	参数图
成型优化	产品原型	通过质量控制、消除浪费等各种过程控制手段的实施，实现产品的高质、低耗，并能快速响应满足客户的各种需求	通过原型反馈，加深对产品的理解，并对需求进行优化和补充，消除不协调需求，使产品更加完善	熔融沉积造型、选择性激光烧结、虚拟仿真、数字样机、分层实体制造、虚拟油泥原型、立体光固化成型法、乐高头脑风暴、产品有机原型	参数图	一件实物模型
成型优化	产品试制		验证新产品设计能否达到预期质量，并为大批量开发管理流程设计工艺流程及管理流程	工序流程分析、统计过程控制（statistical process control, SPC）、工序流程分析、可靠性试验、HALT、DOE、测量系统分析、SPC、可制造性设计、HALT、同步工程、可制造性设计	一件实物模型	产品工艺报告

续表

模块	模块目标	子模块	需解决的创新问题	支撑方法表	输入输出形式	
					输入	输出
生产改善	把管理要素或要素组合引入企业管理系统，对产品的规划和制造过程进行优化，以更有效地实现组织目标的创新活动	产品制造	企业对产品品种、质量、产量和产值等生产任务的计划和进度安排	重心法、盈亏平衡点法、线性规划-运输法、层次分析法、系统布置设计法、工艺原则布置的从至表法、相互关系排列法、搬运系统分析法、物流强度与作业单位距离分析法、安全库存分析法、经济订货批量模型、工艺程序图、流程程序图、线路图法、人机操作程序图、联合操作分析、双手操作分析、秒时操作时间研究、工作抽样、预定动作时间标准、模特排时法、防呆法、五五法、流水线平衡分析法、快速换线法、标准作业组合法、准时化生产法、有限能力排程方法、短时段方法、平衡物流分析法、网络计划技术、网络计划排序法、看板拉动法、优化模型、检价值流图分析法、TOC法、新老七种工具、统计过程控制法、力分析法、质量屋、试验设计、PDCA［计划(plan)、实施(do)、检查(check)、处置(action)］质量环、6σ、失效模式与影响分析法	产品工艺报告	生产计划方案
		生产保障	整合相关的生产资源，按预定目标市场定位及前端概念设计到产品实现的物化过程	防呆法、点检法、FMEA、设备综合效率分析、目标管理法、作业疲劳测定、失效树分析法、人机系统设计法、5W2H法、目视化管理法、因果图法、标准作业、看板作业、ERP、电子看板、制造执行系统	生产计划方案	合格的批量产品
市场营销	将企业生产出的产品顺利地销售出去，并在满足顾客期望要求的前提下，实现企业的盈利	市场规划	采用市场细分、目标市场选择与市场定位等多种举措，进行科学而准确地市场规划	Bass模型、情景构思法、主要价值参数法、对应分析法、波特五力竞争模型、SWOT分析法、联合分析法、顾客感性认知图、多维尺度分析法、极端人士看法	准确的市场定位	准确的市场定位
		产品营销	应用价格、渠道、促销等营销策略，最终实现产品的市场价值，并通过售后服务和顾客管理等方式，提升顾客满意度和顾客价值，维持长期稳定的客户群	撇脂定价法、事件营销、饥饿营销方法、口碑营销方法、精益营销方法、绿色营销方法、体验式营销方法、关系营销方法、可拆树法、决策树法	准确的市场定位	产品市场价值和顾客价值

续表

模块	模块目标	子模块	需解决的创新问题	支撑方法表	输入输出形式	
					输入	输出
知识管理	对各模块形成的知识以及个人、企业组织的其他知识进行价值测度和物化，构成企业的核心技术能力	知识聚集	将各类设计知识和资源进行有效组织和表达，使其为产品创新全过程提供支撑	数据集成、网络爬虫	各种非结构知识	结构化知识
		知识应用	为各类创新活动提供有效的知识支持，并激励员工获得创新方案	知识挖掘（关联规则、分类、聚类、趋势分析、文本挖掘）、基于本体的语义技术、知识地图、知识网络、知识图谱、知识图示化（知识地图、知识网络、多维分析）、智能检索（搜索引擎、中文分析、多维分析）、知识推送（用户行为分析）	结构化知识	各类支持创新的方案

取得了"骄人"的成绩，但是却根本无法制造或者缺乏令人满意的市场表现，那么制造创新方法链的实施就是徒劳无功的。因此，实施制造创新方法链的根本目的在于实现有效创新，在于从产品全生命周期的角度增强企业创新能力，并在此基础上实现企业的可持续发展。从实现有效创新的角度看，在某些情况下，即使在技术上并未取得大的突破，然而如果能够在产品生产和产品销售的过程中，通过采用合适的创新方法找到或创造产品的市场实现路径，也是一种可取的创新形式。从这种意义上来说，制造创新方法链既可以支撑技术创新，也可以支持管理创新和市场创新。因此，制造创新方法链既可适用于组织规模较大、研发力量较强、基本覆盖全产业链的企业，也可适用于那些仅仅只在产品链上占据某些分工地位的企业，帮助他们实现有效创新。

企业的创新行为主体是企业员工，企业创新能力的提升本质上是企业员工创新能力的提升。因此，在制造创新方法链的实施过程中，应用各类创新方法的落脚点在于促进员工的能力提升。相关研究表明，成功的创新和产品高附加价值的取得，本质上不是因为产业链的外部划分和区别本身，很重要的是因为在这些过程中凝结了大量的隐性知识和嵌入编码知识。制造创新方法链中所囊括的创新方法作为显性知识，需要将其转化成为员工的隐性知识，并让其在个人与组织、显性与隐性之间进行不断地循环与转化，才能在创新过程中发挥巨大作用，才能形成他人很难复制的企业核心竞争力。

1.5.2　需与企业战略相匹配

制造创新方法链的实施应该根据企业的不同特点，同企业的创新发展战略融合，才能做到有的放矢地提高企业创新能力，实现有效创新和可持续发展。

首先，制造创新方法链的实施必须同企业在产品或产业链上的分工，以及与之相适应的创新模式相融合。例如，对于类似于三星公司那样致力于全产业链上进行创新的企业而言，制造创新方法链的各个模块都是企业在实施过程中无法回避的重点；而对于类似于苹果公司，主要关注研发与市场的企业而言，制造创新方法链的实施重点在于炉火纯青地运用创意激发、技术突破与市场营销模块中的相关方法，同时必须同外部生产合作企业在生产制造模块的实施上取得协同一致。

其次，对于依托蓝海战略进行发展的企业和采取红海战略进行竞争的企业而言，制造创新方法链的实施策略也应该是迥然不同的。前者的主要策略在于独辟蹊径地开发某个新市场，因而为实现有效创新和企业的可持续发展，制造创新方法链的实施重心首先应该是创意激发和市场营销模块中的创新方法，而后逐步向其他模块扩散；至于那些目前不得不采取红海战略的企业，其关注重点首先应放在技术突破、成型优化和生产改善等模块中的创新方法，然后逐步在创意激发和市场营销模块扩散，最终摆脱红海竞争状态，进入蓝海战略发展轨道。

最后，研发是企业的重要活动之一，规范化的企业研发过程有助于提升企业的研发水平与效率。企业的规范化体系通常由法律法规、技术标准、管理标准和工作标准四个体系组成，技术规范化体系作为企业规范化管理中的重要组成部分之一，为企业的产品设计与开发等管理活动提供了有力支撑，而制造创新方法链在企业中的作用正在于此，因而，制造创新方法链需成为企业研发战略中的重要技术规范。

1.5.3 需要决策层的支持与全流程设计

虽然从理论上来看，制造创新方法链可望帮助企业系统、有序、高效地实现创新，但是对于企业而言，它的引入势必触动企业原有的制度，势必引发诸多方面的变革。因此，在制造创新方法链的实际引入过程中，可能存在着许多需要克服的深层次障碍。正如知名系统性创新专家 Darrell Mann 所指出的那样，任何创新方法与工具，在其推广应用过程中都可能碰到此类问题。

为减少制造创新方法链的实施阻力，在制造创新方法链或者特定的创新方法引入企业的初期阶段，首先，有必要取得企业决策层的充分理解与明确支持，如若没有决策层的鼎力支持，制造创新方法链在企业的实施有可能被扼杀在萌芽状态。其次，必须采用创新方法为企业解决一定具有分量的实际问题，对其有效性进行明确展示，从而引起相关主体对创新方法的兴趣。最后，在外部创新方法专家介入的同时，如果能够在企业内部发现或者培养若干位对创新方法兴趣浓厚、同时具有一定组织资源与组织能力的技术骨干，通过某种合理的分工和系统性创新流程构建，大幅度降低特定创新方法或者制造创新方法链在企业引入和实施的阻力。

目前相当多的制造企业以传统的制造链作为企业开发产品的流程，但在当前激烈的市场竞争环境中，为了提升制造企业的竞争力，有必要将注重创新和市场的制造创新方法链纳入制造企业的全过程。将制造创新方法链纳入制造企业的过程，要将以往只在产品概念设计阶段注重创新方法的思想扩展到在整个产品生命周期都注重创新方法的应用。概念设计阶段是产品设计中最关键和创新最集中体现的环节，传统的创新方法主要集中在创新方案的产生和问题的解决上，而制造创新方法链拥有针对设计、制造和销售等多环节的创新方法群，这使得创新方法在有力支持产品概念设计阶段工作的同时，对其他设计和制造环节也有很好的支持作用。

制造创新方法链纳入制造业企业的全过程，要进一步整合产品的外部环境，形成有利于提高产品竞争力的综合方法。传统方法过于注重产品自身的功能、结构、外形、材质和色彩等内部信息，而制造创新方法链考虑了营销、技术和市场策略等外部环境因素，更有利于从整体的角度规划产品设计过程，有助于制造企业从全局角度推进新产品研发。

制造创新方法链纳入制造业企业的全过程，要在产品设计、制造、销售和使用环节中，注重这些环节与制造企业的管理要素相结合，使企业综合效益实现最优。

1.5.4 应以问题驱动循序推进

虽然制造创新方法链中的各种方法可以对企业制造创新链上的相关环节提供有效的指导，但是对于不同的企业而言，各个模块的重要性并不是等量齐观的。相关研究表明：各个企业在技术创新过程中面临着各不相同的障碍，在创新的实施过程中，最富价值的活动并不是在既有的优势上"锦上添花"，而是在自身的薄弱环节上"雪中送炭"。既然不同的企业在创新过程中客观存在着迥然不同的创新"短板"，因而它们在引入制造创新方法链的时候也应该各具差异。考虑到资源、人力、物力、财力等各方面的约束条件，企业在制造创新方法链的实施过程中，很难做到在各个不同环节上同时取得较大进展与突破。因此，一种较为稳妥的策略是，针对企业在创新链上的薄弱环节，率先引入相关创新方法，而后以此为突破口，逐步将创新方法链的实施渗透至其他所有环节，并对其进行不断优化，从而形成一种循序渐进、螺旋式上升的制造创新方法链实施模式。

一方面，制造创新方法链是在制造业产品开发、制造和销售全生命周期内运行的方法链，是在企业产品策划、制造、营销过程中的多种创新方法的有机结合，其提出的前提是以设计、制造和销售问题为导向展开，所以在企业应用中需要以工程、管理问题为驱动开展方法链的学习和应用。另一方面，制造创新方法链中各种方法相对独立。由于每种方法的特点和适用范围不同，因而在制造创新方法链的实施中，应根据不同的问题要求，建立以工程、管理问题驱动的创新策略，实施的出发点是问题，收敛点是问题的解决。

以工程、管理问题解决为中心的制造创新方法链的实施，首先要确定正确的问题。定义一个正确的问题是解决问题的关键，如果问题定义错了，那么将很难获得正确的解决方案。其次要选择正确的问题分析方法。制造创新方法链的实施过程中，对问题分析可以找出问题的根源、分析问题可能产生的影响，从而确定如何解决核心问题。可采用根源分析、失效模式与影响分析、机会识别等手段实现问题分析过程。再次要把握问题解决过程的动态性，要对问题进行正确转化。制造创新方法链的实施过程是一系列问题被解决的过程，往往是已有问题得到解决，又产生新问题，因而问题的转换方向，需要设计参与者借助自身经验与知识，正确把握问题的解决方向，使得问题转换朝着利于问题解决、利于创新的指向发展。最后需要进行收敛以得到问题的解决方案。制造创新方法链的实施过程中的问题是多种多样的，对问题挖掘的深度决定了最终得到的创新方案的层次，应根据设计要求对问题解决过程进行收敛和聚合，以期得到最终的创新方案和产品。

1.5.5　需集成应用各模块方法

在制造创新方法链的实施过程中，企业可根据自己的实际情况，选用制造创新方法链中对应的模块解决问题。虽然各模块目标和方法不同，但各模块紧密联系、相互依赖，多模块的组合使用和整体应用，能够更加有助于发挥优势集聚效应，对企业竞争力的提升具有叠加作用，有助于更加系统地实现产品设计、制造、销售和使用的全生命周期过程中的创新。制造创新方法链的六个模块基于产品全生命周期，考虑了产品设计、制造和销售的多个方面，具备较完整的理论、方法和工具，因而多模块的组合使用，能够更加充分地发挥制造创新方法链的优势，使产品更具市场竞争力。

多模块创新方法的组合使用，有助于发挥模块与模块之间的协同作用，获得更大的整体效用。制造创新方法链中创意激发、技术突破、成型优化、生产改善、市场营销和知识管理模块之间并非是孤立的，各模块之间的联系也并非是一成不变地串行。例如，如果在创意激发阶段就能考虑产品的实现过程以及产品的市场等因素，就能使创意激发模块得到的创新方案更加具有市场竞争力。另外，制造创新方法链的各模块也是相互关联的，每个模块包含的创新方法可组合使用，以达到集成创新的目的。例如，TRIZ 方法和 QFD 方法各有优势和特点，TRIZ 方法擅长于解决问题，但是却不能像 QFD 那样提出问题。然而，由于顾客很难对自身的需求进行清晰的描述，因此 QFD 通常很难精准收集顾客需求，而 TRIZ 的技术系统进化趋势则可以作为一个初始起点，帮助 QFD 获取较为清晰而准确的需求信息。在此基础上 QFD 通过构造质量屋，又可进一步为采用 TRIZ 进行概念设计提供包含矛盾的发明问题或者说设计要求。由此可见，TRIZ 和 QFD 之间存在着相互影响、相互支持的迭代关系，因而并非对 QFD 和 TRIZ 的矛盾解决工具等进行简单的序贯应用就能达到有效创新的结果。

类似地，TRIZ 还可与公理化设计、企业流程再造、客户关系管理、六西格玛、精益生产、约束理论等制造创新方法链上包含的其他创新方法进行集成应用。在制造创新方法链的实施过程中，对这些方法的应用也不应是简单的序贯应用，而应该是系统性地集成应用。

1.5.6　应是跨学科、部门协同合作的结果

制造创新方法链的实施，必须进行跨学科、跨部门甚至跨组织的协同与合作，才能进行系统而有效的推进。

首先，从制造创新链的过程看，设计、制造与销售三个环节本身就存在互相影响、相辅相成的密切关系。根据并行工程的相关观点，上述看似前后顺序十分明确的各个环节，实际上是可以而且应该同步进行的。在同步实施的过程中，来自上述三个环节的人员由于在知识背景等方面存在差异，可能无法完全理解其他紧密相关环节的输入输出及处理情况，而创新的最终成功实现有赖于多个学科知识的相互融合与集成，因此在制造创新方法链的实施过程中有必要进行跨学科的反复交流与沟通。

其次，来自上述三个环节的人员可能对同一事物存在不同要求，因而只有各部门之间进行相互合作，才能使制造创新方法链的实施满足各方基本要求，真正见到成效。例如，来自设计、生产和销售部门的人员对同一产品的期望目标与要求可能各不相同，从最终理想解的角度看，各部门成员分别具有不同的产品理想解，而且 A 部门视角下的理想解与 B 部门视角下的理想解可能大相径庭，甚至互相冲突。因此，在制造创新方法链的实施过程当中，有必要在创新方法应用的层面进行跨部门合作，设定并努力实现全局最终理想解。

最后，随着社会分工的细化与专业化，产品在设计、制造和销售过程中，不可避免地涉及与其他组织之间的相互合作，因此制造创新方法链的实施也必须实现跨组织的协同。例如，产品制造模块中的准时生产方式的实施，不仅企业内部的设计、生产与销售部门需要通力合作，而且也离不开外部供应商的迅速反应；而对于专攻研发和市场环节的企业来说，在实施制造创新方法链的过程中，如果缺乏外部合作制造企业的参与和支持，后果也

是很难令人满意的，制造环节必然成为实现有效创新的"短板"。

1.5.7 需分块学习与逐步链接

制造创新方法链的学习与实施是创新方法学习与应用的高级阶段，它是人们在扎实掌握多种创新方法基础上创新能力的系统构建。制造创新方法链各模块中都包含有大量的创新方法，这些创新方法的集成形式变化多端，每种集成模式和对应构成的创新方法链，能解决不同的创新问题并达到不同的创新效果。例如，欲熟练地构建并应用这些创新方法集成模式，绝不能一开始就机械地学习这些集成模式，而必须分模块系统学习各模块包括的各种常用、典型创新方法。扎实掌握各模块包括的常用、典型创新方法是优化实施制造创新方法链的前提。否则学到的只能是花拳绣腿，而不能真正掌握制造创新方法链的精髓，更不可能应用到实际工作中，真正提升企业的创新能力。

所以，在创新方法普及应用的初级阶段，各学习主体需要投入大量时间分别学习和应用制造创新链各模块中的常用、典型创新方法，掌握并熟悉每种方法的核心思想和应用范围，然后再逐步将多种创新方法进行集成链接，打通不同创新方法之间的内在逻辑关系，并尽快将这种集成模式应用到具体的工程问题中，通过问题的解决来验证这种集成模式的可行性和有效性。

在制造创新方法链的推广与应用过程中，也应遵循分块学习与逐步链接的思路。组织企业的研发人员、管理人员和生产人员集中开展多种常用、典型创新方法的学习和应用，并引导各类人员根据自身的工作要求和工作特点，选择适合自己的创新方法进行更进一步的训练和应用，如产品研发人员重点对产品创意激发和技术突破模块中的方法学习运用，管理人员和生产人员对成型优化和生产改善模块中的方法学习运用，逐渐形成自己的常用方法群。然后可以从上述员工中选择部分掌握方法较全面、热衷于方法探索的员工开展制造创新方法链的学习和应用，构建他们的创新方法体系，提升他们的系统化创新能力。

前期，我国已开展了大量创新方法的分块学习、推广与应用工作，也涌现出一批掌握了多种创新方法、具有丰富创新方法工作经验和较强创新意识的技术人员和管理人员，已具备了开展制造创新方法培训和应用的条件和基础。我们相信，注重制造创新方法链的学习和应用，能够培养出一批具有更高创新能力的创新人才，提升我国的创新方法研究与应用水平和层次，提升企业的自主创新能力，为建设创新型国家提供支持。

参 考 文 献

曹福全.2009.创新思维与方法概论.哈尔滨：黑龙江教育出版社.

创新方法研究会.2012.创新方法教程（初级）.北京：高等教育出版社.

崔欣.2001.产品试制过程管理.齐齐哈尔大学学报（哲学社会科学版），（5）：110-111.

邓家禔，韩晓建，曾硝，等.2002.产品概念设计理论.北京：机械工业出版社.

范旭潮，石建平.2013.分公司作业生产保障研究与探讨.装备制造技术，（3）：227-229.

龚京忠，李国喜，邱静.2006.基于功能-行为-结构的产品概念模块设计研究.计算机集成制造系统，12（12）：1921-1927.

李彦，李文强，等 . 2013. 创新设计方法 . 北京：科学出版社 .

李彦，李翔龙，赵武，等 . 2005. 融合认知心理学的产品创新设计方法研究 . 计算机集成制造系统，11（9）：1201-1207.

林岳，谭培波，史晓凌，等 . 2009. 技术创新实施方法论 DAOV. 北京：中国科学技术出版社 .

吕乃基，兰霞 . 2010. 微笑曲线的知识论释义 . 东南大学学报（哲学社会科学版），12（3）：18-22.

孙晓帆，李世国 . 2009. 产品有机原型设计 . 江南大学学报（自然科学版），8（2）：193-197.

檀润华 . 2002. 创新设计——TRIZ：发明问题解决理论 . 北京：机械工业出版社 .

檀润华 . 2010. TRIZ 及应用技术创新过程与方法 . 北京：高等教育出版社 .

赵新军 . 2004. 技术创新理论（TRIZ）及应用 . 北京：化学工业出版社 .

朱岩梅 . 2007. 设计–制造链质量与成本管理研究，上海：同济大学博士学位论文 .

Karl T U，Steven D E. 2009. 产品设计与开发 . 杨德林译 . 大连：东北财经大学出版社 .

Kevin N O，Kristin L W. 2011. 产品设计 . 齐春萍译 . 北京：电子工业出版社 .

Yousef H，et al. 2005. 工程设计过程 . 李熠译 . 北京：清华大学出版社 .

Bytheway C W. 1971. The creative-aspect of FAST diagram. Proc. SAVE Conf. ，An Advanced Course of Instruction for the Value Engineers.

Mann D. 2007. Hands on systematic innovation：for business and management. UK：IFR Press.

Mann D. 2007. Hands on systematic innovation. UK：IFR Press.

Hansen M，Birkinshaw J. 2007. The innovation value chain. Harvard Business Review，（June），121-130.

Mann D. 2004. The next common sense：Philosophy-level integration of TRIZ into an integrated Business and Management innovation process. ETRIA TRIZ Future Conference 2004，Florence，Italy.

Nam P S. 2001. Axiomatic design—advances and applications. Oxford University Press.

Pahl G，Beitz W. 2000. Engineering design—a systematic approach. London：Springer-Verlag.

Vermass P E，Dorst K. 2007. On the conceptual framework of John Gero's FBS-Model and the prescriptive aims of design methodology. Design Studies，（28）：133-157.

|第2章| 创 意 激 发

创意激发模块处于制造创新方法链的前端（图2-1），其目标是通过对用户需求进行分析整理、挖掘各类创新机会点，并借助思维突破方法和工具，利用内外部资源激发创新灵感，高效率、高质量地提出创新设计创意方案，从而满足客户对产品求新和多样化的需求，提高企业的新产品开发能力。该模块是将用户需求转化为概念原型，为后续实现将概念原型转化为具体产品的技术突破提供基础和依据。由于产品生命周期变短，技术、竞争环境以及顾客需求的快速变化，企业需要高效地产生新产品投入市场，因此，有效地获取可行的创意方案反映了企业的创新设计能力，也因此影响着企业的创新能力。

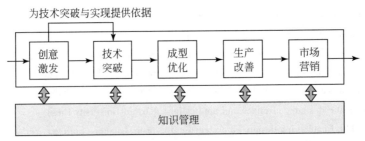

图 2-1　创意激发模块在制造创新方法链中的位置与作用

创意激发模块包括产品需求分析和创意产生两个子模块，其中需求分析子模块将分析人们在生产、生活中对产品的功能、质量、价格以及服务等方面的要求和愿望，对其全面、系统地获取和分析对于决定产品最终的设计质量具有重要意义。创意激发模块则是由分析用户需求到生成概念产品等所构成的一系列有序的、可组织的、有目标的设计活动，以产生一个具有较高质量的产品概念方案。需求分析包括需求获取、需求分类、需求整理、需求挖掘、需求转换五个部分。创意产生子模块则是创意方案生成过程，是对用户需求形成的各类结构不良问题进行求解的过程，在外界关于产品设计信息的不断刺激后，结合记忆系统中已有的设计知识经验，逐渐产生具有较大潜力并且能够最终转化为成功产品的概念。创意产生过程可看做是以用户需求为输入、产品方案为输出的产品设计状态的转换过程，包括准备期、酝酿期、顿悟期、验证期和输出方案五个部分，其实施过程及实施环节如图2-2所示。

该模块的内容包括：一是对用户多种模糊需求进行有效获取，并挖掘用户需求中隐藏的各种创新机会点，通过对其分析、处理，将用户需求转化为可供设计人员进行产品开发的设计需求。二是通过对需求中存在的各类冲突和为实现需求所需满足的条件进行积极思考，借助各种思维激励工具突破原有思维定势，产生出众不同、使用可行的设计途径和原理。本章将对这两个关键内容中的创新方法进行介绍，并就其中典型实用的方法结合相

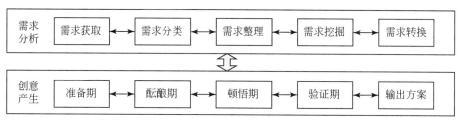

图 2-2　创意激发过程及各实施环节

关案例进行系统化描述。

　　本章共分为三节，2.1 节主要讨论用户需求分析相关问题及对应方法。在这个部分中，首先对用户需求分析的意义及步骤进行简单介绍，对该子模块存在的主要问题进行分析。针对这些问题提出了实现用户需求获取、需求分类、需求整理、需求挖掘和需求转换的各类方法及这些方法的局限性，并针对这些方法结合案例进行了介绍。2.2 节的主要内容是针对挖掘出的用户需求形成创新的机会点，并对各类机会采用不同思维激励方法实现创意方案的产生。2.3 节是对本章的总结。本章介绍的技术层面方法包括矛盾解决理论、物场模型、效应法、ARIZ 法、小人法、裁剪法、整体思考法、SIT 法、创造性模板、形态分析法和理想解；从管理层面讲，介绍的主要方法包括综摄法、头脑风暴法、KJ 法、5W2H 方法、核检表法、概念扇等多种创意产生的方法，并结合实例对其中一些操作性较强的方法进行了重点介绍。

2.1　需 求 分 析

　　需求分析位于制造创新方法链的最前端，对于新产品开发能否成功有着至关重要的影响。国外研究结果表明：在每 100 个新产品方案中，平均只有 6.5 个方案能够产品化，而这些能够产品化的方案又仅有 15% 的方案能够被成功实现商品化。究其原因，主要是企业开发的新产品与市场的用户需求存在较大差距，产生这种差距有两种可能性：①企业没有进行需求分析，就开始了新产品的开发；②企业在需求设计过程中，没有采用准确有效的需求分析方法，从而得到了不准确的需求分析结果。因此，欲提高新产品开发的成功率，需求分析是必不可少的重要环节之一。

2.1.1　需求分析定义

　　用户需求是人们在生产、生活中对产品的功能、质量、价格以及服务等方面的要求和愿望，它通常具有多样性和模糊性的特征。不同经济水平的群体和不同社会环境下的用户对产品需求会具有差异性。同时，随着社会发展、技术进步、观念更新以及环境变化，用户对产品的需求也呈现出多变的特点。由于用户需求具有不确定性，用户群对产品需求的表达往往是一种模糊的语言描述，因此还需将其转换成较为明确的设计需求指标。

　　从用户的角度考虑，用户需求反映了用户对企业、产品总的要求，是产品概念设计的起点、产品创新的源泉和动力。这些需求通常是描述产品使用性能的主要特征，或者说明产品应具有的性能状态和一些特征的基本结构等，对用户需求的全面认识、准确获取和分析决定了产品最终的设计质量。因而采用有效的方法实现用户需求分析非常重要，需求分析是设计者在对用户需求信息获取的基础上，进行结构化处理和转换的过程。

2.1.2 需求分析过程及存在的问题

目前，由于处于生存、竞争和发展的多重压力之下，企业迫切需要根据自身的特点，挖掘市场的潜在需求，将市场需求与本企业的技术能力相匹配，开发出畅销对路的新产品。企业也要不断寻求技术进步，把握新技术的发展方向，依靠技术创新赢得产品竞争优势。然而，目前的需求分析方法仅能将用户显性的基本需求和期望需求加以获取、分析和整理，并不能挖掘出用户的潜在兴奋型需求。另外，目前常用的用户需求分析方法多数都是从市场和技术角度获得用户需求，忽略了产品自身也携带了产品需求的基因这个资源，所以可以从多个市场、产品内外两个角度来获得用户需求这一重要视角。

需求分析的主要任务是获取用户需求，挖掘创新机会点，对其分析、处理，并转化为产品设计需求。通过需求分析，有助于设计者对当前问题进行详细的分析，弄清楚问题的要求，或对新产品进行有效分析，明确其设计需求，并实现将需求转换为技术特性的过程。需求分析主要包括需求获取、需求分类、需求整理、需求挖掘和需求转换等环节，通过上述过程，将获得的用户需求形成用户需求说明书，并转换为产品的技术特性，指导整个设计活动。需求分析过程中的关键环节包括需求获取、需求整理和需求转换。

2.1.2.1 需求获取

需求获取的来源主要有两类：一类是对市场的用户需求进行获取，这种方法可以有效获取产品市场的实际需求，针对性较好。但其不足是产品的市场使用者常常会用一些模糊、主观的语言对产品的喜好进行表述，这种表达很难形成具体的设计要素。另外用户的这种描述大多数局限于产品已有性能，而对产品未来的开发方向和相关技术发展鲜有涉及，即无法描述出产品的潜在需求。另一类是对已有技术系统存在的各种问题及未来发展趋势信息进行获取，这种方法可以从产品自身角度出发进行新产品开发，利于设计人员开展具体的设计过程。但其不足是未考虑市场实际需求，产品开发的方向具有较高的风险性。目前基于第一类的常用用户需求获取方法主要有：①设计者直接使用自己设计的产品，发现不足之处，即设计者自己充当"用户"；②用户问卷调查；③组织不同用户参加一专门小组进行讨论；④与用户面谈；⑤到采用本产品的现场调查；⑥研究竞争者的产品。

需求信息收集最可靠的途径是到用户使用产品的现场去调查，到现场调查往往能深入理解顾客需求，能发现顾客未意识到的潜在需求。图2-3是需求信息收集所使用的常用方法，其中，资料信息的来源有行业公开信息、行业资深专家公开发表的观点、政府数据与信息、相关的经济数据、企业年报、季报、经济分析师的财务分析报告、网络信息等。在实际实施需求信息收集时可根据需要做改变或者创造新方法，对这些方法实施的准则、注意事项、步骤可参考相应文献。

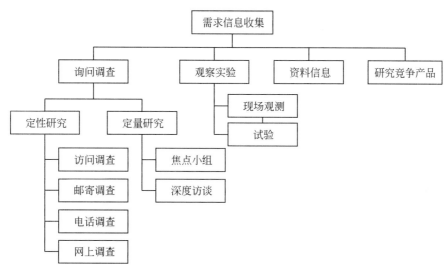

图 2-3 用户需求信息收集方法

还有其他一些需求的获取方法，Hippel 提出设计一套支持工具让顾客进行设计，从而免去需求分析的过程，并提出设计此工具的原则：①支持用户进行"试错—学习"过程；②提供用户一个问题解决空间；③支持工具是用户友好的，用户能以自己熟悉的语言进行设计，而不必花很多时间学习使用支持工具；④包含一个通常使用的模块库，使得用户能将通用模块集成至设计中，从而使得用户能集中于真正的特色设计；⑤应能保证支持工具设计出的产品能被制造，而不需要制造工程人员进行修改。这种用户设计支持工具比较适合于开发已有平台产品，满足顾客个性化需求的产品。

在进行用户需求获取时，除了要从产品市场需求分析中获取用户期望型需求外，还应通过对企业现有产品自身技术进化角度的分析，从产品的需求市场和技术预测两个方面来获取用户的潜在需求。具体用户需求获取过程如下。

步骤 1 现实需求获取：企业根据自身的产品特点，在产品细分市场中，选择适当的目标用户群体作为本企业的创新目标市场。通过对企业现有产品与竞争对手产品在特性、主要技术参数、竞争力等方面的分析对比，确定企业产品的功能、技术特性范围和产品用户的期望型需求。

步骤 2 潜在需求获取：通过基于科学技术现状的调研，对创新技术发展方向进行预测，并结合企业自身产品技术特征，通过对技术市场中产品性能、产品利润和产品专利数进行分析，对产品进化曲线进行技术预测，从而挖掘出用户的兴奋型需求。

步骤 3 将两类需求汇总，得到用户的总需求，如图 2-4 所示。

2.1.2.2 需求整理

获取信息之后当然需要对所获取的信息进行整理以及实现需求信息的表达。第一步是

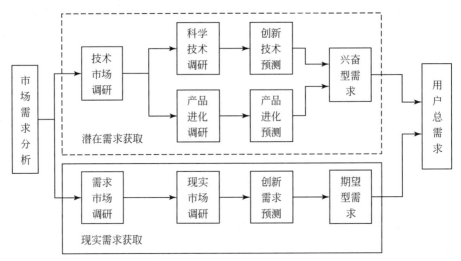

图 2-4 用户需求获取过程模型

解释顾客的描述，对获得的需求进行归纳整理，有时顾客的描述是比较模糊和笼统的，需要将这些描述转换成简洁、功能明确或质量明确的要求，常见的方法如近似图表法和客户分类法；第二步是将这些需求项目进行归类，形成层次分明的需求树结构，归类从顾客的角度，可采用亲和图的方法来进行，后续处理可采用统计处理方法以形成需求树结构；第三步是按顾客需求的重要性进行资源分配以符合顾客的利益，对顾客需求重要性的排序有直接评分法、顺位法、成对比较法、层次分析法、网络分析法等。

为了使获取的用户需求更加具有针对性，可根据设计目标的不同，将用户需求划分为面向目的需求、面向问题需求、面向结构需求和面向过程需求。其中面向目的需求主要是针对产品功能的求解，应该着重关注用户对产品功能的要求。面向问题的需求是对已有产品的局部改进，如产品质量、工效、经济性等，所有需求获取的落脚点应该在这些方面。面向结构的需求是为获取用户关于产品结构、材料和对环境适应性方面的要求。面向过程的需求是考虑用户对设计过程的要求。用户需求的层次框架结构如图 2-5 所示，整个用户需求可用层次化的框架结构加以表达，框架结构可以表示客观事物所具有的属性、状态以及之间的关系，这种表示既具有层次化特点，又可以满足模块化的要求。将用户需求进行层次化分解，随着对产品定义的不断深化，用户需求也逐渐细化。当然，对产品用户需求的获取，并不是一种设计问题就只对应一类用户需求，可能是多种设计需求的综合，本书对用户需求的这种分类只是根据设计的侧重不同对用户需求进行更有针对性的采集和整理。

2.1.2.3 需求转换

在对需求进行分析和整理后，由于需求是从用户角度获得的产品期望，用户在描述产品需求时，按照他们自己的自然语言来描述对产品的改进需求，他们不是专业的工程师，这些描述往往是模糊不清的，甚至客户自身也不清楚他们对产品的深层次需求。因此需求信息本身并不能反映产品的技术特性，需要信息将需求进一步转换为产品技术特性。

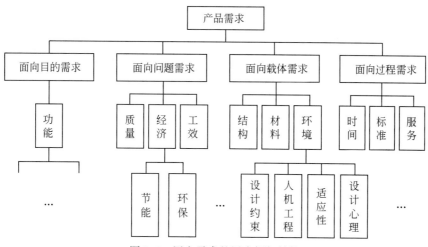

图 2-5 用户需求的层次框架结构

在需求转换过程中，常用到的转化工具有质量功能配置（quality function deployment，QFD）和主要价值参数法（main parameter of value，MPV）。QFD 是将顾客需求与技术特性结构化联系的工具，从而实现需求转换，可应用于将顾客需求转换成技术目标值，转换时综合参考技术基准评价和顾客基准评价，从而制定出具有竞争优势的技术目标值。MPV 则是工程师将客户需求转化为准确工程技术语言的工具，通过 MPV，工程师将客户需求转化为产品技术特性，然后采用相应的技术手段对问题进行分析和改进。

2.1.3 需求分析方法

针对目前需求分析中存在不易挖掘出用户隐性需求、需求分类整理目标性不强、需求转换手段单一等问题，本小节将介绍多种有效需求分析方法。从技术层面讲，方法主要包括根源分析、鱼骨分析、FMEA、AFD 分析、故障树分析、功能价值分析、MPV、QFD、需求进化分析、近似图表法；从管理层面讲，方法主要包括 Kano 分析、VOC 分析、聚类分析法、技术路线图、专利分析法和需求进化理论，见表 2-1。

表 2-1 需求分析过程中的主要创新方法

环节	问题	可用创新方法
需求获取	如何准确获取用户需求，不仅获取用户潜在的基本需求，还需有效获取用户隐性的期望和兴奋性需求	根源分析、鱼骨分析、AFD 分析、故障树分析、Kano 分析
需求分类	如何针对不同的问题特点将需求分为不同类型，并为后续创新问题的解决提供相适宜的方法	VOC 分析、功能价值分析、近似图表法
需求整理	如何有效将用户的模糊和不规范的需求转化为利于设计人员进行分析和实施的技术需求	聚类分析法、专利分析法、需求进化理论、技术路线图
需求挖掘	从用户需求中挖掘出技术突破的问题点，为后续设计提供有效的创新机会	QFD 方法、需求进化分析

(1) 根源分析

根源分析即根本原因分析（root cause analysis，RCA）是一种结构化和系统化的问题处理方法，可以深入分析问题、找出引发失效的机理或诱因，是一种简单实用的发现问题、定位原因的分析工具，可以有助于理解并挖掘出现问题背后的详细原因，用以逐步找出问题的根本原因并加以解决，而不是仅仅关注问题的表象，以便于采取恰当的改进及预防措施。

(2) 鱼骨分析

鱼骨图是由日本管理学家石川馨先生所发展出来的，故又名石川图。鱼骨图是一种发现问题"根本原因"的方法，它也可以称为"因果图"。由于问题的特性总是受到一些因素的影响，我们首先找出这些因素，并将它们与特性值一起，按相互关联性整理而成的层次分明、条理清楚，并标出重要因素的图形就叫特性要因图。因其形状如鱼骨，所以又叫鱼骨图，它是一种透过现象看本质的分析方法，又叫因果分析图。

(3) AFD分析

预期失效分析（anticipatory failure determination，AFD）是一种失效分析工具，是TRIZ中的一种主要工具，是基于技术系统进化法则的一套完整的问题解决程序。它的主导思想是：与其让设计人员寻找产品失效的原因，不如将问题进行转换，让设计人员思考如何让产品失效，然后思考如何避免这些失效。应用AFD确定潜在失效模式及原因的步骤有：①确定系统理想状态，并将系统理想状态反转，即系统总是发生故障，不能正常工作；②寻找使系统达到理想状态的方法，即寻找使系统发生故障的方法；③应用系统可用资源验证每一种假象方法是否可能实现；④根据可能实现的假象方法，得到系统潜在的失效模式及其发生的原因。

(4) 故障树分析

故障树分析（fault tree analysis，FTA）是美国贝尔电报公司的电话实验室于1962年开发的，它采用逻辑的方法，形象地进行分析，特点是直观、明了，思路清晰，逻辑性强，可以做定性分析，也可以做定量分析。故障树分析体现了以系统工程方法研究安全问题的系统性、准确性和预测性，可用于产品需求分析。

(5) 功能价值分析

获取用户需求后，需要进行功能的定义、分类、整理、评价等步骤。经过分析和评价，设计人员可以提出多种方案，从中筛选出最优方案加以实施。在决定实施方案后应该制订具体的实施计划，提出工作的内容、进度、质量、标准、责任等方面的内容，确保方案的实施质量。为了掌握价值工程实施的成果，还要组织成果评价。成果的鉴定一般以实施的经济效益、社会效益为主。作为一项技术经济的分析方法，价值分析将技术与经济紧密结合，并注重与提高产品的价值、注重研制阶段开展工作。

(6) MPV

MPV是连接客户需求和产品技术特性之间的纽带和桥梁，MPV分析是将客户需求转化为产品特性的过程。例如，一个卡车公司经理关于购买哪个型号的新卡车的决定，取决于年运行费用的预算（包括燃料、维护、修理、保险等）、带来的利润（涉及静载重量、装卸时间）、司机的喜好（包括卡车的外表）以及其他因素，这些因素都需要在获取顾客需求之后，通过排序最终确定产品价值的主要参数——MPV，其具体应用过程见 2.1.4.3 小节。

（7）QFD

质量功能配置（quality function deployment，QFD）在 20 世纪 70 年代由日本学者提出，它是一种将用户需求转化为质量特征，通过系统的展开，将用户需求转化为最终产品的设计质量，并从每个功能部件的质量一直延伸到每个零件和工艺过程的质量。通过这一关系网络得以形成产品的总体质量。质量功能配置的目标是确保以用户需求来驱动产品的设计和生产，从而生产出最大限度满足用户需求的产品。

（8）近似图表法

近似图表法是对需求分组的一种方法，由产品开发人员将需求分组，寻求不同需求的相似性。为进行分组，每个设计者需求都有一个相应的客户身份标记，记为"Post-it"，取出一个标有 Post-it 的标记，粘在一块大白板上第一个需求的后面，将下一个客户需求与其进行对比，如果不同，在白板上重建一个新栏，如果本质相同，将 Post-it 标记置于相同的陈述下面，反复重复这一过程，直到标记完全部的"Post-it"标记，过程如图 2-6 所示，通过这一过程将客户需求分组，表现出客户的期望、要求和重要性。

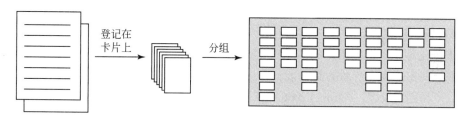

图 2-6　近似图表法的应用过程

（9）Kano 分析

Kano 分析方法有助于设计者更好地理解用户需求，Kano 模型定义了基本型、期望型和兴奋型三类用户需求，在需求分析中，采用 Kano 分析对用户需求进行分析和整理，有助于替身产品的市场适应能力，该方法的具体应用见 2.1.4.1 小节。

（10）VOC 分析

VOC（客户声音）是用多种手段获得用户需求之声的方法体系。它是一系列工具、方法、技术的集成，允许设计人员系统地收集和分析客户需求以及客户如何重视那些需求。了解客户需求和他们是如何评价这些需求的，向设计人员展示外部客户最重视什么的方法。

（11）聚类分析法

聚类分析是建立概念、发现和总结规律、识别模型的一个基本方法，是多元统计分析的一种，也是非监督模式识别的一个重要分支。在需求分析中，聚类分析方法把获得的用户需求进行聚类处理，方便设计者更加高效地开展设计活动，其具体应用过程见 2.1.4.2 小节。

（12） 技术路线图

技术路线图是指应用简洁的图形、表格、文字等形式描述技术变化的步骤或技术相关环节之间的逻辑关系，它能够帮助使用者明确该领域的发展方向和实现目标所需的关键技术，理清产品和技术之间的关系，它包括最终的结果和制定的过程，技术路线图具有高度概括、高度综合和前瞻性的基本特征。技术路线图是一种结构化的规划方法，它作为一个过程，可以综合各种利益相关者的观点，并将其统一到预期目标上来。同时，作为一种产品，纵向上它有力地将目标、资源及市场有机结合起来，并明确它们之间的关系和属性，又预测未来；作为一种方法，它可以广泛应用于技术规划管理、行业未来预测、国家宏观管理等方面。

（13） 专利分析法

专利分析是对专利说明书、专利公报中大量零碎的专利信息进行分析、加工、组合，并利用统计学方法和技巧使这些信息转化为具有总揽全局及预测功能的竞争情报，从而为企业的技术、产品及服务开发中的决策提供参考。专利分析不仅是企业争夺专利的前提，更能为企业发展其技术策略、评估竞争对手提供有用的情报。因此，专利分析是企业战略与竞争分析中一种独特而实用的分析方法，是企业竞争情报常用分析方法之一，是指跟踪、研究、分析某一领域及竞争对手的专利发明，以获得超越竞争对手优势为目的的企业竞争情报分析。

（14） 需求进化理论

需求进化理论是根据用户的需求变化总结出来的规律，是 TRIZ 体系中的最新研究成果，按照这些定律确定产品的新功能，并应用 TRIZ 中的效应知识库确定新功能的原理解，最终建立产品创新模型。Petrov（2006）在对人类需求变化规律分析的基础上认为，与技术系统进化理论相似，需求也是有进化规律的，概括起来有五条需求进化定律，即需求理想化（idealization of needs）、需求动态化（dynamization of needs）、需求协调化（coordination of needs）、需求集成化（integration of needs）、需求专门化（specialization of needs）。其中，需求理想化是核心，需求动态化、需求集成化、需求专门化及需求协调化最终就是实现需求的理想化。在需求分析中分析用户需求在产品整个生命周期过程的变化及特征，根据需求进化理论正确预测用户需求，可以在用户需求过剩即将出现之前就进行技术创新，从而可以把握商机，在竞争对手之前抢占新市场。

2.1.4 典型方法及案例

本小节详细介绍三种典型的需求分析方法应用过程及实例，其中 Kano 模型用于需求获取，聚类分析用于需求整理，MPV 用于需求转换。

2.1.4.1 Kano 分析

（1） Kano 分析概述

Kano 模型是日本东京理工大学的质量专家狩野纪昭（Noriaki Kano）提出的与产品性

能有关的用户满意度模型，该模型能很好地识别用户需求并对用户需求进行分类，体现了用户满意度与产品质量特性之间的关系。图 2-7 为 Kano 模型需求分类图，它将用户需求分成以下几类。

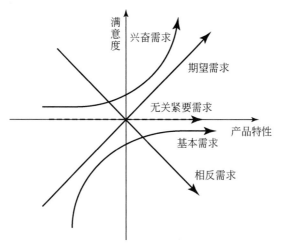

图 2-7　Kano 模型需求分类图

基本需求（must-be requirements）是指用户认为此产品特性需求是产品理所当然必须具有的属性，当其满足时可消除用户的不满，但是并不会使用户满意度提高。但是如果此类需求没有得到满足或表现欠佳，用户的不满情绪会急剧增加。产品的基本需求一般来说都属于此类，对于这类需求，企业应该首先满足该需求。例如，洗衣机的基本洗衣功能就是用户的一个基本需求。

期望需求（one-dimensional requirements）是指提供的产品或服务比较优秀，但并不是必需的产品属性或服务行为。它表现的用户满意度与产品特性成正比关系。期望型需求在产品中实现的越多，用户就越满意；当没有满足这些需求时，客户就不满意。这是处于成长期的需求，用户、竞争对手和企业自身都关注的需求，也是体现竞争能力的需求。对于这类需求，企业应该要注重提高这方面的质量，要力争超过竞争对手，如冰箱噪声低的特性。

兴奋需求（attractive requirements）是指用户意想不到的产品特性需求，它提供给用户一些完全出乎意料的产品属性或服务行为，使用户产生额外的惊喜。这类需求的缺失并不会导致用户的不满意。但是当产品提供了这类需求时，顾客就会对产品非常满意，从而使用户的满意度迅速提高。这类需求往往是代表顾客的潜在需求，企业要努力寻找发掘这样的需求，使其领先于其他对手。例如，洗衣机的除皱功能。

除了以上三类需求外，还包括其他几类需求。

相反需求（reverse requirements）表示用户希望某产品属性具有相反的特性需求，当该产品特性出现后，用户的满意度将下降。无关紧要需求（indifferent requirements）表示用户对某产品特性的存在不关心或不感兴趣。

用户的需求特性是一个动态变化的因素，会随时间、技术、市场细分等情况发生改变。Kano 教授提出产品质量特性元素变化从诞生到成熟的生命周期为：无关紧要需求质量特性→兴奋需求质量特性→期望需求质量特性→基本需求质量特性。对于某些无关紧要需求，它是兴奋需求在特征不充足时的一种需求，可以转化为兴奋需求。故对于有较高用户需求权重的无关紧要需求，如果添加一些特殊功能的特征属性会使用户的需求得到一定的满足。这对于新出现在市场上或潜在的用户群所不熟悉的产品具有研究意义。因此在对用户需求处理过程中，不能完全忽略无关紧要需求的存在，在有必要的情况下产品开发者可以在产品属性中添加适当的无关紧要需求。

Kano 模型反映了一个动态变化的用户需求模型，今天使用户兴奋的需求到明天可能就变成了期望需求，再到将来也可能变成基本需求。例如，在电视机刚发明的时候，人们开关电视机是直接按电视上的开关按钮，但是后来慢慢有人发明了遥控器，这样遥控器在那时就是一种兴奋需求，因为当时很多人没有想到这种方式。但是如今遥控器已经是电视机的一个重要配件，我们现在认为遥控器为买电视机所必需的，因而遥控器也就成为了一种基本需求。

（2）Kano 分析步骤

基于 Kano 模型的用户需求分类法步骤如下。

步骤 1 用户需求调查。

由于用户需求信息的复杂性、模糊性和多变性等特点，为了更好地识别用户需求的类型，书中采用 Kano 问卷调查表来对用户需求进行分类。Kano 问卷调查表是由 Matzler 和 Sauewrein 等提出的用于对用户需求进行分类的方法。Sauerwein 认为，用户所提及的需求只是表面上的一部分，为了挖掘潜在的或未被陈述的需求，他提出一种特殊形式的问卷——Knao 问卷，作为传统 VOC 需求获取方法的补充，以对用户需求进行分类和定量计算。Knao 问卷可确定用户的需求类别，并能够得出某产品特性对用户满意度的影响。

Kano 问卷调查表为每个产品属性设置了两个相反的问题。分别表示当产品具备和不具备某产品特性时，用户对该产品属性的感觉。用户感觉分为五个类别：喜欢、必须这样、保持中立、可以忍受和不喜欢。下面以洗衣机的脱水功能为例来说明，首先设计的关于产品属性的两个问题是：①当洗衣机具有脱水功能时，你的感觉是？②当洗衣机不具有脱水功能时，你的感觉是？每个问题后面都有五个选择项，用户根据自身的感觉选择，见表 2-2。

表 2-2　Kano 问卷调查表

用户需求	产品属性	用户感觉				
		喜欢	必须这样	保持中立	可以忍受	不喜欢
洗衣机脱水功能	具备脱水功能		✓			
	不具备脱水功能					✓

步骤 2 用户需求分类。

通过用户需求调查表，收集到用户的需求，再通过分类评估表对用户需求进行分类。

表 2-3 是 Matzler 和 Hinterhubei 所提出的 Kano 模型需求分类评估表。通过用户对正反两个问题的回答，就可以分析归纳出用户的需求意见。例如，在表 2-3 中，对于洗衣机具备脱水功能，用户的回答是"必须这样"；而对于洗衣机不具备脱水功能，用户的回答是"不喜欢"，则根据分类评估表就能确定用户的需求为基本需求。

表 2-3　Kano 模型需求分类评估表

用户需求		产品不具备某功能属性				
		喜欢	必须这样	保持中立	可以忍受	不喜欢
产品具备 某功能属性	喜欢	Q	A	A	A	O
	必须这样	R	I	I	I	M
	保持中立	R	I	I	I	M
	可以忍受	R	I	I	I	M
	不喜欢	R	R	R	R	Q

注：A 表示兴奋需求；O 表示期望需求；M 表示基本需求；R 表示相反需求；I 表示无关紧要需求；Q 表示问题需求，下同

由于用户对产品的属性感觉是不同的，因此在对调查结果统计时就会出现不同的用户对需求的类别划分不一样，这时候采用频数最大优选法来选择。所谓频数优选法是指根据一个选项出现的频率多少来选择。例如，经过调查统计后对于洗衣机的脱水功能属性，统计结果为：有 5 人的选择确定为无关紧要需求，50 人的选择确定为基本需求，18 人的选择确定为期望需求，10 人的选择确定为兴奋需求。则根据频数最大优选法认为该用户需求为基本需求。在统计用户需求时，除了基本需求、期望需求和兴奋需求外，还要特别注意另三类需求：问题需求、相反需求和无关紧要需求。

1）问题需求是指用户的回答自相矛盾，在回答正反两个问题时的结果是一样的。例如，对于洗衣机脱水功能来说，正面问题是：当洗衣机具有脱水功能时，你的感觉是？用户回答是"必须这样"。反向问题是：当洗衣机不具有脱水功能时，你的感觉是？用户的回答是"必须这样"。这样显然互相矛盾。出现问题需求的有两种可能：一是用户误解了正反两个问题的涵义；二是用户填写时出现错误。在统计时就应该去除这类需求。

2）相反需求是指用户的回答与调查者的设计意愿相反，即用户不希望该产品属性出现。例如，对于洗衣机脱水功能，正面问题是：当洗衣机具有脱水功能时，你的感觉是？用户的回答是"不喜欢"。反向问题是：当洗衣机不具有脱水功能时，你的感觉是？用户的回答是"必须这样"。这种情况就显然与调查者的初衷相左，出现这种情况可能是在前期调查用户需求时产生了错误。在统计用户需求时，该部分需求也应该排除。

3）无关紧要需求是指用户对调查选项不关心或认为无关紧要。这类需求需要慎重考虑，因为对于某些无关紧要需求，它是兴奋需求在特征不充足时的一种需求，可以转化为兴奋需求。对于有较高用户需求权重的无关紧要需求，如果添加一些特殊功能的特征属性会使用户的需求得到额外的满足。

步骤 3 用户需求敏感程度分析。

完成对质量特性的需求分类，接下来就可以进行 Kano 模型分析。Kano 模型分析是通过对各质量特性的满意影响力和不满意影响力的分析，来判断顾客对这些质量特性水平变化的敏感程度，进而确定改进那些质量特性敏感性高、更有利于提升顾客满意的关键因素。本书根据 Matzler 和 Hinterhubei 提出的计算方法对用户需求进行用户需求敏感程度计算。该方法是利用 Kano 需求调查表收集到的用户需求分类信息数据，定量计算某产品属性对用户满意程度和不满意程度的影响。

当产品具备某功能属性时，用户满意影响程度用 S_i 表示：

$$S_i = \frac{A_i + O_i}{A_i + O_i + M_i + I_i} \tag{2-1}$$

当产品不具备某功能属性时，用户满意度的下降率用 D_i 表示：

$$D_i = \frac{M_i + O_i}{A_i + O_i + M_i + I_i} \tag{2-2}$$

式中，A_i，O_i，M_i，I_i 表示各类需求在分类评估表中出现的频数，$i = 1$，2，$\cdots$，m；其中 m 为用户需求总个数。

将各质量特性以 S_i 值为横坐标、D_i 值为纵坐标纳入敏感性矩阵中。在半径圈（右图中以原点 O 为圆心，OP 为半径的圆）以外的因素，并且离原点越远的因素，敏感性越大，而在圈内的质量特性敏感性不大，可暂时不予以考虑。

下面根据上述 Kano 分析步骤对家用洗衣机的需求进行分析，为了了解顾客需求层次，确定改进方向，某企业针对所生产的洗衣机选取了六个质量特性（洗衣、漂洗、甩干、洗衣静音、杀菌、洗衣机款式）设计 Kano 问卷并进行了调查。如前面介绍的一样，针对洗衣机的六个质量特性分别提出正面和反面的问题，发放了问卷调查表。应用问卷调查表得到每个质量特性的数据之后，就可以计算每个质量特性在不同需求类型中出现的频率，具体见表 2-4。

表 2-4 洗衣机的部分质量特性评价结果

质量特性	A	O	M	I	R	Q	分类结果
洗衣	6.0	26	66.2	1.6	0.2	0.0	M
漂洗	7.5	23.8	65.4	2.5	0.8	0.0	M
甩干	8.7	61.3	15.4	13.0	1.5	0.0	O
洗衣静音	83.3	5.2	6.0	4.0	0.3	1.2	A
杀菌	4.7	16.1	5.3	43.0	20	0.9	I
洗衣机款式	3.2	15.5	11.5	39.4	30	0.4	I

在分类时不用考虑 I、R、Q 的数据，根据每个质量特性在 A、O、M 中出现的频率大小确定质量特性的分类结果。由表 2-4 中的结果可以得到：洗衣和漂洗是基本型需求；甩干功能为期望型需求；洗衣静音为兴奋需求；杀菌和洗衣机款式为无关紧要需求。根据式

（2-1）、式（2-2）所得的计算结果见表 2-5。

表 2-5　洗衣机部分质量特性敏感性分析结果

质量特性	S_i	D_i
洗衣	0.32	−0.92
漂洗	0.32	−0.89
甩干	0.71	−0.78
洗衣静音	0.90	−0.11
杀菌	0.21	−0.22
洗衣机款式	0.19	−0.27

　　将各质量特性以 S_i 值为横坐标、D_i 值为纵坐标纳入敏感性矩阵中。在半径圈（图 2-8 中以原点 O 为圆心，OP＝0.707 为半径的圆）以外的因素，并且离原点越远的因素，敏感性越大，可以确定"甩干、洗衣、漂洗、洗衣静音"是关键要素（图 2-8）。而在圈内的质量特性敏感性不大，"杀菌和洗衣机款式"可暂时不予以考虑。

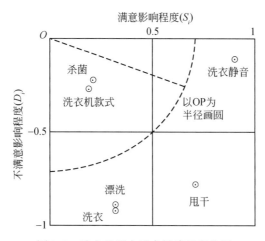

图 2-8　洗衣机用户需求敏感程度分析

2.1.4.2　聚类分析

（1）聚类分析概述

　　聚类分析是建立概念、发现和总结规律的一个基本方法，是多元统计分析的一种。它把一个没有类别标记的样本集按某种准则划分若干个子集（类），使相似的样本尽可能归为一类，而不相似的样本尽量划分到不同的类中，传统的聚类分析是一种硬划分，它把每个待辨识的对象严格地划分到某类中，具有非此即彼的性质，因此，这种类别划分的界限是明显的。而实际上大多数对象并没有严格的属性，它们在形态和类属方面存在着中介性，具有亦此亦彼的属性，因此适合进行软划分。模糊集理论的提出为这种划分提供了有力的划分工具，人们开始用模糊的方法处理聚类问题，并称为模糊聚类分析。由于模糊聚类得到了样本属于各个类别的不确定性程度，表达了样本属性的中介性，即建立起了样本对于类别的不确定性描述，更能客观反映现实世界，从而成为聚类分析研究的主流。

模糊聚类分析的研究目的就是把相似的多维对象归并成类，研究的主要内容是如何度量相似性以及怎样构造聚类的具体方法，以达到分类的目的。在顾客需求识别中，应用模糊聚类分析根据不同的特征把讨论客户需求分成不同的类群的问题。应用该方法后，可以根据每一类群的特征，有效地选择需求顾客群，制订产品服务差异化策略，制订针对性很强的方案，从而提高顾客满意度，实现企业的最大化赢利。

在顾客需求获取过程中，模糊性是需求信息的基本特征。模糊性的根源在于：一是度量尺度的模糊性，尤其在以人的感性认识为主要判断依据时；二是认识对象群体的模糊性，样本的全体就具有群体模糊性。用亲和图法对顾客需求进行归类时有一定的随意性，采用模糊理论中的模糊聚类分析方法更为科学。

（2）聚类分析应用步骤

应用聚类分析方法对顾客需求进行分类的基本思想是从若干顾客的多个需求特性中，找出能度量顾客之间或需求特征之间相似程度的统计量，构建一个对称的相似矩阵。在此基础上进一步寻找各个顾客之间或顾客组合之间的相似程度，按相似程度的大小，把顾客逐一归类。关系密切的聚集到一个小的分类单位，关系疏远的聚集到一个大的分类单位，直到所有的顾客需求聚集完毕，形成一个亲疏关系图谱。更自然和直观地显示顾客需求特征间的差异和联系。

聚类分析时选取的特征是通过深入研究做出的决定，都是当前产品需要集中解决的主要矛盾。根据矛盾分析理论，包含矛盾数量最多的一级特性对应的层次即为产品目前所处的阶段。用该方法判定产品发展阶段不需要搜集大量的产品专利数量、专利级别等信息，简洁方便，实用性强。

根据用户需求层次模型可以把握产品整体发展方向，明确产品目前所处位置，寻找改进点，挖掘目标市场客户的潜在需求，准确预测产品下一阶段发展趋势，以赢得新的市场优势。

聚类分析时，由于用户对产品特征描述比较模糊，难以直接区分到底属于哪种特性。因此，运用模糊聚类分析方法将用户对产品散乱和模糊的特征描述进行层次划分。

由于产品特征在层次划分上具有很大模糊性，而模糊理论的思想能够有效地表现量变引起质变的基本特性，因此，选用模糊聚类分析法对产品特征进行层次划分。

找出满足产品最具代表性的特征，通过专家打分找出各特征对应每层特性的隶属度，构建一个对称的相似矩阵。按各特征相似程度的大小，逐一归类。直到所有特征都聚类完成，即可完成分类，具体步骤如下。

1）确定产品特征。用 c_{r_i} 表示第 i 个产品特征，则所选特征的总体可表示为 c_{r_i}（$i=1$，2，3，…）。由于实际应用时选取特征较多，计算量将会急剧增大。每一产品特征属于不同层次产品特性的隶属度用 $c_{r_{in}}$ 来表示，则 5 层不同产品特性表示为 $c_{r_{in}}$（$n=1$，2，3，4，5）。

2）建立模糊相似矩阵 $\boldsymbol{R}$。模糊相似矩阵中 r_{ij} 即为 c_{r_i} 和 c_{r_j} 的相似程度。根据各特征与五层特性之间的相关性大小建立 R，因而采用最大最小法公式计算。

3）改造相似关系为等价关系。采用平方法求出传递闭包 $\hat{R}$，$\hat{R}$ 为模糊等价矩阵。若 $R^{2k} = R^k \cdot R^k$，则 $\hat{R} = R^{2k}$。

4）模糊聚类结果分析及方案设计。随着 λ 取值不同，会产生不同的 R_λ，进而产生不同的特征分类。再按照第三部分所述方法制定产品设计方案。

（3）聚类分析应用实例

以插线板为例，对相关特征进行模糊聚类分析。

1）提取产品特征。根据目前插线板市场研究，为避免计算量过大，选取以下特征进行分析：c_{r1} 表示增加插头间隙；c_{r2} 表示价格合理；c_{r3} 表示色彩淡雅；c_{r4} 表示超电流过载保护；c_{r5} 表示材料可回收；c_{r6} 表示插孔有单独指示灯和开关；c_{r7} 表示优质防火工程塑料；c_{r8} 表示品牌；c_{r9} 表示售后服务；c_{r10} 表示造型；c_{r11} 表示防滑花纹。

2）建立模糊相似矩阵。对每一产品特征 c_{ri} 分别针对五个特性构造向量 c_{rij}（$j = 1$，2，3，4，5），表示该特征针对每一产品特性的隶属度。通过有关人员调查打分结合专家调整，得到产品特征隶属度，经计算可得到模糊相似矩阵 R。

$$R = \begin{bmatrix} 1 & 0.48 & 0.5 & 0.43 & 0.56 & 0.63 & 0.59 & 0.61 & 0.48 & 0.48 & 0.79 \\ 0.48 & 1 & 0.52 & 0.77 & 0.46 & 0.59 & 0.56 & 0.71 & 0.4 & 0.62 & 0.56 \\ 0.5 & 0.52 & 1 & 0.57 & 0.59 & 0.66 & 0.68 & 0.64 & 0.52 & 0.88 & 0.62 \\ 0.43 & 0.77 & 0.57 & 1 & 0.47 & 0.59 & 0.61 & 0.63 & 0.4 & 0.61 & 0.55 \\ 0.56 & 0.46 & 0.59 & 0.47 & 1 & 0.6 & 0.68 & 0.58 & 0.91 & 0.57 & 0.62 \\ 0.63 & 0.59 & 0.66 & 0.59 & 0.6 & 1 & 0.81 & 0.72 & 0.53 & 0.69 & 0.81 \\ 0.59 & 0.56 & 0.68 & 0.61 & 0.68 & 0.81 & 1 & 0.75 & 0.61 & 0.66 & 0.78 \\ 0.61 & 0.71 & 0.64 & 0.63 & 0.58 & 0.72 & 0.75 & 1 & 0.5 & 0.62 & 0.75 \\ 0.48 & 0.4 & 0.52 & 0.4 & 0.91 & 0.53 & 0.61 & 0.5 & 1 & 0.5 & 0.55 \\ 0.48 & 0.62 & 0.88 & 0.61 & 0.57 & 0.69 & 0.66 & 0.62 & 0.5 & 1 & 0.6 \\ 0.79 & 0.56 & 0.62 & 0.55 & 0.62 & 0.81 & 0.78 & 0.75 & 0.55 & 0.6 & 1 \end{bmatrix}$$

3）求传递闭包 $\hat{R}$。通过计算可知 $R^{32} = R^{16} \cdot R^{16}$。故，$R^{16}$ 为传递闭包 $\hat{R}$。

$$\hat{R} = R^{16} = \begin{bmatrix} 1 & 0.71 & 0.69 & 0.77 & 0.68 & 0.79 & 0.79 & 0.75 & 0.68 & 0.69 & 0.79 \\ 0.71 & 1 & 0.69 & 0.77 & 0.68 & 0.77 & 0.77 & 0.75 & 0.68 & 0.69 & 0.71 \\ 0.69 & 0.69 & 1 & 0.69 & 0.68 & 0.69 & 0.69 & 0.69 & 0.68 & 0.88 & 0.69 \\ 0.77 & 0.77 & 0.69 & 1 & 0.68 & 0.77 & 0.77 & 0.75 & 0.68 & 0.69 & 0.77 \\ 0.68 & 0.68 & 0.68 & 0.68 & 1 & 0.68 & 0.68 & 0.68 & 0.91 & 0.68 & 0.68 \\ 0.79 & 0.77 & 0.69 & 0.77 & 0.68 & 1 & 0.81 & 0.75 & 0.68 & 0.69 & 0.81 \\ 0.79 & 0.77 & 0.69 & 0.77 & 0.68 & 0.81 & 1 & 0.75 & 0.68 & 0.69 & 0.81 \\ 0.75 & 0.75 & 0.69 & 0.75 & 0.68 & 0.75 & 0.75 & 1 & 0.68 & 0.69 & 0.75 \\ 0.68 & 0.68 & 0.68 & 0.68 & 0.91 & 0.68 & 0.68 & 0.68 & 1 & 0.68 & 0.68 \\ 0.69 & 0.69 & 0.88 & 0.69 & 0.68 & 0.69 & 0.69 & 0.69 & 0.68 & 1 & 0.69 \\ 0.79 & 0.71 & 0.69 & 0.77 & 0.68 & 0.81 & 0.81 & 0.75 & 0.68 & 0.69 & 1 \end{bmatrix}$$

4）生成聚类图。根据 λ 取值为 $1\sim0$ 的变化情况，可得出产品特征模糊聚类图，如图2-9所示。

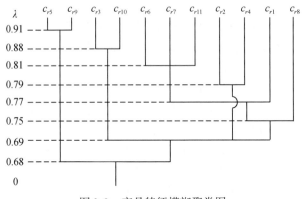

图2-9 产品特征模糊聚类图

5）确定分组关系，聚类结果分析。由图2-9可知，当 λ 取 0.77 时，可将产品特征分为5类，具体如下。

基本特性：$B_1 = \{c_{r2}, c_{r4}\}$；质量特性：$B_2 = \{c_{r1}, c_{r6}, c_{r7}, c_{r11}\}$；美学特性：$B_3 = \{c_{r3}, c_{r10}\}$；可持续特性：$B_4 = \{c_{r5}, c_{r9}\}$；社会特性：$B_5 = \{c_{r8}\}$。

从以上结果可以看出，价格合理和超电流过载保护属于基本特性，是用户认为理所应当满足的。用户希望产品好用、易用，便对产品质量特性提出要求，如希望插线板不易损坏等。继而用户对色彩、造型等美学特性提出要求。售后服务等是用户对产品持续使用提出的要求，并非所有用户都有此要求。产品的社会特性是用户对产品的最高需求，如品牌等。

通过对插线板特征分析可知，产品质量特性包含4个方面内容，数量最多，表明当前插线板主要矛盾仍集中在产品质量特性上。可以判断目前插线板基本处于满足用户第二层次需求的阶段，这与当前插线板市场实际情况相符。因此，应全力解决插线板质量问题，延长使用寿命。同时，可提前针对插线板外观形态做出改进，以迎合新的用户需求，取得市场优势。

2.1.4.3 MPV 分析

（1）MPV 分析概述

客户需求收集并评估后，下一步要改进产品或开发新产品，必须要让工程师明确需要改进或实现的是产品的哪几项技术要求。MPV 分析就是连接客户需求和产品技术特性之间的纽带和桥梁。MPV 分析是将客户需求转换为产品特性的过程。实际上客户一旦考虑为什么买产品，价值主要参数的概念会自然地出现。每种产品只有仅仅几个"购买参数"真实地影响着客户的购买行为，而对购买产生影响的参数被称为价值的主要参数或主要价值参数，即 MPV。

客户是否决定购买产品取决于多种因素，因此所有的客户需求都应进行分析，并且排列每个因素对客户而言的重要性，即上一节所介绍的"VOC 重要度的评估"。例如，一个卡车公司经理关于买哪个型号新卡车的决定，取决于年运行费用的预算（包括燃料、维护、修理、保险等），带来的利润（涉及净载重量、装/卸时间），司机的喜好（包括卡车的外表）以及其他因素。最后所有这些因素都需要列在 VOC 列表中，通过排序最终确定产品的 MPV。

因此，MPV 基于不同的购买者会有所不同。例如，部分老的卡车司机更加重视驾驶室的舒适程度，而公司经营者一方，更加重视燃油经济性。

MPV 可以被总结如下：①MPV 是决定消费者是否购买的产品参数；②并非对一种产品的所有要求都是 MPV；③同一种产品的 MPV 对在价值链方面不同的利益相关者是不同的。

MPV 分析中包含的术语如下：

MPV（main parameter of value）——对于客户购买产品的意愿产生影响、客户愿意为之付费的参数称为 MPV，主要价值参数。

SPV（strategic parameter of value）——将 VOC 进行整理和汇总后得到的客户需求称为 SPV，战略价值参数。

MSPV（main strategic parameter of value）——将 SPV 经过 Kano 分析或重要度排序，列在最前的、最重要的几个 SPV 称为 MSPV，主要战略价值参数。

MFPV（main functional parameter of value）——经过分析，将 MSPV 转化为产品的具体技术特性，是决定 MSPV 的客观的技术参数（如物体的强度、耐磨性等），这类参数称为 MFPV，主要功能价值参数。

例如，现在我们要改进的产品是手机外形，用户提出的需求可能会是希望手机很酷，或很时尚，而对于工程师而言，他需要去分析什么样的形状代表酷、代表时尚，需要用具体的参数表示出来，如弧线形、厚度非常小等参数描述。

再如，用户提出需求是希望某产品的价格能低一些，而工程师需要进行进一步分析，明确是哪些因素导致了产品的高成本，是材料，还是加工工艺等。

因此，MSPV 与 MFPV 面向的对象不同，MSPV 来自于产品的最终消费者，而 MFPV 面向产品的设计工程师。因此，从 MSPV 到 MFPV 需要一个转换过程。

（2）MPV 分析步骤

MPV 的分析过程实际上就是从 VOC—MSPV—MFPV 的一个转换过程，将"软"而"模糊的"主要顾客需求转化成可以量测的技术目标，具体的步骤可以分为 4 步。

1）确定 MSPV。所有收集到的 VOC 都是 MPV 分析方法中所谓的 SPV，重点是要确定出所有的 SPV 中哪几个是最重要的 MSPV。2.1.3 "VOC 的评估"一节中已经描述了如何进行 VOC 重要度排序的方法，打分排序后，基于产品发展战略和可利用的资源挑出排在最前列、分数最高的 3~6 个 SPV，作为该项产品改进的 MSPV。

2）进行产品的功能分析。产品的功能参数特性 FPV 是我们用以满足客户需求的手段，用来描述对应于用户需求的工程特征要求，即有什么样的 SPV 就应有什么样的 FPV 来对应保证。这种对应是多相关性的，某个 SPV 可能对应着若干项 FPV，若干项 FPV 有机结合才能满足某个 SPV。反过来讲，某项 FPV 也可以同时满足若干项 SPV。FPV 是市场用户需求的映射变换结果。

SPV 到 FPV 的转化可以说是整个 MPV 分析过程中最难的一步。实现转化的前提是工程师首先需要列出和该产品相关的所有功能参数（产品特性），即 FPV。基于这些 FPV 可以找到它们各自所对应的 SPV。

寻找产品功能参数的传统方法是小组内的工程师进行头脑风暴，列出尽可能多的功能特性参数。通过组件的列举和功能定义来寻找和确定产品的功能特性参数——FPV。

在 FPV 较多的情况下，可由研究小组内工程师从 FPV 列表中投票或评分选出影响产品价值的主要功能特性参数，即 MFPV。

3）基于 MSPV 和指标分解，找到对应各 MSPV 的 MFPV。获得用户需求和需求权衡的过程，是一个在设计知识和见解的背景下，运用了市场研究定性与定量专业的工具与用户沟通的过程。但是最终将用户需求转化为现实产品，形成完善的解决方案，需要市场研究人员和产品开发设计人员将各自的知识融合，形成两种语言的对接，建立用户需求与产品属性之间的映射，即 MSPV 与 MFPV 之间的映射关系。

两者的映射关系可以用一个关系矩阵来表示，该矩阵的第一列与各个 MSPV 相对应，第一行与各个 MFPV 相对应，由此矩阵建立起各个 MFPV 与各个 MSPV 的对应和映射关系。矩阵的形式如图 2-10 所示。

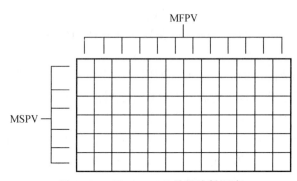

图 2-10　MSPV-MFPV 关系映射矩阵

对于关系矩阵行和列中的每一项，研究小组都要先评判各项之间是否有关系。每个 MFPV 对满足各个 MSPV 有多大的贡献和影响。一般分：强相关 9 分；一般相关 3 分，可理解成为了满足某种市场顾客需求可以采用不同的工程特征与之对应；弱相关 1 分，表示两项之间的关联关系很弱。利用关系矩阵可以明确工程特征与市场顾客需求间的对应关系。

行列 MSPV-MFPV 两者之间的关系可以定量地以分值来表示，为了更好辨别，这里用符号来定量表示。例如，我们可以用◎代表强关系，分值为 9，可理解成为了满足该 MSPV 必须具备的某种 MFPV；○代表中等关系，分值为 3，可理解成为了满足该 MSPV 可以采用不同的 MFPV 与之对应；△代表弱关系，分值为 1，表示两项之间的关联关系很弱；空格代表无关系，分值为 0。利用关系映射矩阵可以明确产品 MFPV 与市场用户 MSPV 间的对应关系。

4）MFPV 重要度排序。通过计算各 MFPV 的得分来得出 MFPV 的重要度排序。将某 MFPV 关联度得分（1，3 或 9）与对应的各 MSPV 重要度得分相乘的总和，即为该 MFPV 的总得分。

（3）MPV 应用实例

研究小组收集了大量关于用户对蜡烛的需求数据，包括外形吸引人、多种颜色、有香味、烛芯易去除、不滴蜡、火焰大、无烟、燃烧时间长等二十多项 VOC。通过 VOC 重要度评分，确定出用户最为关注、客户价值最高的六个 VOC，即主要战略价值参数 MSPV，分别为外形吸引人、不滴蜡、火焰大、无烟、有香味、燃烧时间长。

研究小组通过头脑风暴列出决定产品性能的多个功能特性参数，功能价值参数 FPV 如图 2-11 所示。

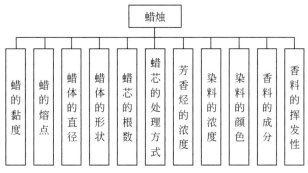

图 2-11　蜡烛 FPV 的列表

将步骤 1）中确定的 MSPV 与步骤 2）中确定的 MFPV 置入关系映射矩阵中，找到各项 MSPV 与 MFPV 的对应关系，得到的矩阵关系如图 2-12 所示。

关系矩阵 ◎　○　△ 强　中　弱 9　3　1	蜡的黏度	蜡的熔点	蜡体的直径	蜡体的形状	蜡芯的根数	蜡芯的处理方式	芳香烃的浓度	染料的浓度	染料的颜色	香料的成分	香料的挥发性
外形吸引人			△	◎	△	△	△	◎	○	△	
有香味										◎	◎
火焰大	○		○		◎	△	△				
无烟	△				◎	◎					
不滴蜡	○	○		◎	◎		◎				
燃烧时间长	○	◎	○	◎	◎	◎	○				

图 2-12　MSPV–MFPV 对应得分

MFPV "蜡的黏度" 对 MSPV "火焰大" 的得分为 3×9＝27。同样可得其他 MFPV 的各项得分。最后的 MFPV "蜡的黏度" 总得分是该列上的所有得分之和为 54，这个得分代表了"蜡的黏度"该 MFPV 的重要性。

通过 MFPV 重要度排序，发现"蜡芯的根数"、"蜡芯的处理方式"、"蜡体的形状"三个 MFPV 是最重要的，下一步研究小组应聚焦在这三个参数上，去进行该产品的具体设计改进工作，如图 2-13 所示。

关系矩阵 ◎ ○ △ 强 中 弱 9 3 1	蜡的黏度	蜡的熔点	蜡体的直径	蜡体的形状	蜡芯的根数	蜡芯的处理方式	芳香烃的浓度	染料的浓度	染料的颜色	香料的成分	香料的挥发性	
外形吸引人			△	◎	△	△	△	◎	○	△		9
有香味										◎	◎	1
火焰大	○		○		◎	△	△					9
无烟	△				◎	◎						9
不滴蜡	○	○	◎				◎					3
燃烧时间长	○	◎	◎	◎	◎	◎						3
	54	36	90	108	225	126	72	81	27	18	9	

图 2-13　MFPV 重要度排序计算

2.2　创意产生

创意是设计者思维的结果，因而对于创意产生过程的研究，首先，需要明确设计者形成创意的过程，对设计者在创意方案形成过程中的思维规律进行分析和研究，探寻其规律；其次，在思维规律分析总结的基础上，形成有利于创意产生的创造性思维方法，对创造性思维进行系统化应用，形成创新方法；最后，将典型的方法应用于工程实践问题的解决。

2.2.1　创意产生定义

创意方案生成过程，就是对结构不良问题进行求解的过程，该过程中，设计者在受到外界关于产品设计信息的不断刺激后，结合记忆系统中已有的设计知识经验，进行认知处理，逐渐产生产品创意方案。这些创意方案是指具有较大的潜力并且能够最终转化为成功产品的概念。因而，创意产生可看做是以用户需求为输入、产品方案为输出的产品设计状态的转换过程。

2.2.2　创意产生过程及存在的问题

创意产生子模块，其核心任务在于产生高质量的创意方案。围绕这一任务的实现，需要研究创意产生的过程模型，并对影响最终创意方案的因素进行探讨，主要包括设计者的创造性思维和创新方法的应用。因而需要对创新方法进行总结和结构化，以辅助设计者得到创意方案。

创意的产生是个复杂的过程，沃拉斯（Wallas）在《思考的艺术》中将其划分为四个环节：准备期→酝酿期→顿悟期→验证期。这四个环节是一个不可或缺的统一过程。

（1）准备期

准备期的主要工作包含发现并提出问题、经验知识搜集整理、问题分析评价、必要事实资料搜集等四个部分。

发现并提出问题要敢于突破原有理论的束缚，打破思维定势，借助相应的专业知识，捕获问题的关键点；经验知识搜集整理应尽可能把前人和他人有关该问题的一切研究成果搜集齐全，然后加以分析；问题分析评价应通过问题分析，制定初步规划和研究方法，为解决问题明确主攻方向；必要事实资料搜集主要是对各种相关的基本理论和以往已经发现、认识了的事实资料进行收集与简要的整理。

（2）酝酿期

酝酿期主要包括提出假说和检验假说两部分。

提出假说是根据有限的事实和原有的理论、技术，提出各种各样的假说，并分别进行检验比较的过程。提出假说所用的主要推理形式是归纳和类比。检验假说是从假说中所推出的结果或预测进行检验，即证伪或否定。为了检验假说，除了要尽量搜集自己以前或他人已经取得的一些事实外，往往还要进行一系列实验，这在再现性思维活动中是属于验证期的工作，但却是酝酿期的主要任务。

（3）顿悟期

酝酿期过后，由于创意开发者对问题经过周密地甚至长时间地思考，创造性的新想法、新概念可能会突然出现，思考者大有豁然开朗的感觉。

要完成顿悟期的任务，首先要突破陈旧观念的束缚，要敢于坚持新的观点，敢于同传统观念、原有理论权威斗争，顶住守旧势力的围攻与压力；其次要综合运用类比、直觉、感觉等形式提出新想法，并对新想法整理、加工、修改、完善，使之形成一种新的概念、观点、假说，或新的形象、新的技术方案等。

（4）验证期

由于在顿悟阶段产生、形成的新观点、新假说、新形象、新工具、新技术等，到底是成功的还是失败的，有没有价值，只有经过检验、鉴定、评价后才能确定。对新想法、新理论检验的主要手段是设计、安排观察或实验，所要检验的是运用逻辑手段对新假说所推演出来的新结论。具体到工程技术领域，所用的基本方法就是实践。对新工艺、新技术的检验，就是看它在实践中能否提高产品的质量和生产效率，能否大规模推广，从而产生社会经济效益。

目前在产品创意方案产生过程中，大多数设计人员还是依靠经验或采用试错法，对创新思维过程的产生机理和规律性的发明原理缺乏认识和利用。基于此，本部分将对支持设计人员在创意产生阶段能够有效激励设计人员创造性思维产生的激励方法、解决设计过程中各类矛盾的发明原理，以及解决复杂创新问题的思维流程进行介绍，从而为设计人员提升高水平创意方案产生效率，提供方法支撑。

2.2.3　创意产生方法

在创意产生子模块中，有众多方法均可应用，从技术层面讲，方法主要包括：矛盾解决理论、物场模型、效应法、ARIZ 法、小人法、裁剪法、整体思考法、SIT 法、创造性模板、形态分析法、理想解、综摄法、头脑风暴法、KJ 法、5W2H 方法、核检表法和概念扇等。这些方法针对创意产生子模块的不同部分提供相应支撑，见表2-6。

表2-6　需求分析过程中的主要创新方法

阶段	问题	可用的创新方法
准备期	如何发现并提出敢于突破原有理论束缚的问题，打破思维定势，借助相应的专业知识，捕获问题的关键点	矛盾解决理论、物场模型、效应法、ARIZ 法、小人法、裁剪法
酝酿期	如何有效根据已有的理论和所搜集到的事实，运用再现性思维，提出各种解决问题的方案	综摄法、头脑风暴法、KJ 法、5W2H 方法、核检表法、概念扇
顿悟期	如何有效应用新观念将已有的有关知识组织起来，使之系统化、条理化，从而形成解决问题的新办法、新技术、新理论	SIT 法、创造性模板、形态分析法
验证期	如何运用逻辑手段进行一系列推演，对形成的新设想加以验证，这是对整个创造过程的反思，对创造成果进行总结	整体思考法、理想解

（1）矛盾解决矩阵

阿奇舒勒将39个通用工程参数与40条发明原理有机地联系起来，建立起对应关系，整理成39×39的矛盾解决矩阵表。矛盾解决矩阵表是阿奇舒勒对250万份专利进行研究后所取得的成果，矩阵的构成非常紧密，而且自成体系。使用者可以根据系统中产生矛盾的两个通用工程参数，从矩阵表中直接查找出化解矛盾的发明原理，并使用这些原理来解决问题。其具体应用过程见2.2.4.1小节。

（2）物场模型

物场模型是 TRIZ 理论中的一种重要的问题描述和分析工具，用来建立与已存在的系统或新技术系统问题相联系的功能模型，在问题的解决过程中，可以根据物场模型所描述的问题，来查找相对应的一般解和标准解。物场模型分析是 TRIZ 对与现有技术系统相关问题建立模型的工具，对于具体的技术矛盾问题，可利用物场模型工具进行描述，从而进一步查找相对应的煅解法和标准解法。其具体应用过程见2.2.4.2小节。

（3）ARIZ 法

ARIZ 提供了解决发明问题的完整算法，以一套连续过程的程序，针对非标准问题采用步步紧逼的方法，巧妙地将一个状况模糊的原始发明问题转化为一个简单的问题模型，并构想其理想解。其目的是在 TRIZ 现有工具基础上组成系统化的问题解决流程，包括问题分析、矛盾确定、方案解评价、解决方法改进等几大部分，涵盖了问题解决的全过程，是 TRIZ 中最强有力的工具。

（4）小人法

当系统内的某些组件不能完成其必要的功能，并表现出相互矛盾的作用，用一组小人来代表这些不能完成特定功能的部件，通过能动的小人，实现预期的功能。然后，根据小人模型对结构进行重新设计。应用小人法的步骤是：在物体中划分出不能完成需要的非兼容的要求的部分，假设用许多小人来表示这部分；根据作用情况把小人分成若干组，在这个步骤需要描绘出"现有"或"曾有"的情况；分析原有情况和重建（物体）模型，使模型符合所需的理想功能，并且使原始的矛盾被消除。在这个步骤中需要描绘出"有"或"应该有"的情况；转向用于实际的技术解释和寻找实施手段。

（5）裁剪法

按照 Altshuller 对产品进化定律的描述，产品进化有朝着先复杂化然后简化的方向进化。产品进化过程中简化的实现可以通过系统裁剪（trimming）来实现。因此，系统裁剪是一条重要的进化路线，体现在组成系统的元素数量减少的同时，系统仍能保证高质量的工作。裁剪是 TRIZ 中能够以低成本实现系统功能的重要方法之一，其基本原理是通过删减系统元素实现系统改进。

（6）SIT 法

系统化创新思维方法（systematic inventive thinking，SIT）是 20 世纪 70 年代初期苏联 TRIZ 专家 Genady Falkowski 开发出的一套简化 TRIZ 模型。如今，SIT 在以色列及其他西方国家，已广泛应用于新产品开发领域。SIT 体系包含封闭世界条件和质变条件两个充分条件，它们是 SIT 研究者通过分析大量工程实例，而归结出的创造性问题解决方法必须满足的条件，并提供了去除、多用性、分割、功能合并、属性依赖改变 5 种用于问题解决的创造性思维激励策略，在具体实施中包括重组问题、策略选择、应用相关的概念刺激技术三个基本步骤。

（7）创造性模板

创造性模板理论是 Jacob Goldenberg 和 David Mazursky 以及他们的小组成员经过多年研究，从数年来成功的产品设计中总结出来的一种模板理论。Goldenberg 认为产品开发方面的一些规律是可以被认识的客观存在，它们可以被学会，并且稳定不变，能够被用来指导创作的构思过程，从而使人们更具创造力，更为专注，这些规律被称为"创造性模板"。创造性模板的具体应用过程见 2.2.4.3 小节。

（8）形态分析法

形态分析法是由美籍瑞士天文学家茨维基（F. Zwicky）首创的从系统论的角度出发，以形态组合的形式寻求创新方案的一种系统创新方法。其基本思路是先把事物分成若干独立要素，然后以每一要素为独立变项进行发散性思考，列出可能方案（形态），然后进行整体组合和综合评价，最终筛选出最佳的组合方案。这种方法已被广泛应用于产品设计、技术创新、市场研究以及社会问题分析等方面。

（9）综摄法

综摄法是由美国麻省理工大学教授 W. J. Gordon 于 1944 年提出的一种利用外部事物启

发思考、开发创造潜力的方法。戈登发现，当人们看到一件外部事物时，往往会得到启发思考的暗示，即类比思考。而这种思考的方法和意识没有多大联系，反而是与日常生活中的各种事物有紧密关系，因而可以利用外物来启发思考、激发灵感解决问题，这一方法被称为综摄法。综摄法是指以外部事物或已有的发明成果为媒介，并将它们分成若干要素，对其中的元素进行讨论研究，综合利用激发出来的灵感，来发明新事物或解决问题的方法。

（10）头脑风暴法

头脑风暴法是由美国创造学家 Alex Osborn 于 1939 年提出来，1953 年正式发表的一种能激发创造性思维的方法。它是一种实用性的集体创造性解决问题的方法。其核心是高度自由的联想，主要通过一种特殊的小型会议的组织形式，针对议题进行广泛讨论和深入挖掘，自由交换想法，并以此激发与会者的创意及灵感，使与会者毫无顾忌地提出各种想法，彼此激励、相互诱导，最后导致连锁反应，以产生众多的创意。

（11）KJ 法

KJ 法是将未知的问题、未曾接触过领域的问题的相关事实、意见或设想之类的语言文字资料收集起来，并利用其内在的相互关系作成归类合并图，以便从复杂的现象中整理出思路，抓住实质，找出解决问题的途径的一种方法。KJ 法所用的工具是 A 型图解，而A 型图解就是把收集到的某一特定主题的大量事实、意见或构思语言资料，根据它们相互间的关系分类综合的一种方法。把人们的不同意见、想法和经验不加取舍与选择地统统收集起来，并利用这些资料间的相互关系予以归类整理，有利于打破现状进行创造性思维，从而采取协同行动求得问题的解决。

（12）5W2H 方法

5W2H 法是第二次世界大战中由美国陆军兵器修理部首创的。该方法简单、方便，易于理解、使用，广泛用于企业管理和技术活动中，对于决策和执行性的活动措施非常有帮助，也有助于弥补考虑问题的疏漏。其应用是在创意产生过程中，发明者用五个以 w 开头（why、what、where、when、who）的英语单词和两个以 h 开头（how、how much）的英语单词进行设问，发现解决问题的线索，寻找发明思路，进行设计构思。

（13）核检表法

检核表法是一种理性化问题解决方法。它是用一张一览表对需解决的问题逐项校核，从不同角度诱发创造性设想，以促进创造、发明、革新或解决工作中的问题。这种思考模式有利于创新者突破不愿提问的心理障碍，使思考问题的角度具体化，尽快集中精力，朝提示的目标方向去构想、去创造。

（14）概念扇

概念扇是指从一个主意出发，找到一个概念，这个概念成为想出其他主意的固定点，也可以从这个概念出发，进一步联想到一个更宽泛的概念，并使之成为一个新的固定点，从而不断地扩展原有概念、产生新的概念方案的方法。概念扇的目的在于，为产生多种备选方案提供一个框架，这个框架通过提供一系列的固定点，来催生出多个备选方案。

（15）整体思考法

整体思考法是由德·彼诺（Edward de Bono）开发的一个全面思考问题的模型，它提供了"横向思考"的工具，避免把时间浪费在相互争执上。这种方法将思维方式分为六类，而每次思考时，思考者只能"戴"一顶帽子思考，这样可有效避免思维混杂，为在需要一种确定类型的思维时提供形式上的方便。同时可将一般争辩型思维向制图型思维转化，从而形象地展示出思考的路线，这有利于思维的展开和整理。

（16）理想解

所有的技术系统都是在沿着增加其理想度的方向发展和进化，因而，TRIZ 定义了理想度为系统中有益功能的总和与系统中有害功能和有益功能成本总和的比率，其表达式如下。

$$\text{Ideality} = \sum U_F / \left(\sum H_F + \sum C \right)$$

式中，Ideality 为理想度；$\sum U_F$ 为有益功能之和；$\sum H_F$ 为有害功能之和；$\sum C$ 为有益功能的成本。基于上述表达，在用户需求分析与产品设计中，应以提高理想度的方向为设计的总目标，可从以下 4 个方面入手：①增大分子，减小分母，理想度显著提高；②增大分子，分母不变，理想度提高；③分子不变，分母减小，理想度提高；④分子分母都增加，但分子增加的速率高于分母，理想度提高。

2.2.4　典型方法及案例

本书重点介绍矛盾解决理论、物场模型、创造性模板三种典型的创意产生方法。

2.2.4.1　矛盾解决理论

（1）矛盾解决理论概述

矛盾普遍存在于各种产品的设计中。一般经常存在的是技术矛盾。例如，在飞机制造行业中，为了增加飞机外壳的强度，很容易想到的方法是增加外壳的厚度，但是厚度的增加势必会造成重量的增加，而重量增加是飞机设计师们不想见到的。

当矛盾中欲改善的参数与被恶化的正、反两个工程参数是同一个参数时，这就属于另一类矛盾，在 TRIZ 中称为物理矛盾。例如，飞机在起飞和降落的时候，必须用到起落架。但在飞行过程中又不需要起落架，以免引起不必要的空气摩擦。这是两个相反的要求。

TRIZ 认为，产品创新的标志是解决或移走设计中的矛盾，而产生新的有竞争力的解。发明问题的核心是发现矛盾并解决矛盾，未克服矛盾的设计并不是创新设计。产品进化过程就是不断地解决产品所存在的矛盾的过程，一个矛盾解决后，产品进化过程处于停顿状态，同时会发现新的矛盾；这个矛盾解决后，产品进化到一个新的状态，又会发现另外的矛盾。设计人员在设计过程中不断地发现并解决矛盾，这是推动设计向理想化方向进化的动力。

Altshuler 通过对大量专利的研究、分析、比较、统计，归纳出了当 39 个通用技术参数中的任意两个参数产生矛盾时，化解该矛盾所使用的发明原理，Altshuler 还将通用技术参数的矛盾与发明原理建立了对应关系，整理成一个 39×39 的矩阵，以便使用者查找。这个矩阵称为 Altshuler 经典矛盾矩阵。Altshuler 经典矛盾矩阵是浓缩了对巨量专利研究所取得的成果，矩阵的构成非常紧密而且自成体系。

经典矛盾矩阵使问题解决者可以根据系统中产生矛盾的两个技术参数，从矩阵表中直接查找化解该矛盾的发明原理，并使用这些原理来解决问题。该矩阵将技术参数的矛盾和40 条发明原理有机地联系起来。经典矛盾矩阵外形如图 2-14 所示。

恶化的通用工程参数 → / ↓ 改善的通用工程参数	1 运动物体的重量	2 静止物体的重量	3 运动物体的长度	4 静止物体的长度	5 运动物体的面积	6 静止物体的面积	7 运动物体的体积	8 静止物体的体积	9 速度	10 力	11 应力,压强	12 形状	13 稳定性	14 强度	15 运动物体的作用时间	16 静止物体的作用时间
1 运动物体的重量	+	−	15,8,29,34	−	29,17,33,34	−	29,2,40,28	−	2,8,15,38	8,10,18,37	10,36,37,40	10,14,35,40	1,35,19,39	28,27,18,40	5,34,31,35	−
2 静止物体的重量	−	+	−	10,1,29,35	−	35,30,13,2	−	5,35,14,2	−	8,10,19,35	13,29,10,18	13,10,29,14	26,39,1,40	28,2,10,27	−	2,27,19,6
3 运动物体的长度	8,15,29,34	−	+	−	15,17,4	−	7,17,4,35	−	13,4,8	17,10,4	1,8,35	1,8,10,29	1,8,15,34	3,35,29,34	19	−
4 静止物体的长度	−	35,28,40,29	−	+	−	17,7,10,40	−	35,8,2,14	−	28,10	1,14,35	13,14,15,7	39,37,35	15,14,28,26	−	1,40,35
5 运动物体的面积	2,17,29,4	−	14,15,18,4	−	+	−	7,14,17,4	−	29,30,4,34	19,30,35,2	10,15,36,28	5,34,29,4	11,2,13,39	3,15,40,14	6,3	−
6 静止物体的面积	−	30,2,14,18	−	26,7,9,39	−	+	−	−	1,18,35,36	10,15,36,37		2,38	40	−		2,10,19,30
7 运动物体的体积	2,26,29,40	−	1,7,35,4	−	1,7,4,17	−	+	−	29,4,38,34	15,35,36,37	6,35,36,37	1,15,29,4	28,10,1,39	9,14,15,7	6,35,4	−
8 静止物体的体积	−	35,10,19,14	19,14	35,8,2,14	−	−	−	+	−	2,18,37	24,35	7,2,35	34,28,35,40	9,14,17,15	−	35,34,38
9 速度	2,28,13,38	−	13,14,8	−	29,30,34	−	7,29,34	−	+	13,28,15,19	6,18,38,40	35,15,18,34	28,33,1,18	8,3,26,14	3,19,35,5	−
10 力	8,1,37,18	18,13,1,28	17,19,9,36	28,10	19,10,15	1,18,36,37	15,9,12,37	2,36,18,37	13,28,15,12	+	18,21,11	10,35,40,34	35,10,21	35,10,14,27	19,2	−
11 应力,压强	10,36,37,40	13,29,10,18	35,10,36	35,1,14,16	10,15,36,28	10,15,36,37	6,35,10	35,24	6,35,36	36,35,21	+	35,4,15,10	35,33,2,40	9,18,3,40	19,3,27	−
12 形状	8,10,29,40	15,10,26,3	29,34,5,4	13,14,10,7	5,34,4,10	−	14,4,15,22	7,2,35	35,15,34,18	35,10,37,40	34,15,10,14	+	33,1,18,4	30,14,10,40	14,26,9,25	−
13 稳定性	21,35,2,39	26,39,1,40	13,15,1,28	37	2,11,13	39	28,10,19,39	34,28,35,40	33,15,28,18	10,35,21,16	2,35,40	22,1,18,4	+	17,9,15	13,27,10,35	39,3,35,23
14 强度	1,8,40,15	40,26,27,1	1,15,8,35	15,14,28,26	3,34,40,29	9,40,28	10,15,14,7	9,14,17,15	8,13,26,14	10,18,3,14	10,3,18,40	10,30,35,40	13,17,35	+	27,3,26	−

······

图 2-14 经典矛盾矩阵

矛盾矩阵采用的是矩阵表格的结构。矛盾矩阵第一行和第一列都是按序号排列的39个通用技术参数。不同的是，第一列代表的是改善的参数，第一行代表的是恶化的参数。39×39 的通用技术参数从行、列两个维度构成矩阵的方格共 1521 个，其中 1263 个方格中，每个方格中有几个数字，这几个数字就是 TRIZ 所推荐的解决对应工程矛盾的发明原理的编号。也就是说，矛盾矩阵建议优先采用这些发明原理来解决相应的技术矛盾。

例如，为了改善系统的温度，导致了系统生产率的降低。利用矛盾矩阵解决温度与生产率这一对技术矛盾的步骤是：在矛盾矩阵的第一列改善的参数中找出温度这个参数，在第一行恶化的参数中找出生产率这个参数，温度所在的行与生产率所在的列有一个交叉的单元格。单元格内有三个数字 15、28、35，这也就是说 15 号、28 号、35 号发明原理常用来解决温度与生产率之间的技术矛盾。矩阵中 45° 对角线的方格，是同一名称的通用技术参数所对应的方格，构成的矛盾不是技术矛盾，而是物理矛盾，所以相同参数行和列的交叉单元格内没有数字。物理矛盾的解决方法主要采用空间分离、时间分离、基于条件的分离、整体与部分分离 4 种原理解决。

（2）技术矛盾的解决流程

在实际工程设计中，改进了系统的一个参数，引起另一参数的恶化。传统方法在解决这种技术矛盾问题时一般是在多个要求间寻求"折中"，也就是"优化设计"，但每个参数都不能达到最佳值。TRIZ 则努力寻求突破性方法消除矛盾，即"无折中设计"。矛盾矩阵表有机地构建了 39 个通用技术参数和 40 条发明原理之间的对应关系。利用矛盾矩阵表，就能找出组成双方内部性能的某两个矛盾，并能得到趋于理想化的标准解。利用 TRIZ 理论解决技术矛盾的步骤如图 2-15 所示。

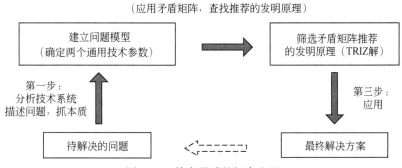

图 2-15　技术矛盾的解决流程

首先，将待解决的实际问题转化为通用冲突问题模型，也就是提取出实际问题中的技术冲突——改善某一参数，却导致另一参数恶化；其次，利用 TRIZ 中相应的中间工具，查询经典冲突矩阵，得到 TRIZ 的解决方案模型——发明原理；根据发明原理，得到最终方案。

如果由经典冲突矩阵给出的所有原理都完全不能应用，则需重新进行问题情景分析，定义创新问题和技术冲突，再做一遍，直到找出可操作的解决方案，如图 2-16 所示。

（3）技术冲突问题的解决实例

技术冲突的解决实例一：增大拖车的摩擦力

初始问题描述：一家企业生产一种安装有焊接吹管或切割吹管的拖车，要求能非常精确地在大型钢板结构工件上往复运行。工件为钢板结构，拖车通过程序控制，从而自行推进。为了能自行沿预定轨道运动，拖车不能在工件上发生滑动，这就要求车轮与工件之间

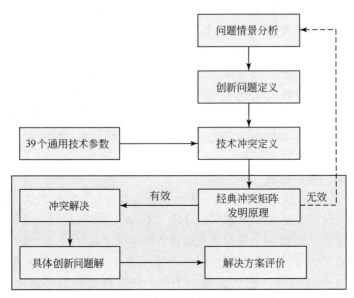

图 2-16　经典冲突矩阵及发明原理模块

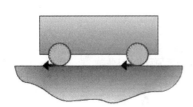

图 2-17　拖车实例问题示意图

存在很大的摩擦力。我们很容易想到的方案是通过增加拖车的重量来提高摩擦力。但是，这样会增大拖车的体积，不便于操作。因此，有必要在不增大拖车重量的前提下，增大拖车轮与工件之间的摩擦力（图 2-17）。

1）定义技术冲突：首先需要把这个问题转化成 TRIZ 的一种问题模型——技术冲突。这个例子中，技术冲突是为了改善运动物体的重量，却导致了运动物体体积的增加。

我们可以将以上冲突情境归结为 39 个通用技术参数中两个参数：①希望改善的参数，运动物体的重量；②导致恶化的参数，运动物体的体积。

2）查询冲突矩阵：利用冲突矩阵这种工具，它是一个按统计规律总结出的表格。查找 1 号运动物体的重量与 7 号运动物体的体积参数，图 2-18 是查询冲突矩阵的结果。

TRIZ 理论建议使用的发明原理：29 号发明原理——用气压与液压结构；02 号发明原理——抽取；40 号发明原理——复合材料；28 号发明原理——机械系统替代。

3）应用发明原理：我们选择 28 号发明原理，即机械系统替代原理。此发明原理的意思是如果我们现有的技术是利用了机械场方式，则建议我们采用其他的场，如化学场、热场、磁场等。

最终我们可以应用磁场，具体的方案如图 2-19 所示，在拖车内加一个永久性磁铁。磁铁进行垂直运动。拖车位于工件上。在关闭状态下，磁铁位于工件的上方，并且不对工件产生作用。拖车运行之前，磁铁直接落到钢制工件上。产生的吸引力会使拖车压紧工件。根据库仑定律，压力增大，摩擦力也会增加。因此，内置的磁铁可以增大拖车车轮的摩擦力。

改善的通用工程参数 \ 恶化的通用工程参数	1 运动物体的重量	2 静止物体的重量	3 运动物体的长度	4 静止物体的长度	5 运动物体的面积	6 静止物体的面积	7 运动物体的体积	8 静止物体的体积	9 速度	10 力	11 应力，压强	12 形状	13 稳定性	14 强度	15 运动物体的作用时间
1 运动物体的重量	+	-	15, 8, 29, 34	-	29, 17, 38, 34	-	29, 2, 40, 28	-	2, 8, 15, 38	8, 10, 18, 37	10, 36, 37, 40	10, 14, 35, 40	1, 35, 19, 39	28, 27, 18, 40	5, 34, 31, 35
2 静止物体的重量	-	+	-	10, 1, 29, 35	-	35, 30, 13, 2	-	5, 35, 14, 2	-	8, 10, 19, 35	13, 29, 10, 18	13, 10, 29, 14	26, 39, 1, 40	28, 2, 10, 27	
3 运动物体的长度	8, 15, 29, 34	-	+	-	15, 17, 4	-	7, 17, 4, 35	-	13, 4, 8	17, 10, 4	1, 8, 35	1, 8, 10, 29	1, 8, 15, 34	8, 35, 29, 34	19
4 静止物体的长度	-	35, 28, 40, 29	-	+	-	17, 7, 10, 40	-	35, 8, 2, 14	-	28, 10	1, 14, 35	13, 14, 15, 7	39, 37, 35	15, 14, 28, 26	
5 运动物体的面积	2, 17, 29, 4	-	14, 15, 18, 4	-	+	-	7, 14, 17, 4	-	29, 30, 4, 34	19, 30, 35, 2	10, 15, 36, 28	5, 34, 29, 4	11, 2, 13, 39	3, 15, 40, 14	6, 3
6 静止物体的面积	-	30, 2, 14, 18	-	26, 7, 9, 39	-	+	-	-	-	1, 18, 35, 36	10, 15, 36, 37		2, 38	40	
7 运动物体的体积	2, 26, 29, 40	-	1, 7, 35, 4	-	1, 7, 4, 17	-	+	-	29, 4, 38, 34	15, 35, 36, 37	6, 35, 36, 37	1, 15, 29, 4	28, 10, 1, 39	9, 14, 15, 7	6, 35, 4
8 静止物体的体积	-	35, 10, 19, 14	19, 14	35, 8, 2, 14	-	-	-	+	-	2, 18, 37	24, 35	7, 2, 35	34, 28, 35, 40	9, 14, 17, 15	
9 速度	2, 28, 13, 38	-	13, 14, 8	-	29, 30, 34	-	7, 29, 34	-	+	13, 28, 15, 19	6, 18, 38, 40	35, 15, 18, 34	28, 33, 1, 18	8, 3, 26, 14	3, 19, 35, 5
10 力	8, 1, 37, 18	18, 13, 1, 28	17, 19, 9, 36	28, 10	19, 10, 15	1, 18, 36, 37	15, 9, 12, 37	2, 36, 18, 37	13, 28, 15, 12	+	18, 21, 11	10, 35, 40, 34	35, 10, 21	35, 10, 14, 27	19, 2
11 应力，压强	10, 36, 37, 40	13, 29, 10, 18	35, 10, 36	35, 1, 14, 16	10, 15, 36, 37	10, 15, 36, 37	6, 35, 10	35, 24	6, 35, 36	36, 35, 21	+	35, 4, 15, 10	35, 33, 2, 40	9, 18, 3, 40	19, 3, 27
12 形状	8, 10, 29, 40	15, 10, 26, 3	29, 34, 5, 4	13, 14, 10, 7	5, 34, 4, 10	-	14, 4, 15, 22	7, 2, 35	35, 15, 34, 18	35, 10, 37, 40	34, 15, 10, 14	+	33, 1, 18, 4	30, 14, 10, 40	14, 26, 9, 25
13 稳定性	21, 35, 2, 39	26, 39, 1, 40	13, 15, 1, 28	37	2, 11, 13	39	28, 10, 19, 39	34, 28, 35, 40	33, 15, 28, 18	10, 35, 21, 16	2, 35, 40	22, 1, 18, 4	+	17, 9, 15	13, 27, 10, 35
14 强度	1, 8, 40, 15	40, 26, 27, 1	1, 15, 8, 35	15, 14, 28, 26	3, 34, 40, 29	9, 40, 28	10, 15, 14, 7	9, 14, 17, 15	8, 13, 26, 14	10, 18, 3, 14	10, 3, 18, 40	10, 30, 35, 40	13, 17, 35	+	27, 3, 26
15 运动物体的作用时间	19, 5, 34, 31	-	2, 19, 9	-	3, 17, 19	-	10, 2, 19, 30	-	3, 35, 5	19, 2, 16	19, 3, 27	14, 26, 28, 25	13, 3, 35	27, 3, 10	+

图 2-18　拖车实例——冲突矩阵查找示意

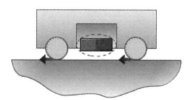

图 2-19　拖车实例方案示意图

技术冲突的解决实例二：坦克的装甲问题

如图 2-20 所示，为法国"雷诺 FT-17"式坦克，战斗全重为 7t，装甲 22mm。如图 2-21 所示，为德国"虎 2"式重型坦克，战斗全重 69.8t，炮塔前部装甲 185mm。

图 2-20　法国"雷诺 FT-17"式坦克

图 2-21　德国"虎 2"式重型坦克

要提高装甲的抗打击能力，则必须增加装甲厚度，随着装甲厚度的增加，战斗全重也会相应地增大。然而，整车重量增加将引起一系列后果，坦克的机动性能降低、坦克的耗油量增加等。因此，强度和运动物体的重量构成了一对技术冲突。

1）定义冲突：这个例子中，技术冲突是为了改善强度，却导致了运动物体重量的增加。

我们可以将以上冲突情境归结为 39 个通用技术参数中两个参数：①希望改善的参数，强度；②导致恶化的参数，运动物体的重量。

2）查询冲突矩阵：查找 14 号强度与 1 号运动物体的重量参数，得到 TRIZ 建议使用的发明原理。01 号发明原理——分割；08 号发明原理——重量补偿；40 号发明原理——复合材料；15 号发明原理——动态特性。

3）应用发明原理：应用 01 号分割原理、40 号复合材料原理和 15 号动态特性原理，得到复合装甲，①陶瓷复合装甲（"乔巴姆"装甲）；②贫铀装甲；③缝隙装甲；如图 2-22所示。

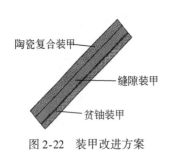

图 2-22 装甲改进方案

图 2-23 美国 "M60A1" 坦克

将改进方案予以应用，得到美国 "M60A1" 坦克，如图 2-23 所示，战斗全重 52t，车体正面 110mm。

技术冲突的解决实例三：螺母问题

生活和工程实践中经常需要用扳手松动或者拧紧螺栓或者螺母。但实际应用中经常会有这样的麻烦，标准的六角形螺母常常会因为拧紧时用力过大或者使用时间过长、螺母的六角形外表面被腐蚀使表面遭到破坏。螺母被破坏后，使用普通的传统型扳手往往不能再松动螺母，有时甚至会使情况更加恶化，也就是说螺母外缘的六角形在扳手作用下破坏更加严重，扳手更加无法作用于螺母。

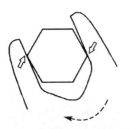

图 2-24 传统扳手存在的问题

传统型扳手之所以会损坏螺母，原因主要体现在三个方面，一是扳手作用在螺母上的力主要集中于六角形螺母的某两个棱角上，如图 2-24 所示；二是为了松动螺母而在扳手上施加较大的作用力，结果导致棱角受损；三是没有有效的措施保证施加的力既能松动螺母，又能不损坏螺母棱角。

对于第一种情况，即扳手作用力作用在棱角上的情境，需要一种新型的扳手来解决这一问题。我们针对第一个方面利用技术冲突解决。

1）定义技术冲突：我们的目的是要方便地拧紧或者松动螺母或螺栓但不损坏螺母或螺栓，一般做法是通过减小扳手卡口和螺栓的配合间隙，增加受力面来减少对棱角的磨损，但这样会提升制造精度，提高制造成本。

我们可以将以上冲突情境归结为 39 个通用技术参数中两个参数：①希望改善的参数，物体产生的有害因素；②导致恶化的参数，制造精度。

2）查询冲突矩阵：查找 31 号物体产生的有害因素和 29 号制造精度参数，得到 TRIZ 建议使用的发明原理。04 号发明原理——增加不对称性；17 号发明原理——一维变多维；34 号发明原理——抛弃或再生；26 号发明原理——复制。

3）应用发明原理：基于这些原理可以得到如图 2-25 所示的方案，即在扳手卡口内侧壁开几个弧，则此时扳手的作用力是作用在螺母的棱面上，有效地保护了棱角，图 2-25 就是基于该原理开发的实际产品，它已经获得美国专利（5406868）。

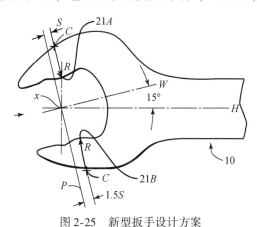

图 2-25　新型扳手设计方案

技术冲突的解决实例四：飞机机翼的进化

早期的飞机机翼都是平直的，而且为了增加升力而采用双翼和三翼。但显然这样会给飞机带来阻力，严重地影响了飞机的飞行速度，于是出现了单翼飞机。随着飞机进入喷气式时代，其飞行速度迅速提高，很快接近音速。机翼上出现"激波"，使机翼表面的空气压力发生变化。同时，飞机的阻力骤然剧增，比低速飞行时大十几倍甚至几十倍。这就是所谓的"音障"。为了突破"音障"，许多国家都在研制新型机翼。德国人发现，把机翼做成向后掠的形式，像燕子的翅膀一样，可以延迟"激波"的产生，缓和飞机接近音速时的不稳定现象。但是，向后掠的机翼相对于不向后掠的平直机翼，在同样的条件下产生的升力小，这对飞机的起飞、着陆和巡航都带来了不利的影响，浪费了很多不必要的燃料。能否设计一种适应飞机的各种飞行速度，具有快慢兼顾特点的机翼呢？这成为当时航空界面临的最大难题。

利用解决技术冲突的方法来解决这个问题。

1）定义技术冲突：现在的问题是，一方面，传统的固定翼不适合高速飞行，在突破音障的时候产生非常大的阻力，消耗的能量相应加大，而且容易产生飞机在空中解体的结果；另一方面，三角翼不适合低速飞行，而且起飞与降落以及巡航时在相同推力条件下产生的升力小，相应的能量消耗又相应地加大了。也就是说系统中的冲突集中体现在速度与其在运动中能量消耗之间的冲突上。

我们可以将以上冲突情境归结为 39 个通用技术参数中两个参数：①希望改善的参数，速度；②导致恶化的参数，运动物体的能量消耗。

2）查询冲突矩阵：查阅技术冲突解决矩阵，9 号速度和 19 号运动物体的能量消耗参数，得到以下四条发明原理。08 号发明原理——重量补偿；15 号发明原理——动态性；35 号发明原理——物理或化学状态变化；38 号发明原理——强氧化剂。

3）应用发明原理：综合考虑 15 号原理（动态性）和 35 号原理（物理或化学状态变化）这两条发明原理。通过对机翼的改造，使其成为活动部件，形成了目前的可变式后掠翼。即在飞行的时候有效地控制机翼的形态，使之能够在比较大的范围内改变后掠角，获得从平直翼到三角翼的优点，来获得从低速到高速不同的飞行状态，表现出很强的适应性。例如，美国的 F111 战斗/轰炸机就采用了这种机翼。这是世界上第一架应用变后掠翼设计思想的飞机，开创了新一代超音速战斗机的新纪元。从此以后，世界战机家族又多了"变后掠翼战斗机"这个新成员。以后设计出的一系列变后掠翼战斗机，如英国、德国、意大利三国联合成立的帕那维亚飞机公司的狂风超音速战斗机等都采用了这种新的设计思想。

因此，综合考虑动态性和物理或化学状态变化原理，设计者找到了满意的设计思路：能够得到平直翼和三角翼的优良飞行特性，极大地节约了在起飞/降落过程（平直翼在低速飞行中可得到较大的升力，从而缩短跑道的长度，借此节约了能量）和高速飞行过程（后掠角可达 72.5°，三角翼在高速飞行中可以轻易地突破音障，减轻机翼的受力，提高飞机在高速飞行时的强度，最终的结果是降低了能量的消耗），如图 2-26 所示。

图 2-26　可变后掠翼超音速战斗机

这种机翼可谓是飞机设计界一个大胆的创新，一举突破了传统固有的固定翼设计理念，在飞行器设计领域开辟了一片新天地。反观传统的妥协设计只能在速度与能耗之间做取舍性质的设计，而采用 TRIZ 技术冲突矩阵给出的发明原理，则避免了传统的折中设计，从一个全新的角度很好地解决了速度/能量这对技术冲突。TRIZ 与折中设计的不同之处在这里得到了体现。这是 TRIZ 应用的一个经典的例证。

（4）物理冲突的解决原理

物理冲突的解决方法一直是 TRIZ 研究的重要内容，Altshuler 在 20 世纪 70 年代提出了 11 种解决方法，20 世纪 80 年代 Glazunov 提出了 30 种方法，20 世纪 90 年代 Savransky 提出了 14 种方法。Altshuler 提出的 11 种方法分别是：冲突特性的空间分离；冲突特性的时间分离；不同系统或元件与一超系统相连；将系统改为反系统，或将系统与反系统相结合；系统作为一个整体具有特性 B，其子系统具有特性–B；微观操作为核心的系统；系统中一部分物质的状态交替变化；由于工作条件变化，使系统从一种状态向另一种状态过渡；利用状态变化所伴随的现象；用两相的物质代替单相的物质；通过物理作用及化学反应使物质从一种状态过渡到另一种状态。

现代 TRIZ 在总结物理冲突解决的各种研究方法基础上，提出了采用分离原理解决物理冲突的方法，分离原理包括四种方法，即空间分离、时间分离、基于条件的分离、整体与部分的分离。

（5）物理冲突的解决实例

1）空间分离原理。所谓空间分离原理是将冲突双方在不同的空间分离，以降低解决问题的难度。当关键子系统冲突双方在某一空间只出现一方时，空间分离是可能的。应用该原理时，首先应回答如下问题。

是否冲突一方在整个空间中都要求"正向"或"负向"变化？

在空间中的某一处，冲突的一方是否可以不按一个方向变化？

如果冲突的一方可以不按一个方向变化，利用空间分离原理解决冲突是可能的。

例 1：电容器

在 DRAM 设备中，信息储存在 MOS 集成电路板的半导体电容器里。

物理矛盾：目前随着设备尺寸的不断减小，电容器容量受到了限制。需要寻找一种方法，能在缩小电容器尺寸的同时，提高其电容量。

解决方案：可以在电容器的两个电极间按一定的间隔排列一些比电容器尺寸小得多的凹槽和突起。这样就大大增加了电极表面积，所以电容量会大大增加，而且不会多占用半导体的空间，如图 2-27 所示。

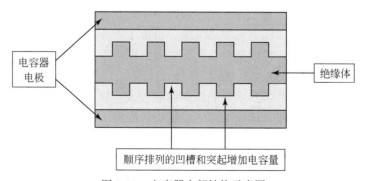

图 2-27　电容器内部结构示意图

例2：多孔弹性材料减震坐垫

减震坐垫用来保护驾驶员免受震动和冲击载荷。这种坐垫用多孔弹性材料制成，如橡胶海绵。椅垫是驾驶员座位的一部分，它有助于减少对脊柱的振动和冲击载荷。

物理矛盾：用多孔弹性材料制成的坐垫可以有效地吸收振动载荷，然而却不能有效地防止冲击载荷。

解决方案：液体固态垫嵌入坐垫内，该垫采用注有液体的封孔泡沫塑料制成，这种垫固定在驾驶员座椅上的两层多孔弹性材料之间。

在机车运行过程中，冲击载荷通常直接从下面垂直传递到座椅的表面。注有液体的封孔泡沫塑料能够将冲击载荷从接收载荷的坐垫平面上垂直移走，如图2-28所示。

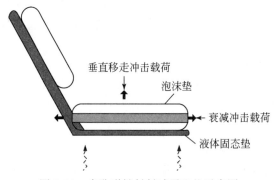

图2-28　多孔弹性材料减震坐垫示意图

2）时间分离原理。所谓时间分离原理是将冲突双方在不同的时间段分离，以降低解决问题的难度。当关键子系统冲突双方在某一时间段只出现一方时，时间分离是可能的。应用该原理时，首先应回答如下问题：

是否冲突一方在整个时间段中都要求"正向"或"负向"变化？

在时间段中冲突的一方是否可以不按一个方向变化？

如果冲突的一方可以不按一个方向变化，利用时间分离原理是可能的。

例1：一加工中心用快速夹紧机构，在机床上加工一批零件时，夹紧机构首先在一个较大的行程内作适应性调整，加工每一个零件时要在短行程内快速夹紧与快速松开以提高工作效率。同一子系统既要求快速又要求慢速，出现了物理冲突。

因为在较大的行程内适应性调整与在之后的短行程快速夹紧与松开发生在不同的时间段，可直接应用时间分离原理来解决冲突。

例2：折叠式自行车（图2-29）在行走时体积较大，在存储时因已折叠体积较小。行走与存储发生在不同的时间段，因此采用了时间分离原理。

3）基于条件的分离原理。所谓基于条件的分离原理是将冲突双方在不同的条件下分离，以降低解决问题的难度。当关键子系统冲突双方在某一条件下只出现一方时，基于条件分离是可能的。应用该原理时，首先应回答如下问题。

是否冲突一方在所有的条件下都要求"正向"或"负向"变化？

在某些条件下，冲突的一方是否可以不按一个方向变化？

如果冲突的一方可以不按一个方向变化，利用基于条件的分离原理是可能的。

例3：自抛光防污涂层保护船体

物理矛盾：含有防污剂的不溶解涂层可以用来保护船体。当这些涂层暴露在水中时，由于受到水的侵蚀会使船体的表面变得凹凸不平，这种凹凸不平的表面增加了船体表面与水的摩擦，并形成涡流。另外在涂层受到侵蚀后，船体就丧失了避免受海洋生物污染的能力，因此，船体将很容易被损坏。所以，需要一种方法能够形成更有效的涂层对船体进行有效的保护。

解决方案：采用自抛光防污涂层来对船体进行有效保护。自抛光防污涂层含有可水解成分和防污剂，可水解成分是通过二价金属不饱和脂肪酸的皂化反应生产的，将防污剂添加到可水解成分中，通过皂化的脂肪酸与环境空气中的氧气之间相互作用产生可水解的薄膜，该薄膜覆在船体上从而形成了自抛光涂层。在海水中该涂层可以逐渐水解，水解的过程中，涂层不断

图2-29　折叠式自行车

地产生光滑更新的表面，即进行自抛光处理。自抛光涂层不会受水的侵蚀，并同时防止船体表面与海水接触，对船体进行保护。另外，涂层中含有的防污剂可以防止船体被污损。如果船体的表面达到了防污保护的效果，船体和水之间的摩擦就能最大限度地减小。因此，自抛光防污涂层可以有效地对船体进行保护，如图2-30所示。

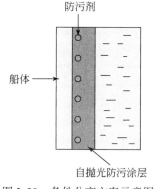

防污剂

船体

自抛光防污涂层

图2-30　条件分离方案示意图

4）整体与部分的分离。所谓整体与部分的分离原理是将冲突双方在不同的层次分离，以降低解决问题的难度。当冲突双方在关键子系统层次只出现一方，而该方在子系统、系统或超系统层次内不出现时，整体与部分的分离是可能的。

例4：定值器膜片

定值器是边缘位置控制系统的重要组成部件，是高精度的气动减压阀，其作用是将 $0.13\sim0.19MPa$ 的输入压力降到 $0.02\sim0.03MPa$ 的气动传感器的检测信号，且要求输出压力波动不大于最大输出压力的1%，如图2-31所示。因此，定值器应有较高的调压特性和稳压精度，而这两个特性取决于膜片的受压面积与阀通口面积的比值及溢流孔的溢流作用。这就要求加大膜片的面积，而加大膜片的面积意味着增大定值器的体积。

膜片面积既要大又要小是定值器的物理矛盾。表2-7是采用物理矛盾解决方法消除物理矛盾的总结。

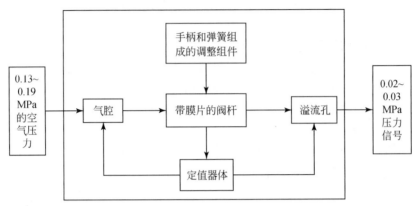

图 2-31　定值器系统的结构图

表 2-7　物理矛盾的消除方案

物理矛盾的分离原理	消除物理矛盾的方法
将两个矛盾特性在时间上分离	使膜片在不同的时间具有不同的面积
将两个矛盾特性在空间上分离	使膜片在某一气腔具有较大的面积，而在另一气腔具有较小的面积
将两个矛盾特性根据条件分离	使膜片在工作条件下和静止条件下具有不同的面积
将两个矛盾特性进行整体与局部的分离	将整体面积较大的膜片用局部面积较小的膜片来取代

2.2.4.2　物场模型

（1）物场模型概述

物场模型分析是 TRIZ 中一种重要的问题描述和分析工具，用来建立与已存在的系统或新技术系统问题相联系的功能模型，在问题的解决过程中，可以根据物场模型所描述的问题，来查找相对应的一般解和标准解。

物场模型作为 TRIZ 的基础，Altshuller 通过研究发现了如下三条定律：所有的功能都可分解为三个基本要素；一个存在的功能必定由三个基本要素构成；将相互作用的三个基本要素有机组合将产生一个功能。

为方便表示，功能用一个三角形来进行模型化，三角形的下边 2 个角是 2 个物体（或称为物质），上角是作用或效应（或称为场）。物质可以是工件或工具，场是能量形式。通常，任何一个完整的系统功能，都可以用一个完整的物场三角形进行模型化，称为物场模型，如图 2-32 所示。如果是一个复杂的系统，可以用多个物场三角形来进行模型化。理想的功能是场 Field（F）通过物质 Substance2（S2）作用于物质 Substance1（S1）并改变 S1。

其中，物质（S1 和 S2）的定义取决于每个具体的应用。参与相互作用的物质 S1 和 S2 可以是任何东西，如材料、工具、零件、人或者环境等。单元素的物质如螺钉、别针、杯子，复杂系统如汽车、太空船、大型计算机。物质的状态具有多样性，包括典型的物理状态以及中间态和化合态。典型的物理状态如真空、等离子体、气体、液体和固体，中间态和化合如气溶胶、液溶胶、固溶胶、泡沫、粉末、凝胶体、多孔物质。物质还包括特殊性质的材料，如热性质、电性质、磁性质、光学性质等。一般地，S1 表示工件（作用承受者），S2 表示工具（作用发出者）。

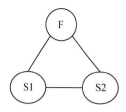

图 2-32　物场分析模型

场就是物质之间的相互作用（或称为物质之间的效应）。基本物理场有重力场、电磁场、强作用场、弱作用场。物理学中的这四种场可以解释自然界中的所有过程，但是对于工程系统来说，这样的分类并不足够，需要更细化的分类方法，甚至只是用相互作用的名称作为场的名称，像粘贴力，实际它是一种机械场。其他的相互作用包括机械场、热场、化学场、电场、磁场、电磁场、放射场、生物场、嗅觉场、声场等。

下面举例来熟悉一下物场模型。

吸尘器清洁地毯：

S1——地毯（工件）；

S2——吸尘器（工具）；

F——清洁（机械场）。

人用油漆刷墙：

S1——墙（工件）；

S2——人（工具）；

F——刷油漆（机械场）。

锤子的工作系统：

S1——钉子（工件）；

S2——锤子（工具）；

F——钉钉子（机械场）。

（2）物场模型符号系统

物场模型有助于使问题聚焦于关键子系统上，并确定问题所在的特别"模型组"，事实上，任何物场模型中的异常表现（表 2-8）都来自于这些模型组中所存在的问题上。

为建立针对以上三种异常情况的图形化模型描述，要用到系列表达效应的几何符号，常见的效应图形表示符号见表 2-9。

表 2-8　常见的物场异常情况

异常情况	举例
期望的效应没有产生	过热火炉的炉瓦没有进行冷却
有害效应产生	过热火炉的炉瓦变得火热
期望的效应不足或无效	对炉瓦的冷却低效，因此，应加强对炉瓦的冷却

表 2-9　常用的效应图形表示符号

符号	意义	符号	意义
⟶	期望的作用或效应	⟿	有害的作用或效应
⇢	不足的作用或效应	⟹	改变了的模型

（3）功能分类及模型

物场模型可以用来描述系统中出现的问题，主要有四种问题类型：

1）有用并且充分的相互作用；

2）有用但不充分的相互作用；

3）有用但过度的相互作用；

4）有害的相互作用。

针对不同的问题类型，可以用四种不同的物场模型来描述，如图 10-2 所示。

1）有效完整功能。该系统中的三元件都存在，且都有效，能实现设计者追求的效应 [图 2-33（a）]。

2）不完整功能。组成系统的三元件中部分元件不存在，需要增加元件来实现有效完整功能，或者用一种新功能代替 [图 2-33（b）]。

3）非有效完整功能。系统中的三元件都存在，但设计者所追求的效应未能完全实现。例如，产生的力不够大，温度不够高等。为了实现预期的效应，需要改进系统 [图 2-33（c）]。

4）有害完整功能。系统中的三元件都存在，但产生与设计者追求的效应相冲突的效应。创新的过程中要消除有害效应 [图 2-33（d）]。

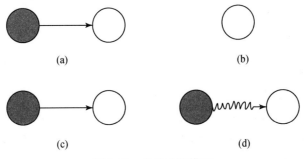

图 2-33　各种功能模型

（4）构建物场模型

场本身就是某种形式的能量，所以，它可以给系统提供能量，促使系统发生反应，从而可以实现某种效应。这种效应可以作用在 S1 上，或作用在场信息的输出物上。场是一个很广泛的概念，包括物理方面的场（即电磁场，重力场等）。其他的场应该包括热能、化学能、机械能、声场、光等。

两种物质就可以组成一个完整的系统、子系统或者一个独立的物体。

一个完整的模型是两种物质和一种场的三元有机组合。创新问题被转化成这种模型，目的是为了阐明两物质和场之间的相互关系。通常构造模型有以下四步，如图 2-34 所示。

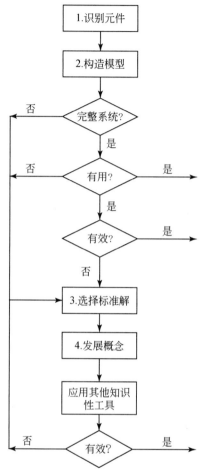

图 2-34　物场模型解决问题流程

第一步：识别元件。场或作用在两物体上，或和 S2 组合成一个系统。

第二步：构建模型。对系统的完整性、有效性进行评价，如果缺少组成系统的某元件，那么要尽快确定它。

第三步：从 76 个标准解中选择一个最恰当的解。

第四步：进一步发展这个解（新概念），以支持获得解决方案。

在第三步和第四步中，要充分挖掘和利用其他知识性工具。

图 2-34 的流程图明确地指出了研究人员如何运用物场模型实现创新。这个循环过程不断地在第三步和第四步之间往复进行，直到建立一个完整的模型。第三步使研究人员的思维有了重大突破。

（5）物场模型分类

物场模型可以分为四类：

1）有效完整模型。该系统中的三元件都存在，且都有效，能实现设计者追求的效应，如图 2-35 所示。

2）不完整模型。组成系统的三元件中部分元件不存在，需要增加元件来实现有效完整功能，或者用一种新功能代替，如图 2-36 所示。

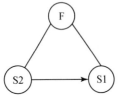

图 2-35　有效完整模型

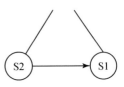

图 2-36　不完整模型

3）非有效完整模型。系统中的三元件都存在，但设计者所追求的效应未能完全实现。例如，产生的力不够大，温度不够高等。为了实现预期的效应，需要改进系统，如图 2-37 所示。

4）有害完整模型。系统中的三元件都存在，但产生与设计者追求的效应相冲突的效应。创新的过程中要消除有害效应，如图 2-38 所示。

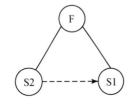

图 2-37　非有效完整模型

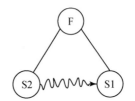

图 2-38　有害完整模型

如果三元件中的任何一个元件都不存在，则表明该模型需要完善，同时也就为发明创造、创新性思维指明了方向。

如果具备所需的三元件，则物场模型分析就可以为我们提供改进系统的方法，从而使系统更好地完成功能。

TRIZ 中关注的三种非正常模型：不完整模型、非有效完整模型、有害完整模型，并提出了物场模型的一般解法和 76 个标准解法，以下将介绍物场模型的一般解法。

（6）物场模型的一般解法

针对物场模型的类型，TRIZ 提出了对应的一般解法。物场模型的一般解法共 6 个，下面逐一进行阐述。

1）不完整模型。一般解法一：①补齐所缺失的元素，增加场 F 或工具 S2，完整模型（图 2-39）。②系统地研究各种能量场，机械能、热能、化学能、电能、磁能。

例 1：取出小球

如图 2-40 所示，小球掉到了弯曲窄槽的底部，如何将小球取出来呢？进行物场分析，

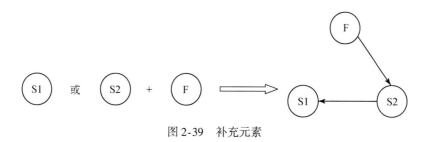

图 2-39 补充元素

补齐缺失元素，增加 S2（水），即增加了 F1（浮力），形成完整的物场模型，借由浮力，小球浮上水面，即可轻松取出。

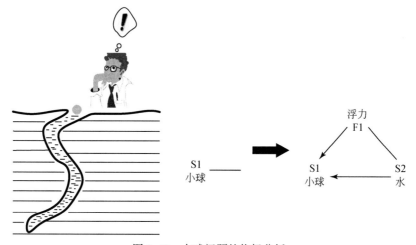

图 2-40 小球问题的物场分析

2）有害完整模型。有害完整模型元素齐全，但 S1 和 S2 之间的相互作用的结果是有害的或不希望得到的，因此，场 F 是有害的。

一般解法二：加入第三种物质 S3，S3 用来阻止有害作用。S3 可以是通过 S1 或 S2 改变而来，或者是 S1 和 S2 共同改变而来，如图 2-41 所示。

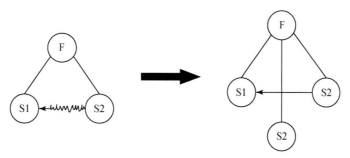

图 2-41 加入 S3 阻止有害作用

例2：办公室的玻璃

正午或下午时分，办公室中靠窗的位置常常有强烈的阳光直射进来，不但影响了靠窗位置人们的视线、屏幕清晰度，而且影响了人们的隐私。将窗户玻璃进行磨砂处理，或贴上半透明的胶贴，则可以解决这一问题。对其进行物场分析，如图2-42所示。

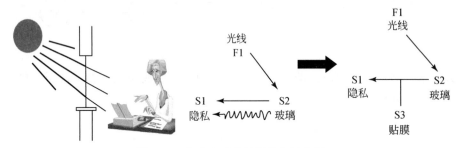

图2-42　办公室玻璃问题的物场分析

一般解法三：①增加另外一个场F2来抵消原来有害场F的效应，如图2-43所示；②系统地研究各种能量场，机械能、热能、化学能、电能、磁能。

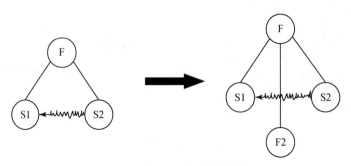

图2-43　加入F2消除有害效应

例3：电视护眼灯

晚上，在漆黑的环境中看电视，会对眼睛造成一定程度的伤害。打开一盏灯，适当照亮环境，则可以起到保护眼睛的作用。物场分析如图2-44所示。

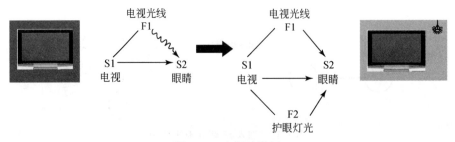

图2-44　电视护眼灯

3）非有效完整模型。非有效完整模型是，构成物场模型的元素是完整的，但有用的场 F 效应不足，如太弱、太慢等。

一般解法四：用另一个场 F2（或者 F2 和 S3 一起）代替原来的场 F1（或者 F1 或者 S2）。如图 2-45 所示。

图 2-45 用 F2（S3）替代 F1（S2）

例 4：搅拌的效率

在化学实验中，为了加速溶液配置的效率，可以使用玻璃棒手工对反应溶液进行持续搅拌，效率有所提高，但是提高的程度严重受限。利用磁力搅拌代替手工搅拌来配置溶液，能大大提高溶液配置效率，如图 2-46 所示。

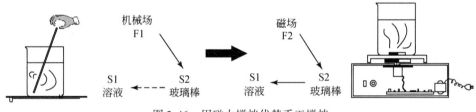

图 2-46 用磁力搅拌代替手工搅拌

一般解法五：①增加另外一个场 F2 来强化有用的效应，如图 2-47 所示。②系统地研究各种能量场，机械能、热能、化学能、电能、磁能。

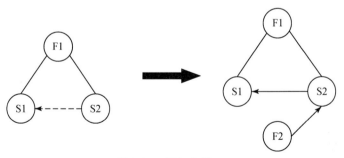

图 2-47 另加入场 F2

例 5：辅助对焦

自动对焦相机在弱光下摄影时，由于环境光线不足，自动系统无法工作，此时相机会自动发出红外线脉冲（F2），以帮助自动对焦系统完成对焦工作。如图 2-48 所示。

在拍摄的瞬间，闪光灯的强闪光补充了环境光线的不足，如图 2-49 所示。

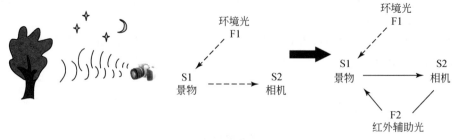

图 2-48　红外辅助对焦

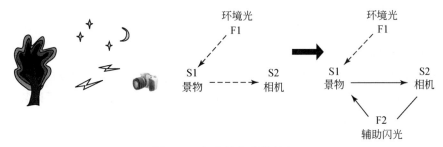

图 2-49　闪光补充光线强度

一般解法六：①插进一个物质 S3 并加上另一个场 F2 来提高有用效应，如图 2-50 所示；②系统地研究各种能量场，机械能、热能、化学能、电能、磁能。

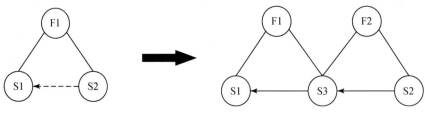

图 2-50　加入 S3 和 F2

例 6：遥控电视

老式电视机用手直接调换频道，费时费力。现在的电视机加上一个遥控器，用红外方式控制，用起来轻松方便。如图 2-51 所示。

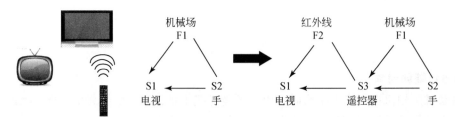

图 2-51　手控电视与遥控电视

进行物场分析时，物场模型的六个一般解法，如果能够结合在一起应用，可以更有效地解决问题。建议使用以下步骤进行：①确定相关元素。首先根据问题所存在的区域和问题的表现，确定造成问题的相关元素，以缩小问题分析的范围。②联系问题情形，确定并完成物场模型的绘制。根据问题情形，表述相关元素间的作用，确定作用的程度，绘制出问题所在的物场模型，模型反映出的问题与实际问题应该是一致的。③选择物场模型的一般解法。按照物场模型所表现出的问题，查找此类物场模型的一般解法，如果有多个，则逐个进行对照，寻找最佳解法。④开发设计概念。将一般解法与实际问题相对照，并考虑各种限制条件下的实现方式，在设计中加以应用，从而形成产品的解决方案。

（7）实例：钢丸发送机弯管部分磨损问题

工程上使用管道运送钢丸（金属颗粒），将钢丸从管道的一端用高速空气送入管道，钢丸在管道中被空气从另一端送出，如图 2-52 所示。但是，在管道的转弯处，钢丸可以频繁撞击管道壁，管道容易损坏，而在弯管部分添加保护层的效果是有限的，该如何解决这个问题？

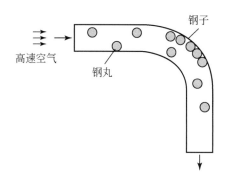

图 2-52　弯管部分是强烈磨损区

1）对上述问题进行物场分析可知：系统需要实现的功能是输送钢丸；相关的元素有物质 S1——管道，物质 S2——钢丸，场 F——机械场。

2）构造物场模型：钢丸在机械场的作用下经管道被输送，是有用功能，但对转弯部分的管道壁造成了磨损，是一个有害功能。可见需要解决的问题属于一个有害完整模型。

3）确定一般解法：对有害完整模型，相应的解法为一般解法二（加入第三种物质 S3）和一般解法三（引入另一个场 F2）。

4）结合具体问题，得到解决方案：引入 S3，使 S2 与 S1 不直接接触，即钢丸不与管壁发生碰撞，即可消除有害作用。

物场模型的构建过程如图 2-53 所示。

具体的实施办法：在弯管外放置磁铁，将飞行中的钢丸吸附在弯管的内壁，形成保护层，即 S3＝S2，如图 2-54 所示。这里所加入的第三种物质 S3 是通过 S2 改变而来的。

由此可见，如果物场结构中两物体间既有好的作用又有坏的作用，而没有必要保持两物质的直接联系，且不希望或不允许引入新的物质，则将两物质加以修正，组合成第三个物质，使问题得以解决。

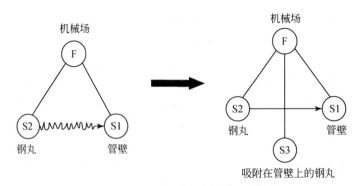

图 2-53　物场模型的构建过程

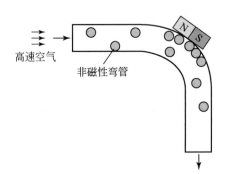

图 2-54　用钢丸自身保护弯管部分

2.2.4.3　创造性模板法

创造性模板理论是 Jacob Goldenberg 和 David Mazursky 以及他们的小组成员经过多年研究，从数年来成功的产品设计中总结出来的一种模板理论。Goldenberg 认为产品开发方面的一些规律是可以被认识的客观存在，它们可以被学会，并且稳定不变，能够被用来指导创作的构思过程，从而使人们更具创造力，更为专注。这些规律被称为"创造性模板"。

（1）属性相关模板

属性相关模板是在两个独立变量之间创建一个新的相关链接。属性相关的目的就是为两个独立变量创造一个新的链接体，从而形成新的产品。

分析工具——预测矩阵。在使用创造性模板时，一个基本的步骤是对现有产品进行分析，找到相关的特征和属性，从而为使用各种具体的创造性模板提供操作依据。在创造性模板方法中，预测矩阵为这种分析提供了可行的思路。

1）内部变量与外部变量。内部变量是指制造商可以控制的变量，由制造商来决定它的值及特点。例如，杯子硬度、馅饼价格、汽车颜色和蜡的熔化温度；外部变量是紧邻产品周围环境并和这个变量有直接联系组件的一个变量，它不处于制造厂商的控制之下。我们经常遇到的外部变量有时间、环境温度、雪的负荷和唇部温度等。

2）预测矩阵。为了便于寻找变量之间的联系，我们用预测矩阵来对产品进行分析。下面以水杯为例来对预测矩阵用法加以说明。

假设我们生存在一个虚拟的世界里，其间所有的水杯都是圆筒形的，并且在形状和颜色上都相似。作为杯子生产商，希望确定一个新的创意，以提高利润并在市场上产生新的需求。表2-10为杯子的内部及外部变量的矩阵图。

表 2-10　圆柱杯子的预测矩阵

	高度		直径		颜色		热传导率		透明度	
高度	×		0	A	0	B	0	C	0	D
直径	0	A	×		0	E	0	F	0	G
颜色	0	B	0	E	×		0	H	1	O
热传导率	0	C	0	F	0	H	×		0	J
透明度	0	D	0	G	1	I	0	J	×	
温度	0	K	0	L	0	M	0	N	0	O
饮料中酒精含量/%	0		0		0		0		0	
饮料中糖含量/%	0		0		0		0		0	

下面写出了和水杯相关的一些变量：①典型的内部变量，高度、直径、颜色、热传导率及透明度；②典型的外部变量，饮料的温度、外部温度及饮料中糖或酒精的含量。

矩阵中的每个方格，我们称之为矩阵组件。我们将例子中所有组件都做了标记，如行是"直径"与列是"高度"的相关组件，标记为 A，其他依次标记为 B、C、D 等。我们假设市场上只有一种水杯，那么水杯半径与高度之间不存在任何联系。任何一对内部变量之间的链接是一个单一的连结，且所有的行组件与列组件相同的方框，都不予讨论，并打上"×"。当两个变量之间已经存在属性相关时，我们给这种模式标记为 1。两个变量之间没有属性相关时，我们标记为 0，这对两个变量是一个好的开始点，因为这样允许我们在它们之间产生新的联系，进行属性相关。

操作步骤：

1）列出内部变量；

2）列出外部变量；

3）建立矩阵，行变量由内部变量组成，而列变量由所有变量构成；

4）对于所有格子标出它是"0"模式，还是"1"模式，或"×"；

5）确定矩阵的趋向，并且决定是否继续；

6）选择三个变量并尝试增加联系（向 1 模式转变）；

7）对于成功增加相关的组件，从实际的角度确认其可行性；

8）寻找这个增加的相关产生的新优势及市场价值；

9）根据成功的方法，通过行及列选择确认战略或选择三个增加的组件。

（2）替换模板

替换模板是将某组件用其他的组件进行替换的一种方法。生活中，经常会遇到用替换模板创新的实例，如传说爱迪生利用"怪异的门"（通过与水泵运转机制相连），迫使他的客人给他打水；极地地区的电杆通过从周围环境中积累起来的冰层来增加自身的强度。在此，我们将详细介绍这个模板的组态，并且提出实现它的最佳方式。

术语定义：

1）组件：组件就是独立的部分。例如，汽车组件是轮子、引擎、座位等。

2）内部组件：内部组件指该组件中的变量能够被制造厂商或提供服务者完全控制。例如，汽车的座位、轮子都是内部组件。

3）外部组件：外部组件指该组件不受制造者控制，并且与产品直接接触。例如一个汽车制造商不可能控制道路状况，但道路与汽车有直接的关联。

4）产品组态：一个产品所有链接的完整序列构成产品组态。可以用组态图来表示组态。用圆表示组件，用箭头表示链接，同时用箭头的方向决定控制和被控制组件之间链接的类型，这就构成了组态图。

替换模板的实现：

1）画出系统的组态。我们以椅子为例来进行说明，并在替换模板的帮助下，"预测"一个已存在的产品。如图 2-55 所示，为一张椅子的完整组态。

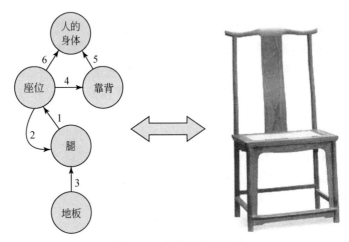

图 2-55　椅子的产品组态

2）分裂一个固有链接和排除一个重要组件。在这一步中，从组态中排除一个产品重要组件，同时保留与它有关联的固有功能，由此产生中间组态，而所剩下的功能成为未饱和固有功能。这张椅子有两个重要组件：座位和腿。我们以移走椅子腿为例，但保留腿的功能（把座位固定在一定的高度上），此时椅子的组态变为如图 2-56 所示的情况。

3）把未饱和固有功能分配给合适的组件。这种合适的组件是那些容易使用的组件（注意是在系统中或者在紧邻系统的周围），它的相关功能或者属性与被移走的组件类似。我们在紧邻椅子的周围环境出现的组件中寻找最类似于腿的组件，并把它放到"悬浮"的

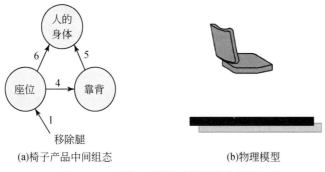

(a)椅子产品中间组态   (b)物理模型

图 2-56 在椅子上操作替换模板的开始阶段

链接上。这个组件是十分有限的：桌子、墙壁、地板、地毯、使用者等所有与椅子直接接触的外部组件，并且不在制造商的控制之下。桌子在这个列表中比较特殊，它和椅子相似。因此，我们用桌子来替代失去的组件。

4）使用功能遵循形式寻找效用。使用功能遵循形式原理将我们的思维过程从组态引领到效用，这个过程是有效的。在这里，我们很容易把目标人群定位到带孩子的父母中（图 2-57），他们也许会对下面的效用感兴趣：①不论桌子尺寸如何高或低，小孩都将会坐在合适的高度上；②这种椅子便于携带，因为它没有了笨重的组件；③椅子下面的地板比一般的椅子更易于打扫。

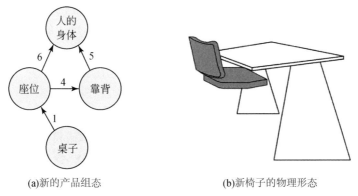

(a)新的产品组态   (b)新椅子的物理形态

图 2-57 桌子作为一个组件替换了椅子腿的功能

替换模板的操作步骤：

1）列出内部组件列表；

2）列出外部组件列表；

3）构建产品组态，在所列的组件之间划出所有需要的控制链接；

4）确定重要组件，为它们标记并在链接上写上其功能；

5）选择一个必要的重要组件，将它排除在组态外，但保留其功能；

6）搜寻并标记出附近环境中与被排除组件有相似特征和功能的组件列表；

7）将列表中各组件与失去组件的功能相链接，并描述新组态物理模型；

8）运用功能遵循形式原理搜寻通过替换而产生的新市场效用；

9）依据结果，决定是否继续把其他的环境组件与失去的组件功能进行链接，或者是去除其他的重要组件。

（3）去除模板

去除模板是从组态中移走一个重要组件并且移走它的功能，从而导致组态性质发生变化。这个方法与替换模板的不同之处在于，替换模板中被去除组件的功能仍然保留在系统组态当中。

去除模板的实现。在前面椅子创新的案例中，如果改用去除模板，我们将彻底排除被移走组件的所有功能。如图 2-58 所示为移走腿和排除它们功能后的椅子组态图及其物理模型。

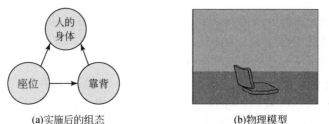

(a)实施后的组态　　　　　　　　　　　　(b)物理模型

图 2-58　去除模板运用在椅子中的第一阶段：去除椅子的腿及其功能

从产品中去除重要组件会导致产品性能下降，并且可能十分有害。这个无腿椅子其实是个问题产品，我们依然要使用功能遵循形式原理来寻找新产品的效用。这种无腿椅子能解决海滨上使用普通椅子腿陷入沙中，用户会感到不稳定和不舒适的问题。另外，这种无腿椅子还便于携带。

属性数量去除。有时可以在一个更加量化的层面上使用减少的办法，这样并没有排除组件，而是减少了它的一个参数值。

20 世纪初期，保洁公司因 Ivory® 香皂的生产线出现了故障，导致生产的肥皂条中心存在空气气泡。公司在一次营销活动中，宣布了这个缺陷，并承诺将更换所有的缺陷香皂。当一堆堆的缺陷香皂集中到工厂时，一个员工注意到由于密度较小，这种香皂可以飘浮在水上，因此具有独特的优势。当洗澡的人将香皂掉入水中时，可以很快捡起它，因此其融化程度就比普通香皂要少得多。所以它是一种既节约又便利的产品。事实上，Ivory® 香皂在整个 20 世纪都是非常成功的，它几乎没有什么变化。

在以上的例子中，组件是部分的和集中在量上的去除（减少了材料）。这种去除方法在提供新机遇的同时，也使成本和研发过程得以缩减。减小密度的香皂并没有因为成分相对减少而降低销售价格，相反，由于它能够漂浮，所以它比其他的香皂销量更好，漂浮正是被缩减产品的新优势。

去除模板操作步骤：①列出内部组件列表；②列出外部组件列表；③在所列出的组件中映射出所有希望控制的链接，并构建产品组态；④定位重要组件，标定它们，并在所有链接中列出其功能；⑤选择一个重要组件连同其功能从组态中去除；⑥运用功能遵循形式原理在已使用去除模板的产品中寻找其市场效用。

（4）组件控制模板

组件控制是一个模板，它在市场上遵循某些动态规律运转，这一模板的基础是识别外部组件和产品组态之间的负面链接，并通过在外部组件和内部组件之间建立新的链接来解决。

组件控制模板的实现。 我们用洗发香波革新过程的例子来对组件控制模板操作进行详细的说明。过去洗头发用的是香皂片，联合利华基于液体香皂开发出第一代香波，它产生的与头发接触的表面区域面积比香皂片大的多，如图 2-59（a）所示为香波的基本组态。随后，一些拥有特殊品质的香波相继被开发出来，以满足不同客户环境的需求。例如，为去除头皮屑我们可以发展另一种类型的香波（去除干皮肤和头皮屑的），图 2-59（b）描述了去屑香波的产品组态（注意在香波和头皮屑之间的新链接）。

随着香波的发展，一些新需求被提出。例如，消灭头发里的虱子，"无泪"香波等，如图 2-59（c）和图 2-59（d）分别描述了这些新型香波的产品组态。通过增加一个新的组件——杀虱子和防止眼睛受刺激，就获得了这种新的外部组件和内部组件之间的链接。注意到在产品开发过程中，产品与它紧邻的环境"生成"了新链接。

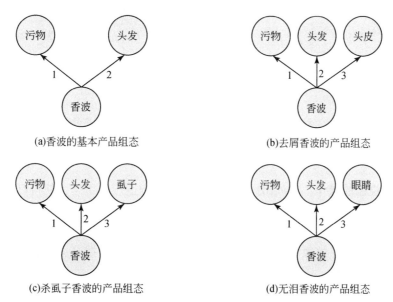

(a)香波的基本产品组态　　　　　　(b)去屑香波的产品组态

(c)杀虱子香波的产品组态　　　　　　(d)无泪香波的产品组态

图 2-59　多种香波的产品组态

组件控制模板应用思维过程。 组件控制模板的思维过程是首先从选择产品的外部组件开始，然后努力寻找这个被选组件和产品组件之间的链接中存在的问题。

在香波开发的实例中，首先要列出与洗发香波产生接触的外部组件，包括头发、头皮、水、护发剂、毛巾、头皮屑和阳光等。其中，太阳光是外部组件中最主要的，一些组件留在了头发上，执行着头发护理、强化、保养等功能，并与太阳光直接接触。紧接着，要努力找到这些外部组件与组态中一个组件组成链接的效用，并试图寻找一种负面性的问题。

可以发现太阳射线会损伤头发的问题。为了限制这一损伤，香波必须提供一个新的链接。具有较难溶于水、易于被头发吸收、对阳光有高度过滤性等性质的过滤射线物质应当被加入到香波中，如图 2-60 所示。

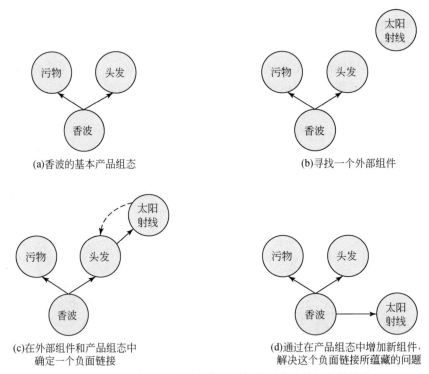

(a)香波的基本产品组态

(b)寻找一个外部组件

(c)在外部组件和产品组态中
确定一个负面链接

(d)通过在产品组态中增加新组件，
解决这个负面链接所蕴藏的问题

图 2-60　组件控制模板的操作和紫外线过滤香波组态的构造

组件控制模板的操作：①列出内部组件列表；②构造产品组态，使得已识别的内部组件之间的所有控制链接显现；③列出与产品组态物质上相接触的外部组件列表；④逐个扫描外部组件，并用组态图寻找一个已有的或潜在的负面链接。

注意，因为与产品接触的环境组件数量有限，所以系统地搜寻可能会覆盖组件控制模板的所有可能。

2.3　小　　结

创意激发是制造创新方法链中的第一个模块，也是产品创新设计过程的起点，其通过对用户需求的深入挖掘，获取产品创新的最佳机会点，并通过创意产生方法将这些机会点转化为产品初始概念，从设计的源头确定出正确的创新目标。本章重点对制造创新方法链中的创意激发模块进行了分析和研究，从需求分析和创意产生这两个子模块具体阐述了创意激发的实现。在需求分析子模块，重点介绍了 Kano 分析、聚类分析和 MPV 分析方法；在创意产生子模块，重点介绍了冲突解决理论、物场模型、创新模板法，并配合以大量的实例来辅助设计者掌握相关知识。该模块产生的产品方案是以示意图或草图形式表达的产品概念，其为下一模块实现产品技术上的突破，将抽象的概念转化为一个具体可以生产的产品奠定基础和提供依据。

参 考 文 献

车阿大，林志航，陈康宁 . 1999. 质量功能配置中基于 ANN 的顾客需求重要度评估方法 . 西安交通大学学报，33（5）：75-78.

陈少威，郭连水，顾子平 . 2002. 产品需求分析中需求映射方法的研究与实现 . 计算机辅助工程，2：11-16.

李彦，李文强，等 . 2013. 创新设计方法 . 北京：科学出版社 .

聂大安 . 2009. 同步多产品设计方法及开发策略形成过程研究 . 成都：四川大学硕士学位论文 .

王美清，唐晓青 . 2004. 产品设计中的用户需求与产品质量特征映射方法研究 . 机械工程学报，40（5）：136-140.

Fukuda S，Metsuura Y. 1993. Prioritizing the customer's Requierments by AHP for Current design. ASME，Design for Manufacturability，52：13-19.

Matzler K，Hinterhuber H H. 1998. How to make product development projects more successful by integrating Kano's model of customer satisfaction into quality function deployment . Technovation，18（1）：25-38.

Park T，Kim K J. 1998. Determination of an optimial set of design requirements using house of quality . Journal of Operations Management，16：569-581.

Petrov V. 2006. Laws of development of needs . TRIZ Journal，http：//www. Triz-journal. com.

Saaty T L. 2000. Fundamentals of decision making and priority theory（2nd edition）. Pittsburgh：RWS Publication.

Vannegas L V，Labib A W. 2001. A Fuzzy Quality Function DePloyment（FQFD）model for deriving Optimum tagretst. International Journal of Produetion Researeh，39（1）：99-120.

第3章 技术突破

在制造业创新过程中，当经过需求分析并产生创意以后，接下来就应该将拥有结构化数据的用户需求说明书和示意图进一步转化成为更加翔实的方案图和参数图。本章正是根据第 2 章"创意激发"模块得到的相关结果，进行概念设计和详细设计，从而实现技术突破。技术突破模块是将产品制造链中创意激发模块产生的初步创意想法，转化为一个可供开发的具体设计图纸的过程，如图 3-1 所示。技术突破模块的创新目标是快速、高效实现由创意思路向创新方案的转化，从而提高产品创新方案的质量、缩短创新产品研发周期，增强产品在市场中的竞争力。

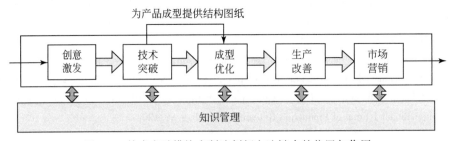

图 3-1 技术突破模块在制造创新方法链中的位置与作用

技术突破模块包括产品概念设计和详细设计两个子模块，其中概念设计子模块是由分析创意方案到生成概念产品的一系列有序的、可组织的、有目标的设计活动，以产生一个具有较高质量的产品概念方案。详细设计子模块是对概念设计方案的细化过程，它从方案的结构角度对概念设计方案进行具体化。技术突破实施环节如图 3-2 所示。在制造创新方法链当中，技术突破模块需要探讨的内容是，分析概念设计和详细设计过程中存在的问题，探讨能够有效解决上述问题的创新方法，并通过深入剖析若干典型创新方法和相应案例，阐明在概念设计和详细设计这一对制造创新而言至关重要的技术突破模块中，如何应用那些已经被许多设计实践所证明行之有效的创新方法。

本章的结构安排如下：3.1 节主要讨论概念设计过程中的相关创新方法。在这一部分中，首先将对概念设计的定义、概念设计过程中所需解决的问题，及相应的可用创新方法进行简单介绍，然后针对公理化设计（axiomatic design，AD）和约束理论（theory of constraint，TOC）两种典型创新方法及其相应案例进行详细介绍。3.2 节主要讨论详细设计过程中的相关创新方法。在这一部分中，首先将对详细设计的定义、详细设计过程中所需解决的问题，及相应的可用创新方法进行简单介绍，然后针对并行设计和稳健设计两种典型创新方法及相应案例进行详细介绍。

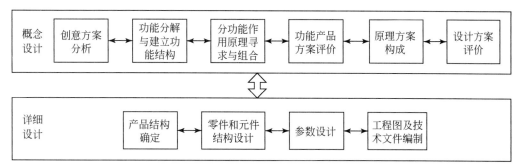

图 3-2 技术突破模块及实施环节

3.1 概 念 设 计

如前所述,一般而言,技术突破模块大致可以分成概念设计和详细设计两个子模块。这两个设计子模块既有顺序上的逻辑性,又有相互之间的重叠性。在这两个子模块中,概念设计日益引起人们的关注和重视。概念设计是技术突破的前期工作过程,概念设计的结果是产生设计方案。

3.1.1 概念设计定义

3.1.1.1 概念设计内涵

概念设计是由分析创意方案到生成概念产品一系列有序的、可组织的、有目标的设计活动,它表现为一个由粗到精、由模糊到清晰、由抽象到具体地不断进化的过程。在概念设计过程中,人们首先根据创意激发模块中的创意方案分析结果,采用抽象的方式识别出核心问题,然后在此基础上建立功能结构,并为其寻找合适的工作原理,接着将这些工作原理组合成为一个工作结构。通过概念设计,最终得到合适的产品设计原理方案。

概念设计是技术突破模块中至关重要的核心内容。概念设计的输出结果是产品方案,因此它在很大程度上决定着最终产品的性能、质量、创造性、价格、市场响应速度和效率。虽然概念设计子模块实际投入的费用只占产品开发总成本的5%,但是它却决定产品总成本的75%,而且概念设计子模块的设计缺陷和错误,在详细设计时很难进行纠正,甚至根本不能进行纠正。

3.1.1.2 概念设计特点

概念设计具有如下特点:

1)创新性:创新是概念设计的灵魂。技术突破的根本目的就是要创新产品,满足市场需求和占领更大市场。技术突破本身是创造性的劳动,设计的本质是创新。作为技术突破模块中的起点,概念设计更是产品创新思维形成的关键阶段,它已成为产品开发创新的核心环节。

2）多样性：概念设计的多样性主要体现为设计路径的多样性及设计方案的多样化。不同的总体功能抽象程度、不同的功能分解方式和不同的工作原理，均会产生完全不同的设计思路与方法，从而产生完全不同的概念设计原理方案。

3）层次性：概念设计是一个从抽象到具体的不断进化过程。概念设计的层次性体现在两个方面，一方面，概念设计分别作用于功能层和结构层，并完成由功能层向结构层的映射；另一方面，在功能层和结构层中也有自身的层次关系。

3.1.2　概念设计过程及存在的问题

3.1.2.1　概念设计基本过程

在概念设计中，从创意方案分析到概念设计方案生成，是一个从抽象到具体，逐步精化、进化与展开的推理与决策过程。在目前有关的概念设计研究中，对概念设计过程的认识多种多样，因概念设计方法不同而对概念设计的任务和过程产生不同的划分。本书认为薛立华在 Pahl 和 Betiz 两位教授以及国内学者邓家褆教授等人的研究基础上，所提出的概念设计过程更加具有综合性和代表性，其基本过程如图 3-3 所示。

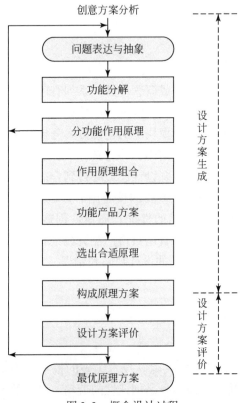

图 3-3　概念设计过程

从图 3-3 可以看出，概念设计包含设计方案生成和设计方案评价两个基本环节。其中，设计方案生成的主要任务是建立设计过程模型和设计方案生成推理，设计方案评价则是对概念设计方案进行评价和决策。在概念设计过程中，各个步骤需要完成的基本任务和包含的主要内容是：

1）设计问题表述与抽象。设计系统依据知识库对产品定义进行辨别与抽象，形成抽象的、可操作的产品设计需求问题。在进行抽象化的过程中，必须忽略个性和偶然性，突出普遍适用性和问题本质。

2）功能分解，建立功能结构。通过抽象化获得的问题表述，包含着功能关系，即追求的目的。如果表述总任务时抓住了核心，就能表达出总功能。根据待解决任务复杂程度的不同，所出现的总功能也有不同程度的复杂性。与一个技术系统可以分解为系统和系统元件相类似，总功能可以分解为几个复杂程度比较低的分功能。将各个分功能组合起来，就得到功能结构。概念设计的功能分解就是将所需要的总功能分解成为较易求解的分功能，然后将这些分功能组合成简单、明确的功能结构。至于总功能应该分解到什么程度，取决于设计问题的相对新颖性及所采用的求解方法。

3）寻求分功能作用原理。根据知识库，直接寻找与每一基本功能相匹配的原理解。如若找不到合适的原理解，则重新进行功能分解，直至找到与其匹配的原理解。

4）分功能作用原理组合。利用分解推理过程中所继承的功能实体之间的关系，将上述基本功能的作用原理组合成初始设计问题的若干个功能产品方案，即由全部必需功能、分功能及其相互关系所组成的结构模型。

5）功能产品方案评价。依据设计需求对上述若干个功能产品方案进行"功能满足度"评价，并选出满足设计功能需要的最佳功能产品解。

6）构成原理方案。由于最佳的功能产品方案包含的每一个功能、分功能都可能对应着若干个与其相匹配的原理解，依据最佳功能产品方案内部所定义的功能结构，系统可依次推理将这些原理解构成若干个原理产品方案，这些原理产品方案就是由必需的原理解及更加密切、更加详细的连接关系所组成的结构模型。

7）设计方案评价。评价是要查明一个解关于预定目标的价值、效用和优度。评价不能基于孤立的单个局部因素，而必须根据总的目标，按正确的比例关系来考虑所有的影响因素，建立相应的评价体系。概念设计方案评价就是以评价体系为依据，利用合适的评价方法对概念产品方案进行全面评价，以获得最优概念产品方案。

3.1.2.2　概念设计过程中存在的问题

概念设计的创新目标在于创造性地生成完全满足市场需求，并且可望在市场上具有较强竞争力的产品设计原理。为实现上述创新目标，在进行概念设计的过程中存在的问题主要包括：

第一，如何对设计的过程进行有效控制，从而将创意方案分析的相关结果科学、准确地转化成为产品的功能结构，并进一步将其转化成为可供详细设计人员开展设计的方案、结构和原形。

第二，如何将总功能合理地分解成为分功能，并找到实现各项分功能相应的工作原理，特别是那些尚不存在现成解决方案的工作原理。

第三，如何保证概念设计过程中相关设计方案的创新性；如何发现和解决设计过程中的矛盾和冲突。

第四，如何将概念设计方案进行合理表达，从而使其能够进一步转换成为可以识别的详细设计方案。

第五，在概念设计的过程中，可能出现多个备选设计方案，如何从这些备选方案中选择一个或少数几个最优的设计方案。

3.1.3 概念设计方法

针对概念设计子模块存在的上述问题，可以使用的创新方法主要包括 FMEA、AD、TOC、功能结构树、FEBS、发明原理、标准解、效应库、SIT、ARIZ、功能导向搜索和 Pugh 矩阵，见表 3-1。下面分别对这几种方法进行简要介绍。

表 3-1 概念设计过程中的主要创新方法

环节	问题	可用创新方法
1）设计问题表述与抽象	如何将创意方案分析的相关结果科学、准确地转化成为产品的功能结构	AD
2）功能分解，建立功能结构	如何将总功能合理地分解成为分功能	功能结构树、FEBS
3）寻求分功能作用原理	如何找到实现各项分功能相应的工作原理，特别是那些尚不存在现成解决方案的工作原理	效应库、功能导向搜索
	如何保证概念设计过程中相关设计方案的创新性	标准解、SIT、ARIZ
	如何发现和解决设计过程中的矛盾	发明原理、TOC、FMEA
4）分功能作用原理组合	—	—
5）功能产品方案评价	如何选出满足设计功能需要的最佳功能产品解	Pugh 矩阵
6）构成原理方案	—	—
7）设计方案评价	如何从这些备选方案中选择一个或少数几个最优的设计方案	Pugh 矩阵

（1）FMEA

FMEA（failure mode and effects analysis），中文可翻译为"失效模式与影响分析"。FMEA 是一种可靠性设计的重要方法，它是 FMA（故障模式分析）和 FEA（故障影响分析）的组合。FMEA 对各种可能的风险进行评价、分析，以便在现有技术的基础上消除这些风险或将这些风险减小到可接受的水平。FMEA 是一个"事前的行为"，为达到最佳效益，FMEA 必须在故障模式被纳入产品之前进行。FMEA 的过程包括：找出产品或过程中潜在的故障模式；根据相应的评价体系对找出的潜在故障模式进行风险量化评估；列出故障起因或机理，寻找预防或改进措施。FMEA 可以依据产品故障发生的不同原因进行细分，其中设计 FMEA 和过程 FMEA 最为常用。

设计 FMEA（也记为 d–FMEA）应在一个设计概念形成之时或之前开始，而且在产品开发各阶段中，当设计有变化或得到其他信息时要及时不断地修改，并在图样加工完成之前结束。其评价与分析的对象是最终的产品以及每个与之相关的系统、子系统和零部件。需要注意的是，d–FMEA 在体现设计意图的同时还应保证制造或装配能够实现设计意图。进行 d–FMEA 有助于达到设计要求与设计方案的相互权衡，获得满足制造与装配要求的最初设计，提高在设计过程中考虑潜在故障模式及其对系统和产品影响的可能性，为制定全面、有效的设计试验计划提供更多的信息，建立一套改进设计和开发试验的优先控制系统，为将来分析研究现场情况、评价设计的更改以及开发更先进的设计提供参考。

（2）AD

公理化设计（axiomatic design，AD）是美国麻省理工学院的 Suh 教授在对大量成功设计实例进行分析归纳和抽象的基础上，于 20 世纪 70 年代初步提出、90 年代系统总结出来的一套普适性设计方法。公理化设计的目标是为设计建立一种科学基础，通过为设计人员提供基于逻辑和理性思维过程及工具的理论基础来改进设计活动，使得原来从经验甚至直觉发展而来的设计准则具备科学依据，并根据这些科学原理和法则对设计过程进行有效控制。公理化设计的核心思想在于，设计就是在需求域、功能域、结构域和工艺域之间进行有序的层层映射和转化；一个良好的设计必须满足功能独立和信息最少两条设计公理。该理论认为，设计是一个自顶向下的过程，可以从设计抽象概念的高层次到详细细节的低层次逐步展开，并在各个域中曲折进行设计问题的求解。通过"之"字形（zigzagging）展开和映射矩阵的构建，公理化设计可大大减少方案搜索的随机性，缩短设计过程中"设计—反馈—再设计"的循环迭代过程，减弱设计过程之间的耦合，提供设计方案优劣判别的科学准则，提高设计过程并行度，并使设计更具创新性。关于公理化设计的详细介绍，请见本书 3.1.4.1 小节。

（3）TOC

约束理论（theory of constraints，TOC）是由以色列物理学家和企业管理学家高德拉特博士（Dr. Eliyahu M. Goldratt）于 20 世纪 80 年代提出来的一种优化技术。其基本思想是：限制系统实现目标的因素并不是系统的全部资源，而仅仅是其中某些被称之为"瓶颈"的个别资源。约束理论认为，系统中的每一个要素都不是孤立存在的，一个系统的行为由于自身或外界的作用而发生变化，尽管有许多相互关联的原因，但总存在一个最关键的因素。找出制约系统的关键因素加以解决，将起到事半功倍的作用。目前，TOC 已经在原来理论框架的基础上，进一步发展成为一种逻辑化系统化解决问题的"思维流程"（thinking process，TP）。TOC 的"思维流程"提供了 5 种常用的逻辑树以及管理其结构的逻辑规则，探寻系统中"不良结果"（undesired effects，UDE）问题发生的根本原因和相关矛盾，并最终找到解决相关问题的有效方法。在概念设计过程中，TOC 既可以帮助设计人员确定产品设计中存在的矛盾，也可以为设计人员提供一定的矛盾解决思路，帮助他们采用 TRIZ 等创新方法进一步消除矛盾，从而克服创新设计中因矛盾出现而产生的相关障碍。

有关 TOC 的详细介绍见 3.1.4.2 小节。

（4）功能结构树

功能结构树是将系统性能分解为各项功能，每项功能可再分解为子功能而构成的层次结构，依据总体技术方案编制而成。可独立形成产品形式是它的重要特征。在实际构建过程中，功能结构树就是按功能之间的层次关系描述产品及其零部件之间层次关系的树状模型，即由总体、系统、子系统等要素构成的树形结构。在概念设计过程中，应用功能结构树可以对功能进行有效分解，并且为其构建合理的功能结构。

（5）FEBS

FEBS（function-environment-behavior-structure）即"功能–环境–行为–结构"，它使产品概念设计考虑功能、环境、行为、结构等多种要素，既能实现自顶向下的多层次创新设计，又能实现自底向上的结构综合，是建立产品概念设计拓扑模型，实现产品系统化设计求解的重要方法。

（6）发明原理

发明原理是 TRIZ 创始人 Altshuller 及其研究团队在对数十万份高水平发明专利进行研究的基础上，总结和提炼出来的在发明过程中被反复使用、具有普适性的原理和诀窍，其主要作用是解决技术系统中出现的技术矛盾。经典 TRIZ 的发明原理共包含 40 条，它们分别是：①分割；②抽取；③局部质量；④不对称；⑤合并；⑥通用性；⑦嵌套；⑧重量补偿；⑨预先反作用；⑩预操作；⑪预先防范；⑫等势性；⑬反向；⑭曲面化；⑮动态化；⑯未达到或超过作用；⑰维度变化；⑱机械振动；⑲周期性作用；⑳连续作用；㉑紧急行动；㉒变害为利；㉓反馈；㉔中介物；㉕自服务；㉖复制；㉗低成本替代；㉘机械系统替代；㉙气动与液压结构；㉚柔性壳体或薄膜；㉛多孔材料；㉜改变颜色；㉝同质性；㉞抛弃与修复；㉟参数变化；㊱状态变化；㊲热膨胀；㊳强氧化；㊴惰性环境；㊵复合材料。为提高发明原理的应用效率，TRIZ 又开发了一个矛盾矩阵工具，帮助使用者有针对性地解决技术矛盾。应用发明原理，可以消除概念设计过程中遇到的各种技术矛盾。

（7）标准解

在物场模型的应用过程中，由于所面临的问题非常复杂，因此单靠物场模型的六种一般解法可能很难成功解决问题。为此，TRIZ 在总结大量高水平发明专利的基础上，对常见的物场模型问题和发明创新情境进行详细分类，并为其提供模式化的通用解决方法，称其为标准解。标准解共有 76 个，因此又称为 76 个标准解法。根据问题类型和解决方法的具体差异，标准解又可以分为五大类，包括：①建立和拆解物场模型；②强化物场模型；③系统传递；④系统检测；⑤简化和改进系统。在使用过程中，使用者首先要根据物场模型识别问题的类型，然后选择相应的标准解。标准解通常用来解决概念设计的开发问题，应用标准解可以为消除系统中的有害效应，找到有益功能的实现方法，提供有益帮助。

（8）效应库

人类发明和正在应用的任何一个技术系统都必定依赖于人类已经发现或尚未被证明的科学原理，因此，最基础的科学效应和科学现象是人类创造发明的不竭源泉。科学原理，尤其是科学效应和现象的应用，对发明问题的解决具有超乎想象、强有力的帮助。科学效应和现象可以成为一种基于知识的发明问题解决工具。正因如此，TRIZ 在将这些对发明创新非常重要的科学效应和现象进行整理的基础上，开发了科学知识效应库。目前，TRIZ 研究人员已经总结了近万个效应，其中四千多个得到了有效的应用。在概念设计过程中，应用效应库中的科学效应与现象，可以帮助人们找到困难功能的实现原理。

（9）SIT

在概念设计中如何有效而创造性地实施矛盾的解决过程，并对相关问题的解决结果进行客观评价呢？系统性创新思维（systematic inventive thinking, SIT）试图回答上述问题。SIT 是由 Alshuller 的学生 Genady Filkovsky 于 20 世纪 80 年代，在经典 TRIZ 的基础上提出的一种体系简洁、流程清晰的结构化设计方法。这一方法认为发明创新的两个充分条件是"封闭世界"条件和"质变"条件。前者是指在解决问题的过程中，只能应用系统内部的组件或超系统中的廉价物质，而后者则强调，创造性地解决问题的关键在于，使导致有害效应产生的参数与有害效应表现结果之间的关系发生反转，或者二者不再发生关联。SIT 将这两个充分条件作为解决涉及"有害效应"设计问题的指导原则，同时在将经典 TRIZ 的诸多工具转化成为 5 种面向对象的概念生成工具的基础上，构建了一种"问题重组—策略选择—应用概念刺激技术"的问题解决流程，从而对经典 TRIZ 进行了有效简化，并使创新问题解决过程更为清晰，逻辑性和系统性更强，使设计问题解决过程与人类的思维特点结合得更为自然，而同时不失创造性。

（10）ARIZ

ARIZ（algorithm of inventive problem solving）即发明问题解决算法，是 TRIZ 开发出的一套专门解决非标准发明问题，或者困难发明问题的综合性程序。ARIZ 是 TRIZ 理论中的一种分析和解决问题的主要方法，其目标在于解决物理矛盾。该算法主要针对问题情境复杂、矛盾及相关部件不明确的技术系统。它本质上是一个对初始问题进行一系列变形及再定义等非计算性的逻辑过程，实现对问题的逐步深入分析和转化，最终解决问题。

在 TRIZ 本身的发展完善过程中，ARIZ 产生了多个版本，其中 ARIZ-85 是最具代表性的版本，该版本共包含 9 个步骤：①问题分析与表述；②系统分析及矛盾表述；③确定理想解及物理矛盾；④利用外部物质或场资源；⑤利用效应库解决物理矛盾；⑥重新定义问题；⑦原理解评价判断是否为最终解；⑧若原理解构成最终解，则对原理解进行应用；⑨对问题解决全过程的合理性进行分析。在上述步骤中，②～⑤步都可能形成相应解决方案，但 ARIZ 建议使用者完成整个过程。ARIZ 可以帮助人们解决在概念设计过程中遇到的矛盾问题，也可以帮助人们找到功能的实现原理。

（11）功能导向搜索

功能导向搜索（function oriented search, FOS）是美国 GEN3 Partners 公司的 TRIZ 专家在近年来开发出的一种现代 TRIZ 工具。其核心思想是，将距离本领域遥远的科学或工程领域的现有技术，直接作为当前所面临创新问题的解决方案。功能导向搜索具有三种专门工具，包括功能一般化（function generalization）、功能领先领域识别（function-leading area identify）和全球知识网。功能导向搜索的基本方法包括以下 11 个步骤：①识别待改进的目标 MPV；②识别与 MPV 相关的待改进物理参数；③识别为改善 MPV 需要解决的核心问题；④说明为解决核心问题需要执行的特殊功能；⑤说明执行功能所需要的参数或条件；⑥采用对象加功能动作的方式对功能进行一般化；⑦识别功能领先领域；⑧在功能领先领域中识别执行相同或相似功能的最有效技术；⑨根据初始创新领域的要求和约束，选择执行所需功能最合适的技术；⑩识别所选技术与初始创新情形执行功能条件的相似因素（similiarity factor，SF）初始水平；⑪识别并解决增加相似因素的适应性问题，以保证所选技术的有效执行。在概念设计过程中，应用功能导向搜索可以找到实现某个功能的创新性工作原理，也可解决概念设计过程中碰到的技术矛盾问题，而且由于功能导向搜索的解决方案来自遥远科学和工程领域内的现有技术，因此很容易证明其技术可行性。

（12）Pugh 矩阵

Pugh 矩阵，也叫决策矩阵，是一种采用矩阵的形式从众多方案中选择一个方案的决策方法。其具体操作方法是先从众多的备选方案中选出一个基准（标杆）方案，然后对照判断准则，将其他方案与基准方案进行定性比较，从而进行权衡分析。Pugh 矩阵的使用步骤是：第一步，根据选择决策的关键因素建立选择的判断准则项，将备选方案放入矩阵第一行，判断准则放入第一列。第二步，选择一个方案作为基准方案，将每一个方案与基准方案进行比较。在方案和判断准则对应的方框中填入一个符号，如用"加号"表示这个方案在这个判断准则上比基准方案更好，用"减号"表示比基准方案差，用"S"表示与基准方案相等。在此过程中，记录可能产生新方案和新判断准则的想法，以便把这些新想法融入迭代进行的下一次 Pugh 矩阵分析。第三步，统计所有的评价符号。寻找"加号"最多、"减号"最少的方案，同时也寻找融合多种方案的方法，将一个方案的最强项应用到另一个方案，以加强其比较弱的方面。这一过程将导致混合方案的产生。将这些新产生的方案、以前记录的方案、判断准则加入到矩阵，同时将那些不能进一步改进的弱势方案，以及那些不能帮助识别不同方案的判断准则从矩阵中删除。最后，重新选择当前认为最好的方案（通常是混合方案）作为基准方案，重复这个过程直到产生出最优方案。由于 Pugh 矩阵仅需要很少的定量信息，因此可以很早就介入设计过程，将其应用于概念设计阶段进行方案评价和选择，可以帮助人们有效选择最优设计方案。

3.1.4 典型方法及案例

在上述概念设计子模块可用的创新方法中，公理化设计和 TOC 是两种较为典型的创新方法，下面分别对其进行详细介绍，并对其应用案例进行简要分析。

3.1.4.1 公理化设计

（1）公理化设计概述

摆脱设计过程对经验的依赖，探索以科学原理为基础的设计理论，从而保证一开始就做出正确的设计决策，以消除大量的试验和调试以及服务期中不可预见的产品失效，一直是设计方法学的研究热点。其中，公理化设计就是这些研究中的一项重要成果。公理化设计理论的创立者、美国麻省理工学院 Nam P. Suh 教授于 20 世纪 70 年代提出"公理化设计"概念，1990 年，Suh 教授在其《设计原理》一书中正式提出公理化设计理论。

所谓公理化设计，是指存在着能够指导设计过程的基本公理，以及由公理指导的设计方法。公理化设计旨在使设计过程更具创新性的同时，减少搜索解过程的随意性，缩短"设计—反馈—再设计"的循环迭代过程，并确定可行方案中的最佳设计。公理化设计是设计领域内的科学准则，通过指导设计者在设计过程中做出正确的决策，为创新设计或改善已有的设计提供良好的思维方法。

公理化设计侧重于为设计活动构造一个完整的实用性框架，它所提出的两条设计公理——独立性公理和信息公理，为设计的合理性和优劣程度以及方案的选择提供了有效的判断标准，它所构建的"之"字形（zigzagging）展开和映射矩阵，使设计人员可以摆脱传统试错式设计方法耗时、过程反复的缺陷，提高设计效率。正因如此，近十多年来，公理化设计已被应用于产品、过程、系统、软件、组织机构、材料和商业计划设计等领域。

（2）公理化设计的基本理论和方法

公理化设计理论通过对大量成功设计实例进行分析归纳，抽象出设计过程本质。公理化设计理论认为设计是一个自顶向下的过程，可以从设计抽象概念的高层次到详细细节的低层次逐步展开，并在各个域中曲折进行设计问题的求解。公理化设计的基本理论和方法包括：域、层级、映射、设计公理。

1）域。域（domain）是公理化设计中最基本和最重要的概念，贯穿于整个设计过程，它是区别不同设计活动的界限。在公理化设计中，设计空间被划分为依次相邻的四个域：用户域（customer domain）、功能域（functional domain）、结构域（physical domain）和工艺域（process），如图 3-4 所示。相邻的两个域是紧密联系在一起的，两者的设计元素均有一定的映射关系，每相邻的两个域之间的关系可以表示为：处于左边的域表示我们要完成的或是我们想要完成的工作（要求），即设计目标，处于右边的域则表示我们实现功能要求的方法或要完成的工作，即实现目标的手段和方法。

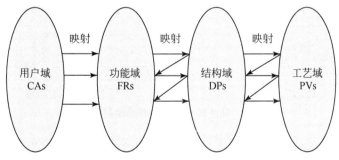

图 3-4　设计域及其映射

用户域描述用户的需求，即用户需求属性（customer attributes，CAs）；功能域是根据用户需求而确定的产品功能要求（functional requirements，FRs）和约束（constrains，Cs）；结构域表示为满足功能要求而决定的设计参数（design parameters，DPs）；工艺域是根据结构域的设计参数而制定的工艺变量（process variables，PVs）。在公理化设计理论中，产品的设计过程被描述为以顾客需求为驱动的，从功能域到结构域再到工艺域的反复迭代和映射过程。从图3-4中可以看出，设计过程实际上呈现为四个域之间自顶向下的Z形分解映射过程。在不同的设计领域中，不同的设计任务都可由这四个域来描述，它们适用于所有的设计。

2）层级和映射。产品的设计过程实际上就是四个域之间的映射过程。四个域之间可以建立三种映射关系：建立用户域和功能域之间映射关系的过程对应于产品定义阶段；建立功能域和结构域之间映射的过程对应于产品设计阶段；建立结构域和工艺域之间映射关系的过程对应于工艺设计阶段。

层级（hierarchy）指的是公理化设计中某个域的层次结构树，层级的概念表示了在每一个域中自顶向下的层次结构。公理化设计的整个过程就是从功能域到结构域，结构域再到工艺域之间的映射、分解过程。层级展开需要相邻域之间自顶向下地进行"之"字形映射，充分考虑两者之间的相互关系，域间的层级展开具有相互依赖性。任意一个层次在各个域中一定是"之"字形映射的，通过这种映射，在每一个设计域中都创建了FRs、DPs和PVs层次。

设计就是在各个域中曲折进行设计问题的求解，直到分解的子问题都已经解决为止。图3-5所示为功能域和结构域的层次结构，并在第一层和第二层展现了它们之间的"之"字形映射关系。依次类推，结构域与工艺域之间存在同样的关系，第二层与第三层之间、第三层与第四层之间等同样存在这种"之"字形映射关系。

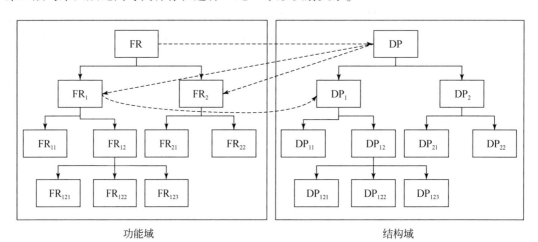

图 3-5　功能域和结构域间的映射与层级

3）设计公理。公理化设计理论建立在存在可归纳的控制设计过程的原理和法则——设计公理基础之上。所谓的设计公理，就是在分解和映射的过程中，要做出正确的决策必须遵循的基本公理，以便保证设计结果的正确性和最优性。设计公理是评价设计优劣程度的基本准则，因而可以在设计过程中帮助设计者判断设计的合理性。公理化设计理论中的设计公理主要包括独立公理和信息公理。

　　独立公理就是保持功能要求之间的独立性。独立公理主要说明功能要求和设计参数之间的关系，其焦点是功能要求和设计参数之间的变换关系。独立公理通过分析功能要求和其他的功能要求对应的设计参数之间的关系来间接地判断两个功能要求之间的独立性。设计人员需要选择一个最恰当的设计参数集合来满足各个功能要求之间的独立性。需要注意的是，独立公理的"独立"指的是设计的"功能"彼此独立，而不是"设计参数"彼此独立。

　　信息公理则主要是指设计包含信息量力求最少。信息公理表明在所有满足独立公理的设计中，包含的信息量最少的设计是最优设计。它是用来对设计进行评价和比较的检测方法。根据信息公理的要求，设计人员在设计中应当尽量简化设计工作和建立数学模型，以减少设计中各种因素的影响，同时也减少产生功能耦合的可能性。此外，信息公理只处理预先确定好的功能要求和设计参数之间的关系，这样就不会对其他必需的功能要求产生影响。信息公理表明在满足功能独立的条件下，可以通过合并设计参数的方法减少信息量。

　　独立公理。独立公理是指保持功能要求的独立性，即在功能域中每一层分解得到的功能要求集 $\{FR\}$ 中的元素要相互独立，同时它指明了 FRs 与 DPs 之间应有的关系。这就是说，设计方案必须满足每一个相互独立的功能需求，而不影响其他的功能需求，即 DPs 不能与其他的 FRs 存在相互关系。

　　在公理化设计理论中，设计域间的映射过程可以用数学方程来描述，即在层次结构的某一层上，设计目标域与设计方案域中的特性矢量间有一定的数学关系，如功能域中的功能需求与结构域中的设计参数之间的关系可表示为

$$\{FR\}_{m \times 1} = [A]_{m \times n} \{DP\}_{n \times 1} \tag{3-1}$$

式中，$\{FR\}_{m \times 1}$ 为功能需求向量；$\{DP\}_{n \times 1}$ 为设计参数量；$[A]_{m \times n}$ 为产品设计矩阵。式（3-1）称为产品设计方程式。设计矩阵 $[A]_{m \times n}$ 可表示为

$$[A]_{m \times n} = \begin{bmatrix} A_{11} & A_{12} & \cdots & A_{1n} \\ A_{21} & A_{22} & \cdots & A_{2n} \\ \vdots & \vdots & & \vdots \\ A_{m1} & A_{m2} & \cdots & A_{mn} \end{bmatrix} \tag{3-2}$$

矩阵 $[A]_{m \times n}$ 的元素由下式确定。

$$A_{ij} = \frac{\partial FR_i}{\partial DP_j} \tag{3-3}$$

对于线性设计而言，A_{ij} 是常数；对于非线性设计而言，A_{ij} 则是 DPs 的函数。

　　若取功能需求与设计参数相等（即 $i = j$），则根据 $[A]_{m \times n}$ 的不同形式，设计可分为三种类型。

　　非耦合设计（uncoupled design）：$[A]$ 为对角阵；

　　弱耦合设计（decoupled design）：$[A]$ 为上三角阵或下三角阵；

　　耦合设计（coupled design）：$[A]$ 既非三角阵也非对角阵。

$$[A] = \begin{bmatrix} 1 & 0 & 0 \\ 0 & 1 & 0 \\ 0 & 0 & 1 \end{bmatrix} \qquad [A] = \begin{bmatrix} 1 & 0 & 0 \\ 1 & 1 & 0 \\ 1 & 1 & 1 \end{bmatrix} \qquad [A] = \begin{bmatrix} 1 & 1 & 1 \\ 1 & 1 & 1 \\ 1 & 1 & 1 \end{bmatrix}$$

非耦合设计　　　　　　准耦合设计　　　　　　耦合设计

在公理化设计理论中，满足独立公理的设计矩阵 $[A]$ 有两种典型形式，即对角阵和三角阵。当 $[A]$ 为对角阵时，就称其为非耦合设计，这是比较理想的设计；当 $[A]$ 为三角阵时，称其为准耦合设计；若 $[A]$ 为其他一般形式，则是耦合设计。非耦合设计和准耦合设计满足功能独立公理，耦合设计不满足功能独立公理，必须进行解耦处理或重新设计。

同样的，从结构域向工艺域映射也可用类似的方程表示，即

$$\{DP\}_{m \times 1} = [B]_{m \times n} \{PV\}_{n \times 1} \tag{3-4}$$

式中，矩阵 $[B]_{m \times n}$ 是表示工艺过程设计特征的设计矩阵，$[B]_{m \times n}$ 与 $[A]_{m \times n}$ 具有相同的性质。

信息公理。信息公理是指在满足独立公理的条件下，信息量最小的设计是最优设计。对于同一个设计任务，不同的设计者可能得出不同的设计方案，也很有可能这些方案都满足独立公理，如何从众多的方案中选出最优方案，信息公理为设计决策提供了定量的计算方法，使选择最佳设计成为可能。

对于每一个确定的功能要求 FR_i，其信息量 I_i 是满足功能要求 FR_i 的概率 P_i 的对数函数，即

$$I_i = \log_2 \frac{1}{P_i} = -\log_2 P_i \tag{3-5}$$

在有 n 个功能要求 FRs 的系统中，系统的信息总量 I_{sys} 表示为

$$I_{sys} = \sum_{i=1}^{n} I_i = -\sum_{i=1}^{n} \log_2 P_i \tag{3-6}$$

信息公理表明，I_i 最小的设计是最好的设计。当所有的概率为 1 时，信息量为 0，相反地，当一个或多个概率为 0 时，所需信息量为无穷大。也就是说，概率越小，设计人员就必须提供越多的信息来满足功能要求。

设计成功的概率越低，设计越复杂，满足 FRs 所需的信息量越高。对于一个产品，当 FRs 的公差很小时，需要很高的精度。当产品有许多部件时，由于部件数量的增加会造成一些部件不满足给定需求的可能性也增加，这时也会出现设计复杂的情况。在这种意义上，由于复杂系统可能需要更多的信息满足系统功能，所以信息量是定量测量系统复杂性的方法。如果信息量低，一个大系统也不一定是复杂的系统。相反地，如果信息量高，小系统也有可能是复杂系统。也就说，系统的大小和复杂性是两个不同的概念。所以，复杂性的概念是和 FRs 的设计范围有关的，即设计范围越小，越难满足 FRs。实际上，成功的概率是由设计人员定义的 FRs 设计范围和在给定范围内生产零件系统能力的交集决定的。成功的概率可以通过对确定的 FR 的设计范围和系统可以提供的满足 FR 的系统范围计算来得到。图 3-6 是对两个范围的图形表示。

概率密度函数 P_i 的意义如图 3-6 所示。系统的概率函数决定了系统范围，而设计范围是指由设计者确定的输出参数变动范围，共同范围是设计范围和系统范围的交集，即图中的阴影部分区域。满足功能要求成功的概率可由式（3-7）表示，即

$$P_i = \frac{\text{共同范围}}{\text{系统范围}} = \text{共同范围的面积} \tag{3-7}$$

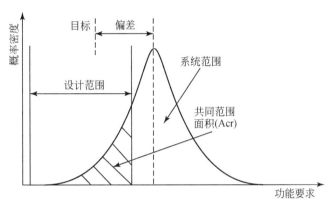

图 3-6　系统范围、设计范围和共同范围

4）公理化设计理论的局限性。第一，在新产品设计过程中，公理化设计只是引导设计人员进行从功能域到结构域的"之"字形映射，并提供对映射进行评价的理论依据，而公理化设计原理并不能提供从功能域到结构域具体的映射实现手段。第二，公理化设计原理提倡进行创新性的设计，在实际产品设计中，设计过程是一种以经验为基础的活动，设计人员在进行设计时往往会利用以前的设计案例，而公理化设计并不能支持这种经验性设计行为。

（3）公理化设计的应用过程

公理化设计能够有效地指导设计人员完成创新设计，其设计过程如图 3-7 所示。公理化设计提供的设计范式指导设计者按以下流程进行设计。

1）进行市场调查与预测，在此基础上，识别、分析并定义用户需求属性 CAs。

2）根据用户需求属性阐明设计任务，形成设计目标，即将 CAs 转化为 FRs 和约束。

3）根据图 3-4 和图 3-5 的映射分解，确定产品设计过程中的设计参数。

4）利用两条设计公理选择最佳设计参数方案，如若所得方案不符合设计公理，则重新进行映射分解，确定设计参数方案；如若所得设计参数方案符合设计公理，则转入下一步。

5）应用设计参数，根据图 3-4 和图 3-5 的映射分解，确定产品设计过程中的工艺变量 PVs。

6）利用两条设计公理选择最佳工艺变量方案，如若所得方案不符合设计公理，则重新进行映射分解，确定工艺变量方案；如若所得工艺变量方案符合设计公理，则获得最终产品设计方案。

对于制造创新方法链中技术突破模块中的概念设计子模块而言，公理化设计的原理和

工具可将其转化为 FRs 驱动的连续、可度量的行为，从而导向最佳设计方案。同时，整个设计过程的每个环节无不体现出公理化设计作为设计框架可有效集成其他方法和工具的特点，这也正是公理化设计模型的独到之处。

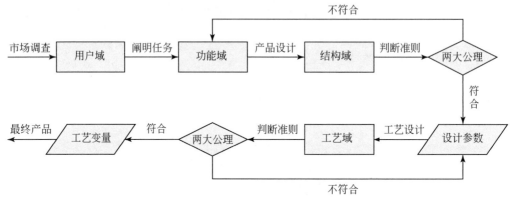

图 3-7　公理化设计应用过程示意

（4）公理化设计的应用实例

冷热水混水阀是公理化设计应用的经典案例，该案例可充分展示公理化设计如何帮助设计人员进行设计决策。功能独立公理可以帮助设计人员建立比较合理的产品设计方案，而应用信息公理则可以判断各个备选设计方案实现预期目标的能力，从而为设计高质量、高性能的混水阀提供指导和帮助。

1）问题描述。冷热水混水阀在人们日常生活中随处可见，其主要功能是通过该阀门将冷水热水进行混合，并调整至适当的温度和水流，满足人们在用水时的各种不同要求。混水阀的输入为冷水和热水，其中热水温度一般在 $50 \sim 60\,^{\circ}\!C$ 以上，因此，冷热水混水阀将高温热水与冷水混合，通过不同的混合比例实现温度的调节，再通过调节出水量来实现流量的调节。

早期的冷热水混水阀设计采用两个旋钮龙头分别控制冷水和热水流量，通过改变冷热水的混合比例实现温度和流量的调节，如图 3-8 所示。但是，这种设计存在一个常见的问题是，在使用过程中，调节水量的同时，又会不可避免地进一步影响水的温度，因此人们无法通过调节单个水龙头流量的方式，实现单独控制温度和控制流量的目标，混水阀使用非常不方便。

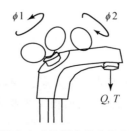

图 3-8　早期产生功能耦合的冷热水混水阀设计

本案例试图以公理化设计的独立公理和信息公理作为设计决策的依据，对混水阀结构进行改进。在发现耦合后，如何解耦并对方案进行集成和评价，是公理化设计应用的一个分析和解决问题的完整过程。

2）应用独立公理建立混水阀设计方案。根据上述背景信息，可以设定混水阀的两个功能要求：FR_1，控制水流速度（Q）而不影响水流温度（T）；FR_2，控制水流温度（T）而不影响水流速度（Q）。

首先，分析图 3-8 中产生功能耦合的原因，图 3-8 结构表明实现水流量和温度的变化主要通过两个水龙头的旋转角度（$\phi 1$ 和 $\phi 2$），应用公理化设计的方程，可以建立混水阀功能要求和设计参数之间的关系：

$$\begin{bmatrix} Q \\ T \end{bmatrix} = \begin{bmatrix} 1 & 1 \\ 1 & 1 \end{bmatrix} \times \begin{bmatrix} \phi 1 \\ \phi 2 \end{bmatrix} \tag{3-8}$$

由于冷热水管分别由两个水龙头控制，因而对水温和流量的独立控制无法实现：当 $\phi 1$ 或 $\phi 2$ 角度发生变化时，一方面会改变冷水或者热水的流入量，从而导致温度发生变化，但是另一方面也会使流量产生直接的变化，即 $\phi 1$ 和 $\phi 2$ 的变化会使水流的流量和温度同时受到影响。显而易见，功能要求 FR_1（Q）和 FR_2（T）产生相互影响，表明这一设计是典型的耦合设计。因此，图 3-8 选择设计方案中两个水龙头的角度 $\phi 1$ 和 $\phi 2$ 作为设计参数，无法满足功能独立要求。

根据上述分析，之所以会产生功能耦合，其根本原因在于冷热水的流入量由两个水龙头分别控制，因此，如果冷热水的混合比例以及混合后的温水流量能够让两个水龙头分别进行控制，那么就能够独立调节水的流量和温度变化，其概念结构如图 3-9 所示。这种设计对类似于图 3-8 水阀设计方式的水流和温度调节方式进行了显著调整，水流量（Q）由 Knob A 控制，而冷热水的混合比例则由 Knob B 控制，即新设计的设计方程是

$$\begin{bmatrix} Q \\ T \end{bmatrix} = \begin{bmatrix} 1 & 0 \\ 0 & 1 \end{bmatrix} \times \begin{bmatrix} \text{Knob A} \\ \text{Knob B} \end{bmatrix} \tag{3-9}$$

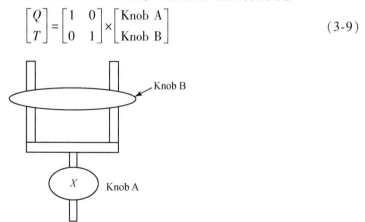

图 3-9　独立控制冷热水温度和流量的混水阀概念结构

根据上述概念，对混水阀的结构进行详细设计，设计结果如图 3-9 所示。水龙头 A 是一个流量调节阀，位于混水阀结构的下游，水在流经水龙头 A 时已经进行了混合，因此，通过调节其选择角度 $\phi 1$，就可以实现对流量的独立控制。水龙头 B 的功能是控制冷热水

的混合比例，由两个旋塞组成，并通过一根杆连接在一起，当杆旋转时冷热水相连的两个旋塞一个打开而另一个关闭，这样连接杆的旋转角度 $\phi2$ 实现了对水温的独立控制。此时设计方程为

$$\begin{bmatrix} Q \\ T \end{bmatrix} = \begin{bmatrix} 1 & 0 \\ 0 & 1 \end{bmatrix} \times \begin{bmatrix} \phi1 \\ \phi2 \end{bmatrix} \tag{3-10}$$

3）应用信息公理优化混水阀设计方案。公理化设计明确指出，在保证功能要求独立性的前提条件下，如若能将设计参数集成为一个完整的物理结构，则会提高功能实现能力，减少设计的信息含量。类似于图 3-10 之类的设计方案虽然满足功能独立性要求，但从公理化设计的信息公理角度来看，两个功能的实现由两个水龙头的旋转来控制，因此需要进一步分析可否将两个水龙头合并成为一个物理结构，以便提高设计的有效性和创新性。

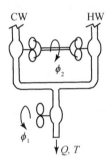

图 3-10　控制冷热水温度的混水阀结构

混水阀的功能是独立控制水的流量和温度。根据流体力学知识，当流体和压降相同时，流速和管路的横截面积成正比。在满足功能独立性要求的前提下，设计参数可分别设定为

DP_1：横截面积总和　$(A_c) + (A_h) = f(A_c + A_h)$

DP_2：横截面积比值　$(A_c) / (A_h) = g(A_c / A_h)$

相应的设计方程可以记作为

$$\begin{bmatrix} Q \\ T \end{bmatrix} = \begin{bmatrix} 1 & 0 \\ 0 & 1 \end{bmatrix} \times \begin{bmatrix} f(A_c + A_h) \\ g(A_c / A_h) \end{bmatrix} \tag{3-11}$$

根据上述原理进行混水阀的技术设计，建立如图 3-11 所示的两种设计方案。两种方案均是采用改变冷热水流入混水阀的出口大小来控制流量和温度，只是具体实现方式存在差别。

图 3-11（a）用连杆连接冷热水出口旋塞，连杆是一空心杆，内腔为反向双螺纹，冷水和热水旋塞中的某一个与螺纹连杆相连，而另一个则开螺纹，旋塞通过反向螺纹副作用实现同时开闭，保证出水截面积的总和增加而冷热水的比例不发生改变。在控制水温时，通过整体横向移动冷热水旋塞，改变两个旋塞开合比例的大小。因此，式（3-11）可以改写为

$$\begin{bmatrix} Q \\ T \end{bmatrix} = \begin{bmatrix} 1 & 0 \\ 0 & 1 \end{bmatrix} \times \begin{bmatrix} \phi \\ Y \end{bmatrix} \tag{3-12}$$

图 3-11（b）采用两个平板在同一平面的移动实现冷热水出水口横截面的变化，此方

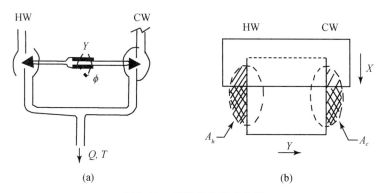

图 3-11　设计参数集成分析

注：HW、CW 分别表示热水和冷水；A_c 和 A_h 分别表示冷水和热水水流部分流通面积

案正如式（3-11），水流量的变化是冷热水横截面积之和为变量的函数，水温是冷热水横截面积之比为变量的函数。上平板沿 X 方向移动改变了水流量，下平板沿 Y 方向移动改变了水温。因此，式（3-11）可以改写为

$$\begin{bmatrix} Q \\ T \end{bmatrix} = \begin{bmatrix} 1 & 0 \\ 0 & 1 \end{bmatrix} \times \begin{bmatrix} X \\ Y \end{bmatrix} \tag{3-13}$$

通过设计参数合并为一个集成的结构，混水阀设计将两个水龙头合并为由旋塞或者平板组成的整体结构。但是，图 3-10 所示的两种混水阀设计方案中实现温度和流量控制时必须分别移动两个部件，其成功概率小于一个部件移动的设计方案。根据信息含量的定义，计算上述方案的信息含量。

假设移动一个部件实现对温度或者流量控制的概率为 90%，那么一个部件移动的混水阀设计的信息含量为

$$I = \log_2(1/0.9) \tag{3-14}$$

在保证功能独立性的前提下，两个部件移动的混水阀设计的信息含量为

$$I = \log_2(1/0.9) + \log_2(1/0.9) = 2\log_2(1/0.9) > \log_2(1/0.9) \tag{3-15}$$

应用信息公理对混水阀设计进一步优化，尽可能将功能实现的概率接近"1"，得到性能更高的设计方案。

根据上述分析，混水阀设计中某一部件具有多个自由度，其单独的运动能分别改变水流横截面的总和、比值，那么该设计成功的概率更大，而且功能实现的能力更强。图 3-12 是单部件运动的混水阀设计方案。

图 3-12 所示设计方案通过一个平板的旋转和平移实现横截面大小和比例的变化。平板上开有三角形孔，当冷热水管对称位于平板中心线两侧时，通过旋转平板的角度可以改变横截面的比值，当平板整体沿 X 方向移动时可以改变水流量。

3.1.4.2　TOC

（1）TOC 概述

TOC 是以色列物理学家和企业管理学家 Goldratt 于 20 世纪 80 年代初提出的一种最优

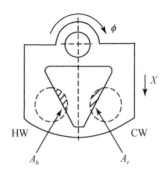

图 3-12　单部件运动的混水阀设计方案

生产技术。该理论是关于对系统进行改进以及如何最好地实施这些改进的一套理念和原则，它认为，任何系统都存在着至少一个制约系统目标实现的关键因素或瓶颈。20 世纪 90 年代初，TOC 又进一步发展出一种用来逻辑化、系统化解决问题的"思维流程"。正是由于"思维流程"的开发，使得 TOC 的应用范围迅速突破原来的管理领域，成为一种适用于各种系统改进与创新场合的系统性方法。

TOC 的思维流程利用一系列问题逻辑图表，逐步探寻和确定系统中"不良结果"问题产生的根本原因，并对其解决思路进行综合分析，从而消除当前阻碍系统发展的主要障碍或瓶颈。在 TOC 方法中，具有五种常用的逻辑树以及管理其结构的逻辑规则，这五种常用逻辑树包括：当前现实树（current reality tree，CRT）、冲突解决图表（conflict resolution diagram，CRD）、未来现实树（future reality tree，FRT）、必备树（prerequisite tree，PRT）和转变树（transition tree，TRT）。应用这五种逻辑树，可以系统地回答"改进什么，改成什么样子以及怎样使改进得以实现"的问题。

尽管 TOC 主要解决管理领域的问题，但它解决问题的思路和技术系统设计过程相类似，如确定系统的改进目标，分析系统中的相关元素以及它们之间的相互关系，确定系统组成元素（机械设计中的零部件）中最薄弱的环节，然后采取相应解决问题的方法对其进行改进，最终提高系统整体的性能。在概念设计过程中，TOC 对于分析和确定技术系统中出现的各种矛盾及其产生根源，对于提供相关矛盾的解决思路，都有着重要的指导和帮助作用。

（2）TOC 的基本理论和方法

在"约束"这一基本概念的基础上，TOC 的基本理论和方法主要包括互相联系的两个模块，即五大核心步骤和思维流程。

1）约束：TOC 认为，对于任何一个分阶段的系统而言，如若其中一个阶段的产出取决于前面一个或几个阶段的产出，则产出率最低的环节决定着整个系统的产出水平。换句话说，一个链条的强度是由它最薄弱的环节来决定的。TOC 可以帮助人们识别出系统在实现目标的过程中存在着哪些"约束"，并进一步指出如何实施必要的改进来一一消除这些约束，从而更有效地实现系统的功能与目标。

2）五大核心步骤：为了准确识别和有效消除系统中存在的"约束"，TOC 开发了一套思考的方法和持续改善的程序，并称其为"五大核心步骤"，如图 3-13 所示。

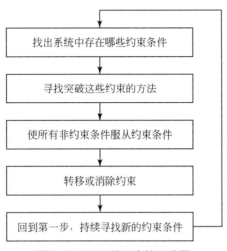

图 3-13 　 TOC 的五大核心步骤

这五大核心步骤包括：

第一步，找出系统中存在哪些约束条件。简而言之，约束条件就是系统中的最薄弱环节。以企业生产管理为例，如果想增加有效产出，就需要从生产过程的原材料投入、生产资源的供应能力、企业内部和外部约束有效产出的各种政策规定以及市场需求等方面进行思考，发现系统瓶颈或找到改进系统的切入点。

第二步，寻找突破这些约束的方法。根据第一步中确定的约束条件采取对应的具体办法，以实现有效产出的增加。仍然以企业生产管理为例，如果约束条件是原材料，那么就设法确保原材料的及时供应和充分利用；如果约束条件是市场需求不足，那么就要给出开拓市场需求的具体办法。

第三步，使所有非约束条件服从约束条件。设法使系统其他非约束部分与约束部分同步，以便充分利用约束部分的产出能力。

第四步，转移或消除约束。具体实施第二步提出的相关措施，使第一步找出的约束条件不再成为系统的约束，也就是说，打破瓶颈，想办法转移或者消除第一步找出的约束条件。

第五步，回到第一步，寻找新的约束条件，持续不断地改善。每当改进了当前系统中最薄弱的一环，就会有下一环成为最薄弱的。如果第四步是将约束转移到其他环节，那么就需要针对新的问题采取新的措施予以解决；如果是将原有约束消除，那么就会有另一个环节成为系统中出现的最薄弱环节。所以，每当突破一个约束，就需要重新返回到第一步，开始新的循环，以便实现对系统的持续改进。

3）思维流程：除了五大核心步骤以外，TOC 开发了一套解决约束问题的具体思考程序。这一套思考程序将人的直觉与逻辑思维结合起来，为约束的识别和消除提供了一种清晰、逻辑严密的思维方法，可用来系统化、逻辑化的解决问题，被称为 TOC 的"思维流程"。

思维流程是 TOC 主要的组成部分，它严格地按照因果逻辑和假言逻辑，回答系统改进设计中所必然提出的三个问题："改进什么"（What to change）、"改成什么样子"

（What to change to）、"怎样使改进得以实现"（How to cause the change）。思维流程的技术工具是一套完整的逻辑图表，其中最常用的五种图表包括当前现实树、冲突解决图表、未来现实树、必备树和转变树。这套逻辑图表指导设计者依次执行构造问题、确认问题、建立解、确定要克服的障碍和实施解五个步骤。

思维流程为系统中约束条件的识别与消除提供七种技术工具。下面，对这七种思维流程技术工具进行简单介绍。

现实树（reality tree，RT）。现实树工具用来帮助人们认清系统现实存在的状况。现实树是因果图，分为当前现实树和未来现实树。现实树的建立要严格遵循若干条逻辑规则，从"树根"开始，向"树干"和"树枝"发展，一直到"树叶"。"树根"是根本性的原因，"树干"和"树枝"是中间结果，"树叶"是最终结果。对于当前现实树来讲，"树叶"是一些人们不满意的现象，"树根"是造成这些现象的根本原因或核心问题所在。而在未来现实树当中，它的"树根"是解决核心问题的方案，"树叶"是最终人们想看到的结果。

当前现实树。当前现实树以充分逻辑为基础，用于描述给定系统的现实状况，并从中找出问题产生的根本原因。当前现实树以系统存在的功能缺陷为输入，根据因果逻辑倒推，对问题逐层进行分析，直至发掘出产生问题的所有潜在原因，即明确思维流程技术的第一个问题：改进什么？当前现实树的构造模式如图 3-14 所示。

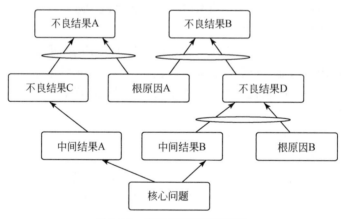

图 3-14　当前现实树简例示意

从图 3-14 可以看出，应用当前现实树，可以将当前系统中的不良结果、中间结果、不良结果产生的根本原因、处于最底层的核心问题以及这些原因和结果之间的关系进行清晰的展示。

当前现实树反映了最可能的因果关系链，为理解复杂系统提供了可靠基础。当前现实树可以发现一个系统中存在的"不良结果"，并且通过逻辑因果关系链来建立"不良结果"和根原因之间的关系，从而确定决定 70% 以上不良结果的核心问题。与此同时，当前现实树可以帮助使用者判断在何种位置上，根原因或核心问题位于设计者的控制范围之外，并且通过有效性测试确认寻找到的根原因是否就是核心问题，以便尽可能使用一个最简单的改变达到系统最大化的改进。

冲突解决图表。冲突解决图表以必要条件为基础，用于确定冲突环境中的各种相关要素，并找出解决问题的方法。冲突解决图表建立在对各个根原因深入分析基础之上，它反映了 1 个待实现目标、2 个实现目标的基本要求和 2 个先决条件间的假设关系，即回答思维流程技术的第 2 个问题：改成什么样子？冲突解决图表的构造模式如图 3-15 所示。

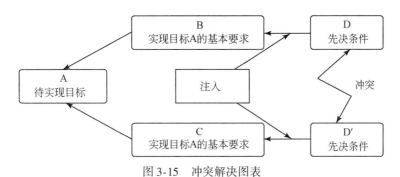

图 3-15   冲突解决图表

在图 3-15 中，A 是待实现的目标，一般是由当前现实树中的上层因素确定；B 和 C 分别是实现目标 A 的必要非充分条件；同样，D 和 D′分别是实现 B 和 C 的必要非充分条件。曲折的双箭头连线表示 D 与 D′间存在冲突关系，笔直的双箭头连线则表示 D 与 D′间存在直接关系，但不一定是冲突关系。

在冲突解决图表中，解决问题的方法被称为"注入"（injection）。"注入"是一种"创造"，通过改变把冲突的局面变成不相关的。冲突解决图表一般使用两个方法——需求的有效性和选择性的环境，来使"注入"的生成过程简单一些。需求的有效性要求检测是否每一个需求都是实现这个目标的必要条件，如果其中一个不是，就把它删除，从根本上避免冲突的发生。选择性的环境是回答"我怎么才能在不需要它的先决条件下实现需求"这类问题，一般是使用头脑风暴法，或者一些其他概念产生的方法来回答这个问题。

冲突解决图表一般有三种构造方式：第一，从右至左始于先决条件，适用于冲突明显的情况；第二，从左至右始于目标问题，适用于冲突不明确的情况；第三，顺时针方向旋转始于目标问题，适用于冲突和目标都明确的情况。冲突也分为完全相反的情况和不同的选择性两种。

冲突解决图表是 TOC 思维流程中最重要的技术工具之一。一方面，它能够确认冲突的存在，识别冲突造成的问题；另一方面，它可以深入解释问题存在的原因，明确所有假设的潜在问题和冲突关系，并可以创造新的突破性解决方案，帮助解决冲突，避免"折中"，从而实现"双赢"。

未来现实树。未来现实树以充分逻辑为基础，用以揭示为改变当前系统的不良结果，所采取方案可能实现的期望和产生的影响。未来现实树描述了实施注入后的未来前景图，其目的有两个：一是对方案进行初步评估，判断方案的实施是否能达到期望的结果；二是通过方案注入后对问题系统的重新分析，及时发现方案实施可能造成的负面效应。未来现实树是在当前现实树基础上生成的。将创新设计方案作为"注入"分别插到它要进行突破的环节，以此重绘当前现实树的逻辑连接，即得到相应的未来现实树图。未来现实树构造模式如图 3-16 所示。

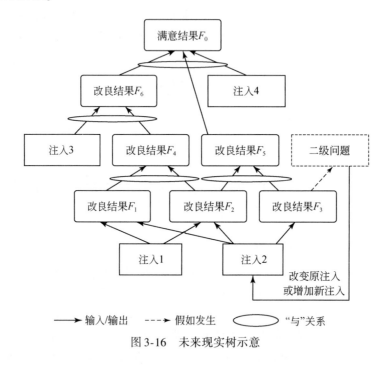

图 3-16　未来现实树示意

若某"注入"的实施使得系统问题逐层得以解决，最终达到期望结果，则该"注入"是有效的，是解决问题的可行方案；若某"注入"的实施不能实现满意结果或是造成二级问题，则该"注入"是无效的，通过改变该注入或增加新注入来消除不良影响。

负效应枝条（negative effect branches，NEB）。当做完当前现实树、冲突解决图表、未来现实树的一系列工作以后，就要找一些与约束条件消除或者改进后果相关程度最大的人来参与，以保证改进的成功实施。TOC 的思维流程法是一项需要高度开放、广泛参与的活动。如果不和这些利益相关者进行全面和充分的沟通，就很难消除这部分人抵制变革的情绪。思维流程法认为，正是这些受改进影响最大的人，才对那些意料之外的负面效应（即"负效应枝条"）了解得最清楚。所以，思维流程法要求主动寻求这些人的参与，并与他们一道找出避免这些"负效应枝条"长出的办法，以避免实施的失败。此过程可以形象地描述为"剪去负效应枝条"（trimming the negative branches）。

必备树。必备树以必要逻辑为基础，用于确定目标实现过程中的各种障碍和克服这些障碍所采取的补救措施及必要条件。绘制必备树并不能一下子就达到理想目标，而是通过依次实现多个"中间目标"来最后实现总目标。以修复打印机为目标，必备树构造模式如图 3-17 所示。

执行必备树的目的是：确定实现理想行为过程所需的行为序列；当不明确如何获得理想结果时，用于确定未知的步骤；建立未来现实树与转变树之间的联系。

转变树。转变树是以因果逻辑为基础，用于指导设计者逐步实现从直觉到行为的转变

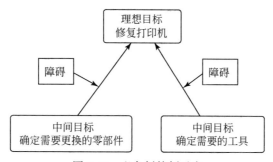

图 3-17　必备树简例示意

过程。转变树是为了达到目标而制定具体行动计划的思考程序，它是将补救措施和存在事实相结合，以此产生新的期望结果，直至实现最终目标的累积过程。转变树构造模式如图3-18 所示。转变树和必备树一同解决了思维流程技术的第三个问题：怎样使改进得以实现？

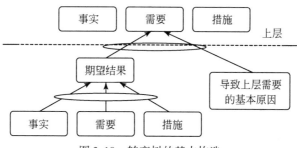

图 3-18　转变树的基本构造

　　执行转变树的目的是：提供一个行为执行的方式，通过所改变过程确定实现目标过程中产生的偏差，发掘所采取行为的原因，实施冲突解决图表和未来现实树中产生的注入，实现必备树中确定的中间目标，将概念计划转变为具体的行为计划，排除实施行为过程中产生的不良结果。

　　思维流程解决问题的技术路线。运用 TOC 思维流程方法识别和解决问题的具体过程如图 3-19 所示。

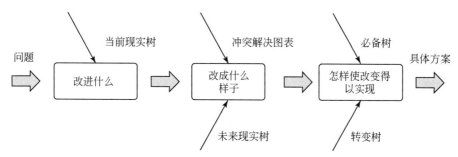

图 3-19　TOC 思维流程五种常用工具解决问题的过程

思维流程中的五种常用逻辑图表是实现从问题输入到具体方案输出全过程的主要技术工具。针对问题解决中提出的三个问题，可以采用相应的逻辑图表进行分析求解，逐步完成技术攻关与突破，从而获得创新方案。

4）思维流程和核心步骤之间的关系：TOC 的思维流程和五大核心步骤均为系统中约束问题的识别与解决提供了技术方法，这两种工具在识别和解决约束问题过程中的关系可以用图 3-20 表示。

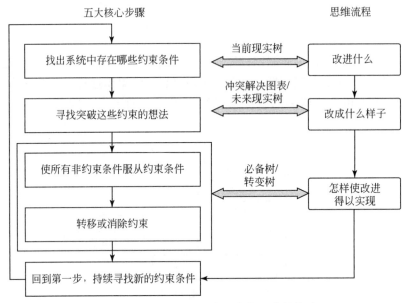

图 3-20　TOC 思维流程与五大核心步骤关系

TOC 的五大核心步骤与思维流程之间是互补的关系。当约束能够较容易确定时，采用核心步骤提供就是解决这些约束的简单有效的方法；当约束不是非常明显，因而不容易确定时，则需要结合思维流程的逻辑图表来找出问题的核心冲突，并提出相应的解决方案，提高整个系统的性能。

（3）TOC 在概念设计中的应用方法

TOC 提供了一整套系统化、逻辑化的思维流程对系统中存在的约束问题及根本原因和可能产生的相关冲突进行分析，因而在概念设计过程中，可以采用 TOC 的当前现实树和冲突解决图表等来帮助其他创新方法，如经典 TRIZ 分析和确定设计过程中可能遇到的矛盾。TOC 和 TRIZ 的集成应用过程如图 3-21 所示。其应用步骤是：

1）对现有产品进行简单分析。

2）运用 TOC 思维流程中的当前现实树对该产品系统进行分析，同时确定各种可能的冲突解决图表。

3）根据冲突解决图表分析确定设计过程中的各种矛盾。

4）采用 TRIZ 或者其他方法解决上述各类矛盾。

5）如若所有的矛盾都已得到解决，则形成多个设计方案，并最终确定最佳设计方案。

与此同时，由于 TOC 理论中的冲突解决图表，以及相关的未来现实树、必备树和转变树等工具本身就能解决与矛盾相关的问题，因此，也可以按照如图 3-21 所示的流程直接采用 TOC 解决概念设计过程中碰到的矛盾问题。

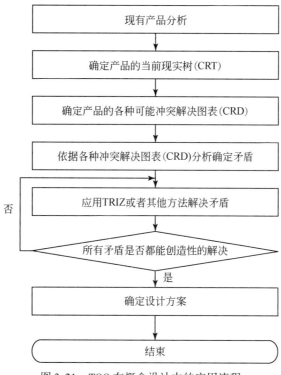

图 3-21　TOC 在概念设计中的应用流程

（4）TOC 的应用实例

本案例是有关汽车安全气囊设计的问题，此处将集成应用 TOC 与 TRIZ 方法对其进行设计。

1）安全气囊问题描述：安全气囊是汽车的安全装置之一，主要用于发生碰撞事故时保护乘客。该系统由气囊指令舱、碰撞传感器和诊断部件三部分组成。一般情况下，当传感器检测到碰撞程度超过某一确定的极限值时，安全气囊就开始了调用过程。在安全气囊开始膨胀时，前 8cm 是最强的部分，处于这一位置的乘客最容易受到伤害。此处将重点分析安全气囊设计中可能存在的矛盾问题，并集成应用 TOC 和 TRIZ 工具来解决这些矛盾问题。

2）安全气囊的当前现实树分析：依据 TOC 冲突解决图表的构建框架，可以定义 15 个与气囊产生危险有关的因素，将这些因素的当前现实树表示为如图 3-22 所示的形式。需要注意的是，在 CRT 图中所有的终端因素都可能是导致安全气囊产生致命因素的根本原因。

每个终端都是一个不希望出现的因素，1 代表最不希望出现的因素，如图 3-22 中的因素 3，5，7，11，12，13，14，15，16 等都可能是导致问题的原因，其中 7，11，12，13，

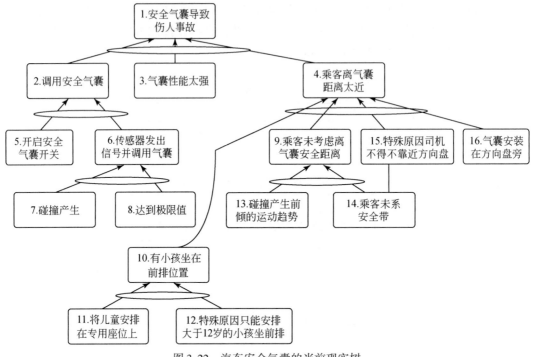

图 3-22 汽车安全气囊的当前现实树

14 为非技术性因素，3，5，15，16 为技术性因素。由于前者的产生受一些不可控因素影响，因此，本例仅选择技术性因素建立冲突解决图表来进行分析，以便发现问题产生的根本原因，并运用 TRIZ 解决这些矛盾问题。

3）冲突解决图表构建：因素 3 是安全气囊的强度太强。如图 3-23 所示，为了实现安全气囊在发生碰撞事故时保护乘客的目标，安全气囊需要具备以下特点。①安全气囊应能迅速阻止乘客碰撞到汽车的内壳，实现该条件需要安全气囊的性能非常强。②安全气囊与乘客之间的接触作用力应尽可能小，以保证乘客不受伤害，实现该条件需要安全气囊的性能不太强。

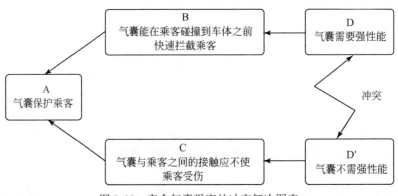

图 3-23 安全气囊强度的冲突解决图表

于是，就产生了矛盾一：气囊需要强性能，同时气囊又不需要很强的性能。

因素 5 是开启安全气囊开关，其冲突解决图表分析如图 3-24 所示，得出矛盾二：同时打开安全气囊又要关闭安全气囊。

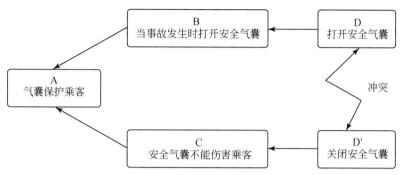

图 3-24　安全气囊调用的冲突解决图表

因素 15 是由于某些原因，司机不得不离方向盘太近。对因素 15 的冲突解决图表分析如图 3-25 所示，据此可以得到矛盾三：司机座位的设计尽可能向前移，同时又尽可能向后移。

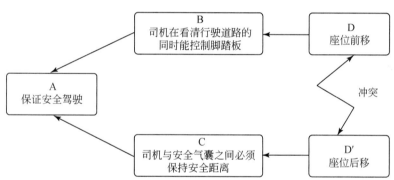

图 3-25　司机近距离驾驶的冲突解决图表

因素 16 是气囊安装在方向盘系统内，对方向盘系统的冲突解决图表分析如图 3-26 所示，据此可以得到矛盾四：存在方向盘系统，同时又不需要方向盘系统。

4）安全气囊的矛盾分析和解决矛盾的方案：对于矛盾一，从设计者的经验得出以下解决方案。

解决方案一：采用低强度设计，使气囊调用时的加速度减少 30%。当事故发生时，减少了接触到气囊的乘客受伤的可能性，同时又有足够的强度以防止乘客在事故中受伤。

对于矛盾二，将其抽象为物理矛盾，TRIZ 的空间分离原理给出"通过整体系统和部分来改变状态"。于是产生以下的解决方案。

解决方案二：用其他的系统来代替现有的装载有安全气囊的方向盘系统，使产生的新系统优于现有系统。例如，可以将司机的安全气囊装载在仪表板系统中，不仅能够解决矛盾二，也使司机远离安全气囊，减小了伤人事故的可能性。

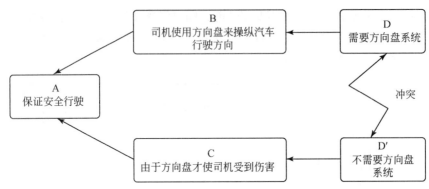

图 3-26　方向盘系统的冲突解决图表

对于矛盾三和矛盾四，TRIZ 解决物理矛盾的时间分离原理给出"按照工作条件而动态地改变"，可以产生以下解决方案。

解决方案三：设计具有可折叠性的方向盘系统，使其能根据司机的身材而变化，设计的脚踏板系统也可以根据司机身材而变动。

5）确定安全气囊设计方案：分别对上述各种解决方案进行安全气囊设计分析，在综合分析方案的成本、企业内部技术可能性和各种资源约束的基础上，最终确定综合形成以下方案来考虑对安全气囊的设计。该方案在原有安全气囊的基础上进行了以下改进，如图3-27 所示。

(a)改进前的安全气囊结构　　　　　　　　(b)改进后的安全气囊结构

图 3-27　安全气囊结构的新型设计方案

将安全气囊的装载系统由原设计的方向盘系统改为现行设计的仪表板系统，使安全气囊调用时与乘客的胸部接触，避免了原设计中安全气囊伤人头部的事故发生。

方向盘系统采用折叠式设计，使得方向盘根据司机的身材，以及仪表板系统的安全气囊而调整，从而保证了安全气囊对不同身材司机的保护。

脚踏板系统采用折叠式设计，使脚踏板系统可以根据司机的身材而调整到最合适的高度和位置，保证了司机与安全气囊之间的有效距离，从而减少安全气囊伤人事故。

上述方案虽然未做产品测试，但2005 年美国国家公路交通安全管理局对安全气囊的性能要求中指出，气囊系统的方向盘以及脚踏板应能按照不同的乘客而调整。戴姆勒-克莱斯勒公司研制的新一代汽车安全系统中的安全气囊具有智能化的特点，且脚踏板可以自动和手动调整，这些都与上述最终方案的设计思想不谋而合，从侧面验证了该方案的可行性。

3.2 详 细 设 计

3.2.1 详细设计定义

在技术突破过程中，详细设计就是对概念设计方案的细化，是对概念方案的实现结构进行具体化的过程。详细设计是在概念设计的基础上进行的，它从概念设计子模块所选的最优原理方案开始，直到完成全部工程设计图纸而结束。

一般来讲，详细设计的设计开发工作涉及以下四项基本内容：①探索制作产品的可能方案；②按照设计技术要求选取最佳方案；③评价按照上述最佳方案开发出的产品失败的可能性；④设计工程图纸。详细设计子模块主要涉及两方面工作，一方面，需要根据概念设计子模块最佳原理方案的基本构想，将产品分解至子系统和部件层次，并对产品结构进行优化设计；另一方面，则需完全确定产品中所有非标准件的几何尺寸、材料和公差。在制造创新方法链的技术突破模块中，详细设计的最终输出是参数图。

3.2.2 详细设计过程及存在的问题

3.2.2.1 详细设计基本过程

详细设计的一般流程如图 3-28 所示。可以看出，详细设计可以分为以下 4 个主要环节。

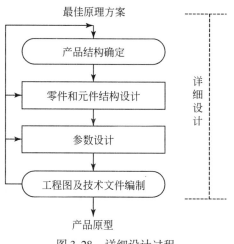

图 3-28 详细设计过程

1）产品结构确定。产品结构是根据最佳原理方案，将整个设计系统划分为子系统。在这个环节需要决定所设计的实际零件如何布置和组合，以得到设计的产品功能。

2）零件和元件结构设计。零件结构指的是确定零件需要有什么样的特征（如孔、加强筋、曲线和曲面等），并对其空间的相互关系进行安排。零件和元件结构设计的主要作用在于确定近似的尺寸，以保证零件满足概念设计子模块所产生最佳原理方案中的相关要求。同时，这个环节也要确定有关材料和加工的更多特性。

3）参数设计。零件的参数设计始于零件构形的信息处理，旨在确定零件准确的尺寸和公差，并完成之前可能尚未处理的材料和加工工艺设计。参数设计的重要工作是检查零件、装配件和系统的设计稳健性，同时，这一环节需要处理预测和消除可能故障、提升产品的可制造性等方面的设计问题。

4）工程设计图纸及技术文件编制。在工程设计图纸及技术文件编制环节，要完成可测试和可制造产品的全部产品描述。每个零件的布置、外形、尺寸、公差、表面性能、材料和加工工艺所缺失的信息都将补充完成。同时，在这一环节中，还须确定专用件的规格以及从供应商处购买的标准件规格。

在工程设计图纸及技术文件编制环节，需要完成如下活动并准备相关文档：①满足制造要求的详细工程图；②完成装配图和装配说明，给出用于装配的物料清单；③准备详细的产品规格，包括从概念设计子模块开始所做出的设计变更；④决定每个零件是在内部加工，还是从外部供应商处购买；⑤根据所有前面的信息，给出详细产品成本预算。

需要注意的是，正如图 3-28 所描述的那样，上述四个环节并非简单的序贯与线性关系，相反，每一个环节都有一个连接至其上一环节的反方向箭头，这表明在详细设计的过程中，当发现更多的信息时，需要对之前已经初步完成的相关设计进行修改与调整。

3.2.2.2 详细设计存在的问题

详细设计的核心在于系统的有效集成。经过产品特征提取和排列优选，得到一系列可能的详细设计素材后，详细设计的后续工作就是把顾客的要求、实现这些要求的功能和外观设计同特征排列方案集成起来，最终形成可行的详细设计方案。详细设计的创新目标在于，在保证概念设计子模块最佳原理方案中产品相关功能有效实现的同时，最大程度的缩短产品设计周期、降低产品成本、提高包括稳健性和可靠性等诸多因素在内的产品质量。为实现上述创新目标，详细设计存在的问题主要包括：

第一，如何将详细设计过程涉及的相关要素与属性，如产品结构、材料等进行有效集成，从而实现降低成本、提高质量的目标。

第二，如何在保证产品功能、原理、结构优化的前提条件下，缩短产品开发周期并实现对设计的进一步优化。

第三，如何保证详细设计的相关设计方案可以在生产制造过程中成功实施与实现。

第四，如何确定零件失效的可能性并评价失效对系统状态的影响程度。

第五，如何使产品在广泛的使用条件下保持其应有性能，如何通过改变设计变量的值实现设计方案的优化。

3.2.3　详细设计方法

在详细设计子模块，可以使用的常见创新方法主要包括并行设计、快速响应设计、全寿命周期设计、模糊设计、有限元分析设计、可靠性设计、稳健性设计、FMEA、价值工程设计法和优化设计法，见表3-2。下面分别对其进行简单介绍。

表3-2　详细设计过程中的主要创新方法

环节	问题	可用创新方法
1）产品结构确定	如何在保证产品功能、原理、结构优化的前提条件下，缩短产品开发周期并实现对设计的进一步优化	快速响应设计
2）零件和元件结构设计	—	—
3）参数设计	如何将详细设计过程涉及的相关要素与属性，如产品结构、材料等进行有效集成，从而实现降低成本、提高质量的目标	模糊设计、有限元分析设计、可靠性设计、价值工程设计法
	如何保证详细设计的相关设计方案可以在生产制造过程中成功实施与实现	并行设计、全寿命周期设计
	如何确定零件失效的可能性并评价失效对系统状态的影响程度	FMEA
	如何使产品在广泛的使用条件下保持其应有性能	稳健性设计
	如何通过改变设计变量的值实现设计方案的优化	优化设计法
4）工程设计图纸及技术文件编制	—	—

（1）并行设计

并行设计是充分利用现代计算机技术、现代通信技术和现代管理技术来辅助产品设计的一种现代产品开发模式。它站在产品设计、制造全过程的高度，打破传统的部门分割、封闭的组织模式，强调多功能团队的协同工作，重视产品开发过程的重组和优化。并行设计又是一种集成产品开发全过程的系统化方法，它要求产品开发人员从设计一开始就考虑产品生命周期中的各种因素。它通过组建由多学科人员组成的产品开发队伍，改进产品开发流程，利用各种计算机辅助工具等手段，使产品开发的早期阶段能考虑产品生命周期中的各种因素，以提高产品设计、制造的一次成功率。在产品开发设计过程中，应用并行设计可以缩短产品开发周期、提高产品质量、降低产品成本，进而达到增强企业竞争能力的目的。并行设计的详细介绍见3.2.4.1小节。

（2）快速响应设计

快速响应设计（rapid response design，RRD），也称快速设计（rapid design，RD）、敏捷设计（agile design，AD），它是 20 世纪末在市场快速变化导致产品快速升级趋势下，基于快速响应工程理论以缩短产品研发周期为目标而形成的设计理念和方法。它在计算机集成制造（computer integrated manufacturing，CIM）、精益制造（lean production，LP）、并行工程（concurrent engineering，CE）和敏捷制造（agile manufacturing，AM）的基础上，将解决问题的范围集中在产品的设计开发阶段，尤其是总体方案设计阶段，以提高设计开发质量及市场的快速响应能力。快速响应设计的核心理念是在保证产品功能、原理、结构优化的同时，将时间作为设计要素，实现对设计的进一步优化。实施快速响应设计的基本方法是变型设计，其基本原则是先前设计的重用，一方面，通过对已有设计（原理、方法、方案、结构）的引用实现问题求解；另一方面，尽量采用标准化、成熟化的零部件来完成新产品设计。

（3）全寿命周期设计

全寿命周期设计就是在设计阶段就考虑到产品生命周期后续制造、使用、回收等所有环节，从而使产品全寿命周期所有相关因素在产品设计阶段就能得到综合规划和优化的设计方法。全寿命周期设计的基本目标在于使产品功能、结构、技术表现优良的同时，保证产品可在当前制造、使用环境等客观条件下设计、制造、交付使用一次成功，全面满足用户需求而不出现反复。从内容上看，全寿命周期设计是对并行设计、面向制造的设计、面向环境的设计（绿色设计）、面向能源的设计、面向材料的设计以及人机工程设计的集成与综合。采用全寿命周期设计方法，有利于缩短产品投放市场的时间、提高产品质量、降低生产成本，从而增强产品市场竞争力。

（4）模糊设计

模糊设计（fuzzy design，FD）是在设计者确定主要参数后，模糊系统自动确定其他参数，然后进行辅助设计等过程，最后由模糊系统的专业模块自动完成设计任务。模糊设计的使用流程是，设计者在初始条件中确定某次具体设计的主要参数，然后把这些参数传输给模糊系统，在计算机内部，由模糊系统根据预先设定好的关系模型确定其他必要参数及关系。模糊系统中应含有几种不同追求目标的设计方案模块，如重量最轻、价格最低、功率最大等。经过辅助运算后，系统以具体形式输出这些方案，供设计者作进一步决策。

（5）有限元分析设计

有限元分析（finite element analysis，FEA）是一种运用数学近似的方法对真实物理系统（几何和载荷工况）进行模拟的方法，其主要思想在于利用简单而又相互作用的元素——单元，实现采用有限数量的未知量去逼近无限数量未知量真实系统的目的。有限元分析求解问题的基本步骤通常为：第一步，问题及求解域定义；第二步，求解域离散化；第三步，确定状态变量及控制方法；第四步，单元推导；第五步，总装求解；第六步，联立方程组求解和结果解释。根据分析与计算目的的不同，其应用可概括为如下四大类型，结构静力学分析与计算、动力学分析与计算、大型复杂结构的稳定性分析与计算、模拟分析。目前有限元分析已经成为机械产品动、静、热特性分析的重要手段。采用有限元分析方法对设计的结构进行详细的力学分析，获得尽可能真实的结构受力信息，就可以在设计阶段对可能出现的各种问题进行安全评判和设计参数修改。根据有关资料，一个新产品的问题有 60% 以上可以在设计阶段消除，甚至有的结构施工过程也需要进行精细设计，要做到这一点，就需要类似有限元分析这样的分析手段。

（6）可靠性设计

可靠性设计是保证机械及其零部件满足给定的可靠性指标的一种机械设计方法，可靠性设计的相关范围包括对产品的可靠性进行预计、分配、技术设计、评定等工作。为了在设计过程中挖掘和确定隐患及薄弱环节，并采取设计预防和设计改进措施，有效地消除隐患及薄弱环节，提高产品的固有可靠性，只能通过定量计算、定性分析和各种具体的可靠性设计来实现。可靠性设计的主要内容概括起来可以包括以下三个方面：①建立可靠性模型，进行可靠性指标的预计和分配；②进行各种可靠性分析，如故障模式影响和危机度分析、故障树分析、热分析、容差分析等，以便发现和确定薄弱环节；③采取各种有效的可靠性设计方法。例如，制定和贯彻可靠性设计准则、降额设计、冗余设计、简单设计、热设计、耐环境设计等，并把这些可靠性设计方法和产品的性能设计工作结合起来，减少产品故障的发生，最终实现可靠性的要求。采用可靠性设计，可以在综合考虑产品的性能、可靠性、费用和设计等因素的基础上，使产品在寿命周期内符合所规定的可靠性要求。

（7）稳健设计

稳健设计（robust design）又称"田口方法"，是由日本的田口玄一博士于 20 世纪 70 年代提出的一种低成本、高效益的质量工程方法，其核心思想是将质量重点由制造阶段前移到设计阶段，强调设计对质量的重要作用。稳健设计不仅提倡充分利用廉价的元件来设计和制造出高品质的产品，而且使用先进的试验技术来降低设计试验费用。稳健性设计将产品开发设计分为系统设计、参数设计、容差设计三个阶段，依托其质量损失函数、容差设计技术和正交试验技术，对质量特性与元部件之间的非线性关系（交互作用）进行分析，从而找出使产品稳健性达到最佳水平的组合。在产品详细设计过程中应用稳健设计，可以有效提高产品质量。稳健设计的详细介绍见 3.2.4.2 小节。

（8）FMEA

关于 FMEA 的介绍见 3.1.3 小节。

（9）价值工程设计法

价值工程（value engineering，VE），也称价值分析（value analysis，VA），是指以产品或作业的功能分析为核心，以提高产品或作业的价值为目的，力求以最低寿命周期成本实现产品或作业使用所要求的必要功能的一项有组织的创造性活动，也称为功能成本分析。价值工程涉及价值、功能和寿命周期成本三个基本要素。价值工程是一门工程技术理论，其基本思想是以最少的费用换取所需要的功能。这门学科以提高工业企业的经济效益为主要目标，以促进已有产品的改进和新产品的开发为核心内容。

（10）优化设计法

优化设计法就是在满足设计要求的众多设计方案中选出最佳设计方案的设计方法。这一方法选定在设计时力图改善的一个或几个量作为目标函数，在一定约束条件下，以数学方法和电子计算机为工具，不断调整设计参量，最后使目标函数获得最佳的设计。优化的基本步骤是：①建立数学模型；②选择最优化算法；③程序设计；④制定目标要求；⑤计算机自动筛选最优设计方案等。在优化设计法中，通常采用的最优化算法是逐步逼近法、线性规划和非线性规划。在详细设计中，优化设计法可以帮助设计人员寻求一组合理的设计参数，以使得由这组设计参数确定的设计方案既满足各种设计要求，又使其技术经济指标达到最佳，从而实现最优化的设计。

3.2.4 典型方法及案例

下面针对详细设计子模块可用的两种典型方法进行详细介绍，这两种典型方法包括并行设计和稳健设计方法。

3.2.4.1 并行设计

(1) 并行设计的涵义与特点

1）并行设计的产生及内涵：传统的产品开发过程往往采用一种"串行"工程方法，即开发人员依照从产品需求分析到产品最终定型全过程的"顺序"或"试凑"的方式，按要求完成本职工作后将成果抛向下游，出现问题后则抛回上游，因此被称为"抛过墙"式的产品开发方式。这种方法使得各部门之间缺乏充分的信息交流，且参与产品开发的人员往往对自己在整个过程中的角色缺乏清晰的认识，上、下游之间的活动可能存在不可协调的冲突。当最终产品的可制造性、可装配性及可维护性较差，不能很好地满足用户的需求时，就需要重新回到产品的设计阶段，进行产品的重新设计。这使得产品的开发过程变成了"设计—制造—再设计—重新制造"的多次重复大循环，造成在传统的产品开发过程中出现很多的反馈，从而导致设计的改动量大，产品的开发周期长，开发成本高等问题，导致企业在竞争越来越激烈的市场中处于不利的地位。

这种设计模式具有许多缺点，包括：①设计时间所占比例较小，设计方案有限，设计过程的灵敏度不高，而且设计者通常缺乏成本信息，因而在设计时不能有意识地考虑成本目标；②产品开发过程下游存在的问题只有等到进行到下游时才暴露出来，从而造成返工，既浪费资金又延误时间；③生产规划、可制造性及可靠性等问题在开发过程中是分别考虑的；④设计数据零散分布于开发过程，缺乏统一有效的管理，数据无法保持一致，数据信息很少进行文档管理，容易丢失。

为解决以上问题，人们在总结计算机集成制造系统等相关技术经验的基础上，认为应进一步强调产品开发早期阶段的工作对产品周期、质量、成本及服务的影响，因而引入了"并行设计（concurrent design）"的概念。1988 年美国国家防御分析研究所（Institute of Defense Analyze，IDA）的 Winner R. I. 完整地提出了这一概念，指出并行设计"是一种集成地、并行地设计产品及其相关过程（包括制造过程和支持过程）的系统方法。"这种方法要求产品开发人员在一开始就应考虑产品整个生命周期中（从概念形成到产品报废）的所有因素，包括质量、成本、研制进度和用户要求，以便实现提高产品质量、降低研制成本、缩短产品开发周期和产品上市时间的综合目的。

并行设计中的"并行"是相对传统产品开发过程中的"串行"而言的，其出发点是克服串行设计的固有缺点。并行设计与传统串行设计的根本区别在于并行设计把产品开发的各个活动看成是一个整体、集成的过程，并从全局优化的角度出发，对集成过程进行管理与控制。并行设计的重要目标就是使产品设计一次性成功，缩短产品开发周期，降低生产成本，提高产品竞争力。在信息流动关系上，并行产品开发过程同串行产品开发过程有着显著区别，如图 3-29 所示。

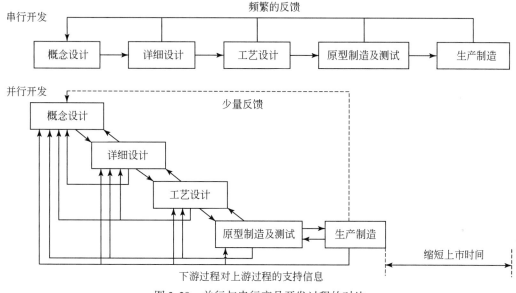

图 3-29　并行与串行产品开发过程的对比

2）并行设计的特点：相对于传统的串行产品开发模式，并行设计无论是在产品开发技术和理念上，还是在产品开发过程活动的组织与管理上，都发生了巨大的变革，对原有的串行产品开发模式产生了强大的冲击与挑战。并行设计的主要特点如下。

第一，由并行设计的定义可以看出，并行设计所面对的是产品及其生命周期，尤其是产品生命周期中早期的产品开发过程。

第二，并行设计强调在产品开发一开始，就考虑到产品生命周期从概念生成到产品报废整个过程所有的因素，力求做到综合优化设计，最大限度避免设计错误，减少设计更改和反复次数，提高质量，降低成本，使产品开发一次成功，缩短产品的开发周期。

第三，并行设计摆脱了传统产品开发模式的"串行"，强调产品开发过程的"并行"。通过过程的并行和集成优化，达到缩短产品开发周期的目的。

第四，并行设计强调产品及相关过程的一体化设计和协同设计。并行设计的"并行"对应的英文"concurrent"除了具有"并行、平行"的含义，还具有"协作、协同"的意义。"协同"因而也是并行设计的重要特征。并行设计主张协同、集成和一体化，主张在产品开发过程中取消专业部门及由此形成的人为阻隔，从根本上摒弃"抛过墙"式的串行产品开发模式的种种缺陷。例如，产品开发人员容易以部门利益为重而表现出不协作；专业部门间由于强调相对独立性而忽视了交流与协调；产品开发人员因专业部门的阻隔难以有效实施一体化和全局优化设计。并行设计通过组建统一的集成化产品开发团队，由集成化产品开发团队负责整个产品的开发，团队的所有成员在统一的部署下，消除了利益的冲突，为着共同的目标，一体化、协同地开展产品开发活动，有利于实现产品及相关过程设计的协同、集成和综合优化。

第五，"并行"不仅意味着产品开发过程的并行，而且更重要的是意味着产品及相关过程设计的并行。一个复杂的产品往往需要开发人员共同完成大量的产品及相关过程的设计。并行设计强调所有这些人员要并行地进行设计。总的来讲，并行设计离不开过程的并行与集成优化，但过程的并行不等同于设计的并行。设计的并行还需要有相应的并行设计理论与方法及 DFX 和 CAX 等工具/环境的支持。

第六，并行设计重视用户之声（voice of customers，VOC），要求在产品开发早期阶段注重用户需求，提倡通过用户对整个产品开发过程的参与，及时发现并避免不满足用户需求的问题，确保最终产品的最佳用户满意度。

第七，并行设计强调持续改进产品及相关过程的设计，持续改进产品开发过程。对于任何一项产品及相关过程的设计，产品生命周期上、下游之间难免会出现冲突，通过设计协调，可使冲突消除，设计得到改进。

3）并行设计在产品设计中的作用与价值：并行设计在产品设计过程中，同时考虑下游活动（如产品的可制造性、可装配性与可靠性等），从而可以加快产品的开发进程。不过，需要注意的是，并行设计并不是设计与制造的同步进行，而是要求在设计的同时考虑制造中可能存在的各种因素。在产品设计过程中运用并行设计的主要作用如下。

第一，缩短产品开发时间。并行设计旨在产品设计的初步阶段就充分地考虑后期阶段（包括制造阶段和支持阶段）所要出现的问题，并尽早加以解决，以便有效减少设计的返工次数。通过细分设计过程，将细分的子过程进行充分的并行处理，不仅可显著减少后一阶段设计的等待时间，而且也使各设计阶段的信息能够得到充分的共享。并行设计对缩短产品的开发周期具有重要作用，相关统计显示，产品设计及其有关过程的并行进行，能使产品开发周期缩短 40%~60%。

第二，提高质量。并行设计不仅要求考虑到产品的各项性能，还需考虑与产品相关的各个工艺过程的质量。为了获取质量高的产品，并行设计强调产品设计与过程设计的并行，以达到优化生产过程，进而减少产品缺陷及废品率的目的，便于制造与维修等。统计显示，设计质量的改进，可使产品中工程变更的次数减少一半以上；产品及其有关过程的优化，可使产品的报废及返工率下降 75%。

第三，降低成本。并行设计所达到的目的不是单纯地降低产品生产周期中的消耗（包括设计、制造、装配、检验、维修等）。并行设计不同于传统的"反复做直到满意"的思想，它强调的是"一次成功"。据统计，生产成本的 70% 以上由设计阶段决定，所以，设计出最优的产品和生产过程，对降低成本有极其重要的意义。统计显示，多专业小组一体化进行产品及其有关过程的设计，可使制造成本降低 30%~40%。

（2）并行设计关键支持技术

并行设计的本质是站在产品设计、制造全过程的高度，打破传统的组织结构带来的部门分割封闭的观念，强调参与者集团群协同工作的效应，在产品设计的早期阶段就考虑到其后期发展的所有因素，以便提高产品设计、制造的一次成功率，缩短产品开发周期、降低成本。为了成功实施并行设计，需要具备多项技术进行支持。传统的计算机集成制造系统中的基础技术，如信息集成、STEP、CAD/CAPP/CAM、数据库、网络通信等，在并行设计中扮演着重要角色。然而，在 CIMS 信息技术的基础上实施并行设计还需要组织管理、过程改进等新的关键技术支持，现阶段并行设计的关键支持技术包括四个方面，如图 3-30 所示。

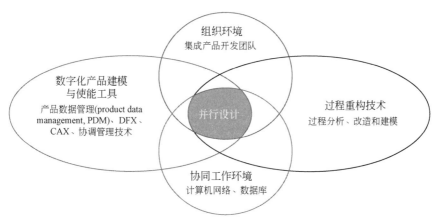

图 3-30　并行设计的关键支持技术

1）过程重构设计：并行设计与传统产品开发方式的本质区别在于它把产品开发的各个活动视为一个集成的过程，从全局优化的角度出发对该集成过程进行管理和控制，并且对已有的产品开发过程进行不断的改进与提高。这种方法被称为产品开发过程重构（product development process re-engineering）。并行设计产品开发的本质是过程重构。企业要实施并行设计，就要对其现有产品开发流程进行深入分析，找到影响产品开发进程的根本原因，重新构造一个能为有关各方所接受的新模式。实现新的模式需要两个保证条件：一是组织上的保证，二是计算机工具和环境的支持，如 design for assembly（DFA）、design for manufacturing（DFM）、PDM 等。产品开发过程重构的基础是过程模型，并行设计过程建模是并行设计实施的重要基础。

2）组织环境：过程的集成决定了产品开发团队的集成。传统的按功能部门划分的组织形式与并行设计的思想是背道而驰的。并行设计要求打破部门间的界限，组成跨部门、多专业的集成产品开发团队（integrated product team，IPT）。

一般来说，IPT 由企业的管理决策者、团队领导和团队成员组成，IPT 的具体组成形式可根据企业的具体情况决定。IPT 是按产品零部件组成结构递阶划分的，产品开发团队根据产品的组成形式呈递阶结构，其成员来自各个功能部门。IPT 与功能部门之间存在着密切的关系。产品是由零部件组成的，真正的设计开发之前，IPT 首先划分任务。任务的承担者是角色，功能部门以角色的形式完成任务。功能部门中的个人被定义为成员，每个角色可以由一个成员担任，也可以由多人完成。IPT 工作的目标如下。

第一，提高质量。团队的每个成员均对满足用户需要和质量需求作贡献。

第二，降低成本。集成的组织能显著减少更改、错误和返工。

第三，缩短开发周期。增加预发布和并行协同工作，保证对用户需求和更改设计做出反应。

3）数字化产品建模与使能工具：这一关键技术主要包括面向下游环节的设计（DFX, design for assembly, design for manufacturing 等）、计算机辅助设计/工艺/制造（CAX, computer aided design 等）、产品数据管理（product data management, PDM）技术及并行设计协调管理技术等。其中，DFX 是并行设计中的关键使能技术，实现从一开始就考虑产品生命周期中各个因素的目的；PDM 能高效、自动化地组织和管理各产品开发阶段产生的大量与产品有关的工程设计数据；协调管理技术则主要用于协调解决开发过程中所产生的各种矛盾和冲突。

DFX 是并行设计中的关键使能技术。DFX 中的 X 可以代表生命周期中的各种因素，如制造、装配、拆卸、检测、维护、支持等。它们能够使设计人员在早期就考虑设计决策对后续过程的影响。较常用的 DFX 是 DFA（面向装配的设计）和 DFM（面向制造的设计）。

DFA 的主要作用是：制定装配工艺规划，考虑装拆的可行性；优化装配路径；在结构设计过程中通过装配仿真考虑装配干涉。DFA 的应用将有效地减少产品最终装配向设计阶段的大反馈，能有效地缩短产品开发周期。同时，DFA 也可以优化产品结构，提高产品质量。

面向装配的设计要求设计从产品装配体（整机）开始，根据给定的功能要求和设计约束，首先确定产品的大致组成和形状，确定各组成零部件之间的装配关系和相互约束关系，然后根据装配关系把一个产品分解成若干零部件，在总体装配关系的约束下，同步地进行这些零部件的概念设计和详细设计。DFA 为实现面向装配的产品设计提供了一个有效工具。

DFM 的主要思想则是在产品设计时不但要考虑功能和性能要求，而且要同时考虑制造的可能性、高效性和经济性，即产品的可制造性（或工艺性）。其目标是在保证功能和性能的前提下使制造成本最低。在这种设计与工艺同步考虑的情况下，很多隐含的工艺问题能够及早暴露出来，避免了很多设计返工；而且对不同的设计方案，根据可制造性进行评估取舍，根据加工费用进行优化，能显著地降低成本、增强产品的竞争力。

PDM：在并行设计产品开发过程中，产品的各种零部件是由不同的设计人员，在不同的计算机软件和硬件平台上，按照一定的设计顺序逐渐产生的。PDM 是一种工具，它能够提供一种结构化方法，有效地、有规则地存取、集成、管理、控制产品数据和数据的使用流程。PDM 系统的支持技术包括大容量数据存储、工作流管理、图形与图像转换、分布式网络环境、client/server 计算机结构、友好的用户界面、数据库管理等。PDM 为并行设计提供统一的产品及相关数据的管理、通信、产品的生命周期管理等服务功能，它是并行设计的实施平台，是其他各工具工作的环境与基础。

协调管理技术：并行设计的大规模协同工作特点，使得冲突成为并行设计实施过程中的一个重要现象。为使产品开发过程顺利进行，使并行设计的效益得以充分体现，必须具有一种协调管理的支持技术、工具及系统，来建立各功能小组及产品元部件之间的依赖关系，协调各跨功能小组之间的活动，支持各小组及产品信息的透明访问，以保证把正确的信息和资源，在正确的时刻，以正确的方式，送给正确的小组（小组成员）。并行设计协调管理应提供有效的冲突仲裁支持信息，妥善而全面地处理并行设计环境下出现的各种冲突，以便解决新的开发模式下出现的各种新问题，使产品开发过程顺利进行，真正实现并行设计的效益。项目协调是小组工作方式的一种技术支持。为了提高小组在异地异构计算机环境中的工作效果和效率，有效地发挥多学科产品开发小组的功能，项目协调系统应具有三大功能，即过程管理功能、约束管理功能、冲突化解功能。

4）协同工作环境：产品的并行设计及开发需要开发团队在信息共享的平台上协作完成。因此，建立支持集成产品开发团队和协同设计的工作环境，包括硬件环境、软件环境和文化氛围是并行设计实施的基础。

并行设计需要在协同工作的环境下具体实施，协同工作环境是并行设计实施的必要条件。当今并行设计的协同工作主要是在计算机支持下的协同工作形式。支持人类协同工作的计算机工具被称为计算机支持的协同工作（computer-supported cooperative work，CSCW），又被称为群件（groupware）。CSCW 致力于研究如何利用计算机来支持交叉学科的研究人员共同工作，从计算机和信息角度来支持群组工作。CSCW 系统融计算机的交互性、网络的分布件和多媒体的综合性为一体，为并行设计环境下的多学科小组提供一个协同的群组工作环境。

在并行设计多功能小组的协同工作中，由于小组的成员来自多个学科，其信息交换频繁、种类繁多、分布广泛，它涉及的信息种类有文本数据、图形、图像、语音、表格、文字等，并且信息量大，对网络传输实时性要求高。因此，并行设计协同工作环境需要有高带宽、低延迟、小误码率网络系统的支持，同时提供多媒体电子邮件、文档库、电子论坛、通知与简报、项目管理、电子评审和会议管理等功能，通过先进的通信手段（如E-mail、多媒体会议、电子论坛）和先进的管理手段（如工作流管理器、项目协调板、电子评审等），辅助分布在异地的多学科团队互相协作，使他们能及时交换信息，加快产品开发进度。

近年来，随着面向对象技术、客户机/服务器技术以及开放系统有关技术的发展，将企业的经营管理、产品开发、制造过程等集成在一起的、可交互的支持环境——并行设计集成框架系统逐步得到了进一步发展，出现了由应用系统层框架、领域层框架和企业层框架组成的多层次框架体系结构。基于 Internet/Intranet 的企业集成框架和集成系统等并行设计集成框架技术的发展和应用，可有效支持并行设计协同工作环境的建立。

（3）并行设计的应用实例

并行设计在企业的实施实际上是一项较为复杂的系统工程，此处我们仅仅通过一个较为简单的客车车身的开发案例，来对并行设计的应用进行简要说明。

1）问题背景：随着人们对客车产品要求的提高和某些个性化的需求，产品定制的份额逐年扩大，新产品的寿命逐年缩短。为适应市场的不断变化，一些大的客车主机厂家每年开发的新产品多达十几种，有时甚至几十种，其中以车身造型、结构等的变化为最多，个别订单还可能是单件，有些产品由于要求的交货期短而取消了样车的试制环节，这就使企业承担的风险越来越大。

因此，能够快速、及时为用户开发出高水平与高质量的客车产品，降低企业经营风险就显得尤为重要。本案例试图将并行设计技术用于客车车身的开发过程，以便缩短开发周期，提高产品开发的一次成功率，从而提高产品的市场竞争力。

2）客车车身开发的并行模式：传统的客车车身的开发包括整车的造型及总布置设计、结构设计、车身结构工程分析及工艺工装设计等，它们普遍采用串行开发模式，如图 3-31 所示。在串行开发模式下，其设计开发时序上鲜有重叠与反馈，这种开发模式，使各开发环节前后脱节，设计改动量大，产品开发周期长，成本高。

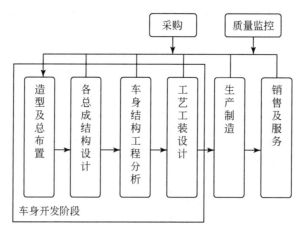

图 3-31　串行模式下的车身开发

客车车身开发的并行模式（图 3-32），是将时间上先后的设计过程转变为同时考虑和尽可能同时处理的过程的方式，如在产品的造型和总布置设计时，除总设计师和相关设计人员参与外，将有更多的其他部门的人员开始介入，根据项目的进展情况决定他们的参与程度。

同时车身的各分总成设计人员不是在造型确定和总布置完成后再开始自己的设计，而是项目一开始就不断地与总设计师交流，及时吸纳设计思想并随时反馈相关意见，在适宜的阶段开始分总成的设计。车身结构工程分析是现代车身设计不可或缺的重要一环，在串行设计模式下，该环节要在 CAD 设计最终完成后才开始建模分析，并随时反馈给结构设计人员，这样就增加了开发的周期。在并行设计开发模式下，车身结构工程分析人员利用共享设计平台跟踪结构设计的进度，随时建模并不断更新，基本可达到与结构设计同步完成的程度。在这一时期，车身的工艺、工装设计也会同时开始，通过及时反馈工艺、工装设计的问题使车身设计中存在的工艺、工装等问题在设计完成时就得以解决，另外工艺、工装的技术准备和相应的生产准备也基本完成。这样车身开发的成功率和效率将大大提高。

3）并行开发解决的关键问题：客车车身并行开发模式的实施必须从管理和技术两方

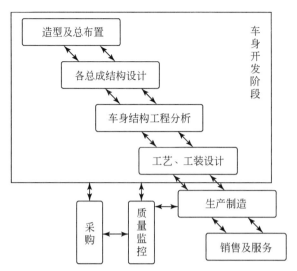

图 3-32　并行设计模式下的车身开发

面进行突破，应用并行开发解决的关键问题有以下几方面。

第一，改进开发流程，并将配套商、客户或销售员纳入设计开发体系中来。在产品开发的早期阶段，就能够充分考虑冲压件、玻璃钢件等车身覆盖件的可制造性和骨架结构的强度、刚度及车身的空气动力学等问题，从而能够尽量减少设计错误，提高设计质量。同时使得在设计时即考虑到加工、装配和工艺等问题，提高一次设计成功的可能性。

在造型及总布置方案设计和结构设计的一定阶段向工程分析、工艺设计等下级流程提前发布信息，一方面及时得到信息反馈，以提高工艺性、可加工性等；另一方面，由于工程分析和工艺部门提前介入，使得下级流程及时体会设计意图。同时可以在适当的时候进行工程分析、工艺或生产准备，实现工艺和工装的并行开发，精简设计过程。

此外，在设计之初就将配套商、客户或销售人员纳入设计开发体系，缩短配套件的开发周期，并及时反馈开发中的问题，通过随时听取客户或销售人员的建议可有效地避免设计开发中的反复。

第二，针对具体的产品开发，组建相应的项目团队。产品开发由传统的部门制或专业组变成以产品为主线的多学科、跨各个职能部门的项目开发团队。根据项目的大小组建不同级别的项目团队，以某一车型开发为目标组建最高级别的项目团队，在该项目团队下可分解出若干个子项目，可依据实际情况再组建下一级的项目团队。

第三，建立产品数据管理系统（如 PDM 系统）为框架的集成工作环境，建立资源分级别共享的网络信息平台。实现 PDM 系统下的 CAD/CAE/CAM/CAPP 等应用工具与其他管理工具的对接，以适应并行模式下的产品设计开发。针对客车车身开发流程中存在的具体问题，实现产品并行开发过程数据流程管理及变更过程管理，特别是完善产品数据动态管理和变更过程的规范化，以保证产品更改流程的及时性、准确性和规范性。

3.2.4.2 稳健设计

(1) 稳健设计的涵义与特点

1) 稳健设计的涵义。稳健设计，又称鲁棒设计、健壮设计、robust 设计，是在日本质量管理专家田口玄一博士提出的"三次设计法"基础上，发展起来的一种降低生产成本、提高产品质量的统计分析设计方法。田口玄一于 20 世纪 70 年代提出的"三次设计法"，确立了稳健设计的基本原理，奠定了稳健设计的基础，因此，稳健设计在很多时候又被称为"田口方法"。

一般而言，稳健的设计是指性能对制造流程和使用环境影响变化不敏感的设计，而以获得稳健性为目的的设计方法则称为稳健设计方法。目前，稳健设计方法大体可以分为两大类：第一类是以经验或半经验设计为基础的方法，如田口方法、响应面法、双响应面法、广义线性模型法等，属传统的稳健设计方法；第二类以工程模型为基础与优化技术相结合，主要有容差多面体法、容差模型法、随机模型法、灵敏度法、基于成本-质量模型的混合稳健设计等，称为工程稳健设计方法。在本书中，我们将重点讨论作为稳健设计方法理论基石的田口方法。

2) 稳健设计的特点。田口玄一所提出的稳健设计方法的核心特点在于，将质量重点由制造阶段前移到设计阶段，强调设计对质量的重要作用。稳健设计通过调整设计变量及控制其容差，使可控因素和不可控因素在与设计值发生变差时仍能保证产品质量。换言之，若作出的设计即使在各种因素的干扰下，产品质量也是稳定的，或者用廉价的零部件能组装出质量上乘、性能稳定与可靠的产品，则认为该产品的设计是稳健的。

3) 稳健设计在设计中的作用与价值。通过稳健设计，可以使产品的性能对各种不可控的所谓"噪声因素"的不可预测的变化，拥有很强的抗干扰能力，因而产品性能将更加稳定、质量更加可靠。正因如此，当前，以田口方法为代表的稳健设计已在全世界得到有效的推广应用。国内外大量的应用实践证明，在产品开发和工艺设计等技术部门应用田口方法，将促进产品和工艺设计质量水平的提高和成本的降低。

(2) 稳健设计的基本理论和方法

田口玄一提出的稳健设计方法涵盖了产品设计过程中的全部质量重点，并开发了十分独特的方法和术语。通过过程改进，该方法着重把质量问题溯流而上到设计阶段，并集中精力预防缺陷发生。田口方法把重心放在使变异最小化的重要性上，以此作为改进质量的首要手段。田口方法认为，在设计产品的概念上要给予特别注意，使产品性能缺乏敏感性，不会因环境影响而改变。为获得稳健的设计，田口方法定义了损失函数、噪声因素和信噪比（S/N）三个核心概念，并提出了分三个阶段对产品质量进行优化的"三次设计法"和进行稳健设计的基本步骤。

1) 损失函数。田口定义了产品质量级别为总损失，该损失是由社会问题引起的，既可以归因于传递其性能时的产品失效，也可以归因于产品的毒副效果，这些都包含在操作成本中。这一思路与传统的质量观念截然不同，因为"质量"通常表示令人满意、具有价值，而"损失"则传达了不值得、不满意的印象。田口方法认为，随着时间的推移，在产品交付给消费者直到产品投入使用的过程中，由于自然世界的现实约束，某些损失是不可避免的。因而，所有的产品都将发生质量损失，但是损失越小，产品价值越大。

问题的关键是如何对损失进行量化，以便在可选择的产品设计和制造过程中进行比较。损失的量化和比较可以通过以下二次损失函数来实现，如图 3-33（a）所示。

$$L(y) = k(y - m)^2 \tag{3-16}$$

式中，y 代表质量特性；m 是 y 的目标值；k 为常数，表示质量损失系数。因此，$L(y)$ 表示质量损失。

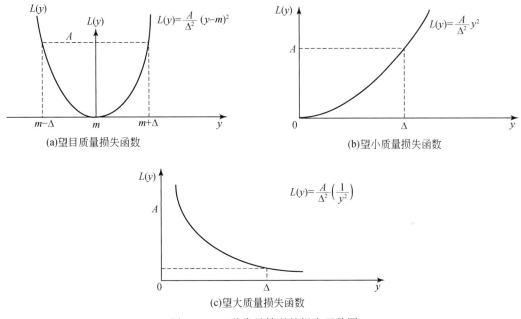

图 3-33　三种常见情况的损失函数图

图 3-33（a）体现了一般情况下的损失函数，双向公差带 ±Δ 条件下，此处规格设定为目标值 m。关于质量的常规方法应考虑到任何尺寸，合格零件的尺寸落在公差范围内，而任何尺寸超出公差上限–下限区域的零件都是有缺陷的。田口认为，采用这种常规方法对质量进行确定并不现实，因为对于质量工程方法而言，质量意味着消除变异。对于质量来说，设计目标的任何偏差都是不合要求和降低等级的。此外，为了代替线性表示，田口方法通过定义损失函数为二次项关系，着重强调完成目标值的重要性。

由图 3-33（a）可以看出，当 $L(y) = A$ 时，y 超出公差 Δ。当产品落入公差范围之外时，A 为蒙受的损失，A 是应该被规避的，否则当产品进入服务领域时，需要对其进行维修或替换。当发生上述情况时，把 $y = USL = m + \Delta$ 代入方程（3-16），得

$$L(m + \Delta) = A = k[(m + \Delta) - m]^2 = k\Delta^2$$

$$k = A / \Delta^2$$

将上述等式代入方程（3-16）得

$$L(y) = \frac{A}{\Delta^2}(y-m)^2 \qquad (3\text{-}17)$$

上述质量损失方程通常用于当质量特性几乎与目标值一致时，并且是关于目标对称的情况，在该情况下可以取得最高质量（最低损失）。注意，当且仅当 $y=m$ 时，$L(y)=0$。在详细设计子模块中，零件的质量关键点尺寸就是名义上合格的设计参数。

图 3-33 同时指出了另外两种常见情况以及关于损失函数的合理方程。图 3-33（b）说明了一种情况，当理想值是 0 时，目标的最小偏差产生最高质量，如以 y 代表某汽车尾气的污染；图 3-33（c）显示了相反的情况，即远离 0 的最大偏差产生最低损失函数，某零件的强度设计就属于这种范畴。

根据质量损失和损失函数定义，质量损失是由于产品功能特性偏离目标值引起的，偏离越大造成的质量损失越大。减少偏差（对单个产品而言）和变差（对一批产品而言）是田口方法的根本宗旨。

2）噪声因素。田口方法认为，影响产品或过程质量的输入参数可以分为作为可控因素的设计参数和作为干扰因素的噪声因素，如图 3-34 所示。前者可以由设计者控制，设计者的责任就是选取最优水平的设计参数。干扰因素或噪声因素则是那些本身无法控制或者不能有效实行控制的参数。

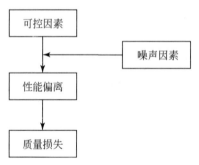

图 3-34　产品质量损失因素图

在田口方法中，用噪声因素这个术语来描述那些无法控制的参数，当产品处于服务中或处于构建生产期时，控制那些参数不是太困难就是费用太高。噪声因素分为以下四个范畴：①变异噪声，是指同样的产品由于其构建和装配的差异而导致零件间变异；②内部噪声，是产品特性的长期变化，归因于随着时间推移而发生的衰退和磨损；③设计噪声，是由于设计过程而引入产品的可变性，它主要由影响设计的实用设计局限性造成的公差可变性组成；④外部噪声也称外噪声，意指干扰因素，在产品运行时指环境中的变化，如温度、湿度、尘埃、振动及生产操作员的技巧。

田口方法在试验研究中经常应用，在该方法中，着重于每个试验设计中所包括的噪声因素。

3）信噪比（S/N）。根据损失函数的概念，只有当产品性能指标严格为标准值时，损失才为零，偏差越大，损失越大。因此，产品质量的控制既要考虑平均值又要考虑其变化。为此，田口提出了评价指标——信噪比 S/N。同时对产品质量的平均值和偏差进行衡量。信噪比 S/N 的表达式随损失函数的不同而变化。为了得到质量稳定性较好的产品设计，应尽可能增大 S/N 值。

下面是符合图 3-35 中三种形式的损失函数曲线的三种 S/N 形式。

对于标准质量损失类型的问题：

$$S/N = 10\lg\left(\frac{\mu}{\sigma}\right)^2 \tag{3-18}$$

式中，$\mu = \frac{1}{n}\sum_{i=1}^{n} y_i$；$\sigma^2 = \frac{1}{n-1}\sum_{i=1}^{n}(y_i - \mu)^2$，$n$ 是用于每个设计参数矩阵（内部数组）合成的外部噪声观察组合数量。例如，如果每个合成控制参数的噪声被允许进行 4 次测试，那么，$n=4$。

对于望小质量损失类型的问题：

$$S/N = -10\lg\left(\frac{1}{n}\sum y_i^2\right) \tag{3-19}$$

在问题的望大质量损失类型方面，质量性能特点具有持续和非负的特点。我们希望 y 尽可能大。为了找出信噪比，通过使用性能特性的倒数使其变成望小问题。

$$S/N = -10\lg\left(\frac{1}{n}\sum\frac{1}{y_i^2}\right) \tag{3-20}$$

4）"三次设计法"。田口方法的基本原理是通过控制可控因素的水平和配合，使产品和工艺对噪声因素的敏感度降低，从而使噪声因素对产品质量的影响减少或消除，以达到提高和稳定产品质量的目的。田口提出了"三次设计法"，即分三个阶段对产品质量进行优化。

系统设计。应用科学理论和工程知识对产品功能原理进行设计开发，在这个阶段完成了产品的配置和功能属性。

参数设计。在系统结构确定后，进行参数设计。这一阶段以产品性能优化为目标确定产品参数水平和配置，使工程设计对干扰源的敏感性最低。

参数设计由两个步骤构成。首先，识别控制因素。这些设计参数对信噪比（而不是均值）有根本上的影响。通过应用统计试验计划，可以发现控制因素，该因素将响应可变性降到最小化。其次，一旦变异降低，通过使用适当的设计参数可以调节均值响应，即信号因子。

田口设计试验通常由两部分构成。第一部分是设计参数矩阵（或称内矩阵），矩阵可以通过使用适当的正交阵列从确定的控制参数的结果中得到。第二部分是噪声矩阵（或称外矩阵），即由噪声参数构成的小型正交阵列。

公差设计。在参数确定的基础上，进一步确定这些参数的公差。通常参数设计导致了健壮性的设计优化和很低的可变性。然而，在可变性过大的情况下，必须通过缩减公差来减少可变性。在确定每个控制参数的相关作用时，使用方差分析（ANOVA）的方法更具有代表性，如识别某些因素，在关于严密的公差、取代某改进材料或某些其他改进质量的均值等方面，这些因素都将被考虑在内。自从这些方法增加额外的成本后，在田口方法中关于公差设计的部分提供了平衡改进质量（低质量损失）和成本关系的详细方法。

系统设计、参数设计、公差设计等三方面的内容，构成田口方法的"线外质量管理"。

参数设计是线外质量管理的核心，它通过试验优化方法确定系统参数的最优组合，使产品对环境条件和其他噪声因素的敏感性降低。最终效果是在不提高产品成本，甚至降低产品成本的情况下，使产品质量损失最小。可见，参数设计是获得高质量产品的关键，也是田口方法的中心内容，系统设计是线外质量设计的基础和前提。公差设计是对系统设计和参数设计的完善和提高。损失函数和安全系数是决定设计公差的要素。

线外质量管理的一般步骤和程序为：①根据市场需要提出产品的质量目标值及成本要求；②产品设计部门根据上述要求进行产品的线外质量控制设计；③工艺部门根据产品的加工工艺特点进行工艺方案的线外质量控制设计；④产品制造过程中的线内质量控制；⑤产品销售；⑥产品售后服务。

在以上六个步骤之间不断进行反馈控制，确保了全过程以实现质量目标值为目的的质量改进。

在田口方法的参数设计和公差设计过程中，涉及以下主要技术与方法：①因素水平的选择与分类；②特性值的选择与分类；③表头的设计与数据分析；④正交设计技术；⑤信噪比 S/N 的应用。

在上述五种技术与方法中，前三项较为简单，而信噪比 S/N 的应用已在 3.2.4.2 小节中进行探讨，因此，此处仅就正交设计进行简要介绍。

正交设计技术：参数设计是通过试验优化方法来确定产品各参数的最优组合。以某系统为例，包含 7 个因素，每个因素可分两个水平，则可能的参数组合形式有 $2^7 = 128$ 种。若要全部进行试验，时间和费用都是难以接受的。应用单一因素，则试验次数将大大减少为 $2 \times 7 = 14$，但是最终结果往往距离优化点很远。田口方法应用正交试验技术，只用最少的试验就可以找到参数设计的近似最优点。根据 R. A. Fisher 关于"一个缩减的因素集具有与全集相同的统计意义"的统计学理论，可构造一些正交向量，利用少量的试验来研究整个参数空间的性质。以 7 个因素 2 个水平为例，它的正交向量见表 3-3。可见，利用正交向量使得试验次数大幅度减少，从 128 次减少到 8 次，无论从时间上还是费用上来讲，这种节约都是极其显著的。

表 3-3　正交向量表 L_g（2^7）

试验号	因素						
	1	2	3	4	5	6	7
1	1	1	1	1	1	1	1
2	1	1	1	2	2	2	2
3	1	2	2	1	1	2	2
4	1	2	2	2	2	1	1
5	2	1	2	1	2	1	2
6	2	1	2	2	1	2	1
7	2	2	1	1	2	2	1
8	2	2	1	2	1	1	2

5）稳健设计的一般步骤。运用田口方法进行稳健设计一般需要经历以下六个基本步骤：①定义问题，包括选取最优化的参数和目标函数；②选择设计参数，通称为控制因素和噪声因素。控制因素是参数，该参数由设计者控制，它可以通过试验来计算或确定。噪声因素指由环境引发变化的参数；③通过选择适当的部分因子阵列进行试验，所使用的水平数量和参数范围要符合该水平；④依据试验设计（design of experiment，DOE）来指导试验。这些试验可以是实际的物理试验或计算机仿真；⑤通过计算信噪比 S/N 来分析试验结果。如果分析不能得到清楚的最优值，则利用设计水平的新值或改变的控制参数，重复①~④的步骤；⑥当所使用的方法得出了一系列最优参数时，进行验证试验来证实结果的有效性。

（3）稳健设计的应用实例

气膜火焰筒啸声问题。图 3-35 为气膜火焰筒的结构示意图，由于火焰筒中的热气流始终存在一种频率较低的脉动现象，使得试验时产生一种啸声。为了减少这种啸声，应用正交试验法对其结构参数进行对比，得到了较好的设计结果。

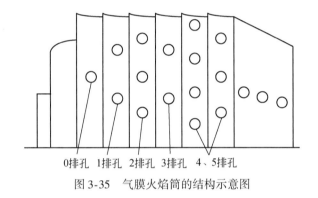

图 3-35　气膜火焰筒的结构示意图

应用田口方法对其进行分析优化，将会看到田口方法比一般单纯的正交试验法具有更为理想的优化效果。其主要步骤如下。

1）确定产品质量性能及目标值。产品质量性能的研究对象为气膜火焰筒的啸声。目标值为越小越好。可以用声统计，对啸声声压的大小进行测量。通过经验分析认为影响啸声的主要因素有五个。每个因素分两种孔径水平进行试验，主要影响因素及其水平值见表3-4。其中每个因素都是可控因素，噪声的其他影响因素（如温度、气体涡动等不可控因素的影响），可以通过多次采样计入。

2）正交试验设计。根据试验原则，可选用表 3-4 的前五列安排试验。

表 3-4　主要影响因素及其水平值

水平	因素				
	A 0 排孔	B 1 排孔	C 2 排孔	D 3 排孔	E 4 排孔
1	$\phi4$	$\phi16$	$\phi24$	$12\times\phi30$	$\phi16$
2	$\phi5$	$\phi20$	$\phi26$	$6\times\phi30$	$\phi20$

3）试验。试验数据及其二次计算分析数据（噪声合计、信噪比）列于表3-5中。

表3-5 试验数据及其二次计算分析数据

试验	1 A	2 B	3 C	4 D	5 E	试验数据/dB					噪声合计 /dB	信噪比
						1	2	3	4	5		
1	1	1	1	1	1	0.8	0.5	0.4	0.3	0.6	2.6	5.229
2	1	1	1	2	2	1.0	1.5	1.8	1.8	2.2	8.3	-4.645
3	1	2	2	1	1	0.2	0.5	0.5	0.4	0.2	1.8	8.297
4	1	2	2	2	2	2.1	2.4	2.2	1.9	2.5	11.1	-6.967
5	2	1	2	1	2	0.6	0.4	0.4	0.2	0.4	2.0	7.545
6	2	1	2	2	1	1.7	1.8	2.0	1.8	1.7	9.0	-5.122
7	2	2	1	1	2	0.3	0.3	0.2	0.3	0.2	1.3	11.549
8	2	2	1	2	1	2.5	2.3	2.5	2.1	2.2	11.6	-9.930

4）信噪比 S/N 分析。由试验数据可计算出各因素对信噪比 S/N 的影响作用，发现因素 D（三排孔）对信噪比影响最大，其次为因素 E（5排孔），后面依次为因素 A、C、B。信噪比越大，说明产品的质量越好，而且质量稳定性越好。由信噪比 S/N 分析可知，因素 D 应当取水平1（D_1），因素 E 应当取水平2（E_2），其余因素对信噪比影响不大，可按试验结果中噪声最小先暂时取 A_2、B_2、C_1。

5）平均值分析。各因素对产品啸声声压平均值的影响不同。计算表明，因素 D 对平均值的影响最大，其余因素对平均值的影响较小。根据质量优化目标为产品啸声越小越好，结合信噪比分析结果，可确定因素 D 取值为 D_1，因素 E 取值为 E_2。

6）相关性分析。为了确定 A、B、C 三个因素的水平值，还需要对各因素之间的相互影响作用进行详细分析。此处五个因素之间都有相互影响的可能，因此，需要计算 $C_5^2 = 10$ 种组合情况。分析表明，E 与 A 之间的相互作用最大，其次为 D 与 B、C 与 E 以及 D 与 A 之间也有较弱的相互作用。根据质量优化设计目标和前面分析所得结果（D_1，E_2），参照因素相互影响作用，可确定其他因素取值为 A_2、B_2、C_1，与初选完全一致。

由以上分析确定各音速的最优值为 A_2、B_2、C_1、D_1、E_2。此时，产品五次试验的噪声值分别为0.3dB、0.3dB、0.2dB、0.3dB、0.2dB，噪声总计为1.3dB，信噪比为11.549，在全部八组试验中最优。由此可见，在正交试验优化的基础上，应用信噪比 S/N 分析、平均值分析和相关性分析等技术后，使得田口方法具有更为有效的优化效果。

近年来，随着计算机技术、优化设计和 CAD 技术的发展，在以三次设计法为代表的传统的田口方法中，注入了许多新的内容，逐渐形成了现代的稳健设计方法。

3.3 小 结

技术突破是制造创新方法链中的一个重要模块。本章针对技术突破中的概念设计和详细设计两个子模块的定义、基本过程及存在的主要问题进行了简单介绍，并对概念设计和详细设计子模块中可用的创新方法进行了整理，同时结合相关实例，对概念设计过程中的公理化设计和 TOC，以及详细设计过程中的并行设计和稳健设计等典型创新方法展开了较为详细的讨论。技术突破模块产生的产品方案以优化后的产品结构图纸形式出现，它为下一阶段成型优化模块的实施奠定了基础。

参 考 文 献

柴邦衡，黄费智.2012. 现代产品设计指南. 北京：机械工业出版社.

陈峥峥，冯明全. 2007. 并行工程技术与客车车身的开发. 汽车制造业，（13）：65-66.

程贤福. 2009. 公理设计理论研究现状. 机械设计，26（5）：3-8.

创新方法研究会，中国二十一世纪议程管理中心.2012. 创新方法教程（高级）. 北京：高等教育出版社.

邓家褆，韩晓建，曾硝，等.2002. 产品概念设计——理论、方法与技术. 北京：机械工业出版社.

丁俊武，韩玉启，郑称德.2006. 公理化设计与 TRIZ 的比较研究及其集成模型. 中国工程科学，8（5）：74-78.

何慧，李彦，李文强，等.2009. 系统化创新方法 SIT 及在工程中的应用. 机械设计与制造，（5）：78-80.

华中生，顾立白，汪炜.2006. 基于 TOC 与 TRIZ 的产品概念设计方法及应用. 计算机集成制造系统，12（6）：817-822.

姜杰，李彦，麻广林，等.2009. 基于约束理论的系统化创新思维方法. 机械设计，26（10）：18-22.

李阳.2012. 基于 CBR、TOC 和 TRIZ 的绿色设计模型研究. 杭州：浙江大学硕士学位论文.

罗振璧，朱耀祥，莫汝虎，等.2007. 新产品的创新设计、开发与管理. 海口：南海出版公司.

马力辉，檀润华.2007. 基于 TRIZ 进化理论和 TOC 必备树的冲突发现与解决方法. 工程设计学报，14（3）：177-180.

钱炜苗.2011. 基于功能分析、约束理论和 TRIZ 创新设计理论的产品改进设计研究. 杭州：浙江大学硕士学位论文.

秦现生，同淑荣，王润孝，等.2008. 并行工程的理论与方法. 西安：西北工业大学出版社.

肖人彬，蔡池兰，刘勇.2008. 公理设计的研究现状与问题分析. 机械工程学报，44（12）：1-11.

熊光楞.2001. 并行工程的理论与实践. 北京：清华大学出版社.

薛立华.2005. 机械产品概念设计方案生成及评价方法研究. 大连：大连理工大学博士学位论文.

叶尚辉，赵克.1995. 并行工程的思想与方法. 电子机械工程，（5）：1-8.

苑彩云，刘英梅，檀润华.2006. 基于 TOC 和 TRIZ 的产品改进设计研究. 机械设计，23（10）：17-22.

张鄂.2013. 现代设计方法. 北京：高等教育出版社.

张广军，唐敦兵.2009. 基于改进型功能方法树的公理化设计. 工程设计学报，16（1）：1-6.

张涂.2012. 并行工程在船舶设计中的应用研究. 镇江：江苏科技大学硕士学位论文.

钟小强.2008. 个性化产品快速响应设计方法研究. 合肥：中国科学技术大学博士学位论文.

周贤永，陈光.2010. 国际主流技术创新方法的比较分析及其启示. 科学学与科学技术管理，31（12）：78-85.

朱龙英，朱如鹏，刘正埙.2004. 公理化设计理论研究及其应用进展. 机械设计与研究，20（4）：43-46.

邹慧君，汪利，王石刚，等.1998. 机械产品概念设计及其方法综述. 机械设计与研究，（2）：9-12.

Dieter G，Schmidt L. 2012. 产品工程设计. 朱世范，史冬岩，王君等译（第四版）. 北京：电子工业出版社.

Suh N. 2004. 公理设计. 谢友柏等译. 北京：机械工业出版社.

Horowitz R. 2001. From TRIZ to ASIT in 4 Steps. TRIZ Journal. http：//www. triz-journal. com/archives/2001/ 08/c/［2013-08-01］.

Hyeon H J，Parsae，H R，Wang J P. 1991. Concurrent engineering：The manufacturing philosophy for go's. Computer Industry Engineering，21（1-4）：34-39.

Litvin S. 2005. New TRIZ-based tool-Function-Oriented Search（FOS）. The Proceedings of Althsuller Institute's TRIZCON 2005.

Lotter B. 1986. Manufacturing assembly handbook. Boston：Butterworhs.

Maimon O，Horowitz R. 1999. Sufficient conditions for inventive solutions. IEEE Transactions on Systems，Man，and Cybernetics-Part C：Applications and Reviews，29（3）：349-361.

Mann D，Stratton R. 2000. Physical contradictions and evaporating clouds. http//www. triz-journal. com/archives/ 2000/04/b/index. htm［2013-08-01］.

Nakagawa T. 2005. Overall dataflow structure for creative problem solving in TRIZ/USIT. TRIZCON 2005：The 7th Altshuller Institute TRIZ Conference. Graz，Austria.

Pahl G，Beitz W，Feldhusen J，et al. 2007. Engineering design：a systematic approach（3rd edition）. Berlin：Springer，159-210.

Sickafus E. 1997. Heuristic innovation. Grosse Ile，MI：Ntelleck.

案例参考借鉴资料来源注：3.1.4.1 案例：创新方法研究会，中国21世纪议程管理中心. 2012. 创新方法教程（高级），北京：高等教育出版社；3.1.4.2 案例：华中生，顾立白，汪炜. 2006. 基于 TOC 与 TRIZ 的产品概念设计方法及应用. 计算机集成制造系统，12（6）：817-822；3.2.4.1 案例：陈峥峥，冯明全. 2007. 并行工程技术与客车车身的开发. 汽车制造业，（13）：65-66；3.2.4.2 案例：柴邦衡，黄费智. 2012. 现代产品设计指南. 北京：机械工业出版社。特此说明和表示感谢。

第4章 成型优化

成型优化是将产品制造创新方法链中技术突破模块产生的技术方案转化为一个具体的物理模型，实现设计从图纸到生产的过程，如图4-1所示。其创新目标是快速、高效实现从图纸到产品的转化，尽早发现并解决成型过程中存在的问题。成型优化的前端和设计相连，在成型过程中产品的问题要反馈在设计的图纸中及时得到解决；另一端和生产制造相连，它需要完成工艺设计和质量控制的设计，使生产出来的产品能够反应设计的理念，并把这种理念准确地传递给客户。

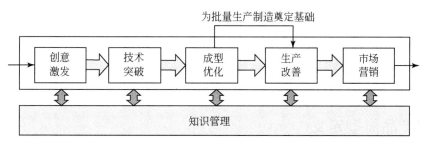

图4-1 成型优化模块在制造创新方法链中的位置与作用

成型优化模块包括产品原型和产品试制两个子模块，其实施环节如图4-2所示。其中产品原型重点在于验证设计原理，它不是针对产品的全部特性进行的，而只是对产品中的薄弱环节或者新环节进行有限度的加工和测试，由部分来验证系统的可行性。产品原型将设计的突破技术和一般的技术结合在一起，形成整个产品的技术基础，完成设计的全部图纸，制作产品原型，并在产品原型的基础上，通过不断迭代，实现功能的不断完善。产品试制是介于产品原型和大批量生产之间的一个过程，目的在于通过有限数量的产品生产和统计方法的应用，验证产品的可生产性，并最终确定设计的所有图纸。产品试制子模块主要完成工艺设计，它首先根据任务要求指定产品的工艺规范和管理规范，然后对工艺技术和可靠性进行验证，最终形成产品的可生产性报告。产品试制的重点是对过程进行控制和分析，在这一过程中，统计分析技术的地位将越来越重要，它能从数据中挖掘出潜在的规律和风险，并预测出产品未来的性能。成型优化模块讨论的内容是：分析成型优化模块存在的问题，寻找相应问题的解决方法，然后结合实际案例，详细介绍典型方法的应用。

本章的结构安排如下：4.1小节主要讨论产品原型的概念和相关方法，其中重点介绍数字样机、虚拟仿真方法和立体光固化成型法，并应用相关案例对其使用进行了说明；4.2小节主要讨论产品试制子模块中涉及的相关方法，其中重点介绍了实验设计DOE和测量系统分析两种方法，并应用相关案例对其使用进行了说明。

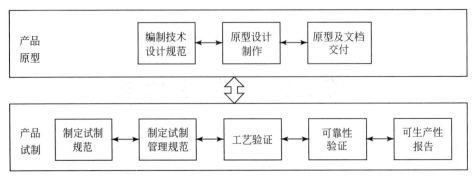

图 4-2　成型优化模块及实施环节

4.1　产 品 原 型

在制造创新方法链中，当技术突破工作完成以后，为了评估设计出的产品是否能够按照预期情况工作、评估产品的可靠性、找出产品中的残留缺陷以及验证生产工艺能力，需要进行产品原型构建工作。产品原型是制造创新方法链中的一个重要子模块，也是实践和检验创意激发和技术突破模块中相关构思与设计正确性的过程。

4.1.1　产品原型定义

4.1.1.1　产品原型内涵

就一般意义上而言，原型（prototype）是一种早期的样品、模型或产品，用来建立并测试一个概念或过程，或者作为一个可以被复制或释放的模板。在产品开发设计过程中，产品原型可以界定为产品处于非最终成品状态前的某种形式，它是设计概念的实体化，具有表现快速、信息准确和可视可及等基本特征，也有一些学者将产品原型定义为"在我们关心的一个或多个维度上对产品的一种近似"。

从第一种界定可以看出，产品原型主要是指产品的物理模型，而第二种界定则纳入了包括计算机模型或其他模拟仿真模型在内的非物理模型。不论其具体表现形式如何，设计产品原型的主要目的和作用在于，应用其形象地表现产品概念和设计人员的设计意图，评估产品能否达到设计目标，并通过对其进行测试发现产品设计中存在的相关问题，以便以较低的成本和较小的风险及时进行修正和改进。

4.1.1.2　产品原型分类

依据不同的分类标准，可以将产品原型分为不同的类型。

首先，根据实体化程度的区别，可以将原型划分为实体原型和解析模型。前者是指模拟产品的可以触摸的制品，主要用于快速验证某个想法的概念验证原型（proof-of-concept-prototype）以及验证产品功能的实验性硬件；后者是通常用数学方法等方式表达的不可触摸的产品，包括计算机仿真、三维几何体的计算机建模等。

其次，根据用途和迭代版本的不同，可以将原型划分为 α 原型和 β 原型。

在产品开发设计过程中，产品原型采用迭代方法进行设计、制作和测试，为产品方案的最终落地，并为产品批量生产做准备。除了极少数的例外，多次迭代的原型可以使设计逐步细化和精化。常见的策略是基于对原型的设计分析、测试、评估，从而修改设计本身。在许多产品中，很常见的原型迭代方法是给每次的产品分配一个希腊字母，其中，最常见的两种产品原型是 α 原型和 β 原型。

α 原型（alpha prototypes）通常用于评估产品是否如预期情况工作。在 α 原型中，零件通常在材料和几何形状上与用于生产产品的零件相似，但是它们通常是用原型制作工艺加工出来的。例如，α 原型的塑料零件可以是机加工或硅胶模浇铸的，而在生产中它们是注射成型的。

β 原型（beta prototypes）通常用于评估产品的可靠性和找出残留缺陷。这些原型经常交由顾客在预想的使用环境中进行测试。β 原型的零件通常是由实际的生产工艺制造或由预期的零件供应商提供，但产品通常不是由预想的最终装配设备所装配的。例如，β 原型的塑料零件也许是由生产用注射模具注射而成，但很可能是由原型车间的技师装配而成，而不是由生产工人或自动化设备装配的。

此外，根据表现形式和应用特征的不同，一般可将原型分为原理验证型原型（模型）、外形研究原型（模型）、用户体验型原型、视觉原型和功能原型五种类型；根据完整程度的不同，可以将原型分为整全原型和专注原型。

4.1.1.3　原型和批量产品的区别

虽然原型是"对产品的一种近似"，但是即使是实体原型或物理原型，也与批量生产的最终产品之间存在明显差异，主要表现在以下 3 个方面。

（1）材质

批量生产对原材料的成本要求很高，要采用尽量低廉的成本以获取产品的商业利益。但是工程或者原型专家一般不考虑成本问题，一般会采用特性相近的材料来取代真实的材料，重点是验证产品的功能是否和设计一致。这是由于原型是面向设计的小批量，而批量生产是面向最终用户这个大批量的特性决定的。成本优势往往是一个产品能否在市场上获得成功的标志，也是产品能否继续完善的保障。

（2）过程

一个真正满足客户需要的产品代价很高、时间很长，并且需要特别生产工具才能完成。原型一般采用灵活的制造过程，采用可重复和可控的方法。一般采用低一级别的标准，效率也较低；采用低一级的技术资源，而且对技术成熟度的测试要求不高。例如，在原型阶段经常采用手工制作，目的在于尽快刻画出设计的功能，但在批量生产时采用手工制作基本是不可能的。

（3）保真度

批量生产一般需要了解大量的生产细节问题，而这些问题在原型阶段是不存在的。原型一般保留的工程化细节很有限，而批量生产一般采用统计过程控制和严格的检测技术，来实时在线跟踪产品质量，并对可能发生的问题进行预测，并主动对失效模式采取预防措施。质量问题是批量生产的核心问题，保证产品的质量就是保持产品的保真度，使用户获得产品所设计的用户体验。

4.1.2　产品原型过程及存在的问题

4.1.2.1　产品原型基本过程

产品原型制作是验证新产品可行性的第一步，是找出设计产品的缺陷、不足、弊端最直接且有效的方式，便于对产品结构、功能、外观和体验性进行针对性的改善，直至设计出符合要求的产品。

产品原型的基本过程一般包括编制技术设计规范、产品原型设计制作、最终原型及文档交付三个环节，如图 4-3 所示。

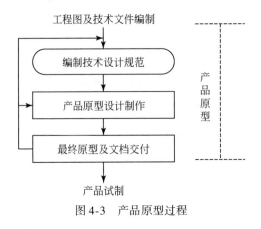

图 4-3　产品原型过程

（1）编制技术设计规范

技术设计规范的编制是原型设计制作的第一步，是对第二环节设计制作过程的一种规范和约束。由于不同种类产品原型设计制作的要求不同，即便同一类产品，制作原型不同，其设计规范也不尽相同。一般来说，规范中应该包含交付原型的类型、目的和标准要求，设计制作原型的方法、技术、工具的要求，设计制作原型的流程和步骤的要求，设计制作原型的材料、外观的要求等。

（2）原型设计制作

此环节是在前期详细设计基础上，在设计规范约束下进行原型的设计制作工作。但需要说明的是，产品原型一般采用迭代方式，不同版本原型设计制造过程中侧重点会不一样。另外，有的产品虽然只有一种原型，但会在功能、外观、体验上进行综合测试。因此，原型设计制作一般涉及功能原型、外观原型和体验原型的设计制作，但这三者并没有严格的版本划分或制作顺序。

（3）最终原型及文档交付

最终原型和文档交付是产品原型的最后一个环节，最终原型用于进行检验测试，而文档包括图纸、报告等，是对原型的一个详细说明，也是后面产品试制子模块重要的输入。同样重要的是，这些文档也是整个制造创新方法链中知识管理的重要对象之一。

上述三个环节之间并非是一成不变的正向关系，如若最终原型经测试之后并未达到满意的要求，则需要返回原型设计制作环节甚至技术设计规范编制环节，重新进行适应性调整。

4.1.2.2 产品原型存在的问题

产品原型面临的相关问题主要集中于原型设计制作环节。由于通过原型的设计制作与测试降低后续生产改善模块的各种风险是对原型提出的基本要求，同时，原型设计制作受到时间和成本因素的制约，围绕要求和制约，在原型设计制作过程中存在如下几个问题。

第一，如何在精度要求较低情况下，低成本设计制作产品原型。

第二，如何在精度要求较低情况下，快速设计制作产品原型。

第三，如何在精度要求较高情况下，快速、低成本设计制作产品原型。

第四，如何在精度要求较高情况下，快速设计制作产品原型，既满足效率要求，又可达到精度要求。

第五，如何在设计阶段基于已有成果进行高效率创新设计。

4.1.3 产品原型方法

在制造创新方法链中，产品原型模块中存在的最典型问题是成本和时间的矛盾，这对矛盾也导致了如前所述的常见问题，本小节将介绍解决这些问题的创新方法和技术，特别是随着信息技术、新材料等相关领域技术的发展，数字化虚拟仿真、快速成型成为目前在产品原型设计制作中常用的工艺方法，并且在此基础上不断地涌现出新的方法，见表4-1。

表4-1 产品原型过程中的主要创新方法

环节	问题	可用创新方法
原型设计制造	如何在精度要求较低情况下，低成本设计制作产品原型	熔融沉积造型、选择性激光烧结、3D打印成型技术
	如何在精度要求较低情况下，快速设计制作产品原型	虚拟油泥原型
	如何在精度要求较高情况下，快速、低成本设计制作产品原型	虚拟仿真、数字样机、分层实体制造
	如何在精度要求很高情况下，快速设计制作产品原型，既满足效率要求，又可达到精度要求	立体光固化成型法
	如何在设计阶段基于已有成果进行高效率创新设计	乐高头脑风暴、反求工程、产品有机原型

（1）熔融沉积造型

熔融沉积成型法（fused deposition modeling，FDM），这种方法是在 CAD 分层数据的控制下，通过将丝状材料如热塑性塑料、蜡或金属的熔丝从加热的喷嘴挤出，按照零件每一层的预定轨迹，以固定的速率在工作台上进行熔体沉积。每完成一层，工作台下降一个层厚进行叠加沉积新的一层，如此反复最终实现零件的沉积成型。FDM 方法的关键是保持半流动成型材料的温度刚好在熔点之上（比熔点高 1℃左右）。其每一层片的厚度由挤出丝的直径决定，通常是 0.25~0.50mm。

FDM 的优点是材料利用率高、材料成本低、可选材料种类多、工艺简洁。缺点是精度低、复杂构件不易制造、悬臂件需加支撑、表面质量差。该工艺适合于产品的概念建模及形状和功能测试，中等复杂程度的中小原型不适合制造大型零件。

（2）数字样机

数字样机技术是建立在采用信息技术完成产品整个开发过程基础之上的一套综合技术。设计人员完全在计算机上建立数字化产品模型，从工业设计开始到产品工程化设计、工艺工装设计的全过程，采用三维数学模型进行产品的设计、评估、修改和完善，并采用数字样机尽可能多地来代替原来的实物样机试验，在数字状态下仿真计算，然后再对原设计重新进行组合或者改进。因此，这样常常只需要制作一次最终的实物样机，就可使新产品开发获得一次成功。在制造创新方法链的产品原型子模块中，采用数字样机方法可以在保持较高精度的要求下，快速、低成本地设计制作原型，从而有效地降低因为开发实体原型失败而带来的浪费和风险，缩短产品研发周期。关于数字样机的详细介绍请见 4.1.4.1小节。

（3）虚拟仿真

虚拟仿真简单地的讲，就是运用三维动画对现实物体仿真模拟和声像演示。在这个过程中，操纵者可以身临其境地感觉到这个过程的运动情况，可以对设备进行操纵，可以查看生产过程、实验过程、施工图过程、供应过程、物流过程等活动的各种技术参数的动态值，从而确认现实的系统是否有能力完成预定的任务和如何去完成，也可从中发现运动过程的缺陷和问题，予以改进。它同时具有沉浸性（immersion）、交互性（interaction）和构想性（imagination），使人们能沉浸其中，超越其上，出入自然，形成具有交互效能、多维化的信息环境。在制造创新方法链的产品原型子模块中，采用虚拟仿真方法不但可以以较低的成本、较快的速度评估经技术突破模块设计出的产品性能表现或发现相关缺陷，而且可以使人们对其进行充分体验，从而及时改进和完善相关设计。

（4）乐高（lego）头脑风暴

lego mindstorms nxt 机器人是由丹麦乐高公司和美国麻省理工学院的媒体实验室（media lab）等共同开发的一种可编程积木套件（简称 lego nxt 套件），已经被全球 25 000 个以上的机构采用，作为创新设计的工具。lego nxt 套件不只是作为构建机器人的学习工具，实际上也是设计人员用来构建产品的具有视觉和触觉功能的产品原型的最佳选择。lego nxt套件使产品设计从关注使用到强调体验，使设计概念实体化，具有表现快速、信息准确和可视可及等基本特征。

lego nxt 套件超越传统的原型表达技术，使创意实体化。传统产品原型信息交流是单向的，其形态、材质和色彩传达了产品的某些信息，但原型本身不能接受用户的信息，也就是说这种原型是"静态的"，如只能看不能用的手机原型。基于 lego mindstorms 套件中各种丰富的传感器与编程软件，可以构建具有交互功能的原型。lego 积木、传感器及 nxt 内置程序的结合实现了产品原型的交互功能，为产品的评估提供了具有体验效果的功能实体。

（5）3D 打印成型技术

3D 打印成型技术最早由美国麻省理工学院（MIT）于 1993 年开发，它是一种以数字模型文件为基础，通过使用液态连结体将铺有粉末的各层固化，以逐层打印的方式构造物体。3D 打印通常是采用数字技术材料打印机来实现的。与传统制造业通过模具、车铣等机械加工方式对原材料进行定型、切削以最终生产成品不同，3D 打印将三维实体变为若干个二维平面，通过对材料处理并逐层叠加进行生产，大大降低了制造的复杂度。这种数字化制造模式不需要复杂的工艺、不需要庞大的机床、不需要众多的人力，直接从计算机图形数据中便可生成任何形状的零件，使生产制造得以向更广的生产人群范围延伸。过去它常在模具制造、工业设计等领域被用于制造模型，现正逐渐用于一些产品的直接制造，已经有使用这种技术打印而成的零部件。该技术在珠宝、鞋类、工业设计、建筑、工程和施工（architectwre，engineering & construction，AEC）、汽车，航空航天、牙科和医疗产业、教育、地理信息系统、土木工程、枪支以及其他领域都有所应用。在制造创新方法链中，应用 3D 打印成型技术设计和制作产品原型具有处理速度快、成本低廉，以及适用范围广的特点。

（6）产品有机原型

"产品有机原型"本质上就是改变把产品设计当成对无生命产品的设计，转变为一个对有生命产品的设计。当前，环境资源保护成为全球重视的课题，在产品设计过程中，也应该应用生态观念设计产品原型。与此同时，在体验经济的时代，人们对体验设计和情感设计的需求在不断增长。

在此背景下，"有机原型"成为原型设计制作的一种符合未来发展要求的理念和技术。产品有机原型是指一种与自然和谐的、能够满足体验及验证的要求，从而制作具有一定"生命互动感"的产品原型。产品有机原型与普通的产品原型相比，应该具有"和谐性"和"生命互动感"的特征。"和谐性"可减少废弃原型对环境的影响，有利于可持续发展的设计。"生命互动感"特征可以对设计人员的操作做出相应反应，具有一定"生命互动感"的原型。在制造创新方法链中，采用产品有机原型的方法设计和制作相关原型，既可以解决一般产品原型设计中不可避免的"大量废弃性"问题，又可以满足"体验时代"的产品设计要求，因而可以有效减少在原型及测试过程中的浪费，并可望提高最终用户对产品的满意度。

（7）虚拟油泥原型

传统油泥模型制作大多采用手工加工方式，通常是由专业人员根据设计图构造出三维模型，然后由造型人员通过油泥刮刀、刮片、测量仪器、模板和金属膜等工具构造出立体的产品模型。

虚拟油泥造型技术是近年发展起来的新产品外形设计方法，借助相应的计算机软件系统根据产品造型过程的特点，设计用于虚拟环境中的造型工具，如虚拟刮刀、刮片、模板等，对虚拟油泥模型进行刮、削、扫操作。虚拟油泥造型既避免了传统油泥造型对资金和时间的大量耗费，又可通过虚拟油泥建模及早地将产品设计过程与其他开发过程进行数字连接，从而缩短开发时间，提高开发效率。

（8）立体光固化成型法

立体光固化成型法（stereo lithography appearance，SLA），又称光固化快速成型法，是一种最为成熟的快速原型制造方法，其基本原理是具有一定波长和强度的光束，在计算机控制下按加工零件各分层截面的形状对液态树脂逐点扫描，被光照射到的薄层树脂发生聚合反应，从而形成一个固化的层面。当一层扫描完成后，未被照射的地方仍是液态树脂。然后升降台带动基板再下降一层高度，已成型的层面上方又填充一层树脂，接着进行第二层扫描。新固化的一层牢固地粘在前一层上，如此重复直到整个零件制造完毕。

在当前应用较多的几种快速成型工艺方法中，光固化成型由于具有成型过程自动化程度高、制作原型表面质量好、尺寸精度高以及能够实现比较精细的尺寸成型等特点，使之得到了较为广泛的应用。在概念设计的交流、单件小批量精密铸造、产品模型、快速工模具及直接面向产品的模具等诸多方面广泛应用于航空、汽车、电器、消费品以及医疗等行业。在制造创新方法链中，应用立体光固化成型法可迅速、有效为实验提供试样，降低错误修复的成本，缩短产品开发周期。

（9）分层实体制造技术

分层实体制造（laminated object manufacturing，LOM）技术是几种最成熟的快速成型制造技术之一。该方法的基本原理是，采用如纸、塑料薄膜等薄片材料，片材表面事先涂覆上一层热熔胶。加工时，热压辊热压片材，使之与下面已成形的工件粘接；用 CO_2 激光器在刚粘接的新层上切割出零件截面轮廓和工件外框，并在截面轮廓与外框之间多余的区域内切割出上下对齐的网格；激光切割完成后，工作台带动已成形的工件下降，与带状片材（料带）分离；供料机构转动收料轴和供料轴，带动料带移动，使新层移到加工区域；工作台上升到加工平面；热压辊热压，工件的层数增加一层，高度增加一个料厚；再在新层上切割截面轮廓。如此反复直至零件的所有截面粘接、切割完，得到分层制造的实体零件。

由于分层实体制造技术多使用纸材，成本低廉，制件精度高，而且制造出来的木质原型具有外在的美感性和一些特殊的品质，因此受到了较为广泛的关注，在产品概念设计可视化、造型设计评估、装配检验、熔模铸造型芯、砂型铸造木模、快速制模母模以及直接制模等方面得到了迅速应用。在制造创新方法链中，应用分层实体制造技术制作产品原型，可在保持精度的前提下，提高原型制作效率，提升制作速度并降低相关成本。

（10）选择性激光烧结技术

选择性激光烧结（selected laser sintering，SLS）是快速成型技术之一，其工作原理是：根据 CAD 软件创建的实体模型，利用分层软件对其进行处理获得对应的二维数据，然后驱动、控制激光束，有选择地对工作台上当前层的粉末进行烧结，加工出对应的薄层截面，然后，工作台下移一定的距离，再铺新的一层粉末，激光束再次有选择地扫描烧结，烧结后不仅能够得到新的一层，而且新层还会与前一层牢牢地烧结在一起，如此反复，逐层堆积。完成全部烧结后，去除多余的粉末，即可获得原型制件。SLS 工艺可以采用的成型材料有陶瓷、金属、ABS 塑料等粉末状材料，而且它以固体粉末材料作为自然支撑，发展前景广阔。由于采用 SLS 工艺的制件精度取决于粉末颗粒尺寸，而且成型速度取决于材料的吸收性能和热导率；为避免氧化，烧结过程需要在惰性气体（氮气）中进行；此外，因为烧结过程接近熔融温度，为获得有效的烧结过程，整个粉末层需要事先均匀预热到接近熔融温度，因此，必须将温度严格控制在所要求的范围内。在对精度要求不是太高的情况下，应用激光选区烧结技术制作产品原型可以有效扩大原型制作材料选取范围，在较快获得产品原型的同时，降低原型制作成本。

（11）反求工程

反求工程（reverse engineering，RE），也称逆向工程、反向工程，是指用一定的测量手段对实物或模型进行测量，根据测量数据通过三维几何建模方法重构实物的 CAD 模型的过程，它是一个从样品生成产品数字化信息模型，并在此基础上进行产品设计开发及生产的全过程。反求工程以设计方法学为指导，在现代设计理论、方法、技术基础上，运用各种专业人员的工程设计经验、知识和创新思维，对已有新产品进行解剖、深化和再创造，是已有设计的设计。反求工程的灵魂在于特别强调再创造。

在应用快速成型法制作产品原型的过程中，获得产品的实体三维模型是其需要解决的关键问题之一，而反求工程可提供由实物直接获得三维 CAD 模型的途径。如果将反求工程所反求出的模型加以转换，就可以被快速原型系统所接受。在制造创新方法链中，将反求工程与快速原型制造方法相结合起来制作产品原型，可在提高设计创新性水平的同时，有效缩短研发周期。

4.1.4　典型方法及案例

在上述产品原型子模块可用的创新方法中，数字样机、虚拟仿真技术和立体光固化成型法等是几种较为典型的创新方法，下面分别对其进行详细介绍，并对其应用案例进行简要分析。

4.1.4.1　数字样机

（1）数字样机的涵义与特点

1）数字样机的涵义：当今的新产品更新换代更快，新产品研制周期大幅度缩短，各种新的产品开发技术应运而生。以信息技术和领域知识相结合的数字样机（digital mock-up，DMU）开发支持技术在产品创新设计中的大量应用，推动了全球制造业和新产品开发技术的迅速发展。

数字样机技术是 20 世纪 90 年代随着机械系统动态仿真的需要和计算机技术的发展而

迅速发展起来的一项新技术。它建立在几何模型基础上，可以对产品进行几何、功能、物理等方面的交互建模与分析，以 CAX 技术为基础，以机械系统运动学、动力学和控制理论为核心，融合虚拟现实、仿真技术、三维计算机图形技术，将分散的产品设计开发和分析过程集成在一起，使产品的设计者、制造者和使用者在产品的早期可以直观形象地对数字化的虚拟产品原型进行设计、性能测试、制造仿真和使用仿真，为产品的研发提供了一种全新的数字方法。

三维建模和性能仿真是数字样机技术的重要功能，三维建模可以将产品实物模型数字化，使设计人员能够轻松地观察和设计产品的内部结构和整体效果，而性能仿真则是利用三维建模建立好的数字化模型进行各项性能的仿真计算，使设计开发人员能够在给产品做真实的实验测试之前对产品的性能有一个大致的判断和预估。由于设计人员完全在计算机上建立数字化产品模型，从需求分析开始到产品概念设计、详细设计、工艺工装设计的全过程，采用三维数学模型进行产品的设计、评估、修改和完善，并采用数字样机尽可能多地来代替原来的实物样机试验，在数字状态下仿真计算，然后再对原设计重新进行组合或者改进。因此，这样常常只需要制作一次最终的实物样机，就可使新产品开发获得一次成功。数字样机技术能显著缩短产品设计和制造周期，降低开发成本，提高产品质量。在欧美科技发达国家，大至飞机，小至日常工业用品的设计和制造，都越来越离不开数字样机技术的发展和应用。

2）数字样机的特点：第一，真实性。数字样机的根本存在目的是为了取代或精简物理样机，所以数字样机必须在仿真的重要方面具有同物理样机相当或者一致的功能、性能或者内在特性，即能够在几何外观、物理特性以及行为特性上与物理样机保持一致。第二，面向产品开发全流程。数字样机是对物理产品全方位的一种计算机仿真，而传统的仿真是对产品某个方面进行测试，以获得产品该方面的性能。数字样机是由分布的、不同工具开发的，甚至是异构子模型的联合体，主要包括 CAD 模型、外观模型、功能和性能仿真模型、各种分析模型、使用维护模型以及环境模型。第三，多学科交叉性。复杂产品设计通常涉及机械、控制、电子、流体动力等多个不同领域。要想对这些产品进行完整而准确的仿真分析，必须将多个不同学科领域的子系统作为一个整体进行仿真分析，使得数字样机能够满足设计者进行功能验证与性能分析的要求。这些技术特点使数字样机在产品的开发和修正过程中有了功能和技术的保障，也正是因为数字样机的这些特点，使数字样机广泛应用于各种产品的加工和生产之中，如飞机制造、汽车列车制造、建筑节能、消费产品等。

3）数字样机在产品原型中的作用与价值：新产品的研发过程中为了产品设计方案评审、设计验证、交付客户试用等，往往需要生产多种产品样机。在早期的产品研发过程中，这种样机一般就是运用物理样机（physical prototype）的方法进行制造，如在汽车设计前期中使用黏土和木材等材料手工制造的缩比模型以及后期定型验证时制作的样车等，但物理样机，尤其是大型复杂产品的物理样机制造时间长，耗费高。数字样机技术作为一种基于高级建模、交互式用户界面和虚拟现实技术的集成应用，能够使工程师对任何复杂的模型进行内部观察、漫游、检查和模拟。数字样机主要包括以下功能：一是具有高效的可视化方法，提供多种虚拟展示和观察功能，还包含有透视、剖切和场景漫游等多种评审方法；二是包含多种功能性验证方法，如安装/拆卸、动态碰撞检查、剖切面扫描、部件运动等；三是包含产品结构信息的配置方案和用户间信息沟通功能。由于数字样机的出现，传统的复杂产品研发流程得以向数字化方向进一步改进。

以汽车研发为例，图 4-4 是传统的汽车新车型研发流程。

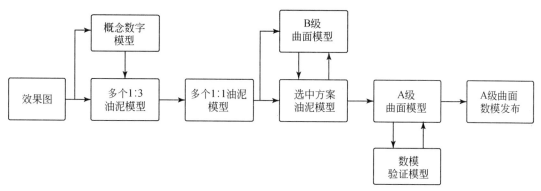

图 4-4　传统汽车新车型研发流程

采用了数字样机技术后的新流程如图 4-5 所示。

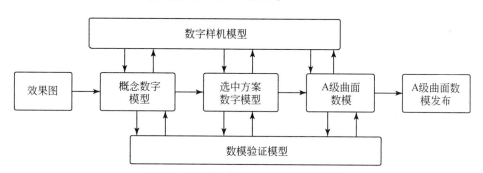

图 4-5　采用数字样机技术后的新流程

与物理样机相比，数字样机技术的出现大大拓展了新产品设计的技术和方法，对提高产品设计制造水平具有十分积极的意义。

第一，有助于分析应用环境对产品的需求。数字样机是进行需求论证的有效手段，可在新产品开发和生产之前预见其对应用需求的满足和应用效益的增强程度。

第二，设计早期就可以更好地进行决策，避免在设计晚期做代价昂贵的修改。在产品尚未投产以前，甚至在产品详细设计前，用户就可以借助数字样机对产品的可用性、可维护性及使用性能做出评价，及时反馈，以便改进设计。

第三，可以加强多方协作。机械产品的设计需要多领域技术的支持，但是通常情况下，在样品生产出来以前，技术人员和非技术人员（如管理、销售人员和最终用户等）由于具有不同技术背景，往往很难有效地沟通，数字样机可以弥补这一不足，加强设计过程中的多领域协作。

第四，有助于更快更好地训练使用人员，改进产品应用的组织和管理。数字样机技术的先进性和革命性，使它得到了产业界的广泛重视。以汽车工业为例，美国福特公司的每一辆样车定型之前，已经完成了全部仿真分析的95%以上，而且不需要再建立一个完整的物理样车，通过仿真评审技术的应用，福特公司在工程开发阶段节省了4000多万美元，在制造阶段节省的费用超过10亿美元。美国通用公司在汽车设计开发过程中也全面采用了计算机仿真评审技术，使得开发时间由原来的39个月减少到24个月。

综上所述，将数字样机技术应用于制造业产品的原型只做可以有效提升工程师和设计人员对产品质量的监控和干预，加速他们对新产品的研发进度，进而对整个制造业产生积极的影响。

（2）数字样机的技术特征与构成

数字样机技术是一个以产品领域设计知识为驱动，以先进的三维数字化设计技术为手段的技术群，是一个面向产品自顶向下自主开发全过程的支持技术。它是在原来的三维CAD建模系统功能的基础上，增加数字仿真技术，三维设计数据的有效管理、三维零部件的设计标准和精度控制，数字样机的大装配与可视化技术，人机工程学评价与工艺性评价等而形成的一套完整产品开发支持技术。其特征和构成如图4-6所示。

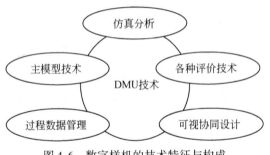

图4-6　数字样机的技术特征与构成

1）数字样机的几何表达。产品的创新开发首先要用几何形体来描述零部件的结构和装配关系，这就是产品的几何表达。根据产品结构特点的不同，有不同的几何表达方式，如汽车车身为复杂自由曲面形体，而发动机则是由若干较规则的几何形体通过复杂的组合变化形成的复杂产品。基于主模型技术的产品几何表达，不只是关心零部件几何形体表示的最终结果，而且还要关心几何建模的过程和三维数据的存储结构，能够支持产品自上而下、逐步迭代求精的设计过程和版本管理、质量控制的可追溯性，支持并行协同设计过程。主模型是一个基于产品层次结构的树状关系模型，它描述了整个产品的装配信息、功能信息、运动关系信息、配合关系信息。此外，还能表达产品中各零部件的设计参数及工程语义约束，以及描述整个产品生命周期各阶段的设计信息。

基于数字化主模型的产品几何表达系统，是针对产品的开发特点，在成熟的CAX系统上构造的一个使能工具系统，包括以下主要功能：第一，能支持几何建模、工程语义约束、特征定义、变量化、参数化设计，还支持材料、工艺、设计过程、管理等技术信息的集成；第二，支持大装配和装配关系描述；第三，支持配套件设计信息集成；第四，支持多产品开发的并行协同设计，采用电子邮件、HTML、VRML、XML 等方式（在团队内部、团队之间）实时交流设计信息；第五，与其他 CAE/DFX/PDM 系统有良好接口；第六，主模型建模工具还能支持 CAID、CAE、CAPE、CAM 子模型的全数字化定义。

综上所述，产品数字化主模型几何表达系统的体系结构如图4-7所示。

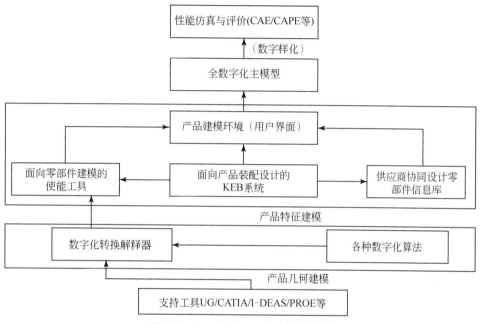

图 4-7　产品几何建模系统体系结构

2）数字样机的仿真分析。在进行产品设计时，除了通过三维数字化设计技术得到产品及零部件的几何形体外，还希望知道所设计的产品及零部件性能是否能达到预期的目标，要实现这一目标就要采用大量的仿真分析和设计验证技术。在 DMU 技术中，仿真分析与设计验证分为广义和狭义两个方面：广义的仿真分析包括产品的运动学、静力学、动力学、热力学、流体力学、声学及电磁场等多物理场偶合方面的仿真分析，并与试验结果相对应，互相应证；狭义的仿真分析主要是利用内嵌于 CAD 系统中的一些运动学、静力学和干涉检查功能，进行装配过程分析、三维干涉检查、机构运动仿真等，它是广义仿真分析的一个子集，但由于它是嵌入在 CAD 系统中的，可与主模型的建模过程互动，使用十分方便。而广义仿真分析往往需要采用与 CAD 系统独立的各种 CAE 系统来完成，不便互操作性，使用要求高，但分析功能强大，是不可缺少的仿真分析、评价手段。

采用 DMU 中的 CAE 仿真技术可以对产品结构进行机构运动仿真，强度、刚度、自由模态、动力响应的分析计算，为整机及关键零部件的结构和性能设计提供科学依据，缩短新产品开发周期，有效降低试制成本。除了对产品及关键零部件进行 CAE 仿真分析外，还可对一些重要的工艺过程和工装设计进行性能仿真，以显示计算结果动态模拟关键零部件的成形过程及工模具在工作过程中的受力变化情况。

3）数字样机的设计过程管理技术。在数字样机的设计过程中，现在更关注产品及零部件的设计流程，而不只是几何建模的最终结果。基于设计流程的几何建模过程，强调几何建模过程的相互关联性和前后顺序，从构造零部件几何形体的点、线、面开始，就通过设计历史树记录每一步骤的设计过程，并将设计过程与生成的三维数据存储结构管理相结合，形成专门的数据生成管理系统（data collection & management system，DCS），嵌入CAD系统中。

复杂零件的三维几何建模的过程数据管理非常重要，它可以帮助设计者更好地理解复杂零件的构造过程和功能特征，对将来的系列化改型设计有重要帮助，可使设计人员从功能结构出发去分析需要改进设计的部分，从中间某个设计步骤就开始获取设计信息，并进行修改，而不必回到最初的开始状态，从零进行设计。如果没有设计过程的数据管理，想要从中间某个设计步骤开始改型，但得不到该中间过程数据，就只好回到最原始状态从零做起。

4）大装配与可视化技术。当一个产品的所有零部件设计都采用3D数据后，随着零部件数量的增加，装配模型的规模会迅速增大，以至于要采用超大型计算机才能支持装配设计，如福特公司的整车装配设计就采用了64个CPU的超级计算机。为了减轻大型复杂产品的装配设计对硬件的压力，在虚拟数字样机技术中就采用了一种支持大装配的可视化协同设计技术，即将分布在异地的零部件3D数据，通过"拔皮"技术，把零部件的表面几何信息提取用于装配设计，可大量压缩原有的3D数据，又能实现装配设计中的干涉检查、尺寸测量、缩放、旋转、任意剖切、异地协同互操作等功能，给人们设计大型复杂产品提供了先进的技术手段。

(3) 数字样机的应用实例——某型燃机数字样机设计

虚拟样机的设计不仅需要计算机硬件的必要配置，而且需要专业的软件工具来完成。

1）单元体装配设计应用：自下而上（down-top）设计装配方法的应用。自下而上设计装配方法类似我们的总装车间的装配，各制造车间把制造成品集件到总装车间，总装车间按产品结构完成产品装配。采用自下而上（down-top）设计方法就是通过添加部件（assemblies→add existing……）到工作部件成为组件。这个部件可以是一个已存部件或一个部件家族成员。对数据库中已存的系列产品零件，标准件以及外购件也可通过自下而上的设计方法加入到装配件中来。①结构件的装配应用。通过添加已存在的结构件，先采用绝对坐标系定位方法，利用点构造器安放组件，再添加已存在的第二个、第三个……部件，组件利用配对方法，规定配对条件，实现固定组件位置。例如，我们进行压气机、透平转子平衡组件单元体装配时，先新建一单元体装配文件，然后按压气机、透平转子平衡组件单元体的总体结构图依次添加零组件，完成装配，如图4-8所示。②标准件、成附件的装配应用。在装配中标准件、成附件的装配由于数量多、种类多，而且这些零件结构相似，拓扑相关，为此我们在标准件、成附件的设计中优先采用参数化的方法进行建模。应用相应软件功能构建部件族，在Excel里把各系列件的参数输入，保存部件族，后生成部件族的系列文件，得到该系列件完整的部件族三维模型。通过添加已存在的这些标准件、成附件到装配时，选择某一系列尺寸（这些尺寸即该标准件建模的标准参数）后，把选中部件家族成员的系列件添加到装配，如图4-9所示。

图 4-8　结构件的装配

图 4-9　标准件、成附件的装配操作

自上而下（top-down）设计装配方法的应用。在单元体装配中，我们可采用基于自上而下的参数化装配建模技术。一些功能强大的应用软件工具符合参数化产品的设计过程和规则，不仅使得产品级的设计控制成为可能。而且提供了解决大型产品设计中设计更改控制问题的方案，是面向产品级的并行工程技术。有利于提高设计重复利用率。

应用软件工具进行特征抽取，通过特征建模，完成配合零件安装边的设计，如图 4-10所示。

图 4-10　零件安装边的设计

在安装边与机匣的紧固螺栓的装配中，我们采用部件尺寸关联技术实现自动关联。当改变关键变量直径值为 25 时，在安装边与机匣的紧固螺栓的形状也随着改变，达到实现部件间尺寸关联的设计，如图 4-11 所示。

2）总体发动机装配设计应用利用自下而上的设计方法建立总装配：添加已存在的单元体组件 1，先采用绝对坐标系定位方法，利用点构造器安放组件，接着添加已存在的单元体组件第二个、第三个……组件利用配对方法。规定配对条件去固定组件位置。完成整机的总体装配。

装配约束反映了零件和子装配件之间几何层次的机械关系，并对产品在实际装配时提出要求。装配约束应正确、完整，不相互冲突，保留运动件正确的空间运动自由度。不应添加多余的约束。

针对不同的级别组件，在进行某型燃机数字化样机装配中分别采用了不同的装配建模设计方法，应用相应软件工具装配建模的策略，严格执行装配建模的原则，历时一个月，完成了某型燃机数字样机装配，如图4-12所示。

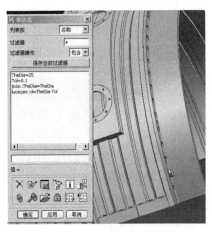

图4-11 尺寸关联设计示意

图4-12 某型燃机数字样机装配图

3）应用成效：应用相应的软硬件进行装配建模的方法进行数字样机装配，可大大缩短产品的研制周期，节约产品研制经费，减轻设计人员繁重的设计工作，节省研发时间，降低企业进行产品开发的风险和投资。

4.1.4.2 虚拟仿真

(1) 虚拟仿真涵义与特点

1）虚拟仿真技术产生。虚拟仿真（virtual simulation）是在多媒体技术、虚拟现实技术与通信网络技术等信息科技迅猛发展的基础上产生的一种新型仿真技术。

虚拟仿真的实现基础是虚拟现实。所谓虚拟现实（virtual reality，VR），又译为临境、灵境等。它是由美国 VPL ResearchInc. 公司的 J. Lanier 在 20 世纪 80 年代创造的一个词，通常是指用头盔显示器和传感手套等一系列新型交互设备构造出的一种计算机软硬件环境，人们通过这些设施以自然的技能（如头的转动、身体的运动等）向计算机送入各种命令，并得到计算机对用户的视觉、听觉及触觉等多种感官的反馈。随着人们动作的变化，这些感官反馈也随之改变。

目前，虚拟现实技术不仅仅是指那些戴着头盔显示器和传感手套的技术，而且包括一切与之有关的具有自然模拟、逼真体验的技术与方法。它要创建一个酷似客观环境又超越客观时空、能沉浸其中又能驾驭其上的和谐人机环境，也就是一个由多维信息所构成的可操纵空间。它最重要的目标就是真实地体验和方便自然的人机交互。能够达到或部分达到这一目标的系统就统称为虚拟现实系统。

虚拟环境是虚拟现实系统的核心。虚拟现实系统强调对人的感觉器官的支持，从而使人们能够沉浸到虚拟环境中。"沉浸感"（immersion）是虚拟现实系统区别于其他计算机应用系统的典型特征。在理想情况下，虚拟环境应该达到使用户难以分辨真假的程度。这种沉浸感的意义在于可以使用户集中注意力。为了达到这个目标，就必须提供多感知的能力，理想的虚拟现实系统应该提供人类所具有的一切感知能力，包括视觉、听觉、触觉，甚至是味觉和嗅觉。

虚拟现实应用领域包括航空、航天、铁道、建筑、土木、科学计算机可视化、医疗、军事、教育、娱乐、通信、艺术、体育等。

虚拟现实本身也是一种仿真系统，它仿真实际的物理过程并确定相应虚拟世界的状态。虚拟现实技术推动计算机仿真技术进入一个新的发展阶段——虚拟仿真。仿真技术虽然可以揭示系统的内在规律，但表现的不够形象直观；而虚拟现实注重真实环境的营造，在反应系统内在规律方面也不够充分。将虚拟现实技术与仿真技术结合起来就产生了虚拟仿真，虚拟仿真可以将虚拟现实和仿真技术的优点有机结合起来。

2）虚拟仿真技术内涵。虚拟仿真技术这一名词是由美国 VPL 公司创建人拉尼尔（J. Lanier）在 20 世纪 80 年代初提出的。它最早源于美国军方的作战模拟系统，90 年代初逐渐为各界所关注并且在商业领域得到了进一步的发展。按照美国国防部的定义，根据人参与仿真的程度，仿真被分为实况仿真、构造仿真以及虚拟仿真。以国防领域为例，实况仿真是指"真实的人操纵真实的系统"，又称真实仿真，如实兵演习。构造仿真是指"虚拟的人操纵虚拟的系统"，如为作战方案评估、战略战役指挥训练而设计的兵棋推演系统便属于构造仿真，构造仿真又称为推演仿真。虚拟仿真则是指"真实的人在虚拟环境中操纵虚拟的系统"而进行的仿真。在虚拟仿真中，每个战争实体均以虚拟对象的形式出现，这些虚拟对象通过虚拟环境被合成到统一的战争空间中，从而达到战争仿真的目的。显然，虚拟仿真有三大要素：一是人。人是"真实的"，可以是武器操纵者、战斗员、指探员或决策者；二是虚拟系统。虚拟系统是人操纵的对象。如果人是操作员，虚拟系统便是虚拟的武器装备；如果人是指挥员，虚拟系统便是虚拟的部队；三是虚拟环境。虚拟环境就像"黏合剂"，能够无缝地集成不同种类、不同数量的虚拟系统，使它们构成相互作用的整体，并表现给"真实的人"，实现与"真实的人"之间自然的交互，达到武器分析或训练的目的。

需要特别注意的是，虽然虚拟仿真与虚拟现实概念非常类似，但是虚拟仿真环境与普通虚拟现实系统生成的虚拟环境在侧重点上存在着些许差别。虚拟现实系统的任务是生成一个人能沉浸其中的虚拟环境。这样，虚拟现实系统生成的虚拟环境更加强调对用户的视觉、听觉、触觉等感官的支持，使得虚拟环境在用户面前达到"以假弄真"的效果，甚至"比真还真"。而虚拟仿真环境更加强调对客观环境真实特征的支持，要求虚拟环境不仅仅是在外观、声音等方面与客观环境一致，而且在物理特征、行为特征等方面与客观环境一致。例如，不同材料构成的两个物体相撞后将会产生什么结果？是否其中一个物体破裂？破裂碎片的运动轨迹？只有完全按照物理定律和物理关系对环境及其中的对象建模，才能在虚拟仿真环境中再现客观环境中发生的上述事件。当然，客观环境的物理特征与行为特征建模对虚拟现实系统也是重要的，但当虚拟现实系统无法同时满足感官支持与物理行为真实建模时，虚拟现实系统会选择感官支持。

虚拟仿真的特点。虚拟仿真是以控制理论、相似原理、数模与计算技术、信息技术、系统技术及其应用领域相关专业技术为基础，以计算机和多种专用物理效应设备为工具，借助系统模型，对实际的或设想的系统进行动态试验研究的一种新兴方法与技术。它在工程与科研领域的应用非常广泛。虚拟仿真技术的特点主要体现在以下几方面。

第一，经济性。大型、复杂系统直接实验是十分昂贵的，而采用虚拟仿真技术通常可以将成本下降为原来的 $1/10 \sim 1/5$，而且设备可以重复使用。

第二，隔离性。在实际系统中，影响实验结果的因素往往是非常复杂的，但使用虚拟仿真技术可以使得系统不受外界条件的影响，在一个限制性假设的环境下，对系统进行有效的研究。

第三，安全性、可控性。某些系统直接实验往往会有很大危险，甚至是不允许的，而虚拟仿真技术可以有效降低危险程度，对系统的研究起到保障作用。

第四，快捷性。采用虚拟仿真技术可以提高设计的效率。

第五，设计优化功能、可预测性。对一些真实系统进行结构和参数的优化设计是非常困难的，这时虚拟仿真可以发挥它的优化设计功能，并可以获得对系统的某种超前认识。

由于仿真技术给工程和科研领域带来的优势是巨大的，因此该技术在近些年取得了长足的发展。虚拟仿真的表现方法有多种，如有数值仿真、可视化仿真、多媒体仿真、虚拟现实（virtual reality，VR）仿真等。

虚拟仿真在产品原型中的作用与价值。目前，产品市场竞争日趋激烈，市场对产品功能、外观、价格和更新的要求更加苛刻，要求产品功能质量可靠、开发周期短、产品品种多样化、个性化。传统的产品设计方式存在着修改困难、设计周期长、成本高等问题，已经无法完全适应竞争激烈的市场经济体制。而基于数字虚拟仿真技术的设计，将以数字化的三维仿真模型作为设计构思的载体，来全面表达设计人员的创意。设计人员可以将抽象的、复杂的设计构思变为直观形象、真实的虚拟对象，通过交互操作，能够对产品结构、色彩搭配、材质选择进行任意修改，从而使设计人员有更充裕的时间来考虑设计创意和细节问题，迅速设计出适销对路的创新性产品。

虚拟仿真技术在设计领域的应用形成了所谓的虚拟仿真设计系统。虚拟仿真设计系统是一种理想的设计创新与实践系统，它将仿真技术与虚拟现实技术这两类关键技术有机地结合起来，充分利用虚拟现实技术来创设逼真的艺术与设计环境，同时，利用仿真技术来实现真实环境下的实时仿真，能部分或完全实现实际产品开发等设计效果。虚拟仿真设计系统具备以下基本特征：为设计人员提供高逼真度的设计环境；设计人员能与虚拟环境中的实体进行交互；设计过程计算机的实时仿真；甚至具备辅助设计教学训练功能。目前的设计仿真系统主要有纯硬件的实物仿真、软件与硬件相结合的半实物仿真、软件与硬件相结合的专业级虚拟现实系统、纯软件的数字仿真、纯软件的多媒体仿真，与这些技术相比，虚拟仿真设计系统具有逼真性、智能性、通用性、协同性、经济性的技术优势。

在产品设计过程中，虚拟仿真还能发挥其他传统方法无法比拟的交互作用优势。交互作用是产品开发设计过程中普遍存在的现象，除了用户与产品，产品与虚拟环境，在用户与虚拟环境的创造者即设计人员之间，也存在交互。例如，传统的产品创新环境中，模具与设计人员只存在被使用与使用的关系，或者说模具与用户之间没有直接的作用关系；而现代虚拟仿真技术的环境中，用户与设计人员都可以在系统提供的虚拟仿真环境中进行体验的沟通，设计人员通过信息采集与虚拟产品为用户提供可实现的交互体验，用户通过预置的体验，将结果反馈给设计人员，从而在产品被制作成成品之前就得到必要的沟通，大大减少不符合用户需求的产品被设计并且生产的情况发生。目前，在产品设计过程中，虚拟仿真设计系统在交互作用方面的特点主要表现在：良好的界面交互、面向用户的在线体验、基于用户体验需求的信息构建、虚拟仿真库中的体验与沟通服务等。

（2）虚拟仿真实现条件

一般而言，虚拟现实和虚拟仿真的实现需要得到以下各个构成部分的支撑。

第一，高性能计算机系统、计算机图像的特征采样与图形交互作用技术。

第二，虚拟环境生成器，产品体验与应用模拟中的视景生成技术是当前研究的一个重要内容。智能虚拟环境（intelligent virtual environment，IVE）是 VR、人工智能及人工生命技术的有机结合，不过，目前有关 IVE 的研究工作在国外也刚刚起步，有众多关键技术仍需作进一步的研究。现在从事 IVE 研究的人员大多来自人工智能和知识工程领域，随着对 IVE 技术研究的深入，该领域必将会得到重大的突破，具有高度行为真实感的、支持多个参与者的、具有生命特征的智能虚拟世界将会日趋涌现。

第三，计算机网络。

第四，三维视景图像生成及立体显示系统，基于图像的视景生成技术需解决的问题是显示的模型及如何在模型上产生出图像。

第五，立体音响生成与扬声系统，它是虚拟环境多维信息中的一个重要组成部分。听觉是仅次于视觉的感知途径，它向用户提供的辅助信息，可增强视觉的感知，弥补视觉效果的不足，增强环境的逼真性。利用不同声源到达某一特定位置的时间差、相位差及声压差等进行虚拟环境的声音跟踪是实物虚化的重要组成部分；声波传播时间测定法和相位相干测定法属于实现声音定位跟踪的两种基本方法。若给产品体验与应用模拟环境中加入虚拟声音，将会增强产品体验与应用环境的逼真性与完整性，可给设计人员和体验用户提供强烈的沉浸感和临场感，减弱大脑对视觉的依赖性，并能获得更多的信息。

第六，力反馈触觉系统，参与者在虚拟环境中产生沉浸感的重要因素之一是用户在用手或身体操纵虚拟物体时，能感受到虚拟物体与虚拟物体之间的作用力与反作用力，从而产生出触觉和力觉的感知。

第七，人体的姿势、头、眼、手位置的跟踪测量系统，运动跟踪作为人与虚拟环境之间信息交互的一个重要因素，是近年来 VR 技术发展的一个重要领域。人体行为交互是人际之间除语音外的一种重要交互方法，行为表现模型的建立是一个技术关键。信息社会的显著特点与基础是数字化技术，人类自身的数字化便显得颇为重要，需进行深入的研究，这便是虚拟人合成的研究目的及意义所在,最终使得计算机与人之间可实现自然化的交互。

第八,人机接口界面及多维的通信方式,这些技术目前主要集中反映在头盔显示器和数据手套这两类交互设备中。

第九,各种数据库,如地形地貌、地理信息、图像纹理、气动数据、通用设备性能参数、导航数据、气象数据、背景干扰及通用模型等。

第十,软件支撑环境,需建立并开发出虚拟世界数据库;在底层支撑软件及三维造型软件的支撑下,建立起VR系统的开发工具软件;在输入输出传感器等硬件支撑下,建立起人机交互图形的界面。当然,安装相关设备还需要专门的硬件工程师,在维护设备方面,可以定期更换一些硬件设备。

(3)虚拟仿真应用实例

虚拟仿真在汽车设计中的应用。对汽车工业而言,虚拟仿真技术已应用于汽车外形设计、汽车结构分析和汽车试验等多个领域。为了研究汽车整车虚拟道路试验及为用户提供汽车预售体验,本案例试图采用基于Virtools的虚拟仿真软件,实现汽车驾驶的虚拟仿真。虚拟汽车驾驶具有汽车模型及汽车多角度漫游视角切换功能,同时还必须提供更复杂的虚拟场景、虚拟仪表界面及各种虚拟单元的物理行为仿真(包括各虚拟单元的协同运动、碰撞运动等)。虚拟汽车驾驶应当包括以下几个功能设计模块。

第一,镜头切换模块。用户可以据事先订制的界面按钮或快捷键自由切换镜头,从驾驶体验的需求来说,一般应至少具有车内、尾随及主观视角3种。

第二,汽车控制模块。用户可以自由控制汽车在虚拟场景中行驶,或通过按钮进行定制的自动行驶路径(或提供用户录制功能)展现汽车驾驶表现。

第三,环境调节模块。用户可通过定制好的按钮调节虚拟环境效果,如改变道路、天气、灯光、音效,为用户提供各种环境下的逼真体验。

第四,界面显示模块。应为用户提供必要的数据参考,如仪表、帮助提示,以便于用户即时获得汽车的各项性能参数。

第五,其他定制模块。包括汽车碰撞反应各种触发式事件的实时交互,及已投产汽车的相关售卖信息等。

下面简要介绍部分功能实现的例子:

1)实现虚拟单元(汽车)的转向、停止、前进等动作。添加Character Controller到虚拟单元的Script,并编辑参数;添加Keyboard Controller到虚拟单元的Script,并编辑参数;添加Prevent Collision以及Keep on Floor到虚拟单元的Script,并编辑输入参数(图4-13)。

2)实现汽车与目标障碍物碰撞后车身产生响应动作。采用粒子技术模拟碰撞场景,添加Character Curve Follow到虚拟角色的Script,并编辑参数;添加Collision Detection到虚拟单元的Script,并编辑参数;添加Send Message、En-hanced Character Keep On Floor到虚拟单元的Script,并编辑参数(图4-14)。

3)实现目标障碍物的爆炸场景。添加Wait Message、Explode到目标障碍物的Script,并编辑参数;添加Object Keep on Floor到目标障碍物的Script,并编辑参数;点击Add

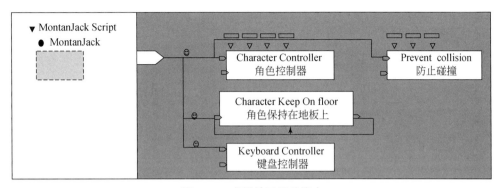

图 4-13　虚拟单元运动脚本

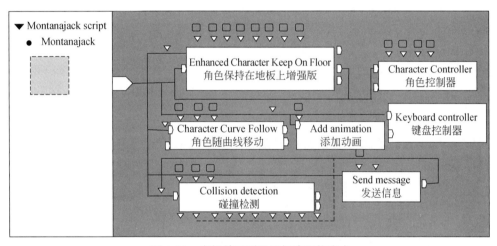

图 4-14　虚拟单元到达目标障碍物脚本

Attributes Operation 添加 Collision Manager-Fixed Obstacle 到目标障碍物，并编辑参数，如图 4-15 所示。其虚拟仿真平台场景截图如图 4-16 所示。

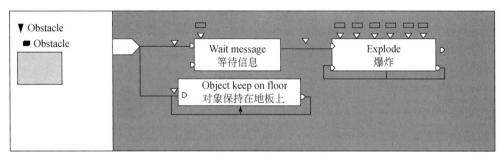

图 4-15　目标障碍物爆炸脚本

值得注意的是，碰撞检测对增强虚拟场景漫游的真实感和逼真感有重要作用。当汽车在虚拟场景中仿真驾驶时，涉及两种类型的碰撞检测——与地形的碰撞检测和与目标障碍物的碰撞检测。

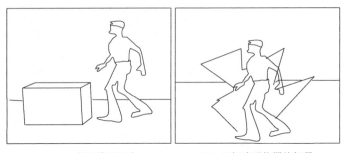

(a) 虚拟单元运动　　　　　　　(b) 目标障碍物爆炸场景

图 4-16　虚拟仿真平台场景示意

　　类似于上述采用虚拟仿真进行汽车设计的方式，在汽车的实际开发过程中得到了应用。捷豹路虎近日与英国四所大学联合开启一项五年研究计划，该计划试图在汽车设计过程中利用虚拟仿真技术，使设计人员更直观地了解自己所设计的汽车表现如何，并且更高效地进行改进，如图 4-17 所示。该项目耗资 1000 万英镑，其中，捷豹路虎和工程物理科学研究理事会（engineering and physical science research concil，EPSRC）各承担 400 万英镑，四所大学承担 200 万英镑。

图 4-17　虚拟仿真在汽车设计中的应用示意

　　与福特的 3DCAVE 相似，捷豹路虎将车辆的 3D 影像投影到工作室的三面墙和屋顶上，借助特殊的偏光眼镜和移动感应红外线系统，设计人员可以进入虚拟车辆内部感受各项设施。通过将模拟景象、声音、气味加入仿真过程中，增加真实性，以便设计人员更好地了解车辆的性能。但这项虚拟仿真技术与福特 3DCAVE 的区别在于，它加入了虚拟道路驾驶仿真。

　　通过这种方法，设计人员能够更清楚地了解到自己的设计所达到的效果，不仅降低了开发新车时所需的成本，而且减少了复杂的车辆物理模型，测试原型车所需的场地维护费用也随之降低。

　　目前，捷豹路虎已经利用了一系列复杂的虚拟仿真工具和流程进行车辆的设计，但还需进一步在虚拟仿真工程上进行开发，以便更逼真地模拟驾乘人员的体验。

4.1.4.3　立体光固化成型法

（1）立体光固化成型法概述

立体光固化成型法（stereo lithography apparatus，SLA）是最早发展起来的快速成型方法。其中，作为其核心思想的光固化（stereo lithography）术语由 Charles W. Hull 于 1986 年提出，他通过连续"打印"紫外线固化材料薄层，申请了光固化方法制造固体实物的专利，并于 1986 年创立了第一家推广和商业化这一工艺的公司。在此基础上，逐步形成了较为完善的立体光固化成型法。

立体光固化成型法是在机械工程、计算机辅助设计及制造技术（CAD/CAM）、计算机数字控制（computer numerical control，CNC）、精密伺服驱动、检测技术、激光技术及新型材料科学技术等多种技术的基础上集成而形成的。这一方法不同于传统的用材料去除方式制造零件的方法，而是用材料一层一层积累的方式构造零件模型。由于该项技术不像传统的零件制造方法需要制作木模、塑料模和陶瓷模等，可以把零件原型的制造时间减少为几天、几小时，大大缩短了产品开发周期，降低了开发成本。计算机技术的快速发展和 CAD 软件应用的不断推广，使得立体光固化成型法的广泛应用成为可能。在现有的几种主要快速成型方法中，立体光固化成型法已经成为最为成熟，研究最为深入，运用也最为广泛的一种成型方法。光固化成型法特别适合于新产品的开发、不规则或复杂形状零件的制造（如具有复杂曲面的飞行器模型和风洞模型）、大型零件的制造、模具设计与制造、产品设计的外观评估和装配检验、快速反求与复制，也适用于难加工材料的制造（如利用 SLA 技术制备碳化硅复合材料构件等）。

（2）立体光固化成型法的基本原理及特点

立体光固化成型法主要是基于液态光敏树脂的光聚合这一核心原理而工作的。这种液态光敏树脂材料在一定波长（$x = 325\text{nm}$）和强度（$w = 30\text{mW}$）紫外光的照射下，就可以迅速地发生光聚合反应，分子量急剧增大，材料也就从液态转变成固态。只要控制紫外光的照射轨迹，便可以使固化后的材料形成理想的形状。

立体光固化成型法的具体工作原理如图 4-18 所示。它以光敏树脂为原料，计算机控制紫外激光，按零件的各分层截面信息在光敏树脂表面进行逐点扫描，使被扫描区域的树脂薄层产生光聚合反应而固化，形成零件的一个薄层。一层固化完毕后，工作台下移一个层厚的距离，以使在原先固化好的树脂表面再敷上一层新的液态树脂，然后可进行下一层的扫描加工。新固化的一层牢固地粘在前一层上，如此反复直到整个原型制造完毕。这种方法的特点是精度高（±0.1mm），表面质量好，原材料的利用率接近 100%，制作效率较高，能制造形状特别复杂（如空心零件）、特别精细（如首饰、工艺品等）的零件。对于尺寸较大的零件，可采取先分块成型然后粘接的方法进行制作。

基于上述基本工作原理，在制作产品原型的过程中，光固化成型法表现出以下工艺特点。

第一，对于内部结构十分复杂、一般切削刀具难以进入的制件，能轻松地一次成型。

第二，利用计算机控制自动实现三维成型时，对工人技术方面要求不高，可做到无人

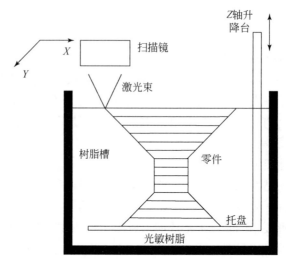

图 4-18　立体光固化成型法的基本工作原理

管理自动化及夜间工作。

第三，因为是非接触加工，不需交换工具，也不存在精密工具的磨损及保护。

第四，无切削、无振动、无噪音，可实现生产办公室化。

第五，制作周期短、生产成本低，几小时内便可完成传统工艺几个月的工作量。

（3）立体光固化成型法的应用过程

一般而言，立体光固化成型法的应用过程包括以下三个主要步骤：①前期数据准备，涉及创建 CAD 模型、模型的面化处理、设计支撑、模型切片分层等相关工作；②快速成型制作；③后处理。下面分别对每个主要步骤进行简要介绍。

前期数据准备是应用立体光固化成型法制作产品原型的第一个步骤，这一步骤的主要工作包括以下几个方面。

1）造型与数据模型转换。CAD 系统的数据模型通过 STL 接口转换到立体光固化成型系统中。STL 文件用大量的小三角形平面来表示三维 CAD 模型，这就是模型的面化处理。三角小平面数量越多，分辨率越高，STL 表示的模型就越精确。高精度的数学模型对零件精度有重要影响，因此需要加以分析。

2）设计支撑。通过数据准备软件自动设计支撑。支撑可选择多种形式，如点支撑、线支撑、网状支撑等。支撑的设计与施加应考虑使支撑容易去除，并能保证支撑面的光洁度。

3）模型切片分层。CAD 模型转化成面模型后，接下来的数据处理工作是将数据模型切成一系列横截面薄片，切片层的轮廓线表示形式和切片层的厚度直接影响零件的制造精度。

在切片过程中，规定了切片单位和切片分辨率两个参数来控制精度。其中，切片单位是软件用于 CAD 单位空间的简单值，切片分辨率定义为每 CAD 单位的切片单位数，它决定了 STL 文件从 CAD 空间转换到切片空间的精度。切片层的厚度直接影响零件的表面光洁度，切片轴方向的精度和制作时间，是立体光固化成型法中最广泛使用的变量之一。当零件的精度要求较高时，切片厚度应该更小。

当数据处理软件完成数据处理工作后，应该通过控制软件进行制作工艺参数设定。主要制作工艺参数有：扫描速度、扫描间距、支撑扫描速度、跳跨速度、层间等待时间、涂铺控制及光斑补偿参数等。设置完成后，在工艺控制系统控制下进行固化成型。首先调整工作台的高度，使其在液面下一个分层厚度，开始成型加工，计算机按照分层参数指令驱动镜头使光束沿着 X–Y 方向运动，扫描固化树脂，底层截面（支撑截面）黏附在工作台上，工作台下降一个层厚，光束按照新一层截面数据扫描、固化树脂，同时牢牢地粘结在底层上。依次逐层扫描固化，最终形成实体原型。

后处理是指整个零件成型完成后进行的辅助处理工艺，包括零件的清洗、支撑去除、打磨、表面涂覆以及后固化等。零件成型完成后，将零件从工作台上分离出来，用酒精清洗干净，用刀片等其他工具将支撑与零件剥离，之后进行打磨喷漆处理，为了获得良好的机械性能，可以在后固化箱内进行二次固化。实际操作表明，打磨可以采用水砂纸，基本打磨选用 400～1000 号最为合适。通常先用 400 号，再用 600 号、800 号。使用 800 号以上的砂纸时，最好沾一点水进行打磨，以便使表面变得更加平滑。

（4）立体光固化成型法的应用实例——微车发动机风扇原型制作问题

本部分将以微车发动机风扇开发设计为例，对立体光固化成型法在产品原型制作过程中的应用进行简要介绍。应用立体光固化成型法制作产品原型的第一步就是实现数据模型的转换，而创建或获取三维 CAD 模型是进行数据模型转换的前提条件。如前所述，反求工程是一种从实物获取 CAD 模型的重要方法，因此，本案例将结合立体光固化成型法与反求工程，共同完成风扇原型的快速制作任务。

立体光固化成型法与反求工程的集成流程。在本案例中，立体光固化成型法与反求工程的集成流程如图 4-19 所示。

产品特征分析。风扇样件来自于客户提供的零件。原发动机风扇是当前装机产品，参考样机风扇是某进口机型的风扇，如图 4-20 所示。对两种风扇零件的特征比对结果见表 4-2。

表 4-2 原风扇与参考样机风扇特征对比

序号	原发动机风扇特征	参考样机风扇特征
1	叶片数单数，5 片	叶片数单数 5 片，保持不变
2	叶片沿径向均匀分布（72°夹角）	叶片沿径向非均匀分布
3	叶片径向边缘呈直线	叶片径向边缘呈变截面曲线
4	叶片根部无加强筋	叶片根部有加强筋
5	工作噪音大，风力小	工作噪音小，风力大

风扇反向工程设计方法：

1）扫描获取数据。逆向设计首先需要实物数据。数据的采集通过德国 GOM ATOSII 三维流动式光学扫描仪对参考样机风扇进行全部特征扫描。扫描数据获取过程为：①建立

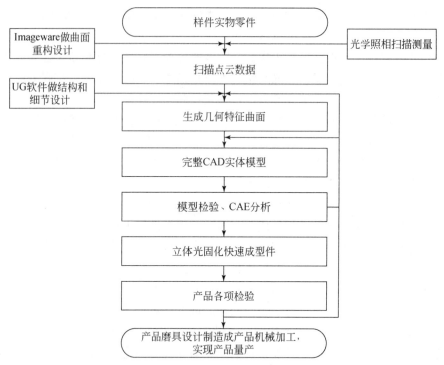

图 4-19　立体光固化成型法与反求工程的集成流程

图 4-20　原发动机风扇与参考样机风扇实物图片

项目（project），取名并生成 ∗.amp；②项目参数（project parameter）设定，点的过滤设为 2∶8（Raster2∶8）；③拍照，调整光强度，调整参考点光强，设定参考点误差 0.1pixel像素，拼合误差 0.1mm；④数据处理计算，Processing wizard 包括：点光顺（smoth mesh）/点细化（Thin mesh）/存点（Save mesh）；⑤计算生成 ∗.g3d 文件；⑥ ∗.g3d 转换输出STL 文件。

2）扫描数据处理和文件输出。扫描数据是一组点云。原始的点云会有一些瑕疵，需要过滤、修补，去除离散的奇异点，修整残缺点云，达到优化目的，如图 4-21 所示。通过 Atos Version 5.1.1 软件，计算点云数据，输出 STL 文件。

3）曲面重构和结构重构。风扇结构主要由叶片和安装面两部分组成，分别需要曲面重构和结构重构。曲面重构由 Imageware 软件完成，结构重构和细节设计则在 UGNX3 完

图 4-21　样机风扇扫描点云数据

成。面重构和结构重构组合后，形成的新风扇 CAD 模型，如图 4-22 所示。

图 4-22　新风扇 CAD 模型

4）风扇造型结构分析。如图 4-23 所示，对风扇做光顺性、曲率、拔模等分析。

风扇叶面的光顺性分析：要求斑马线光顺，流线不打折。

风扇叶面的曲率分析：曲率的变化平滑，曲率的方向一致。

风扇拔模分析：要求拔模角度为 2°~3°，避免出现直角甚至负角，影响零件出模。

图 4-23　风扇的光顺心、曲率和拔模分析

风扇 3D 打印制造。风扇造型结构通过分析，达到满足产品设计要求后，设计数据通过网络传输到快速成型制造设备。成型制造设备配置了打印程序设计软件，即设计成型加工的方法，包括支撑设计、成型摆放角度、成型零件数量等。

应用 SPS-600 激光快速成型机，如图 4-24 所示。依托立体光固化成型技术制作该风扇的原型。该机输出功率为 450~480mW，到达液面功率为 360mW。加工层厚为 0.1~0.4mm，最小扫描速度为 20mm/s，最大扫描速度为 15 000mm/s。最大成形尺寸为 600mm×600mm×500mm，精度为 ±0.1mm。

1）立体光固化成型过程。为制作新型风扇产品原型，按照前述立体光固化成型法的三个主要步骤，依次完成以下工作。

第一步，前期数据准备。包括 CAD 三维模型的设计、STL 数据的转换、制作方向的选择、分层切片以及支撑编辑，完成制造数据的准备，该项工作已主要由前述反向工程

图 4-24　立体光固化成型设备

完成。

第二步，快速成型制作。快速成型制作是将制造数据传输到成型机中，快速成型出零件的过程，它是快速成型技术的核心。在采用立体光固化成型法快速制作新型风扇产品原型的过程中，对相关加工工艺参数作如下设定：①填充扫描方式为 X–Y；轮廓扫描速度为 80mm/s；填充扫描速度为 120mm/s；填充距离为 0.1mm；②支撑扫描速度为 80mm/s；越速度为 400mm/s；层间等待时间为 3s；涂铺控制采用涂铺；③涂铺次数为 1 次；刮板涂铺移动速度为 50mm/s。

经过相关处理，得到了快速成型风扇，如图 4-25 所示。

第三步，后处理。将整个成型后的零件从成型机取出后，进行清洗、支撑去除、后固化、修补、打磨、表面喷漆等，以便获得一个表面质量与机械性能更优的零件。图 4-26 即为经过后处理之后的快速成型风扇。

2）立体光固化成型法应用过程的质量控制关键点。在应用立体光固化成型法制作上述风扇产品原型的过程中，需要特别注意以下几个质量控制关键点。

第一，控制变形。成型零件的变形一般发生在零件的悬臂区域、基础底面。通过优化制作方向，使原型制作时易发生变形的面积最小，可有效地消除制作过程中的零件收缩变形。还可以在制作过程中，给零件易发生变形的悬臂区域、基础底面添加支撑数量，可以约束收缩引起的变形，提高成型精度。

图 4-25　快速成型风扇

图 4-26　快速成型后处理风扇

第二，降低阶梯效应。产生阶梯效应（又称"锯齿现象"）的因素有模型面片的倾角与层片高度。在模型数据处理时，首先应优化制作方向，使模型的各面片在该方向的台阶效应的面积和为最小。

第三，优化分层厚度。分层厚度对成型件表面质量的影响较大，分层厚度越大，成型过程产生的"锯齿现象"越严重，误差也越大，减小分层厚度可以提高成型表面质量。但是，如果继续减小分层厚度，则表面质量又开始下降。因此，必须在保证成型件必要强度的前提下，选择适合的分层厚度，使成型件的表面质量达到最佳。

4.2 产 品 试 制

产品原型工作一旦完成，便进入制造创新方法链的产品试制子模块。产品试制与产品原型密切相关，但又存在显著差异。从数量上看，产品原型是从纸面到实际的过程，实现从 0 到 1、从无到有的过程，且有时并非完整意义上的 1 件产品，而仅仅只是反映产品某个维度特性的"专注"实体原型，如只有外形的手机模型。产品试制则是从 1 到 20 的过程，且其所指的"产品"是完整意义上的真实产品。同样，20 也并非精确数字，一般指具有统计意义的数量，如 100 以下。由于这些产品主要用于测试，因此可能具有一定的破坏性，数量太多成本就会很高。产品试制的过程在不同行业有不同的称呼，如中试阶段、初样阶段等。产品试制有助于提高产品质量、设计高效的制造系统、确保产品的可销售性和可服务性，为将具有创新性的产品按照需要的质量在较短的时间内传递给用户，从而真正获得商业化成功奠定坚实的基础。

4.2.1 产品试制定义

4.2.1.1 产品试制内涵

产品试制又叫中试，中试就是产品正式投产前的试验，即中间阶段（pilot scale experiment）的试验，是产品在大规模量产前的较小规模试验。一般而言，产品试制的主要工作包含"产品测试与可靠性检验"和"工艺设计"两个方面。在制造创新方法链中，产品试制的核心目标是提高产品可靠性并加快测试过程，同时完成制造工艺和生产测试设备的开发工作，从而最终加快实现前述创意激发与技术突破模块创新成果的商品化。

企业在确定一个项目前，第一步要进行试验室试验；第二步是"小试"，也就是根据试验室效果进行放大；第三步是"中试"，就是根据小试结果继续放大。产品中试成功后一般就可进行量产。

4.2.1.2 产品试制多部门协调特征

产品试制是一个多部门协同的结果。其任务是验证产品的性能、结构、造型是否达到了技术任务书的要求，验证设计的正确性。样机试制前，技术开发部对样机试制专用件、首次使用的通用件及订购件、改模件进行确认。生产部门根据技术开发部编制的"新产品样机试制进度计划"，编制"新产品技术准备计划"。

通常，由生产部门协助技术开发部组织样机试制、试验，作好记录和技术服务；样机试制后技术开发部应组织相关部门对试制情况进行小结，提出整改措施，并应于小批试制前，对整改措施的完成情况进行检查。

产品的检测，由质量管理部负责，并提出检测报告。样机检测完毕后，由技术开发部按《新产品试制鉴定管理》标准处理。当样机鉴定不能通过时，由技术开发部组织再一次样机试制。

产品试制完成后，技术开发部负责向产品认证人员提供认证样机及相关设计文件。

中试阶段不是一次性的验证行为，而是一个从小批量验证到逐渐放大产品验证数量的循序渐进的过程。中试分为三个小阶段：

第一阶段，小量中试。主要针对硬件、结构、软件设计验证，初步验证可生产性，可能包含一次或者数次生产，直到无重大硬件、结构、软件问题为止。

第二阶段，放量中试。主要针对硬件、结构、软件、工艺、测试、维修、物料的验证，主要验证设计遗留问题以及批量可生产性验证，直到无重大可生产性问题为止。

第三阶段，小批量生产。主要对硬件、结构、软件、工艺、测试、维修、物料、质量以及相关生产文件进行全面验证，以可生产性验证为主；直到生产质量管理成本、合格率达到企业目标为止。

4.2.2 产品试制过程及存在的问题

4.2.2.1 产品试制基本过程

如图4-27所示，一般来说，产品试制包括制定试制规范、制定试制管理规范、工艺验证、可靠性验证和完成可生产性报告五个环节。

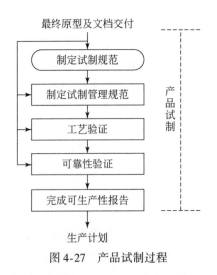

图4-27 产品试制过程

（1） 制定试制规范

试制规范主要是试制过程中涉及的技术、方法、标准、流程等方面进行的规定，对试制设备、测试设备及条件进行的规定等。

（2） 制定试制管理规范

试制管理规范主要是对过程管理进行的规定，包括流程管理、试制参与部门和人员的工作内容和职责分工，甚至还会包括财务管理等内容。

（3） 工艺验证

工艺验证是在完成厂房、设备、设施的鉴定与质控、计量部门的验证后，对生产线所在生产环境及装备的局部或整体功能、质量控制方法及工艺条件的验证，确证该生产过程（工序）的有效性，而且具有重现性。工艺验证包括工艺流程、工艺路线、单板工艺、整机工艺、包装工艺、物流工艺等的验证。

（4） 可靠性验证

对试制产品进行可靠性验证，了解、分析、提高和评价产品的可靠性，发现产品在设计、材料和工艺方面的各种缺陷；为改善产品的战备完好性、提高任务成功率、减少维修保障费用提供信息；确认是否符合规定的可靠性定量要求。

（5） 可生产性报告

对试制过程进行总结，包括但不限于试制难点、质量控制点、工艺合理性、设备加工能力等内容，给出试制品检验结果，做出可生产性结论及建议。同时，该报告也是整个制造创新方法链中知识管理的重要对象之一。

4.2.2.2　产品试制过程中存在的问题

产品试制的主要目标在于检验产品的性能、结构、造型是否达到涉及的要求，产品是否达到正式投产所需的条件。在产品试制过程中，存在的问题包括以下三个方面。

（1） 产品试制的资源配置问题

第一，如何设置合适的试制组织与设备资源，在综合考虑成本、风险情况下，达到预期试制目标。

第二，如何合理安排设计、生产、质量保证等多部门分工协作和人员安排，保证试制过程顺利进行。

（2） 产品试制的质量管理问题

第一，与原材料相关的问题，如如何评估物料品质，保证产品试制质量。

第二，加工中如何通过少量试制来预测大量生产可能遇见的问题等。

第三，确认样品的测试结果是否与客户期望一致。

（3） 产品试制的检验测试合理性与科学性问题

第一，如何保证制造工艺、安装工艺的合理性及科学性，从而保证生产效率高、成本低、质量优。

第二，如何提前发现关键零部件的关键工序、资源和物料需求的瓶颈和缺陷。

第三，如何系统筹划，综合考虑各关键点，制订高效实用的批量生产计划。

4.2.3 产品试制方法

产品试制过程是一个较小的系统控制过程，通过产品试制过程要找出试制产品的消耗、成本水平，确定有代表性的目标成本水平，为下一步批量生产和规模发展创造基础条件和控制标准。

产品试制过程包括企业从产品设计完成后的各级计划制定、原材料采购供应、车间排产、设备安装调试、工装准备、加工装配、性能测试、质量控制，以及成本控制等全部的生产和管理活动。为使具有竞争力的新产品尽快出现在市场上，这一试制过程必须做到周期短、成本低、质量高。试制过程的优化不仅要考虑设备、材料资金、人员问题，更应把时间作为一个重要因素来考虑。要充分利用本企业已有的新产品开发经验，利用现有实用价值的计划管理、人员管理、设备材料管理、资金管理等使试制过程的活动有据可寻。

在制造创新方法链中，产品试制子模块需要解决的主要问题及相应的可用创新方法见表 4-3。

表 4-3 产品试制过程中的创新方法

环节	问题	可用创新方法
制定试制规范	产品试制的资源配置	工序流程分析
工艺验证	如何保证制造工艺、安装工艺的合理性及科学性，从而保证生产效率高、成本低、质量优良	SPC、工序流程分析
可靠性验证	如何评估物料品质，保证产品试制质量	可靠性试验
	加工中如何通过少量试制来预测大量生产可能遇见的问题等	HALT、DOE
	确认样品的测试结果是否与客户期望一致	测量系统分析
	如何提前发现关键零部件的关键工序、资源和物料需求的瓶颈和缺陷	SPC、可制造性设计、HALT
可生产性报告	如何系统筹划，综合考虑各关键点，制订高效实用的批量生产计划	同步工程、可制造性设计

(1) 实验设计

实验设计（design of experiment，DOE）是一种安排实验和分析实验数据的数理统计方法；实验设计的基本出发点是对试验进行合理安排，以较小的试验规模（试验次数）、较短的试验周期和较低的试验成本，获得理想的试验结果以及得出科学的结论。

DOE 的三个基本原理是重复、随机化以及区组化。所谓重复，指的是基本试验的重复进行；所谓随机化，是指试验材料的分配和试验的各个试验进行的次序，都是随机地确定的；所谓区组化是用来提高试验精确度的一种方法。一个区组就是试验材料的一个部分，相比于试验材料全体，它们本身的性质应该更为类似。区组化牵涉到在每个区组内部对感兴趣的试验条件进行比较。DOE 的详细介绍请见 4.2.4.1 小节。

（2）测量系统分析

测量系统分析（measurement system analysis，MSA）在产品制造的任何涉及测量的环节都需要，但是由于产品试制是设计阶段对产品是否满足客户需求的最后把关，因此在产品试制阶段尤其重视测量系统分析。测量系统的校准一般由专门的机构负责，但是测量系统分析是随着产品的测试实时进行的，由试制工程人员完成。测量系统的目的是对测量系统变差进行分析评估，以确定测量系统是否满足规定要求，从而达到确保产品质量的目的。测量系统分析的详细介绍请见 4.2.4.2 小节。

（3）统计过程控制方法

在生产过程中，产品加工尺寸的波动是不可避免的。它是由人、机器、材料、方法和环境等基本因素的波动影响所致。波动分为两种：正常波动和异常波动。正常波动是偶然性原因（不可避免因素）造成的。它对产品质量影响较小，在技术上难以消除，在经济上也不值得消除。异常波动是由系统原因（异常因素）造成的。它对产品质量影响很大，但能够采取措施避免和消除。过程控制的目的就是消除、避免异常波动，使过程处于正常波动状态。统计过程控制（statistical process control，SPC）是指一套从生产过程中定期抽取样本，测量各样本的质量特性值，然后将测量的数据加以统计分析，判断过程是否处于受控状态。如果发现过程异常，则由判异原则寻找异常原因（特殊原因），从而取得有效对策，使过程恢复到受控状态。

（4）工序流程分析

工序流程分析又叫工序分析，是指对基本材料加工使之成为成品这一过程的所有作业进行分解，明确每个加工步骤的作业性质、先后顺序、使用的设备以及所消耗的时间等内容，以便有效地利用劳动力和设备，确保产品以最快的速度、最低的成本加工出来。

工序流程分析旨在了解工序的概略、把握工序流动的顺序、了解各工序的大致时间和平衡状态，从而进一步发现工序中存在的问题。工序分析后常采用排除法、结合法、交换法和精减法对工序进行基本改善。

（5）可靠性试验

可靠性试验（reliability test）是为了解、分析、提高和评价产品的可靠性而进行的试验的总称，旨在发现产品在设计、材料和工艺方面的各种缺陷；为改善产品的战备完好性、提高任务成功率、减少维修保障费用提供信息；确认是否符合规定的可靠性定量要求。

可靠性试验项目根据环境和条件的不同而不同，一般可靠性测试项目包括震动测试、机械冲击测试、碰撞测试、包装跌落、模拟运输、抗压强度、IP Rang、堆码试验、三综合试验、盐雾试验、气体腐蚀、恒温恒湿、冷热冲击、UV 老化、快速温度等。

（6）同步工程

同步工程（Simultaneous Engineering，SE），又称并行工程，是对整个产品开发过程实施同步、一体化设计，促使开发者始终考虑从概念形成直到用后处置的整个产品生命周期内的所有因素（包括质量、成本、进度和用户要求）的一种系统方法。由于顺序工程方法存在产品开发周期长、成本高以及开发质量难以保证等问题，无法适应激烈市场竞争下企业的需要，因此，同步工程技术已在美国、日本和欧洲许多发达国家的汽车行业中得到了较为普遍的应用，已成为汽车企业在日益激烈的市场竞争中求生存、求发展的一种有效方法。

SE 有如下特点：一是同步性，产品开发的各个子过程尽可能同步，产品与工艺、工装、售后等同步；二是约束性，将约束条件（如 MR——制造要求，可维修性要求等）提前引入产品开发过程，同步满足各个方面要求；三是协调性，各个子过程间密切协调（以同步工程小组的形式工作）以获得质量（Q）、时间（D）、成本（C）等方面的最佳匹配；四是一致性，产品开发过程的重大决策建立在全组成员意见一致的基础上。

（7）可制造性设计

可制造性设计（design for manufacturing，DFM）主要是研究产品本身的物理特征与制造系统各部分之间的相互关系，并把它用于产品设计中，以便将整个制造系统融合在一起进行总体优化，使之更规范，以便降低成本，缩短生产时间，提高产品可制造性和工作效率。

可制造性设计的核心是在不影响产品功能的前提下，从产品的初步规划到产品投入生产的整个设计过程进行参与，使之标准化、简单化，让设计利于生产及使用。减少整个产品的制造成本（特别是元器件和加工工艺方面）。

（8）高加速寿命试验

高加速寿命试验（Highly accelerated life test，HALT）是一种发现缺陷的方法，它通过设置逐级递增加严的环境应力，来加速暴露试验样品的缺陷和薄弱点，而后对暴露的缺陷和故障从设计、工艺和用料等诸方面进行分析和改进，从而达到提升可靠性的目的，最大的特点是设置高于样品设计运行限的环境应力，从而使暴露故障的时间大大短于正常可靠性应力条件下所需的时间。

HALT 技术特点包括：一是 HALT 试验施加的环境应力是以递增的形式变化的，其试验过程是通过施加不断加大的应力来激发产品设计中潜伏的各种缺陷，直到产品的破坏极限；二是 HALT 试验是在超出规范极限以外进行的，具有很高的试验效率；三是在 HALT 过程中出现的失效模式是在远远超过设计规格的环境应力下激发出来的，但这些失效模式都是在实际现场使用中所出现的失效形式，否则，HALT 试验是无效的。

4.2.4 典型方法及案例

在上述产品试制子模块可用的创新方法中，实验设计和测量系统分析是两种较为典型的创新方法，下面分别对其进行详细介绍，并对其应用案例进行简要分析。

4.2.4.1 实验设计

（1）实验设计的内涵

实验设计（design of experiment，DOE）是一种有计划的研究，包括一系列有意图性的对过程要素进行改变与效果观测，对这些结果进行统计分析以便确定过程变异之间的关系，从而改变这一过程。

广义的实验设计指科学研究一般程序的知识，它包括从问题的提出、假说的形成、变量的选择等一直到结果的分析、论文的写作一系列内容。它向研究者展示如何进行科学研究的概貌，试图解决研究全过程的相关问题。此时，实验设计是对实验方案进行最优设计，以降低实验误差和生产费用，减少实验工作量，并对实验结果进行科学分析的一种方法。

狭义的实验设计特指实施实验处理的一个计划方案以及与计划方案有关的统计分析。狭义的实验设计着重解决的是从如何建立统计假说到做出结论的过程。当需要探寻或验证产品质量或工艺或资源利用是否为最佳状态时，实验设计是非常科学和经济的方法。

（2）DOE 的分类

依据对象、分组处理方式和变量数量等不同的标准，DOE 可以分为不同的类型。

1）按对象划分。根据测试是否针对同对象，DOE 分为两种类型：第一种类型是单组设计，即在所选被试编组时不设置控制组，其基本模式是前测—处理—后测，通过前后两次测量的差异检验实验处理的效果。统计结果一般采用 t 检验法。单独使用这种类型的实验设计已不多见。因为在前测与后测中间有许多因素，如成熟、前测对后测的影响、测量工具的变形、情境的改变等，与实验处理的效果相混淆，从而降低实验的内在效度。第二种类型是对比设计。它把被试分为两组，一组为实验组，施以实验处理（也称处理）；另一组为控制组，不加实验处理。为使两组被试尽量同质，便于比较，一般采用随机分派法分组，通过测量两组的差异检验实验处理的效果。

2）按分组与处理方式划分。根据分组与处理方式的不同，DOE 可分为两种类型：第一种类型是完全随机化设计。又称被试间设计或独立组设计。它起源于抽样理论，即依据概率统计的原则，把被试随机分派到各组，接受各组应进行的处理。由于是随机分派，所以在理论上，各组接受处理前各方面是相等的。如果在同样条件下对两个或两个以上组施以相同处理，则各组效果的平均数在统计上应没有显著差异；如果对两个或两个以上组分别施以不同的处理，所得效果平均数的差异可被断定是由于处理的不同而造成的。这种设计的实验结果一般采用独立样本的 t 检验或方差分析。

第二种类型是随机区组设计，又称被试内设计。它先把被试按某些特质分到不同区组，使各区组内的被试更接近同质，而区组间的被试更加不同。然后将各区组内的被试随机分派，接受不同的处理，或按不同顺序接受所有的处理。这样，对于一个区组来说是接受所有处理的。这一点与完全随机化设计不同。完全随机化设计中各组只分别接受各自所应该接受的处理。随机区组设计的统计方法一般用相关样本的 t 检验或方差分析。另外，如果随机区组设计中的每一区组都进行所有的处理，便称为完全区组设计；如果每区组所进行的处理数小于总的处理数，则称为不完全区组设计。后者虽然每一区组不进行所有的处理，但每一处理所在的区组数须相同。

3）按变量数量划分。根据实验中自变量的多少，DOE 可分为两种类型：第一种类型是单因素设计。它的自变量只有一个，其他能影响结果的因素均作为无关变量加以控制。这种设计简明易行，但由于在实际生活中影响因素常不止一个，所以当情况比较复杂时，最好使用多因素实验设计。第二种类型是多因素设计。自变量为两个或两个以上的实验设计。常用的多因素设计有完全随机化、随机区组和拉丁方等。

（3）DOE 的主要实施步骤

一般而言，DOE 主要包括以下几个步骤。

1）确定目标。通过控制图、故障分析、因果分析、失效分析、能力分析等工具的运用，或者是直接实际工作的反映，会得出一些关键的问题点，它反映了某个指标或参数不能满足我们的需求，但是针对这样的问题，可能运用一些简单的方法根本就无法解决，这时候就会用实验设计。对于运用实验设计解决的问题，我们首先要定义好实验的目的，也就是解决一个什么样的问题，问题给我们带来了什么样的危害，是否有足够的理由支持实验设计方法的运作，确定实验目的和实验必要性是首要的任务。随着实验目标的确定，我们还必须定义实验的指标和接受的规格，这样我们的实验才有方向和检验实验成功的度量指标。这里的指标和规格是实验目的的延伸和具体化，也就是对问题解决的着眼点，指标的达成就意味着问题的解决。

2）剖析流程。实验设计的展开必须建立在流程的深层剖析基础之上。任何一个问题的产生，都有它的原因，事物的好坏、参数的便宜、特性的欠缺等都有这个特点，而诸多原因一般就存在于产生问题的流程当中。流程的定义非常关键，过短的流程可能会抛弃显著的原因，过长的流程必将导致资源的浪费。有很多的方式来展开流程，但有一点必须做到，那就是尽可能详尽地列出可能的因素，详尽的因素来自于对每个步骤的详细分解，确认其输入和输出。其实对于流程的剖析和认识，就是改善人员了解问题的开始，因为并不是每个人都能掌握好我们所关注的问题。这一步的输出，使改善人员能够了解问题的可能因素在哪里，虽然不能确定哪个是重要的，但至少确定一个总的方向。

3）筛选因素。我们知道，对一些无影响或微小影响因素的全面实验分析，其实是一种浪费，而且还可能导致实验的误差。因此可能因素的筛选就有必要性，这时，我们不需要确认交互作用、高阶效应等问题，我们的目的是确认哪个因素的影响是显著的。可以使用一些低解析度的两水平实验或者专门的筛选实验来完成这个任务，这时的实验成本也将达到最小。

4）快速接近。通过筛选实验找到了关键的因素，同时筛选实验还包含一些很重要的信息，那就是主要因素对指标的影响趋势，这是必须充分利用的信息，它可以帮助我们快速地找到实验目的的可能区域。这时一般使用实验设计中的快速上升（下降）方法，它是根据筛选实验所揭示的主要因素的影响趋势来确定一些水平，进行实验。

5）析因实验。在筛选实验时，我们没有强调因素间的交互作用等的影响，但给出了主要的影响因素，而且快速接近方法使我们确定了主要因素的大致取值水平，这时就可以进一步度量因素的主效应、交互作用以及高阶效应，这些实验是在快速接近的水平区间内选取的，所以对于最终的优化有显著的成效。析因实验主要选择各因素构造的几何体的顶点以及中心点来完成，这样的实验构造，可以帮助确定对于指标的影响，是否存在交互作用或者哪些交互作用，是否存在高阶效应或者哪些高阶效应，实验的最终目的是通过方差分析来检验这些效应是否显著，同时也可对以往的筛选、快速接近实验进行验证，但不宜就在这样的实验基础上描述指标与诸主效应的详细关系，因为对于三个水平点的选取，实验功效存在不足的可能性。

6）回归实验。在析因实验中，确定了所有因素与指标间的主要影响项，但是考虑到功效问题，需要进一步安排一些实验来最终确定因素的最佳影响水平，这时的实验只是一个对析因实验的实验点的补充，也就是可以利用析因实验的实验数据，但是为了最终优化指标，或者说有效全面地构建因素与水平的相应曲面和等高线，增加一些实验点来完成这个任务。实验点一般根据回归实验的旋转性来选取，而且它的水平应该根据功效、因子数、中心点数等方面的合理设置，以确保回归模型的可靠性和有效性。完成这些实验，就可以分析和建立因素和指标间的回归模型，而且可以通过优化的手段确定最终的因子水平设定。

7）稳健设计。实验设计的目的就是，通过设置一些我们可以调控的关键因素来控制指标，因为对于指标来讲，我们是无法直接控制的。实验设计提供了这种可能和途径，但是在现实中却还存在一类这样的因素，它对指标的影响同样显著，但是它很难通过人为控制来确保其影响最优，这类因素我们一般称为噪声因素。噪声因素的存在往往会使我们的实验成果功亏一篑，所以对待它的方法，除了尽量控制之外，可以选用稳健设计的方法，目的是使这些因素的影响降低至最小，从而保证指标的高优性能。事实上这些因素是普遍存在的，如汽车行驶的路面，不可能保证都是在高级公路上，那么对于一些较差的路面，怎样来设计出高性能呢？这时我们会选择出一些抗干扰的因素来缓解干扰因素的影响，这就是稳健设计的意图和途径。

（4）DOE 的应用实例——解决弹射器射球距离问题

弹射器是一种最为常用的教学设备，它的构件良好，但每次发射目标不一，不能精准射中目标，因此需要采用 DOE 方法，建立参数和参数水平，寻找到最佳参数组合，以便最终实现准确的定位。本案例采用 minitab 软件进行统计分析。

弹射器的工作原理如图 4-28 所示。

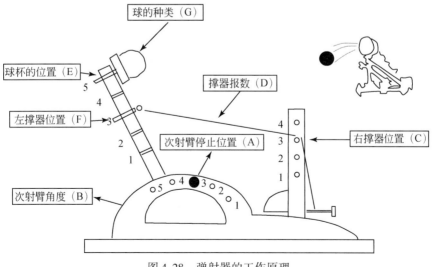

图 4-28　弹射器的工作原理

影响射程的因素主要包括：球的种类、射球位置、射球角度；球的种类可以有高尔夫、乒乓球；射球位置有位置1、位置3；射球的角度为 $0 \sim 180°$。

实验方案简述。首先，进行全因子实验，共进行 $2^3 \times 2 = 16$ 次实验；其次，找出关键因子和水平，确定输出 Y（射程）与 X（三个因子）之间的回归数学表达式；接着，求出 X 的最佳取值和组合，最后通过实验进行验证。

实验说明如下。

材料：射球器、网球、乒乓球等。

测试器材：米尺。

对角度（标注为字母 A）、位置（标注为字母 B）、种类（标注为种类 C）三个因子都选择两个水平（+1，-1）。

人员安排：射球1人，读角度1人，看射程6人（每米2人），记录人员1人，监督人员1人。

试验共历时 2h 15min。

测试步骤和分析：

1）数据收集。数据收集是进行测试的第一个步骤，本案例的相关数据见表4-4。

表4-4 射球器射程原始记录表

标准序	运行序	中心点	区组	角度	位置	种类	距离/cm
10	1	1	1	180	1	高尔夫	230
16	2	1	1	180	3	乒乓球	167
4	3	1	1	180	3	高尔夫	170
11	4	1	1	140	3	高尔夫	88
12	5	1	1	180	3	高尔夫	170
5	6	1	1	140	1	乒乓球	120
3	7	1	1	140	3	高尔夫	88
13	8	1	1	140	1	乒乓球	120
8	9	1	1	180	3	乒乓球	166
6	10	1	1	180	1	乒乓球	226
2	11	1	1	180	1	高尔夫	230
1	12	1	1	140	1	高尔夫	110
14	13	1	1	180	1	乒乓球	228
9	14	1	1	140	1	高尔夫	111
15	15	1	1	140	3	乒乓球	99
7	16	1	1	140	3	乒乓球	97

2）数据分析。主因子图。主因子分析的相关结果如图 4-29 所示。

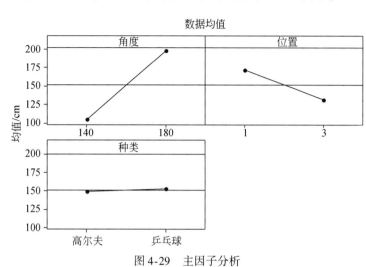

图 4-29　主因子分析

结论：可以看出因子 A（角度）、B（位置）的影响较大，C（种类）的影响较小。

交互因子图。交互作用分析的相关结果如图 4-30 所示。

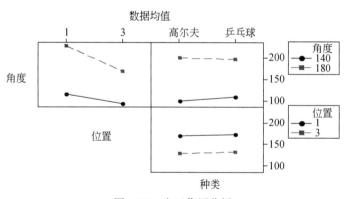

图 4-30　交互作用分析

结论：可以看出 A 和 B，即角度与位置之间的交互作用影响较大，其他的影响较小。

立方图。其相关结果如图 4-31 所示。

结论：虽然有三个自变量 x，但是从立方结构图中，可以看出最大距离可以达到 230cm，最小距离可以达到 88cm。

标准化效应的正态图和因子 pareto 图。其相关结果如图 4-32、图 4-33 所示。

从正态图和 pareto 图中可以看出因子 C、ABC、BC、AC 的影响不太显著，为此，下步缩短不重要的因子及交互作用。

缩减不重要的因子及交互作用后的 pareto 图。其相关结果如图 4-34 所示。

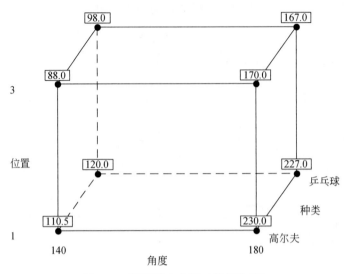

图 4-31　距离的立方图（数据均值）

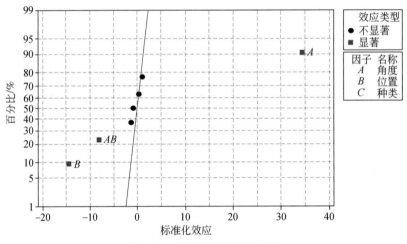

图 4-32　标准化效应的正态图

注：响应为距离，$\alpha = 0.05$

残差分析。残差分析结果如图 4-35 所示。

结论：对残差进行正态性检验，$P = 0.927 > 0.05$，说明模型可以接受，拟合值较为准确。

根据相关实验和计算，获得距离的估计效应和系数、距离的方差分析以及距离的估计系数结果，分别见表 4-5、表 4-6、表 4-7。

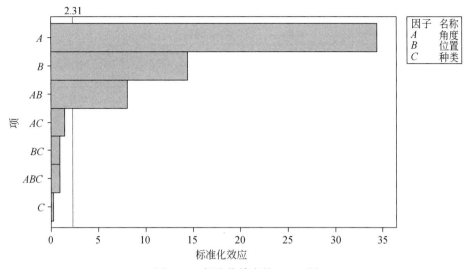

图 4-33　标准化效应的 Pareto 图

注：响应为距离，$\alpha = 0.05$

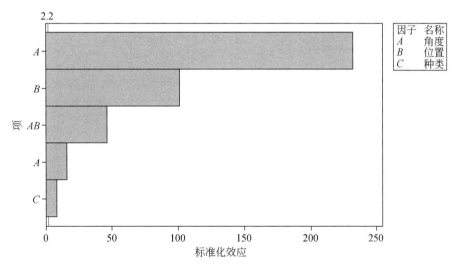

图 4-34　删除不显著因素后的 Pareto 图

注：响应为距离，$\alpha = 0.05$

表 4-5　距离的估计效应和系数

项	效应	系数	系数标准误	t	P
常量		151. 31	0. 2035	743. 60	0. 000
角度	94. 37	47. 19	0. 2035	231. 90	0. 000
位置	−41. 13	−20. 56	0. 2035	−101. 05	0. 000
种类	3. 38	1. 69	0. 2035	8. 29	0. 000

续表

项	效应	系数	系数标准误	t	P
角度-位置	−18.88	−9.44	0.2035	−46.38	0.000
角度-种类	−6.38	−3.19	0.2035	−15.66	0.000

注：$S = 0.813941$；press = 16.96；R-Sq = 99.98%；R-Sq（预测）= 99.96%；R-Sq（调整）= 99.98%；已编码单位；拟合因子为距离、角度，位置，种类

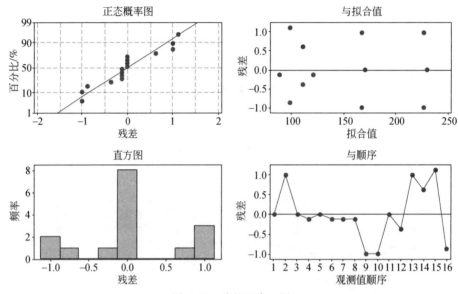

图 4-35　残差四合一图

表 4-6　距离的方差分析（已编码单位）

来源	自由度	Seq SS	Adj SS	Adj MS	F	P
主效应	3	42 437.2	42 437.2	14 145.7	21 352.04	0.000
角度	1	35 626.6	35 626.6	35 626.6	53 775.94	0.000
位置	1	6 765.1	6 765.1	6 765.1	10 211.42	0.000
种类	1	45.6	45.6	45.6	68.77	0.000
两因子交互作用	2	1 587.6	1 587.6	793.8	1 198.21	0.000
角度-位置	1	1 425.1	1 425.1	1 425.1	2 151.04	0.000
角度-种类	1	162.6	162.6	162.6	245.38	0.000
残差误差	10	6.6	6.6	0.7		
失拟	2	0.1	0.1	0.1	0.08	0.927
纯误差	8	6.5	6.5	0.8		
合计	15	44 031.4				

表4-7　距离的估计系数（使用未编码单位的数据）

项	系数
常量	−226.187
角度	2.359 37
位置	54.937 5
种类	27.187 5
角度–位置	−0.471 875
角度–种类	−0.159 375

方程计算。根据上述系数，可以列方程如下。

距离 = −226.187 + 2.359 37×角度 + 54.937 5×位置（−1，+1）+ 27.187 5×种类（−1，+1）− 0.471 875×角度×位置（−1，+1）− 0.159 375×角度×种类（−1，+1）

本次望目设计，希望距离达到200cm，以此编制minitab程序进行相应优化器，找到最佳设定值，如图4-36所示。

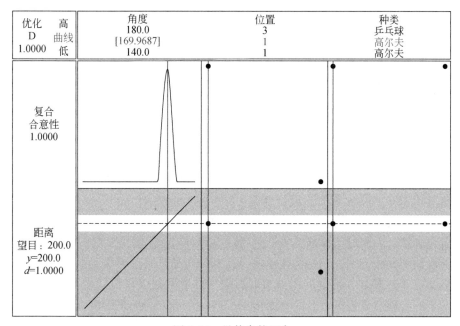

图4-36　最佳参数组合

实际验证。结合实际测量，测得2组实验，①计算值200cm，实测值205cm，值稳定；②计算值150cm，实测值146cm，值稳定。

由此可见，实验得到的公式是非常准确的。

3）结论。第一，本次实验模拟值和实际值较为接近，实验设计整体较为成功；第二，本次实验不仅找到影响最大的因子还找到影响最大的交互作用，这对最后实际取值具有很强的指导作用。第三，本次实验意在理解DOE的实际应用过程，但是因为条件的关系，并没有做中心点测试。

4.2.4.2　测量系统分析

（1）测量系统分析概述

测量是赋值给具体事物以表示他们之间关于特殊特性的关系。除了具体事物外，参与测量过程还应有量具、使用量具的合格操作者和规定的操作程序，以及一些必要的设备和软件，再把它们组合起来完成赋值的功能，获得测量数据。因此，用来对被测特性定量测量或定性评价的仪器或量具、标准、操作、夹具、软件、人员、环境和假设的集合，以及用来获得测量结果的整个过程被称为测量过程或测量系统。

众所周知，在影响产品质量特征值变异的六个基本质量因素（人、机器、材料、操作方法、测量和环境）中，测量是其中之一。与其他五种基本质量因素所不同的是，测量因素对工序质量特征值的影响独立于五种基本质量因素综合作用的工序加工过程，这就使得单独对测量系统的研究成为可能。而正确的测量，永远是质量改进的第一步。如果没有科学的测量系统评价方法，缺少对测量系统的有效控制，质量改进就失去了基本的前提。为此，进行测量系统分析就成了企业实现连续质量改进的必经之路。

在产品的制造过程中会产生大量的数据，而这些数据一般都是通过测量产生的。我们所知的各种数据其实都不是真值，真值是不可知的，我们用的数据都是测量值。"测量值"等于"真值"与"测量误差"之和。测量误差太大时就会扭曲掩盖真值。尤其对制造业企业而言，单纯对量具进行周期检定和定期校准，只能代表该量具在特定条件下的某种"偏倚"情况，而不能完全反映出该量具在生产制造过程中可能出现的各种偏差问题。"检定合格"的量具未必能够确保产品最终的测量品质，如果应用测量系统分析，通过使用一些合适的统计技术对这些数据进行分析评估，就可以减少因设备引起的误差，并得到测试中所隐含的信息，从而大大提高测试数据的可靠性。为避免可能存在的潜在质量问题，必须对相关的"测量系统"进行分析。

在产品开发过程中，由于采用六西格玛、DOE 和 SPC 等工具进行质量管理和控制工作无不需要测量，因此测量系统本身的准确性会对质量管理和控制的结果产生重要的影响。在制造创新方法链中，成型优化模块，特别是产品试制子模块是第一个需要进行大量测量的重要（子）模块，准确的测量结果既是对技术突破模块设计成果进行检验的前提，又可为工艺的合理性等提供有效的判断依据，同时还可以避免将因测量误差而产生的质量问题抛给后续的生产改善模块乃至市场营销模块，从而节约量产过程和产品使用过程中可能发生的不可接受的质量成本，因此在一定意义上，测量系统分析是确保产品品质和成功进行商业化必不可少的条件之一。

（2）测量系统分析的基本思想和核心概念

测量系统分析的基本思想在于，采用统计学的方法，在观察到的产品质量波动中，将测量系统波动同实际过程波动明确区分出来，并确定测量系统中的波动源及其对测量结果的影响程度，以便将产品的质量控制由事后检验提前到进行事先预防的过程控制，从而进一步推进质量管理，如图 4-37 所示。

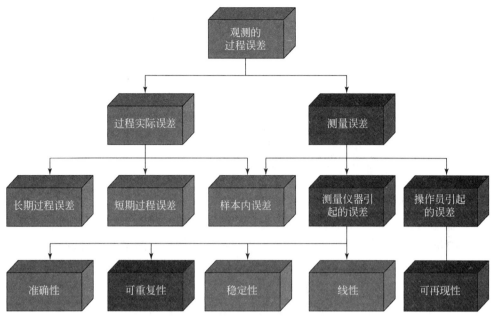

图 4-37　测量系统误差的来源

测量系统分析的核心概念主要包括：

1）计量型测量系统和计数型测量系统。测量系统可分为计量型和计数型测量系统分析两大类型。前者是指测量后能够给出具体测量数值的测量系统，而后者只能定性地给出测量结果。"计量型"测量系统分析通常包括"偏倚"（bias）、"稳定性"（stability）、"线性"（linearity）、"重复性"（repeatability）及"再现性"（reproducibility）（五性）的分析、评价。

在计量型测量系统分析的实际运作中，根据具体使用情况，上述五性分析评价可以同时进行，也可以选择其中的某些项目进行。计数型测量系统分析通常利用假设检验分析法来进行判定。

2）偏倚。偏倚是指相同零件上同一特性的观测平均值与真值（参考值）的差异。

3）稳定性。稳定性是指经过一段长时间下，用相同的测量系统以同一基准或零件的同一特性进行测量所获得的总变差，也就是说，稳定性是整个时间的偏倚变化。

4）线性。线性是指在测量设备预期的工作（测量）量程内，偏倚值的差异。线性可被视为偏倚对于量程大小不同所发生的变化。

5）重复性。重复性是用一个评价人使用相同的测量仪器对同一零件上的同一特性，进行多次测量所得到的测量变差，通常被称为"评价人内部"的变差，它是设备本身的固有变差或能力。

6）再现性。再现性是用不同评价人使用相同的测量仪器对同一产品上的同一特性，进行测量所得平均值的变差。通常被称为"评价人之间"的变差。

7）量具的 gage repeatability and reproducibility（GRR）。量具的 GRR 结合了重复性和再现性变差的估计值，即 GRR 值等于系统内部变差和系统之间变差的和。

此外，在对计数型测量系统进行属性测量系统分析的过程中，还存在着另外一些指标，包括：

8）有效性。有效性分为测量者的有效性和系统的有效性。若测量者对同一被测对象的所有测试结果一致，且与基准一致，则称之为有效；测量者的有效性是指有效对象数目与被测对象数目之比。若所有测量者对同一被测对象的所有测量结果一致，且与基准一致，则称之为系统有效，系统有效性是指系统有效对象数目与被测对象数目之比。

9）误判率。误判率就是对每个测量者，将基准为可接受的对象误判为不可接受的机会百分率。此评价值可为测量者的改进提供机会。

10）漏判率。漏判率就是对每个测量者，将基准为不可接受的对象漏判为可接受的机会百分率。此评价值可为测量者的改进提供机会。

（3）测量系统分析的判断标准

应用测量系统分析方法时，针对计量型测量系统和计数型测量系统分别具有不同的判断标准。

1）计量型测量系统分析判断标准。对于计量型测量系统分析而言，最终要得出测量系统是否合格的结论。偏倚及稳定性方面的问题比较简单，测量系统不满足要求，更容易出问题的地方常常在于精度方面。测量系统的重复性和再现性进行分析构成精度分析的组成部分，二者应该被同时评估，这是测量系统分析的重点。

GRR 和 P/T 是评价测量系统精确度的两项重要指标：

$$\text{GRR} = \frac{\text{R\&R}}{\text{TV}} \times 100\% = \frac{\sqrt{\text{EV}^2 + \text{AV}^2}}{\sqrt{\text{PV}^2 + \text{EV}^2 + \text{AV}^2}} \times 100\% \tag{4-1}$$

$$P/T = \frac{\text{R\&R}}{\text{USL} - \text{LSL}} \times 100\% = \frac{\sqrt{\text{EV}^2 + \text{AV}^2}}{\text{USL} - \text{LSL}} \times 100\% \tag{4-2}$$

式中，R&R 表示重复性与再现性误差；EV 和 AV 分别表示重复性误差和再现性误差；PV 表示实际过程误差；TV 表示总误差；USL 和 LSL 分别表示公差上下限。因此 GRR 指的是测量系统波动占整体波动的百分比，着重评估测量系统对整体过程变异的测量效果，强调测量系统对生产过程改进分析能力（过程是否已有改进）能否测量得足够精确；P/T 则是指测量系统精度占公差的百分比，其着重评估测量系统针对相关产品规格的测量效果，强调测量系统对公差界限的分析能力（判断产品是否合格）能否测量得足够精确。

如若 GRR 与 P/T 计算值均不超过10%，则表明测量系统良好；倘若二者之中有一个超过10%，但是都不超过30%，则表明测量系统处于临界状态；一旦二者之中有一个超过30%，则表明测量系统能力不足，必须进行改进。

2）计数型测量系统分析判断标准。计数型测量系统分析判断标准主要包括两个，即一致性比率和卡帕值（K）。其中，一致性比率是一致性分析的统计量，其计算公式为

$$\text{一致性比率} = \text{一致的次数}/\text{测量的总次数} \times 100\% \tag{4-3}$$

一致性比率可分为检验员自身一致性比率，检验员与标准一致性比率，检验员之间的一致性比率，以及整体一致性比率，即所有测量者的测量结果与标准一致的比率四大类。通常，测量系统的整体一致性比率应大于80%，反之，应采取纠正措施。

对于通常只有合格与不合格两种检测值的计数型指标，测量者在不知做何种判断的情况下，任意给出一种判断都有 50% 的与标准一致的概率。为排除以上偶然一致的因素，通常还需考查测量系统的 K。

$$K = \frac{P_0 - P_e}{1 - P_e} \qquad (4\text{-}4)$$

$$P_0 = \sum_{i=1}^{k} P_{ii}, \quad P_e = \sum_{i=1}^{k} P_{i+}, \quad P_{+i} = \sum_{i=1}^{k} \left(\sum_{j=1}^{k} P_{ij} \right) \left(\sum_{j=1}^{k} P_{ji} \right) \qquad (4\text{-}5)$$

式中，P_0 为实际一致的比率；P_e 为偶然一致的比率；P_{ij} 为第一位测量者和第二位测量者的测量结果分别为 i 和 j 类的概率；P_{ii} 则为二者测量结果均为 i 类的概率，而 P_{i+}，P_{+i} 为两位测量者测量结果为 i 类结果的边际概率；通常，K 值应超过 0.7，否则应采取纠正措施。

此外，对于计数型测量系统分析而言，还应该从漏判率和误判率两个指标，即所谓"通用方法分析"的角度对单个测量者进行评价，从而为其提供改进机会。通常情况下，漏判率应该低于 5%，同时误判率应该低于 10%。

（4）测量系统分析流程

一般而言，测量系统分析包括背景描述、制订测试方案、数据采集、变异值方法研究、结果分析、适用性评价六个步骤，如图 4-38 所示。同时，也可采用测量系统分析发现改进机会，并在改进之后，对其重新进行测量系统分析工作。

图 4-38　测量系统分析流程

（5）测量系统分析应用案例——卷烟工艺质量测量

为了解卷烟工艺过程中测量系统的波动源及其对测量结果的影响程度，判断测量系统是否符合要求，从而进一步改进卷烟工艺质量，采用测量系统分析方法对其进行测量系统分析。

本案例应用计数型测量系统分析中的一致性分析和通用分析方法，对烟支刺破、烟支缩头、接装纸粘贴不齐、小盒拉线错位、小盒商标错位、硬盒斜角露底六个计数型测量系统进行分析和判定，从人、机、料、法、环等方面查找测量系统有效性不足的原因并对其进行改进。

1）指标选择及样品置备。根据外观指标在《卷烟第三部分：包装、卷制技术要求及储运》中有明确定量描述、指标判定相对较准、指标可以重复测量以及指标在日常监测中出现缺陷频率较高四个遴选准则，本研究选择前述六个指标用于测量系统分析，并收集和制作了六组样品：①仅含有接装纸粘贴不齐缺陷的样品 20 支；②仅含有烟支刺破缺陷的样品 20 支；③仅含有烟支缩头缺陷的样品 20 支；④含有小盒拉线错位缺陷的样品 20 盒；⑤仅含有小盒商标错位缺陷的样品 20 盒；⑥仅含有硬盒斜角露底缺陷的样品 20 盒。

要求每组样品中合格及不合格烟支（盒）数量各占约 50%，且尽量多地收集指标接近合格或不合格边界区域的样品；样品标准属性由专家确定并对测试者保密；样品保存于温度为（22±2）℃、相对湿度为（60±5）%的环境中待测。

2）测量系统现状分析。随机选择三名检验员（A，B，C），分别对六组样品进行判断，每人对每个样品测量两轮。小盒商标错位测量初始数据见表 4-8（其他测量初始数据略）。

表 4-8　小盒商标错位测量初始数据

样本编号	已知属性	检验员 A		检验员 B		检验员 C	
		第一次	第二次	第一次	第二次	第一次	第二次
1	OK	OK	NG	OK	NG	NG	OK
2	OK	NG	NG	NG	NG	NG	OK
3	OK	OK	OK	OK	OK	OK	OK
4	NG	NG	NG	NG	NG	NG	NG
5	OK	OK	OK	OK	OK	OK	OK
6	OK	OK	OK	OK	OK	OK	OK
7	OK	OK	OK	OK	OK	OK	OK
8	OK	NG	NG	OK	OK	NG	OK
9	OK	OK	OK	OK	OK	OK	OK
10	NG	NG	NG	OK	NG	OK	NG
11	OK	OK	OK	OK	OK	OK	OK
12	OK	OK	OK	OK	OK	OK	OK
13	OK	NG	NG	OK	OK	OK	OK
14	NG	NG	NG	NG	NG	NG	NG
15	OK	OK	OK	OK	OK	OK	OK
16	OK	OK	OK	OK	OK	NG	OK
17	OK	NG	NG	NG	OK	OK	NG
18	NG	NG	NG	NG	NG	NG	NG
19	OK	NG	NG	OK	OK	OK	OK
20	OK	OK	OK	OK	OK	OK	OK

注：OK 和 NG 分别表示合格和不合格

3）一致性分析结果。从表 4-9 可以看出，接装纸粘贴不齐、烟支刺破测量系统的整体一致性比率和 K 符合要求，测量系统合格，而其他四个测量系统的整体一致性比率或 K 不符合要求，测量系统不合格，需改进以保证测量数据的准确可靠。

表 4-9　测量系统一致性分析结果

测量指标	检验员	检验员自身一致性比率/%	检验员与标准一致性比率/%	检验员之间一致性比率/%	整体一致性比率/%	K	测量系统判断
接装纸粘贴不齐	A	95.0	95.0				
	B	100.0	100.0	95.0	95.0	0.97	OK
	C	95.0	95.0				
烟支刺破	A	100.0	100.0				
	B	95.0	95.0	95.0	95.0	0.97	OK
	C	95.0	95.0				
烟支缩头	A	90.0	80.0				
	B	100.0	100.0	80.0	80.0	0.90	NG
	C	100.0	100.0				
小盒拉线错位	A	100.0	100.0				
	B	65.0	65.0	65.0	65.0	0.73	NG
	C	90.0	85.0				
小盒商标错位	A	95.0	70.0				
	B	85.0	80.0	55.0	55.0	0.52	NG
	C	65.0	65.0				
硬盒料角露底	A	95.0	95.0				
	B	85.0	75.0	65.0	65.0	0.76	NG
	C	95.0	85.0				

　　4）通用方法分析结果。从表 4-10 可以看出，一方面，除接装纸粘贴不齐、烟支刺破之外的其他四个测量系统在漏判率、误判率方面存在较多问题，需要改进；另一方面，检验员的误判率明显高于漏判率，误判率高是导致测量系统有效性降低的主要因素。在产品试制的检测过程中，检验员为防止不合格产品最终流入市场，对一些缺陷指标的判定可能会高于标准要求，但这种做法不利于保证测量系统的有效性。

表 4-10　测量系统通用方法分析结果

测量指标	检验员	漏判率/%	误判率/%
接装纸粘贴不齐	A	0	5.0
	B	0	0
	C	0	5.0
烟支刺破	A	0	0
	B	0	5.0
	C	0	5.0

测量指标	检验员	漏判率/%	误判率/%
烟支缩头	A	0	30.0
	B	0	0
	C	0	0
小盒拉线错位	A	0	0
	B	0	19.4
	C	0	11.1
小盒商标错位	A	0	34.4
	B	12.5	12.5
	C	25.0	15.6
硬盒料角露底	A	6.3	0
	B	12.5	20.8
	C	31.3	0

5）测量系统改进。根据上述分析结果，从人、料、法、环四个角度，分析得出烟支缩头、小盒拉线错位、小盒商标错位、硬盒斜角露底四个测量系统一致性较差，对于误判率、漏判率较高的主要原因，制订了表 4-11 所示的改进计划，并予以实施。

表 4-11 测量系统改进方法

原因	存在问题	改进方法
人	检验员对标准中关于计数型指标的定量要求掌握不足	对检验员进行标准的再次培训，要求熟练和准确掌握外观指标的定量判定要求，并进行实物操作考试
料	小盒商标错位样品包有透明纸，影响检测操作；样品在重复使用过程中存在部分损坏	样品去除透明纸，样品标号记在小盒包装纸上；检验员在检测时对样品轻拿轻放；对检测过的样品进行检查，必要时进行替换（样品编号不变）
法	检验员未按测量标准要求，在测量过程中未使用相应的量具，而是通过目视判断	严禁通过目视法判断有定量要求的外观指标，要求检验员在测量过程中必须使用相应的量具
环	检测环境光线略显暗淡	改善试验环境的照明条件

6）测量系统改进效果分析。由表 4-12 和表 4-13 可以看出，对上述四个测量系统进行改进后，检验员的误判率、漏判率降低，测量系统的整体一致性比率和 K 均符合要求，测量系统的有效性得到了提升。

表 4-12　改进后的一致性分析结果

测量指标	检验员	检验员自身的一致性比率/%	检验员与标准的一致性比率/%	检验员之间的一致性比率/%	整体一致性比率/%	K	测量系统判断
烟支缩头	A	100.0	100.0	85.0	85.0	0.95	OK
	B	95.0	95.0				
	C	90.0	90.0				
小盒拉线错位	A	100.0	100.0	90.0	90.0	0.83	OK
	B	90.0	90.0				
	C	95.0	90.0				
小盒商标错位	A	100.0	95.0	85.0	85.0	0.86	OK
	B	95.0	90.0				
	C	95.0	95.0				
硬盒料角露底	A	95.0	95.0	85.0	85.0	0.93	OK
	B	90.0	90.0				
	C	95.0	95.0				

表 4-13　改进后通用方法分析结果

测量指标	检验员	漏判率/%	误判率/%
烟支缩头	A	0	0
	B	0	5.6
	C	4.5	5.6
小盒拉线错位	A	0	0
	B	0	5.6
	C	0	8.3
小盒商标错位	A	0	6.3
	B	0	9.4
	C	0	3.1
硬盒料角露底	A	0	5.6
	B	4.5	5.6
	C	4.5	0

　　本案例采用计数型测量系统分析方法,对卷烟工艺质量管理过程中涉及的六个测量系统进行了分析,并在此基础上对其进行改进,以便提升在产品试制过程中测量系统的有效性和准确性,从而进一步提高卷烟工艺质量。一方面,通过一致性分析可以对上述六个测量系统的状况做出明确的定量判断。整体一致性比率和 K 两个统计量显示,改进前烟支刺破、烟支缩头两个测量系统合格,接装纸粘贴不齐、小盒拉线错位、小盒商标错位、硬盒

斜角露底四个测量系统不合格。另一方面，误判率高是本研究中测量系统有效性不足的主要原因，通过降低测量者误判率可提升测量系统的有效性。最后，四个经测量系统分析方法判定为不合格的测量系统经改进后，系统的整体一致性比率≥85%，K≥0.83，符合整体一致性比率>80%，K>0.7 的要求。

4.3　小　　结

成型优化是制造创新方法链中的一个重要模块。本章针对成型优化中的产品原型和产品试制两个子模块的定义、基本过程及存在的主要问题进行了简单介绍，并对产品原型和产品试制子模块中可用的创新方法进行了整理，同时结合相关实例，对产品原型过程中的立体光固化成型法、数字样机和虚拟仿真以及产品试制过程中的实验设计和测量系统分析等典型创新方法展开了较为详细的讨论。成型优化模块的输出结果是合格的产品原型和合理的生产工艺，它为下一阶段生产改善模块的实施提供了有效的前提条件。

参 考 文 献

陈杰.2007. 光固化快速成型工艺及成型质量控制措施研究. 济南：山东大学硕士学位论文.

陈杰，巫玲坚，张鸣，等.2009. 试验设计（DOE）在技术创新中的应用. 轻工标准与质量，(10)：47-51.

陈其伟.2009. 可靠性工程技术应用讲座第四讲：可靠性试验、评估技术及应用. 自动化与仪器仪表，(3)：116-119.

陈曦，宋宇波，王执铨，等.2006. 复杂产品虚拟样机综合集成型决策支持系统研究. 中国工程科学，8 (2)：67-74.

陈阳平.2010. 基于数字样机的直升机协同设计研究与应用. 南京：南京航空航天大学博士学位论文.

褚卫华，陈循，陶俊勇，等.2002. 高加速寿命试验（HALT）与高加速应力筛选（HASS）. 强度与环境，29 (4)：23-37.

崔莲顺.2003. 产品原型技术反求理论在三元叶轮中的应用. 通用机械，(10)：68-69.

窦智.2009. 测量系统分析在制造业中的实际应用. 电源技术，33 (11)：1022-1025.

范胜兴，喻曦灿，金殿明.2013. 卷烟计数型测量系统的分析与改进. 烟草工艺，(5)：13-16.

冯涛，习俊通，金烨.2002. 一种 RE/RP 集成的工艺产品原型快速开发方法. 机床与液压，(6)：119-121.

龚运息.2013. 逆向工程及 3D 打印技术在微车发动机风扇开发中的集成应用. 科技与企业，(17)：299-300.

胡勇.2013. 支持数字样机协同评审的网格虚拟现实环境支撑技术研究. 上海：上海交通大学博士学位论文.

李海泳. UG 装配模块在某型燃机数字化样机的应用. http：//www.newmaker.com/art_ 12194. html［2014-01-16］.

李世国，华梅立，费钎.2008. 产品原型构建的创新及乐高头脑风暴套件之价值. 包装工程，29 (1)：121-123. 133.

李天铎.1998. 纸质原型. 管理科学文摘，(4)：43.

李彦生，李涤尘，卢秉恒.1999. 光固化快速成型技术及其应用. 应用光学，20 (3)：34-36.

李耀江，杜世昌.2010. 测量系统分析在品质控制中的运用. 机械制造与自动化，39 (3)：54-55, 62.

刘瑱，范燕玲 . 2013. 浅谈测量系统分析 . 科技与企业，(9)：321-322.

卢清萍，卢秉恒，张连洪 . 2001. 快速原型制造技术 . 北京：高等教育出版社 .

罗振璧，朱耀祥，莫汝虎，等 . 2007. 新产品的创新设计、开发与管理 . 海口：南海出版公司 .

毛宁，陈庆新 . 1999. 基于可制造性设计的小批量产品制造质量控制系统 . 计算机集成制造系统–CIMS, 5
（6）：41-46.

沈晓杰，李郡 . 2012. 基于制造执行系统的统计过程控制在质量管理上的应用 . 工业控制计算机，25
（9）：108-110，134.

孙晓帆，李世国 . 2009. 产品有机原型设计 . 江南大学学报，8（2）：193-197.

王广春，袁圆，刘东旭 . 2011. 光固化快速成型技术的应用及其进展 . 航空制造技术，(6)：26-29.

王葵，姜海，蒋克容 . 2008. 立体光固化快速成型技术的应用及发展 . 新技术新工艺，(2)：55-56.

王卫东 . 2011. 基于快速原型技术的产品成型研究 . 新技术新工艺，(2)：66-68.

王雅先 . 2012. 激光选区烧结快速成型技术在模具制造中的应用 . 铸造技术，33（7）：839-840.

杨继全 . 2002. 光固化快速成型的理论、技术及应用研究 . 南京：南京理工大学博士学位论文 .

于冬梅 . 2011. LOM（分层实体制造）快速成型设备研究与设计 . 石家庄：河北科技大学硕士论文 .

余成龙，郭钢，刘保嘉 . 2003. 数字样机（DMU）技术在产品创新开发中的应用 . 四川兵工学报，24
（5）：45-48.

余冬梅，方奥，张建斌 . 2013. 3D 打印：技术和应用 . 金属世界，(6)：6-11.

袁智军，赵小羽，胡洁，等 . 2009. 基于同步工程的汽车车身设计流程分析 . 机电产品开发与创新，22
（5）：81-83.

汪炜等 . 2007. 虚拟仿真系统导论 . 长沙：国防科技大学出版社 .

张博，张云莲，朱强，等 . 2010. 测量系统分析（MSA）在卷烟工艺质量管理中的应用 . 烟草科技，(8)：
29-33.

张淑焕，侯增选，孙根正，等 . 2007. 虚拟油泥造型方法 . 计算机应用研究，(2)：181-182，185.

张学龙 . 2012. 基于工序分析方法的企业生产流程优化研究 . 工业工程与管理，17（1）：40-45.

张雪鹏，陈国华，戴莺莺，等 . 2009. 基于 3D 的虚拟运动仿真平台设计及 Virtools 功能实现 . 北京化工大
学学报，36（4）：93-95.

赵得成 . 2010. 产品造型设计——从形态的概念设计到实现 . 青岛：海洋出版社 .

赵能 . 2009. 虚拟仿真技术在建筑设计中的应用研究 . 长沙：长沙理工大学硕士学位论文 .

赵庶娴，殷述芬，鞠录梅，等 . 2006. 测量系统分析在汽车制造业中的应用实例研究 . 中国计量，(3)：
66-68.

钟朝嵩 . 2008. 6Sigma 实践法 . 上海：复旦大学出版社 .

曾锋，阎汉生，王平 . 2012. 基于 FDM 的产品原型制作及后处理技术 . 机电工程技术，41（8）：99-102.

曾琎 . 2009. 基于虚拟仿真系统的产品创新设计研究 . 武汉：武汉理工大学博士学位论文 .

Ulrich K T，Eppinger S D. 2005. 产品设计与开发 . 詹涵菁译 . 原书第三版 . 北京：高等教育出版社 .

　　案例参考借鉴资料来源注：4.1.4.1 案例：李海泳 . UG 装配模块在某型燃机数字化样机的应用；
4.1.4.2 案例：张雪鹏，陈国华，戴莺莺，等，2009；4.1.4.3 案例：龚运息，2013；4.2.4.2 案例：范
胜兴，喻曦灿，金殿明，2013。特此说明和表示感谢。

|第 5 章|　生 产 改 善

当企业成功开发出产品原型并且试制成功之后，就进入到运用企业生产制造系统进行规模化生产的阶段。这时需要为定型的产品设计、建立和运营一个加工系统，对构成产品的原材料和零部件进行加工组装，以最终完成从图纸、设计方案到产品实体的转换。这就是生产制造系统要实现的基本功能。

规模化生产阶段既是产品价值形成的阶段，也是生产制造系统通过不断开展各类创新活动进行优化改善，不断降低生产成本的阶段，在制造创新方法链中，我们称之为生产改善模块，如图 5-1 所示。生产改善模块的创新目标是根据市场需求和设计产能，在资金约束的条件下，设计、实施、运行一个高效、稳定、短生产周期的制造系统，并不断实现系统优化，从而为后续市场营销模块适时提供低成本优质产品。

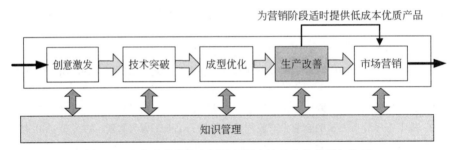

图 5-1　生产改善模块在制造创新方法链中的位置与作用

生产改善模块包括产品制造和生产保障两个子模块，如图 5-2 所示。其中，产品制造子模块包含以下 6 个部分。

1）工厂选址。选址不仅关系到建立设施的投资和建设速度，还影响着企业在将来提供产品或者服务的成本，从而影响企业的经济效益。

2）设施规划与布置。对工厂内部多个经济活动单元的相关位置、形状和空间占用进行集约化设计，有效地为生产运作服务，降低运营成本。

3）物流管理与物料搬运。物流系统既是物料的流动系统，也是价值的流动系统，消除其中的冗余，对压缩库存资金占压、缩短生产周期是十分必要的。

4）工作研究。流程通过对企业生产流程进行科学化分析和定量测定，优化路径、合理配置资源，有效地降低流动资金占用，提高资源利用率，缩短生产周期，实现降低成本的目的。

5）生产计划与控制。涉及生产方式选择及根据需求信息和生产相关信息合理地组织企业生产活动，同时对作业进度进行监督和控制。

6）质量控制。消除系统结构性波动、过程波动和要素本身特性波动是不断提高产品质量的重要路径，同时也是降低质量成本的有效途径。

生产保障子模块包含以下 4 个部分。

1）设备保全。运营和保全是生产体系的两个车轮，保持设备功能水平、加工精度以及延长使用期限是降低企业固定费用的重要途径。

2）人机系统设计。以人为中心，研究人、机器和环境之间的关系，设计更有利于人的生理特点的工作系统，提高工作效率。

3）现场管理。工作现场生产结构和要素的稳定性以及精益化程度是生产高效率低成本的基础。

4）信息化。信息化建设既提供了信息传递与共享的工具，也提供了工作标准化、固化工具。消除信息孤岛，提高信息显性化程度有利于提高系统效率。

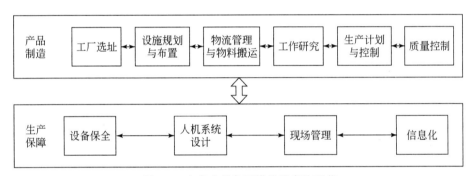

图 5-2　生产改善各子模块及实施环节

产品制造子模块在创新方面的主要任务是如何在生产系统的建立、产品加工、物料周转、信息共享等环节进行资源组合的创新性优化，以实现更高的集约化生产水平；生产保障子模块在创新方面的主要任务是如何延长生产要素的使用寿命，及时恢复并保持支持性生产要素的加工精度和功能，确保在需要时的可使用性。提高信息显性化程度，固化体系。

本章 5.1 小节主要讨论产品制造的基本概念和相关创新方法。在这一部分中，首先对生产系统进行简要介绍，提出生产系统对生产改善模块及其子模块和环节的系统需求。分析生产系统产生变异的原因，提出提高系统效率稳定性的路径。其次对产品制造子模块的主要环节及存在的问题、相应的可用创新方法进行简单介绍，然后针对 Y 型号卡车装配线改善等两个案例进行详细介绍；5.2 小节主要讨论生产保障子模块的基本概念和相关创新方法。在这一部分中，首先对生产保障的基本概念、主要环节及存在的问题、相应的可用创新方法进行简单介绍，然后针对 FMEA 以及人因工程中作业疲劳测定技术这两种典型创新方法及相应案例进行详细介绍。

5.1　产　品　制　造

5.1.1　产品制造系统概述

产品制造系统是人、机器、装备以及物料流和信息流的一个组合体。可从三个方面来定义。

1）制造系统的结构方面：产品制造系统是一个包括人员、生产设施、物料加工设备和其他附属装置等各种硬件组成的一个复杂空间网络结构。生产工序和加工单元构成了网络节点，加工工艺和物流路线构成了网络路径。

2）制造系统的转变方面：制造系统可定义为产品构成要素的转变过程，是通过网络中的生产工序对原材料进行物理、化学特性的改变，最终变成为符合顾客需要的产品。

3）制造系统的过程方面：制造系统可定义为生产的运行过程，是各种生产要素在成本约束下，在网络各个节点动态配置的过程，包括原材料和生产资料的计划、实施和控制。

综合上述几种定义，可将产品制造系统定义如下：产品制造系统是制造过程及其所涉及的硬件、软件和人员所组成的一个将制造资源转变为产品或半成品的输入/输出的复杂空间网络系统。

（1）产品制造系统结构构成

产品制造系统由硬件、软件、人员和制造资源等要素组成。硬件包括土地、厂房、设施、生产设备、工具、刀具、计算机及网络等；软件包括制造方法、制造技术、管理控制方法、制造信息及有关的软件系统等；制造资源包括原材料、毛坯件、半成品、能源等。

（2）产品制造系统运营的要求

在企业运营体系这个复杂系统中，各种要素又会细分成为更多的子项和层级。这些要素、层级构成了一个复杂的网络系统。运营管理的目标是通过对这个网络系统进行资源配置和协调控制，保证系统正常运行。在网络系统中，存在大量的节点，这些要素子项会依据人、机、料、法、环、测等要素类别在网络的各个节点上形成要素配置单元。每个节点对诸要素都有各自的需求。这样就形成了大量的对要素、子要素的分散需求以及要素配置的时空序列需求。由于节点要素需求的分散性和配置的时空序列性，产生了大量的要素向量数据信息。这种信息与要素采购批量特征以及设备加工能力特征存在巨大的不一致性。如何管理和协调批量供给和分散需求的矛盾，平衡工序能力间的差异，克服由于系统和要素波动带来的扰动，就构成了企业运营对管理活动提出的要求。

（3）产品制造系统对资金的影响

产品制造系统的创建与运营是一个设计规划方案实体化、实物化过程，是企业资金向固定资产和生产物料的转变过程，同时这也是资源在一个复杂的空间网络系统、在特定时空域中、在各个网络节点上的时序配置过程。这是一个复杂的系统工程，任何的工作失误都会对后续工作产生逐级放大的影响和资金损失。另外，在生产制造系统的运行过程中，如果不能按照时空网络的节点在时序上的资源需求及时供给，或者在节点上出现资源冗余，都会造成系统资源的浪费，从而提高成本。

在过去的生产模式下，一般通过设立库存和工序间在制品等缓冲手段来掩盖、调节、稳定、消除各种波动和调整不及时对系统的冲击。由于存在足够数量的缓冲，使得生产系统对管理系统的即时性、准确性、协同性的需求大大降低，也就使管理难度和复杂度大大降低，对管理人员的专业性和业务水平要求大大降低，工厂的管理变得较为简单化。任何问题的发生都会通过消耗缓冲获得较多的宽裕解决时间。然而这种控制模式的代价是什么？是大量流动资金占用，大量浪费和冗余的存在，市场响应能力低下，盈利能力变弱、竞争力差。这就为产品制造系统的优化、改善、提高提出了更高的要求。

创新方法的提出为解决产品制造系统的问题提出了系统的解决方案和方法、工具。

5.1.2　产品制造内容及存在的问题

5.1.2.1　产品制造子模块的主要内容

企业产品制造系统包括的内容广泛，主要涉及工厂选址、设施规划与布置、物流管理与物料搬运、工作研究、生产计划与控制、质量控制等方面。

（1）工厂选址

首先，设施选址不仅关系到建立设施的投资和建设速度，还影响着企业在未来提供产品或服务的成本。其次，由于选址是一项永久性的投资，选址错误就注定了企业失败的命运。所以，选址应进行充分的调查研究与勘查，要科学分析，不能凭主观意愿决定，要考虑自身设施、产品的特点，注意自然条件、市场条件与运输条件。选址时不仅要考虑自己的问题，也要考虑整个供应链系统，把位于不同地区的合作伙伴也纳入选址需要考虑的范畴。

工厂选址问题需要考虑的因素包括经济因素、自然因素、社会因素和政治因素四类。

经济因素中需要考虑具体厂址条件与购置、建设费用，运输条件和费用，劳动力资源供应条件与费用，能源动力供应条件与费用，协作配套条件等。政治因素中需要考虑政策的稳定性，法律法规是否健全等。社会因素包括周边居民生活习惯、文化教育水平、生活水平、社会环境等。自然因素主要包括气候、水文等状况。

（2）设施规划与布置

设施布置的目标包括：符合工艺过程的要求；最有效地利用空间；物料搬运费用最少；保持生产和安排的柔性；适应组织结构的合理化和管理的方便；为职工提供方便、安全、舒适的作业环境。

影响布置设计最基本的要素有五个，产品或材料或服务（products，P）、数量或产量（quantity，Q）、生产路线或工艺过程（routing，R）、辅助服务部门（service，S）、时间安排或时间性因素（timing，T）

当然，要完成布置设计，还必须在掌握五项基本要素的基础上，收集和分析其他有关因素，包括城市规划、外部协作条件、交通运输条件、地质水文条件、自然条件，以及关于职业安全和卫生、消防、环境保护、建筑、道路、通道等方面的技术规范、规程和标准等。

（3）物流管理与物料搬运

物流管理（logistics management）是指在生产过程中，应用科学方法，对物流活动进行计划、组织、控制和监督，以降低物流成本，提高物流效率和经济效益。

物料搬运（material handling）是指在同一场所范围内进行的，以改变物料的存放（支撑）状态（即狭义的装卸）和空间位置（即狭义的搬运）为主要目标的活动，即对物料、产品、零部件或其他物品进行搬上、卸下、移动的活动。其实质是在已经设计和建立的物流系统条件下，使系统中的物料（包括液体、散装物体、单件物体、包装件、单元装卸体等）按照生产、工艺及服务的要求运动，以实现系统设计提出的目标。

设计一个合理、高效、柔性的物料搬运系统，对压缩库存资金占用、缩短物料搬运所占时间是十分必要的。

在分析物料搬运系统时，首先要考虑三个要素：搬运对象、搬运路线和搬运方法。同时还要合理安排物料的搬运活性等级。

（4）工作研究

工作研究（work study），原名"动作和时间研究"（motion and time study），是最基本的工业工程技术。它是指运用系统分析的方法把工作中不合理、不经济、混乱的因素排除掉，寻求更好、更经济、更容易的工作方法，以提高系统的生产率。其基本目标是避免浪费，包括时间、人力、物料、资金等多种形式的浪费。

工作研究是由方法研究（methods study）和时间研究（time study）两部分组成，如图5-3所示。方法研究是研究消除生产系统中不合理、不均衡、不经济的因素，寻求最有效的标准工作方法。时间研究是在方法研究基础上正确测定作业量并制定标准时间。两项研究互相联系，不能分割，方法研究为作业测定和制定标准时间提供固定的工作方法，而时间研究为选择和比较工作方法提供标尺。在两者结合的基础上可以制定出标准的操作方法、材料、工具、设备以及工作场地布置方案，最终提高劳动生产率。

（5）生产计划与控制

生产计划是关于企业生产运作系统总体方面的计划，是企业在计划期应达到的产品品种、质量、产量和产值等生产任务的计划和对产品生产进度的安排。生产计划一方面为满足客户要求的三要素——"交期、品质、成本"而计划；另一方面又为使企业获得适当利益，而对生产的三要素——"材料、人员、机器设备"的确切准备、分配及使用进行计划。

生产控制系统最重要的任务首先是控制基本库存和流量库存，即平衡输入和输出。然后再使用精确控制的方法减小控制库存。同时还可以考虑采取一些能力计划和批量计划的措施。对生产量和生产期限进行控制的主要目的是保证完成生产进度计划所规定的生产量和交货期限，这是生产控制的基本方面。

（6）质量控制

质量控制是为了通过监视质量形成过程，消除质量环上所有阶段引起不合格或不满意

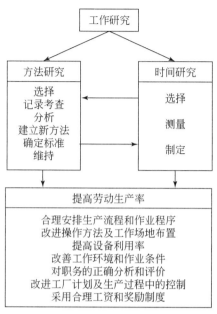

图 5-3 工作研究内容示意图

效果的因素，以达到质量要求，获取经济效益，而采用的各种质量作业技术和活动。

要保证产品质量，必须加强对生产过程的质量控制。其目的在于为了监视过程并排除质量环所有阶段中导致不满意的因素，以此来确保产品质量。无论是零部件产品还是最终产品，它们的质量都可以用质量特性围绕设计目标值波动的大小来描述。波动越小，则质量水平越高。

5.1.2.2 产品制造中需要解决的主要问题

生产改善是企业关于生产运作系统总体优化方面的一体化工作，是企业在运营过程中针对应达到的产品品种、交货期、质量、成本、产量等竞争性指标开展的以成本为目的的一系列调整优化。为实现科学有效、低成本的组织生产活动，生产改善过程中需要解决的主要问题包括：

第一，如何降低工厂设立环节的相关费用对后续运营成本的影响，实现物料运输、土地购置、建设施工、劳动力获取、资源获取等费用最优化。这个环节的决策对企业的影响是长远的。

第二，如何充分利用现有土地资源，合理安排组织内部各生产单位和设施的相对位置，提高单位空间利用率和产出率。

第三，如何设计企业内部各种物料的流转路径、搬运方式，降低运输搬运费用，缩短生产周期，降低在制品库存。

第四，如何使产品制造系统中的复杂网络关系明确化、定量化、显性化，实现消除系统中各种浪费和管理精益化的目标。

第五，如何实现合理、准确配置产品制造系统中各个网络节点的要素资源需求，以最低运营资金量推动企业运营。

第六，如何消除系统波动和要素及要素组合波动，提高产出的稳定性和一致性。

5.1.3　产品制造方法

集约化生产问题是一个关系到企业竞争力和永续经营的重要问题，在产品制造的各个环节中，相关问题的科学解决都需要创新方法的正确运用。在产品制造系统的构建和运营过程中，创新方法的各种方法、工具都是以提高运营效率，降低运营成本为宗旨的。在方法和工具的选用上，也需要考虑这些因素。这一过程中与主要环节相对应的方法、工具见表5-1。

表5-1　产品制造过程中的主要方法

环节	问题	主要方法
工厂选址	如何降低工厂设立环节的相关费用对后续运营成本的影响，实现物料运输、土地购置、建设施工、劳动力获取、资源获取等费用最优化	重心法、盈亏平衡点法、线性规划−运输法、层次分析法
设施规划与布置	如何充分利用现有土地资源，合理安排组织内部各生产单位和设施的相对位置，提高单位空间利用率和产出率	系统布置设计法、工艺原则布置的从至表法、相互关系排列法
物料搬运设计	如何设计企业内部各种物料的流转路径、搬运方式，降低运输搬运费用，缩短生产周期，降低在制品库存	搬运系统分析法、物流强度与作业单位距离分析法、安全库存分析法、经济订货批量模型
工作研究	如何使产品制造系统中的复杂网络关系明确化、定量化、显性化，实现消除系统中各种浪费和管理精益化的目标	工艺程序图、流程程序图、线路图法、人机操作程序图、联合操作分析、双手操作分析、秒表时间研究、工作抽样、预定动作时间标准法、MOD法、防呆法、五五法、流水线平衡分析法、快速换线法、标准作业组合法
生产计划控制	如何实现合理、准确配置产品制造系统中各个网络节点的要素资源需求，以最低运营资金量推动企业运营	准时化生产法、有限能力排程方法、短节段方法、平衡物流方法排序法、网络计划技术、优化模型、看板拉动法、价值流图分析法、TOC法
质量控制	如何消除系统波动和要素及要素组合波动，提高产出的稳定性和一致性	新老七种工具、统计过程控制法、过程能力分析法、质量屋、试验设计、PDCA质量环、6σ、失效模式与影响分析法

5.1.3.1 工厂选址相关方法

（1）重心法

设施选址时，如果生产费用中运费是很重要的因素，而且多种原材料由多个现有设施供应，则可根据重心法确定场址位置。其基本思想为：在确定的坐标系中，各个原材料供应点坐标位置与其相应供应量、运输费率之积的总和等于场所位置坐标与各供应点供应量、运输费率之积的总和。这种方法适用于运输费率相同的产品，使求得的场址位置离各个原材料供应地的距离乘以各点供应量之积的总和为最小。

（2）线性规划——运输法

线性规划是一种最优化技术，在考虑特定约束条件下，从众多备选方案中挑选出最佳行动方案。对于物流问题最为广泛使用的线性规划形式是网络最优化。运输法作为网络最优化方法，其目标是在给定的供给、需求和能力的约束条件下，使生产、输入、输出运输的可变成本最小化。而对于复合设施的选址问题，如对于一个公司设有多个工厂、多个分销中心（或仓库）的选址问题，可以用运输法求解，使得所有设施的总运费最小。

5.1.3.2 设施规划与布置相关方法

（1）工艺原则布置的从至表法

通常采用从至表实验法进行工艺原则布置。其基本步骤为：选择典型零件，制定典型零件的工艺路线，确定所用设备；制定设备布置的初始方案，统计设备之间的移动距离；确定出零件在设备之间的移动次数和单位运量成本；用实验法确定最满意的布置方案。

（2）系统布置设计

系统布置（systematic layout planning，SLP）一般经过如下步骤。

1）准备原始资料。明确 P、Q、R、S、T 五要素。对作业单位元的划分情况进行分析，通过分解与合并，得到最佳的作业单位划分情况。

2）物流分析与作业单位相互关系分析。需要综合考虑作业单位之间物流与非物流的相互关系。

3）绘制作业单位位置相关图。根据物流相关表与作业单位相互关系表，得出各作业单位之间的相对位置关系。

4）作业单位占地面积计算。平衡各作业单位所需占地面积与可用面积，使之相适应。

5）绘制作业单位面积相关图。把各作业单位占地面积附加到作业单位位置相关图上，就形成了作业单位面积相关图。

6）修正。根据其他因素进行调整与修正。得出数个有价值的可行工厂布置方案。

7）方案评价与择优。针对得到的数个方案，需要进行技术、费用及其他因素评价。通过对各方案的比较评价，选出或修正设计方案，得到布置方案图。

5.1.3.3 物料搬运设计

（1）搬运系统分析法

搬运系统分析（system handling analysis，SHA）是一种有条理的系统分析方法，适用于一切物料搬运项目。该方法既包括一种解决问题的方法，还包括一系列依次进行的步骤和一整套关于记录、评定等级和图表化的图例符号（工业工程符号）。包括四个阶段：外部衔接；编制总体搬运方案；编制详细搬运方案；方案实施。这四个阶段依次交叉进行，其中Ⅱ、Ⅲ阶段是工业工程师的主要任务。物料搬运是以物料、移动和方法三项为基础的，因而，物料搬运分析包括分析所要搬运的物料、分析需要进行的移动和确定经济实用的物料搬运方法。

分析物料搬运问题所需要的主要输入数据，也就是原始资料：P——产品或物料（部件、零件、商品及其特性）、Q——数量（销售量、产量、物流量等）、R——路线（操作顺序、加工过程和搬运起讫点）、S——后勤与服务（如库存管理、订货单管理、维修等）、T——时间因素（时间要求和操作次数等）。

（2）经济订货批量模型

经济订货批量模型（economic order quantity，EOQ），又称整批间隔进货模型，是目前大多数企业最常采用的货物订购方法。该模型适用于整批间隔进货、不允许缺货的存储问题，即某种物资单位时间的需求量为常数 D，存储量以单位时间消耗数量 D 的速度逐渐下降，经过时间 T 后，存储量下降到零，此时开始订货并随即到货，库存量由零上升为最高库存量 Q，然后开始下一个存储周期，形成多周期存储模型。

5.1.3.4 工作研究

（1）流程程序图

流程程序图是对生产现场的整个制造程序标出所有操作、检验、搬运、迟延、储存等全部活动并进行研究与分析的一种方法，这种方法能较好地分析不合理的搬运距离、迟延、储存等"隐藏成本"的浪费，为设法减少这些非生产时间的消耗提供依据。流程程序图由操作、检验、搬运、迟延、储存等五种符号构成、按照分析记录的对象不同分为物料型流程程序图和人型流程程序图，分别用于记录搬运和处理物料的流程程序和工人工作的流程程序。

（2）人机操作程序图

人机操作程序图是研究分析机器工作过程中，工人操作的手动时间与设备的机动时间之间相互配合关系的图表方法，以发现每一操作周期（及一个零件的整个加工过程，也称周程）中机器与人所出现的闲余时间，并进行开发利用，可达到降低成本、提高生产率的作用，是作业分析的方法之一。

人机操作分析的目的在于了解工人或机器的闲余能量，设法利用以提高工效。闲余能量分析可从机器的闲余能量、工人的闲余能量、工人数与机器数的确定三个方面进行。

（3）工作抽样

工作抽样又称"瞬时观察法"，是指利用统计学中随机抽样的原理，按照等概率性和随机性的独立原则，对现场操作者或机器工作抽样设备进行瞬间观测和记录，调查各种作业事项的发生次数和发生率，以必需而最小的观测样本，来推定观测对象总体状况的一种现场观测的分析方法。

工作抽样具有间断性观测、记录瞬间发生各种事件的出现次数、观测精度可以控制等特点。

（4）流水线平衡分析法

生产线平衡（line balance），是对生产线的全部工序进行负荷分析，通过调整工序间的负荷分配使各工序达到能力平衡（作业时间尽可能相近）的技术手段与方法，最终消除各种等待浪费现象，提高生产线的整体效率。这种改善工序间能力使之平衡的方法又称为瓶颈改善。

在流程设计中，如果预先给定了一个流程每天（或其他单位时间段）必须的产出，首先需要考虑的是流程的节拍。而通常把一个流程中生产节拍最慢的环节叫做"瓶颈"（bottleneck）。流程中存在的瓶颈不仅限制了一个流程的产出速度，而且影响了其他环节生产能力的发挥，瓶颈工序以外的其他工序就会产生空闲时间。这就需要对生产工艺进行平衡，对各工序的作业时间平均化，同时对作业进行标准化，以使生产线能顺畅活动。

5.1.3.5 生产计划与控制

（1）网络计划技术

网络计划技术是用于工程项目的计划与控制的一项管理技术。有关键路径法（critical path method，CPM）与计划评审法（programme evaluation and review technique，PERT）之分。借助于网络表示各项工作与所需要的时间，以及各项工作的相互关系，通过网络分析研究工程费用与工期的相互关系，并找出在编制计划及计划执行过程中的关键路线，这种方法称为关键路线法；注重于对各项工作安排的评价和审查的网络分析方法与网络计划称为计划评审法。鉴于这两种方法的差别，CPM 主要应用于以往在类似工程中已取得一定经验的承包工程，PERT 更多地应用于研究与开发项目。

（2）JIT 看板管理法

JIT 生产方式是以降低成本为基本目的，在生产系统的各个环节全面展开的一种使生产有效进行的新型生产方式。JIT 又采用了看板管理工具，看板犹如巧妙连接各道工序的神经而发挥着重要作用。看板管理方法是在同一道工序或者前后工序之间进行物流或信息流的传递。JIT 是一种拉动式的管理方式，它需要从最后一道工序通过信息流向上一道工序传递信息，这种传递信息的载体就是看板。没有看板，JIT 是无法进行的。因此，JIT 生产方式有时也被称作看板生产方式。一旦主生产计划确定以后，就会向各个生产车间下达生产指令，然后每一个生产车间又向前面的各道工序下达生产指令，最后再向仓库管理部门、采购部门下达相应的指令。这些生产指令的传递都是通过看板来完成的。

5.1.3.6 质量控制

（1）统计过程控制法

统计过程控制（statistical process control，SPC）是指用统计方法对过程进行控制。

SPC 是一种方法，它把控制图作为一种工具，用它来分析过程和过程输出，根据分析的结果来采取相应的措施，使过程处于受控状态和具有满足要求的过程能力，从而使过程的输出是一致的和符合规定要求的。

（2）工序能力分析法

工序能力是指在一定时间里，处于控制状态（稳定状态）下的实际加工能力。它是工序固有的能力，或者说它是工序保证质量的能力。对于任何生产过程，产品质量总是分散地存在着。若工序能力越高，则产品质量特性值的分散就会越小；若工序能力越低，则产品质量特性值的分散就会越大。那么，应当用一个什么样的量，来描述生产过程所造成的总分散呢？通常，都用 6σ（即 $\mu \pm 3\sigma$）来表示工序能力。

工序能力 $= 6\sigma$，若用符号 P 来表示工序能力，则 $P = 6\sigma$

式中，σ 是处于稳定状态下的工序的标准偏差。

工序能力是表示生产过程客观存在着分散的一个参数。但是这个参数能否满足产品的技术要求，仅从它本身还难以看出。因此，还需要另一个参数来反映工序能力满足产品技术要求（公差、规格等质量标准）的程度。这个参数就叫做工序能力指数。它是技术要求和工序能力的比值，即

工序能力指数 = 技术要求/工序能力

当分布中心与公差中心重合时，工序能力指数记为 C_p；当分布中心与公差中心有偏离时，工序能力指数记为 C_{pk}。运用工序能力指数，可以帮助我们掌握生产过程的质量水平。

（3）试验设计法

试验设计法（design of experiments）是以概率论与数理统计为理论基础，经济、科学地制定试验方案以便对试验数据进行有效统计分析的数学理论和方法。试验设计是一系列试验及分析方法集，通过有目的地改变一个系统的输入来观察输出的改变情况。试验设计是对试验进行科学合理的安排，以达到最好试验效果的方案设计。

（4）六西格玛管理法

6σ 管理法是一种统计评估法，核心是追求零缺陷生产，防范产品责任风险，降低成本，提高生产率和市场占有率，提高顾客满意度和忠诚度。6σ 管理既着眼于产品、服务质量，又关注过程的改进。σ 越小，缺陷或错误就越少。σ 越小，过程的波动越小，过程以最低的成本损失、最短的时间周期、满足顾客要求的能力就越强。为了达到 6σ，首先要制定标准，在管理中随时跟踪考核操作与标准的偏差，不断改进，最终达到 6σ。这种方法现已形成一套使每个环节不断改进的简单的流程模式：界定 D（Define）、测量 M（Measure）、分析 A（Analyze）、改进 I（Improve）、控制 C（Control）。

界定：确定需要改进的目标及进度。界定前，需要辨析并绘制出流程。

测量：以灵活有效的衡量标准测量和权衡现存的系统与数据，了解现有质量水平。

分析：利用统计学工具对整个系统进行分析，找到影响质量的少数几个关键因素。

改进：运用项目管理和其他管理工具，针对关键因素确立最佳改进方案。

控制：监控新的系统流程，采取措施以维持改进的结果，以使整个流程充分发挥功效。

5.1.4　典型方法及案例

5.1.4.1　流水线平衡

(1) 术语名词定义

工作站：为了完成某一产品的各道工序，在装配线指定一个工作位置，工人在其中进行操作，这个位置即称为工作站。

作业元素：将操作划分为一个一个的操作单元，这些操作单元一般不能再分。

总作业时间：从产品整个装配流程来说，装配一个产品需要的时间，即装配一个产品所有作业工序的作业时间总和。

先后顺序约束：作业元素之间加工的先后顺序。在装配线的作业分配中，当且仅当一个作业元素的所有前作业元素被分配完毕，这个作业元素才能被分配。

节拍：节拍指流水线上连续生产两个相同在制品的间隔时间，它表明流水线生产速度的快慢或生产率的高低。生产线节拍的公式定义如下。

$$生产线节拍 = 每天的生产时间 / 每天的计划产量$$

目前，对于装配线平衡的研究主要分为以下三个方面。

1) 给定装配线的最小节拍，求最小工作站数，通常在装配线的设计与安装阶段进行。

2) 给定装配线的工作站位数，使装配线的节拍最小，对已存在的生产线进行调整优化。

3) 在装配线的工作站数和节拍得到优化确定的条件下，均衡工作站上的负荷，给工作人员一种公平感。

(2) 生产线平衡基本概念

又称工序同期化，是对于一定生产节拍下的装配线，所需工序的工作地与作业人员数量最少的方案。生产线平衡是衡量生产线工序水平的重要指标之一，生产平衡率越高，则生产线发挥的效能越大。

$$生产线平衡率 = [各工序时间总和 / (CT × 工序数)] × 100\%$$

式中，CT 为生产线工序中最大标准工时，即生产线节拍。

根据定义可以看出，生产线平衡需满足以下两个条件：① 生产线节拍 ≥ 工序时间；② $\sum$（生产线节拍 – 工序时间）最小。

(3) 生产线平衡原则

1) 调整作业元素组成各工序的作业时间不超过生产线节拍，又不违反工序先后顺序，并使工序数目尽可能减少。

2) 各工序损失时间尽可能少，且较均匀，使装配时间损失率最小。

(4) 生产线平衡的效果评价

装配线平衡效果主要是以平衡延迟（balance delay）指标（B_d）来评价，又称时间损失系数（ε_L），平衡延迟是一件在制品在线上的总空闲时间与它自始至终留在装配线上的总时间之百分比值，如下列公式。

$$B_d = \frac{N \times C - t_{总}}{N \times C}$$

式中，N 为工位数；C 为理论节拍；$t_{总}$ 为总工作时间。

（5）影响生产线平衡的要素

1）工序的作业内容。

2）操作者的技术水平和积极性。

3）工序设备的生产能力。

除了以上三点外，其他如物流的安排、原料的品质、设计的因素也会影响生产线平衡。

（6）案例：Y 型号卡车装配线改善

➤ 企业现状分析

Y 型号卡车厂是一座具有 30 多年历史的工厂，卡车厂现有两个生产基地，新基地于 2005 年 10 月建成投产，包括两条整车装配线、两条驾驶室内饰装配线、一条驾驶室涂装线、一条焊装线、三条车架装配线、一条车架涂装线；老基地由一条整车装配线、一条内饰装配线、两条驾驶室焊装线（平头驾驶室焊装线、长头驾驶室焊装线）及两个冲压阵地组成。

卡车厂的产品分为三类，一类长头车，一类平头车，还有一类是 K8 即 Y 型号换代卡车。长头车所有生产加工工序均在老基地完成，平头车、K8 车型产品的整车装配、驾驶室内饰装配、涂装等工序在新基地生产，其他工序仍在老基地完成。

生产线设计产能情况如下，总产能 12 万辆，其中平头车 10 万辆、长头车 1 万辆、K8 车 1 万辆。目前根据市场需求，按 7.2 万辆配备人员。

各整车及总成生产线每天的产品品种及产量、顺序由计划员分别下达，各生产线按计划组织生产，并按下序的要货指令交付产品。驾驶室各生产线间没有储备，实行一个流生产，车架总成在涂装后有部分储备，用以调节车架装配线的产能不足。

冲压件及小合件按要货单位的要货看板进行批量生产，生产后存放在库房，下序在需要时来库房取货。

老基地长头车生产开设单班，新基地平头车、K8 车生产开设双班，正常规定作息时间为 8 点到 17 点，中间休息 1h，夜班 17 点接班到 1 点班下班。工人完成当班生产后，可以提前下班。

物料的流转配送方式为整车及总成生产线配备专门的物料配送人员按生产线的生产计划把零件从库房配送到工位。

➤ 存在问题分析

由于市场竞争日益激烈，客户的需求个性化程度越来越高，要求企业的生产过程必须进行持续的改善，以不断地提高产品质量、降低生产成本、缩短交货周期，以保证在激烈的市场竞争中生存下去。

在应对市场需求的过程中，我们对卡车厂生产过程中的问题进行了总结，总的来说存在效率低、质量问题多、生产周期长、浪费现象严重等问题。具体体现在生产线作业不均衡、在制品数量大、设备布局不好影响质量和效率等方面上。

1）生产线作业不均衡。生产线作业均衡程度用"闲余率"来衡量。线闲余时间与产品流程时间（节拍×工位数）的百分比称为线闲余率。它是反映装配线人力、物力资源利用率的指标，同时也反映了装配线组织和设计的合理程度。

根据现场时间测定，现 K8 车型整车装配线各工位作业时间测定见表 5-2。

表 5-2　K8 测时表

序号	装配线	所在班组	工位号	作业时间/s	工位名称	主要零件
1	A	一班	01	197	吊车架	车架、油箱托架、垫木
2	A	一班	02	198	卸车架	车架、吊环
3	A	一班	03	361	挂车阀	挂车阀、喇叭、ABS 阀
4	A	一班	04	361	管束、线束	线束（ABS）、缓冲块
5	A	一班	05	291	消音器吊架	消音器吊架、管路
6	A	一班	1L1	338	刹车阀	刹车阀、消音器、吊架
7	A	一班	1L2	351	左后桥	后桥、刹车阀
8	A	一班	1L3	332	发动机后支点	ABS 阀、管路
9	A	一班	1L4	291	固定管路	各种管路
10	A	一班	2L1	361	发动机前支点	喇叭、变速箱悬置
11	A	一班	2L2	364	中间支点	中间支承、燃油杯
12	A	一班	1R1	197	紧固消音器吊架	消音器吊架、缓冲块等
13	A	一班	1R2	353	吊后桥	后桥、三通支架、刹车室
14	A	一班	1R3	478	空气单元	空气单元、管路
15	A	一班	2R1	353	中间传动	轴中间传动轴、燃油粗滤器
16	A	一班	2R2	265	传动轴	吊环、发动机前支点
17	A	一班	2R3	355	变速箱悬置	变速箱悬置、水箱拉杆
18	A	二班	3L1	344	左前桥	左前桥
19	A	二班	4L1	353	翻转器	脚踏板支架
20	A	二班	4L2	353	ABS 线	ABS 线
21	A	二班	4L3	353	线束	线束
22	A	二班	4L4	478	供气单元	供气单元
23	A	二班	5L1	353	踏板周支架	踏板周支架
24	A	二班	5L2	250	转向机	转向机
25	A	二班	5L3	353	减震器	减震器
26	A	二班	3R1	353	传动轴	传动轴
27	A	二班	3R2	353	前桥	前桥
28	A	二班	3R3	241	纵拉杆	纵拉杆
29	A	二班	4R1	361	右翻转器	右翻转器

序号	装配线	所在班组	工位号	作业时间/s	工位名称	主要零件
30	A	二班	4R2	357	右驾驶室支架	右驾驶室支架
31	A	二班	4R3	235	右减震器	右减震器
32	A	三班	5L2	197	消音器	排气管、加注后桥油
33	A	三班	6L1	265	刹车盘	发动机
34	A	三班	6L2	291	发动机前后支点	发动机
35	A	三班	6L3	291	法兰盘	发动机
36	A	三班	6L4	302	储气筒	储气筒、加注润滑脂
37	A	三班	5R2	262	驾驶室支架	驾驶室支架、踏板轴
38	A	三班	5R3	189	电源总开关	电瓶线束、启动机线
39	A	三班	6R1	334	吊装发动机	发动机总成
40	A	三班	6R2	302	发动机左前支点	转向助力管
41	A	三班	6R3	240	润滑脂	加注润滑脂
42	A	三班	S1	333	分装发动机	进回油管、转向助力管
43	A	三班	S2	353	发动机托架	卸发动机、托架总成
44	A	四班	8L4	353	前围线束	挡泥板
45	A	四班	8L3	250	后尾灯	后尾灯
46	A	四班	8L2	215	转向轴	转向轴、离合器踏板
47	A	四班	8L1	319	驾驶室	落驾驶室、脚踏板
48	A	四班	7L4	276	水箱	水箱
49	A	四班	7L3	364	电瓶	电瓶
50	A	四班	7L2	276	刹车拉杆	刹车拉杆
51	A	四班	7L1	253	气喇叭	气喇叭
52	A	四班	8R4	223	暖风管	暖风管
53	A	四班	8R3	250	挡泥板	挡泥板
54	A	四班	8R2	207	地毯	室内地毯
55	A	四班	7R4	361	脚踏板	脚踏板
56	A	四班	7R3	265	水箱	水箱
57	A	四班	8R1	364	后尾气管	尾气软管
58	A	四班	7R2	297	空气滤清器	空气滤清器
59	A	四班	7R1	249	起动机线	起动机线
60	A	五班	9L1	281	轮胎	轮胎
61	A	五班	9L2	311	轮胎	轮胎
62	A	五班	10L1	267	方向盘	方向盘
63	A	五班	10L2	181	尾灯	尾灯

序号	装配线	所在班组	工位号	作业时间/s	工位名称	主要零件
64	A	五班	11L1	344	小靠背	驾驶室支点
65	A	五班	1216	353	保险杠	保险杠
66	A	五班	13L1	184	厂牌	底盘号
67	A	五班	13L1	254	加油	打五连单
68	A	五班	9R1	344	钢板弹簧	钢板弹簧
69	A	五班	9R2	297	轮胎	轮胎
70	A	五班	9R3	277	轮胎	轮胎
71	A	五班	10R1	249	进油管	进油管
72	A	五班	10R2	265	油箱	油箱
73	A	五班	11R1	248	尾灯	尾灯
74	A	五班	12R1	249	保险杠	保险杠
75	A	五班	13R2	311	加水	驾驶室支点
76	A	五班	13R1	235	水箱面罩	水箱面罩
77	A	五班	14R1	294	排放	加助力油
78	A	五班	13R2	336	分尾灯	分尾灯
79	A	五班	13R3	344	地沟	驾驶室支点
80	A	五班	13R4	363	试刹车	试刹车
合计				24 051	—	—

根据表 1 中的数据最大工位作业时间为生产节拍代入上式得

$$A = (r \times n - \sum t)/(r \times n) = (480 \times 80 - 24\,051)/(480 \times 80) = 0.3737$$

装配线作业平衡率 $= 1 - A = 0.6263 = 62.63\%$。

从以上数据可以看出，该装配线节拍与各工作地节拍失调，存在着 37.37% 的线闲余时间，说明该装配线平衡率较差，有待进一步改善。

2）在制品数量过大。在卡车厂的整车及大总成生产过程中，有很多分总成、合件需提前生产出来并在需要时配送到装配线。卡车厂目前的做法是指定操作者专门负责这些分总成、合件的生产。由于信息传递的堵塞，以及操作者害怕因自己作业过程中出现意想不到的停歇问题而造成供不上件的现象，所以就拼命地生产，用大量的库存在制品来使自己获得安全感。

由于大量在制品的存在，占用企业的资金，另外由于市场需求的不断变化，在车型变化时，就会造成零件的报废或长期积压。这不但提高了产品成本，而且使生产现场变得凌乱，不利于生产现场的管理。

图 5-4 显示的是改善前车架车间的小件铆接在制品的情况，2801130-318 这种小件每天的需要量是 220 件，在库数量却有 392 件，将近是生产线 2 天的需要量，不但占用大量资金还占用大量的存储面积和工位器具。像 2801130-318 这样的小件每天需要的品种大约

有 30 多种，由此可知，在制品数量居高不下已经成为整个卡车生产线提升效率和效益的严重问题。

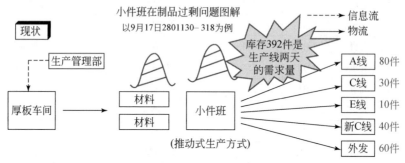

图 5-4　改善前车架线小件铆接在制品图

3）设备布局不好，交叉作业。卡车厂由于设备布局不好而导致产品质量问题经常发生的问题主要体现在平头焊装生产线上。平头焊装线改善前的设备布局如图 5-5 所示。

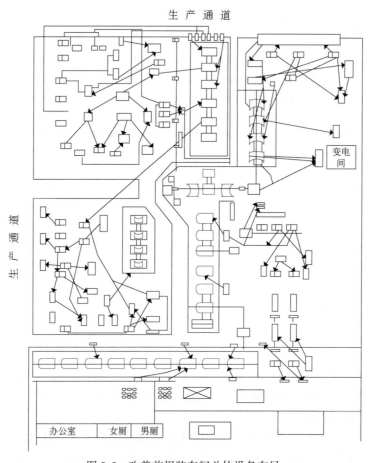

图 5-5　改善前焊装车间总体设备布局

从图 5-5 中知道，焊装车间主要生产线的布局形式为工艺对象专业化设备布局，前围线、后围线、地板线均为产品对象专业化设备布局，各分装线制造的产品分别通过输送链向主焊线提供分总成，在主焊线上进行合成作业，完成白车身驾驶室的焊接工作，然后通过转运电葫芦输送到调整线，完成焊接后相关工作调整。从总体布局上看，基本符合汽车生产的总体布局要求。主焊线的夹具具有一定柔性，经过简单调整即可满足 K8/FM/FK 三种车型驾驶室的通过。但前围分装、后围分装和地板分装这样的小型合件焊接线，则在总体上呈产品对象专业化设备布局，固定点焊设备按功能集中在四个较大的区域内安装，每区分别针对特定的产品组织生产作业活动，造成焊接后合件及分总成物流不合理的结果，形成过多的物流交叉点和逆向物流。

这样的设备布局构造无法按照"一个流"的作业方式组织生产，所以也就无法实现卡车厂确定的新管理流程和"后工序顺序拉动"的生产作业要求，因此必须进行改变。

上述设备布局不但影响正常制件运送的准确性和物料投送时间，也经常造成制件的磕、碰、划伤等质量缺陷，并且由此带来返修，浪费大量的人力和辅助材料消耗，从而提高制造成本。最关键的是，由于这样的情况在现有设备布局下必然出现，所以不可避免的是无法在现有条件下进行科学的物流规划，也无法消除时间、效率上的浪费。同时车间为了能够保证下序装车需要，就不得不形成大量的中间制品储备，这样一方面增加了对生产面积的占用，造成生产面积紧张，另一方面也需要大量的工位器具支持和增加管理人员。与此同时，相伴产生的是质量衰减，因为大量的在制品在加房或现场存放，必然导致锈蚀、变形等质量问题的出现，所以增加人员和工时对制件进行修理就成为必然，车间生产工人中有修理工近 30 人，一大部分工作就是对这样的制件进行修理，以满足使用要求。

在现场大量存放中间制品后，大量的二次、甚至三次搬运工作量让物流配送人员相当头疼。大量的工位器具存在于现场，员工在进行作业或进行制件运输时就必须进行躲避，存在较大安全隐患，同时也带来了走动距离过长、走动时间浪费的现象发生。

从图 5-5 中我们可以清楚地看到，各个工位间按现在的设备布局，必然存在人员和动作上的浪费。因为设备之间距离较远，上下工序间的作业流程不顺，并且中间遍布工位器具箱，操作者之间无法进行作业支援，所以即使是作业时间较低的工位，也必须配置操作者，这样就产生了人员的浪费和等待时间的浪费，由此而造成的操作者劳动负荷不均衡，又形成了效率上的浪费。图 5-6 是焊装车间地板班工位山积表，横向是工位的位置坐标，纵向是工位的时间坐标（含操作、等待和搬运时间），从表中我们可以清楚地看出，每个岗位的时间利用十分不均衡，最高和最低的时间占用相差 101.3% 以上。

从工业工程之时间研究的基本思想分析，这样的操作也应该予以避免，因为这样的作业不符合工业工程的基本思想，表达的是没有对操作者的作业时间进行合理利用，直接反映出操作者和企业生产效率没有达到管理的要求，存在着时间上的大量浪费，而这些浪费反过来体现在产品的成本中，造成制造成本升高的结果，影响企业和产品的生产及市场竞争能力。

➢ 生产线效率改善

装配线平衡是组织连续流水线的必要条件，就是通过各种可能的技术组织措施来调整

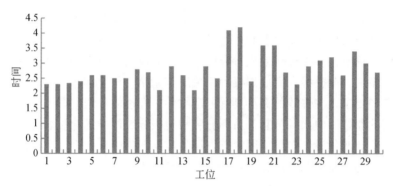

图 5-6　地板班改善前工位山积表

流水线上各工序的作业时间，使它们尽可能地等于流水线节拍，从而提高设备负荷率和劳动生产率。装配线平衡的措施有：①分解与合并工序；②合理调配力量；③采用高效率的工具，改进装配工艺方法，减少装配工时；④优化流水线平面布置，应考虑有利于工人操作方便、零件或产品运输路线最短等要求。

由此可见，装配线平衡是与装配线有关的人员、流水线的组织与设计、装配件的运输和布置、装配工艺方法、装配工具的设计与规划、装配作业环境等各方面因素的整体优化。其目的是使流水线上各道工序的单件时间都尽可能地等于流水线的节拍，以保证生产能连续、均衡地进行。本文以工业工程的原理和工作研究方法为指导，参考 TPS 改善方法和应用成果，对 Y 型号汽车整车装配线的现状进行深入调查和研究；从人机工程学的角度分析研究现行工作条件和操作，应用 TPS 改善法平整、优化装配线，整体提高装配线的生产能力。

1）实施等车距布置分析。在改善前总装线混装各车型车架长度不同（车架长度从5.98~11.98m 不等），生产线上车位数、工位数不同，不同车型生产节拍也不同。所以生产线上常常造成工人时忙时闲的现象，现场经常出现等待（图5-7）。

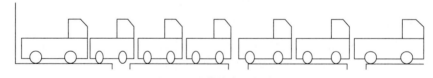

图 5-7　改善前车型摆放图

不同车型相同制件的装配位置不同，工人行走距离长，物流人员送货困难，且具体的工作位置及物料放置位置由于车型排列顺序的不同很难确定。工人在车架短，车辆摆放密集时经常由于无法完成工作量而造成生产线停线。

车与车间距小的时候，造成翻转工位、发动机工位、驾驶室工位必须停线装配，生产混乱，很难发现问题的规律，掩盖了大量问题点，无法开展标准作业。

2）实施等车距布置：

a. 按照 14.1m 等距离布置车位，确定工人的操作位置，如图 5-8 所示。

b. 确定员工的定位装配位置。

c. 确定同种零件不同车型装配位置统一。

图 5-8 改善后车型摆放图

3）改善内容：

a. 建立整车按节拍生产概念，为生产日均衡提供基础条件。整车装配线按照等车距布置是丰田专家确定的第一个改善课题，是人的观念、意识改变的突破口，是 Y 型号公司节拍生产概念建立和生产管理发生变革的起点。

b. 驾驶室总成、发动机总成等大总成可按节拍供货，不再需要大量提前储备。

c. 实现工人的定位装配，避免交叉作业。

d. 实现同种零件不同车型装配位置统一，为合理工位组织和物流改善提供基础。

e. 减少停线，提高劳动效率。

f. 为标准作业提供基础条件，实现操作的标准作业。

g. 确保质量，工人以相同的节拍操作，保证质量的一致性。

4）确定生产节拍。实施了等车距摆放，根据年产量 15 000 辆的大纲要求，单班生产，工作时间 8h。经计算可得

平均日产：15 000/251 = 59.76 ≈ 60 辆

生产节拍：$r = (8 \times 60 \times 60)/60 = 480s$

理论班产量：$N = (T \times \eta)/r = (8 \times 60 \times 60 \times 0.93)/480 = 56$ 辆

式中，N 为理论班产量；T 为班产作业时间（8h）；η 为工时利用系数（取 0.93）；r 为生产节拍。

5）制作标准作业。形成工位标准作业，分三个步骤进行：

a. 得到现行工位作业的标准时间。

b. 对现行工位作业进行平衡优化，提高装配的效率。

c. 固定作业内容和时间形成标准作业。

6）工位平衡。第一步工作比较容易，它只需要据现行工位工作内容（现状记录）在基本操作标准表中查取对应项目，将得到的时间值进行累加即可，结果如图 5-9（a）所示。以装配一班为例，制作山积表。

第二步工作是根据实际情况对各个工位进行分解、合并，调整次序和取消等处理从而提高整条装配线的均衡性，提高工作效率。目标就是每个工位尽量接近节拍，哪怕是其中一个工位工作时间相当少，也要坚持，希望经过持续改善，将这一工位优化掉。

根据以上原则和方法重新分配工作量，如图 5-9（b）所示。例如，①将 01、02 工位合并，将 01 工位的垫木交给 03 工位完成；②取消 05 工位，将管路交给 1L4 工位完成，消音器吊架交给 1R1 工位。

在经过上述将部分操作作为了分解和合并，并对工作条件和操作方法、物流方式等因

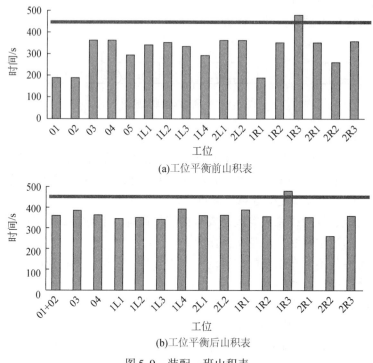

(a)工位平衡前山积表

(b)工位平衡后山积表

图 5-9　装配一班山积表

素进行改善后，得到以下效果。

a. 缩短标准时间 133min，并减少工位 9 个。

b. 装配线的线闲余率为

$$A = T_2/T_1 = (r \times n - \sum t)/(r \times n) = (480 \times 71 - 24\ 051)/(480 \times 71) = 0.2943$$

c. 装配线作业平衡率 = 1－A = 0.7057 = 70.57%，提高了 12.68%。

➤ 在制品数量的控制

根据工业工程基本思想和丰田生产方式的成功经验，我们知道，应尽可能地把生产工序集结成流水线，使工序间没有在制品，也就是实现一个流生产，这样能够保证生产周期最最短、成本最低。但实际上有很多工序不可能实现一个流的流水生产，对于不能实现流水生产的工序应该设法使在制品数量降到最低。以下几种情况是影响流水生产的重要原因：①大型设备，无法搬运，无法编入到流水线中去；②共享设备，很多产品都要用这台设备生产；③生产速度太快；④切换时间太长；⑤作业时间太长。

以上情况也是卡车厂不能把全部工序实现流水作业，而不得不保有一定数量库存的重要原因。

1）在制品现状调查。卡车厂中间在制品控制的问题主要有以下两个方面。

第一，冲压产品在制品问题。在卡车厂主要包括驾驶室用冲压件和车架用冲压件两种，这些冲压件产品分别在三个生产基地生产，每个冲压生产基地都建有一个冲压件库，用以存放冲压完成品，在需要时由下序到冲压件库取件。卡车厂冲压件库存方面主要存在以下几个问题：①冲压件在制品数量过大，卡车厂冲压件品种约有780多种，单品种数量最高达到6000多件，是正常装车一个月需要的数量；②冲压件质量衰减问题突出，主要体现在冲压件表面锈蚀及变形等方面；③库房面积、工位器具数量紧张，这是造成库存质量下降的一个重要原因。

第二，焊装线、车架铆接线等总成装配线装车用分总成及合件工序间在制品问题。焊装线、车架铆接线等总成装配线在制品问题与冲压件不同，主要体现在生产现场工序间在制品数量过大上。分总成及合件的生产不是按与总成装配线一个流设计的，每个操作者负责生产几种分总成。实际生产过程中，分总成的操作者不用考虑总成装配线的生产情况，只要按计划完成自己负责的生产任务即可。因此生产现场工序间常常出现大量的在制品，不但使生产现场变得混乱不堪，而且使有些本可发现并解决的问题被掩盖，从而失去改善的机会。

2）利用IE思想对在制品数量的控制。针对冲压件库存数量过大的问题，我们通过"三个为什么"的方法来查找问题的根源。

a. 为什么会有这么大的库存呢？

因为每次生产的数量很大。

b. 为什么一次生产这么多，批量不能小一点而增加批次呢？

不能，因为作业转换时间太长，若批量太小，就会跟不上生产线的装配速度，而造成总成生产线停线。

c. 为什么作业转换时间会这么长呢？

因为很多产品共用一套模架，更换品种时需要卸下上一个品种的所有模块，再安上下一个品种的所在模块，所以时间很长。

通过以上的方式，我们找到了问题存在的根本原因，就是模架数量的限制，使得很多应该是外部转换的时间变成了内部转换的时间。

这个问题的解决，主要采取了以下几个方面的措施：第一，在生产计划的编排上，尽量减少使用同一模架的两个产品连续生产的情况；第二，增加模架数量，对于使用频率很高的模架，提请公司增加一套模架；第三，改变模块安装的作业方法，模块的安装螺栓的打紧方法，由原来的手动扳手，改为风动扳手。

通过以上的改善，使得作业转换时间由原来的平均90min减少到40min，从而使得减少冲压件的生产批准量成为可能，冲压件在制品问题有了很大的缓解。

对于总成装配线的工序间在制品问题，解决的基本思路就是尽量做到与生产线实现一个流生产，如果做不到一个流就尽可能减少在制品的数量。

通过分析，焊装线的分总成可以分成两类，第一类是作业时间较长，零件规格较大的，这样的零件可以通过改善，实现与装配线一个流生产；第一类是零件较小，作业时间较短的零件，这样的零件采用冲压件库存的管理方式，成批生产，按定时不定量的原则配送上线。

通过以上的改善措施，有效地解决了卡车厂在制品管理中的突出问题。

➤ 焊装线生产布局的改善

1）设备布局改善的经济性分析。焊装车间的现有设备布局是制约其引用新的管理方式"一个流"生产的主要障碍，对车间进行综合改善，必须解决这个问题点，否则其他的改善作用难以发挥。

我们对车间设备布局进行了详细分析，除了上文已经明确的数据外，我们还得到了其他关键数据，这些数据同样对于指导改善活动和明确设备布局的改善目标提供了依据。如生产一辆车人员持重走动距离为602m；生产一辆车走动时间为556s；生产过程中交叉作业为38处；生产占用面积为1796m²；现场工位器具数量为126个。

上述数据均与现场设备布局息息相关，从上述数据我们可以清晰地发现多种浪费现象，如走动距离过长的浪费、走动时间过多的浪费、面积的浪费、在库的浪费和品质衰减的浪费等，这些浪费现象是现有的设备布局所造成的必然结果，因此解决了设备布局的问题，必然随之解决了因为这些问题所造成的其他各种浪费。

结合各种设备布局的优缺点，充分考虑焊接作业的工艺流程和物流形式，对原有"L"型分装设备布局进行"一"字型，即直线型设备布局改善。具体改善工作量见表5-3，改善费用预算见表5-4。

表5-3 设备布局改善工作量分析

项目	设备分类							
	悬挂点焊机/台	固定点焊机/台	夹具	钢结构/m	滑轨与非标吊挂/m	焊接辅具/套	水电管道/m	母线槽/m
工艺性搬迁	12	—	4	320	—	10	300	65
移位	24	15	21	430	300	27	460	25

表5-4 设备布局改善费用预算分析 （单位：元）

项目	费用分类							
	悬挂点焊机	固定点焊机	夹具	钢结构	滑轨与非标吊挂	焊接辅具	水电管道	母线槽
设备搬迁费用	4 000	800	1 000	24 000	2 400	1 200	7 000	2 500
材料费用	—	—	—	45 000	—	—	6 000	8 500
人工费用	29 000（其中加班费900）							
合计	131 400							

设备布局改善完成后，预测可实现效果见表5-5。

表5-5 改善效果预测表

项目	增（+）减（−）量	费用增（+）减（−）量	备注
造作人员	−34	−25 500 元/月	改配费
稼动费	+15%	产能+15%	—
生产节拍	统一至180s	—	—

续表

项目	增（+）减（−）量	费用增（+）减（−）量	备注
面积占用	−400	作业环境改善	—
动能消耗	−15%	−145 000 元/月	—
工伤	−5 人次/月	−1 000 元/月	—
合计	—	−171 000 元/月	—

通过表5-4，我们可以清楚地知道，进行设备布局改善需要费用13.14万元，但其中除了员工加班费、材料费用需要支付外，其他均可以通过合理安排，由车间自行解决：①搬迁工作由维修工和操作者共同完成，不需支付搬迁费费；②工人费用按正常工作计，不需另行支付（除加班费用外）。

这样，整个设备布局改善需要的费用为

$$45\ 000+8\ 000+6\ 500+900=60\ 400（元）$$

通过表5-5可以发现，改善后每月预期可节省费用171 000元，全年可节省费用2 052 000元。

综上所述，进行设备布局的一次性改善完全可行，并且会取得极其显著的经济效益。

2）设备布局改善的实施。设备布局改善以项目组的形式开展工作，分别成立前围分装、地板分装、后围分装和小件分装项目组，总体项目进展情况由车间主任负责。项目组构成由车间技术、管理人员、操作者和职能部门的技术、管理人员共同组成。

各项目小组采取周例会制，每周对项目进展情况进行分析，检查和落实工作情况。工作组运用模拟法，在改善前运用图上作业，分析和确定改善方案和设备布局的方法，连续对前、后围、地板分装设备布局进行了持续改善。改善后的各分装线设备布局如图5-10～图5-12所示。

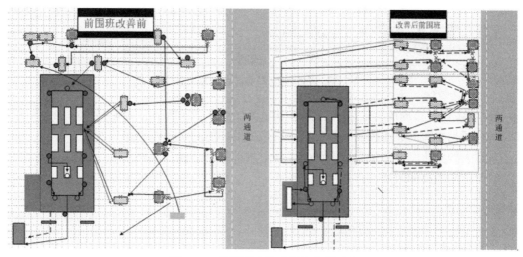

图 5-10　前围班改善后设备布局对比

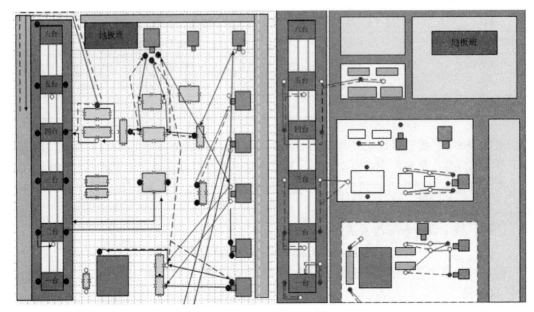

图 5-11　地板班改善前后设备布局对比

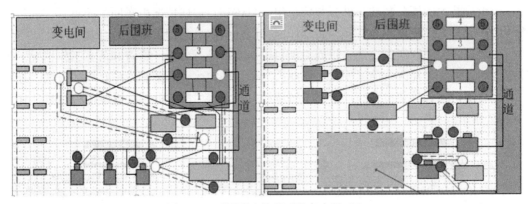

图 5-12　后围班改善前后设备布局对比

3）焊装设备布局改善效果。焊装车间综合改善方案实施后，无论是人员的走动距离和时间，还是车间的成本控制，还是车间生产线的产能和设备稼动率以及生产节拍，都发生了非常大的变化，这些变化有力证明了该方案的经济、社会效果。

减少走动距离和时间改善效果见表 5-6。

表 5-6　改善前后三个班组走动距离、时间对比表

班组	工位	改善前距离/m	改善后距离/m	改善前时间/s	改善后时间/s	节省距离/m	节省时间/s
地板班	后横梁总成工位	50	2	36	3	48	33
	左右中纵梁总成工位	70	16	60	18	54	42
	左右边梁总成工位	56	22	45	20	34	25
	左中右后地板总成工位	34	10	60	30	24	30
	左右纵梁加强板工位	32	26	24	16	6	8
	后横梁凸焊工位	6	2	5	2	4	3
后围班	左侧围外板总成工位	34	0	26	0	34	26
	右侧围外板总成工位	70	35	60	30	35	30
	后围拼接工位	26	1	19	2	25	17
	左侧内板工位	30	10	24	8	20	16
	右侧内板工位	30	27	24	22	3	2
前围班	内板加强梁工位	39	10	41	12	29	29
	内板横梁工位	39	10	41	12	29	29
	内板工位	6	1.5	6	2	4.5	4
	通风箱总成工位	5	3	7	5	2	2
	左支柱总成工位	17	2	15	2	13	13
	右支柱总成工位	14	4	15	4	12	11
	左右上支柱总成工位	16	14	17	15	2	2
	左右下支柱总成工位	16	14	17	15	2	2
	通风箱外板总成工位	12	1.5	14	3	0.5	12
合计	生产1辆份	602	211	556	221	381	336
	生产140辆份（日均）	84 280	29 540	77 840	30 940	53 340	47 040

降低成本效果见表 5-7。

表 5-7　改善前后成本降低统计表

项目	增（+）减（-）量	费用增（+）减（-）量	备注
运输费用	叉车-7，卡车-2	-140 580 元/月	—
人工成本	-88 人	-66 000 元/月	—
质量控制	-85% 返修率	-40 800 元/月	—
在制品	-31 000 件	-1 850 000 元	—
合计		-247 380 元/月	—

产能和稼动率改善效果见表 5-8。

表 5-8 改善后产能和稼动率统计表

项目	增（+）减（−）量	费用增（+）减（−）量	备注
产能	+21%	—	—
稼动率	+18.50%	—	—

人员优化效果：单班优化操作人员 44 人，双班 88 人，这部分人员全部充实到车间物流配送岗位，补充了物流配送人力的不足，解决了长期制约车间物流配送环节人员不足的问题，在全车间没有增加人员的前提下实现了物料的准确、准时配送，保证了人员优化后，没有进行裁员和各岗位工作量的重新划分，提升了车间的整体人员效率。

作业面积优化见表 5-9。

表 5-9 作业面积优化表

项目	改善前面积占用/cm²	改善后面积占用/cm²	面积优化/cm²
前围班	641	469	172
后围班	232	151	81
地板班	479	227	252
合计	1325	847	478

上述优化的作业面积，一方面为物流配送打开了通道，另一方面也为员工正常、安全作业提供了基础条件，并且形成了作业现场整洁、宽敞的作业环境，为管理者观察作业人员的标准作业执行情况、纠正不合理作业、进行现场指导改善提供了条件。更重要的是，这部分优化下来的面积，为车间开展员工基本技能训练提供了必要的场所，对于提升员工的操作水平、提升标准作业的执行能力创造了硬件条件，这一点，在没有改善前是根本不可想象的。

节拍优化效果见表 5-10。

表 5-10 节拍改善统计表

生产线	车型	改善前/s	改善后/s	变化量/s
前围班			170	
后围班			155	
地板班			180	
主焊线	FK	120	180	60
	FM	180	180	0
	FP	300	180	−120
	J5/K8	1080	180	−900

焊装生产线设备布局改善后，前围、后围、地板和主焊线基本上实现了以 180s 时间统一作业节拍，这样，在焊装车间各主要分装和总成生产线，按相同节拍进行作业组织的

"一个流"生产综合改善已经实现。

> 改善实施效果分析

在人员优化方面，共优化、调整人员 88 人，每月降低人工成本达 6.6 万元，全年可降低成本 79.2 万元，真正实现了"人人有事做、事事有人做"的人力资源优化配置。

在设备布局改善方面，通过改善活动，按平均日生产 140 辆驾驶室的正常速度计算，减少人员持重走动距离 53 000 余米，减少走动时间浪费 47 000 余秒，同时通过设备布局的改善，减少交叉物流 38 处，降低了 85 个百分点的因物流配送中所造成的磕、碰、划伤等质量缺陷，每月降低返修所造成的辅助材料和人工消耗，据不完全统计亦高达 5 万 ~ 7 万元，全年可节约成本 60 余万元。最关键的是，通过设备布局的改善，在分装线和驾驶室总线生产线和调整线上，真正实现了按 180s 确定生产节拍的"一个流"生产模式，提升车间设备稼动率 18.5%，提升生产线产能 21%。另外，通过设备布局的改善活动，车间均衡生产、准时化生产的能力大幅度加强，生产线、分装线按相同节拍组织生产，大大降低了工序间在制品和在库制品，据统计，改善前后在制品降低了 31 000 件，降低资金占用高达每月 185 万元。特别是焊装车间设备布局改善活动对全厂同样产生了重大影响，该改善对后序涂装、内饰以及总装车间的拉动式生产组织模式的建立，提供了先决条件，对于卡车厂建立新的生产组织模式和全面推进 TPS，树立了信心和提供了成功经验。

在物流优化过程中，通过自制多功能配送小车和工序间转盘式工位器具，实现了 5 辆份配送，取消租用运输车辆 9 台（其中卡车 7 台、叉车 2 台），节约运输台班 396 个，每月可节约运输费用 14.6 万元，全年可节约运输费用 175.2 万元；同时通过物流配送方式的改善，车间节约现场作业面积 478m²，打通了物流配送通道，为员工安全作业创造了条件，这部分面积我们也用于车间开展基本技能训练，建立了车间基本技能训练场，为员工提高操作技能和水平，为车间实行标准化作业工作的开展，提供了有力保证。

卡车厂生产线的综合改善活动，在基本没有大投入的前提下，不但实现了全系列车型 180s 的节拍生产组织形式，而且每年可为企业直接节约成本 314.4 万元，减少在制品资金占用 2220 余万元，并且为实现后工序拉动式生产创造了最直接的条件。综上所述，此次综合改善是极其成功的。

5.1.4.2　工作研究及 ABC 库存管理

（1）方法简介

1）工作研究。工作研究（work study）原名"动作和时间研究"（Motion and Time Study），是最基本的工业工程技术。它是指运用系统分析的方法把工作中不合理、不经济、混乱的因素排除掉，通过改进操作方法、科学地制定劳动定额、标准化工作过程等方法，寻求更好、更经济、更容易的工作方法，以提高系统的生产率。其基本目标是避免浪费，包括时间、人力、物料、资金等多种形式的浪费。

工作研究的基本工具是图表分析技术，通过使用工业工程标准符号对流程进行记录和表达，并应用 5W1H 技术和 ECRS 原则等手段，对流程涉及的各个工序进行调查和分析，最终实现对流程的分析和优化。

按照分析对象的层次，主要技术包括程序分析、操作分析和动作分析三大类，而每一类又由若干具体技术构成。进行作业分析时，应视研究对象的不同而采取不同图表进行记录。

2）ABC库存管理。ABC库存管理法又称为重点管理法。其基本点是：将企业的全部存货分为A、B、C三类，属于A类的是少数价值高的、最重要的项目，这些存货品种少，而单位价值却较大，实务中，这类存货的品种数大约只占全部存货总品种数的10%左右，而从一定期间出库的金额看，这类存货出库的金额大约要占到全部存货出库总金额的70%左右。管理时，对金额高的A类物资，作为重点加强管理与控制；B类物质按照通常的方法进行管理和控制；C类物资品种数量繁多，但价值不大，可以采用最简便的方法加以管理和控制。

（2）案例：QF减速机厂零件仓库管理改进

➢ 零件仓库概述

QF减速机厂零件仓库承担QF减速机厂全部拖拉机的售后维修零件配送业务和部分工厂零件的供给。仓库采购由总公司采购部门统一采购，公司对仓库直接进行经营管理，其配送业务外包给一家物流公司统一负责。仓库基本实现了信息化，以手工搬运设备为主，有叉车、起重机等辅助性辅助机械设备，现代化程度不高。随着公司业务的不断发展，对仓库的配送效率提出了新的要求；工厂拖拉机类型的增加，使得现在仓库的库位出现不足。仓库因业务发展，需要进行改进。

1）仓库布局现状。仓库占地面积12 000m²。仓库包括收入库包装区、存储区、大件货物存放区和包装物料存放区等。仓库整体布局如图5-13所示。

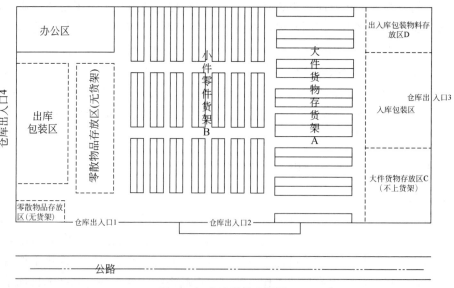

图5-13　仓库整体布局图

A区货架存放大型零件，B区存放中小型零件，不能上货架的零件存放在C区。

货物现从仓库出入口2进入仓库，不需要包装的货物在仓库贴好上货指示单后直接上货架，需包装的零部件运往入库包装区进行包装。货物拣选完毕后运送出库包装区，进行出库检查和包装，然后第三方物流公司进行配送。仓库每季度进行一次盘货，年末进行一次总的盘货。

2）仓库库位管理现状。仓库对库位没有系统的管理方法。对货物的出入库频率和货物的规格也不进行统计。入库货物随机存放，新上的货物存放在空出的库位上，如没有库位则暂时放置在零散物品存放区。对大件货物，仓库用叉车存货，对小型零件，则是叉车运送货架后，由人工进行上货。

3）仓库拣货现状。仓库现在实施的分区拣货，每人负责一定的区域。A 区货架分三层，第一层是拣货区，二层和三层是相应货物的存储区。B 区是四层货架，二层和三层是拣货区，一层和四层是与之相对应的货物存储区。A 区每人负责两个巷道，也即四个货架，B 区每人同样负责四个货架。由于货物随机存放，所以每人劳动量不一样，拣货区每月循环轮转一次。货物拣取完毕后，统一送往出库包装区。

4）货物入库线路图。入库货物分需包装和无需包装两种。需包装货物入库线路图如图 5-14 所示。

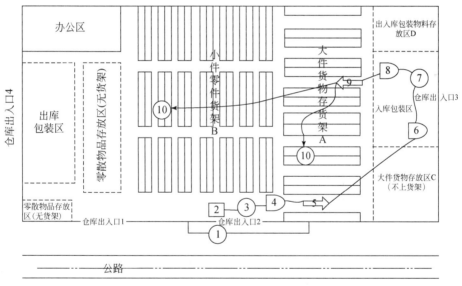

图 5-14　货物入库线路图

5）仓库货物出库货物流程图和员工的线路图。仓库的拣货方法是员工分区拣货。员工首先去办公区领取拣货单，上面有具体的拣货零件详细信息和数目。拣货员拿到拣货单后，返回自己所在的拣货区，拣去相应的零件，捡取完毕后，运送到出库包装区，完成一次出库任务。等一批订单上的所有货物捡取完毕并包装后，货物装上卡车，等待发运。

员工线路流程图如图 5-15 所示。拣货员拣货出库流程图如图 5-16 所示。

➢ 仓库存在的问题分析

1）库位管理中存在的问题。仓库管理人员为对仓库进行统一的规划管理，货物存放时按照随机存放，存于货架。基本分布式 A 区存放大件货物，B 区存放小件零件。货物的

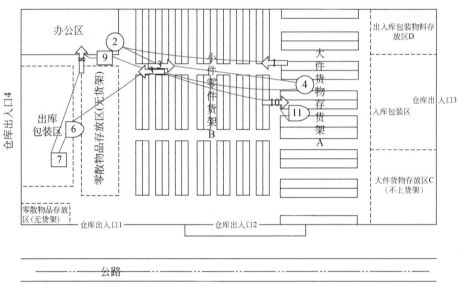

图 5-15　员工线路流程图

随机存放造成拣货员劳动分布极不平衡，出库频率高的货物未放到离出库近的货架区。公司没有存放季节性的专门区域，造成有些商品需求高峰期缺货或者出货频率慢的问题。由于拖拉机型号的增加，随之而来的维修零件也越来越多，仓库正面临库位不足的问题。

2）设施规划方面存在的问题。出入库包装都需包装材料，但包装材料离出入库包装区过远。入库包装区位置不太合理，离 B 区的货架距离太远，而且大部分包装货物都是小件零件，所以应放置到离 B 区较近的地方。出库口离 A 区和 C 区距离太远，应尽可能放置到 A、B、C 区中间的出库位置。出入库包装区和包装区材料总面积 2075m²，占总面积的 13.8%，按常规包装区面积占仓库总面积的比例为 5% ~ 8%，包装区面积明显过大。设施规划中存在的问题如图 5-17 所示。

3）货物出库中存在的问题。由于货位没有进行系统的管理，出库频率很不一致，拣货人员的工作极不平衡。A 区货物和大件货物存储区离出库口距离太远，造成拣货行走路径过长，降低了出库效率。拣货人员需去办公区领取拣货单。

4）盘库中存在的问题。仓库每季度进行一次盘点，年末进行一次盘点。货物盘点时，只能选在周末或节假日进行盘点。但由于货物量多并且仓库不能影响正常运作，往往由于盘库时间短暂而未对仓库进行全面的盘点，这是存在的主要问题。而且假日盘点，劳动成本高，盘货效率也不理想。

5）现场管理中存在的问题。仓库整体凌乱，不整洁，零散货物存放区的存在正表明仓库 5S 管理的缺失。所以，仓库有必要进行 5S 现场管理。

➤ 改善措施研究

首先，改善措施应该解决的首要问题就是仓库库位不足的问题。需对货架进行管理，腾出库位，利用空闲地方，新增库位，解决库位少的问题。其次，要解决拣货区劳动量不平衡的问题。再次，解决仓库的出库效率低的问题和设施规划中存在的问题。最后，需对

流程程序图									
图号： 页码： 总页数：				统计					
地点：某拖拉机厂零件仓库 编号： 对象：拣货员拣货出 库流程 操作人： 日期： 方法： 制表人： 日期：				活动		次数	时间/s	距离/m	
				加工 ○		2	111	53	
				搬运 →		5	322	336	
				等待 ◫		1	26		
				检查 □		3	33		
				存储					
说明	距离/m	时间/s	符号						备注
			○	→	◫	□	▽		
1.员工走向办公区领取拣货单	80	71							
2.领取拣货单		13							
3.领取后返回拣货区	80	13							
4.拣货	53	98							
5.核对货物		14							
6.运送货物到出库包装	76	91							
7.等到出库检货员检验货物		26							
8.检验员拣货		14							
9.到办公区	20	18							
10.看是否有新的拣货单		5							
11.返回自己所在拣货区	80	71							
总计	389	492	2	5	1	3			

图 5-16 拣货员拣货出库流程图

仓库全面实行 5S 现场管理。

1) 仓库流程中瓶颈因素分析。仓库流程大概分为以下几个过程，货物到达仓库，卸货入库包装上货架或者直接上货架；接着是收到客户订单，拣货出库；最后是出库包装，装出发送客户所在地。通过下面我们所列的仓库流程分析，我们可以清楚地看出仓库流程中的瓶颈因素所在（表 5-11，图 5-18）。

表 5-11 瓶颈因素分析表

流程名称	货物入库	拣货出库	货物出库
所需时间/（s/件）	5.5	17.6	9

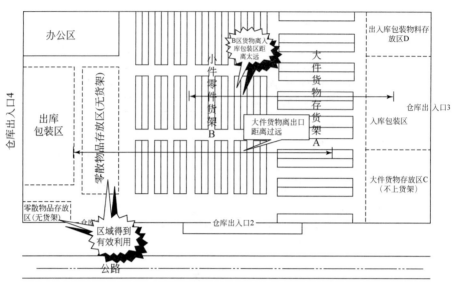

图 5-17　设施规划中存在的问题示意图

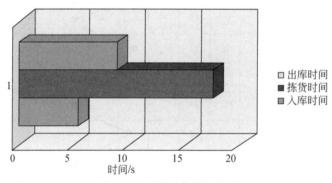

图 5-18　瓶颈因素分析图示

从图 5-18 中可以看出，拣货效率是制约仓库出入库效率的瓶颈因素。要提高仓库的整体运转效率，需从拣货效率入手。

2）仓库优化措施研究：

——**库位管理措施**。库位不足是仓库急需解决的问题。解决这个问题有两种方法，仓库应该兼而用之。第一种方法是，对仓库进行统计，设定标准，对多长时间没有销售的产品进行集中存储或者处理，腾出货位。第二种方法是，通过对仓库面积的有效利用，增加货架，从而增加库位。仓库中的零散物品存放区，应对货物进行货架存储，达到对零散货物的管理，同时达到增加库位的目的。

首先，对库位按年统计销售量进行 ABC 库位管理。平衡每位拣货人员的工作量，同时有利于提高仓库的拣货效率。其次，对产品进行季节性统计分析，并建立相应的季节性货架，有利于季节性产品的出入库。

——**仓库设施布局的改变**。现在仓库出库位置离 A 区和大件货物区距离太远，应均衡考虑货物的位置，选择整体出库较近的位置放置货物。在仓库的四个出口中，仓库出口 2

在四个仓库中，是最适宜做出口的。

大部分入库包装的货物属于 B 区的货物，所以入库包装的位置应该尽量放置在离 B 区近的位置。同时，出库包装所需的原材料放置位置过远，应该均衡考虑出入库位置后，放置包装材料。具体变化如图 5-19 所示。

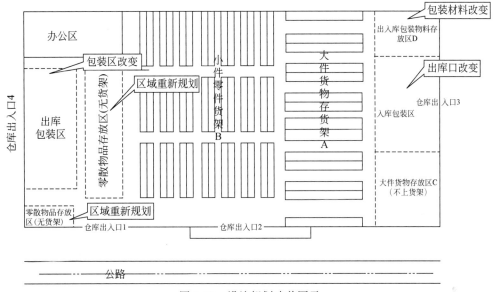

图 5-19　设施规划改善图示

变化后的整体规划如图 5-20 所示。改善后，入库包装区面积变为 400m²，出库包装区面积变为 266m²，包装区面积总共为 666m²，仓库总面积为 12 000m²，包装区面积占仓库总面积的 5.5%，正常范围为 5%～8%。

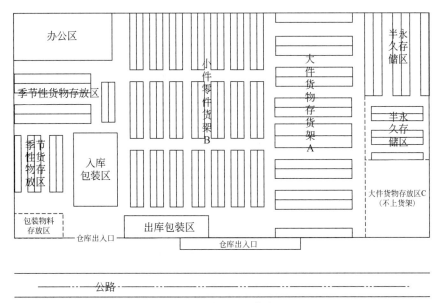

图 5-20　改善后的整体布局图

包装区面积的改善，使仓库增加大件货物货架 9 个货架，小型货物货架 10 个货架。仓库有了季节性货物存放区和半永久存储区。季节性货物存储区将使季节性产品在销售旺季出货效率更高；半永久存储区有利于仓库大批量订购货物时的存储，并有利于对货架进行库位管理，腾出库位。变化前后对比见表 5-12。

表 5-12　改善前后对比表

项目	变化前	变化后
货架总数/个	56	75
大型货架/个	14	23
小型货架/个	42	52
包装区面积/m^2	2075	666
季节性存储区/m^2	无	880
半永久存储区/m^2	无	1196

仓储设施规划的改变，解决了仓库库位不足的问题，提高了仓库面积的有效利用率，增加的季节性存储区解决了销售旺季货物的出库问题；半永久存储区解决了仓库大量订购时的存储问题，并使从拣货区腾出的货物有安放的货架。

——ABC 库位管理在仓库中的应用。首先库位管理的改善平衡了拣货人员的工作量，同时使货物出入口的改变也相应减少了拣货人员的行走距离。出入口的改变也减少了拣货员的行走距离。改善后的库位如图 5-21 所示。

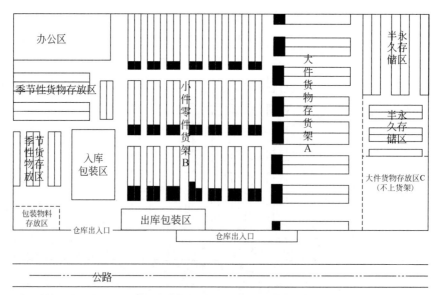

图 5-21　ABC 法库位重新规划图示

——手持终端设备的应用。由图 5-21 可知，拣货员每次拣货都需去办公区领取拣货单，然后进行拣货。降低了拣货的效率。仓库为每一个拣货人员配置一个手持终端设备，则降低了拣货员行走的距离，同时提高了拣货效率和拣货的准确率。

➢ 改进效果分析

1）拣货员线路图和流程图的变化。仓库出口位置的变化、包装区面积的改变、库位的变化，使得拣货人员行走路线发生了变化。直接提高了拣货员工的拣货效率，提高了仓库的周转率和效益。

仓库管理人员引进手持终端设备，去除拣货员拿订单这一过程，提高拣货员的拣货效率。拣货人员的线路图如图 5-22 所示。

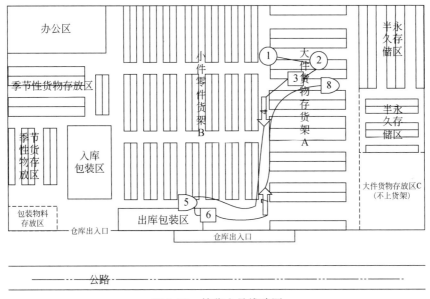

图 5-22　拣货人员线路图

拣货流程图如图 5-23 所示。拣货人员变化前后对比如图 5-24 所示。

从图 5-23 中可以明显看出，拣货员一次平均拣货时间由以前的 571s，下降到改后的 320.5s，拣货效率得到了极大提高，提高了仓库瓶颈因素的效率，从而提高了整个仓库的运行效率。拣货员的行走距离由以前的 389m，下降到现在的 129m，拣货员的劳动量得到明显降低，提高了拣货劳动积极性和劳动效率。

2）仓库库位的增加。表 5-12 可以看出，通过对仓库的重新布局规划，使仓库增加大件货物货架 9 个货架，小型货物货架 10 个货架。仓库有了季节性货物存放区和半永久存储区。季节性货物存储区将使季节性产品在销售旺季出货效率更高；半永久存储区有利于仓库大批量订购货物时的存储，并有利于对货架进行库位管理，腾出库位。

流程程序图								
图号：　页码：　总页数：			统计					
地点：某拖拉机厂零件仓库 编号：　对象：拣货员拣货出库流程 操作人：　日期：　方法： 制表人：　日期：			活动			次数	时间/s	距离/m
			加工 ○			2	64	53
			搬运 →			2	123.5	336
			等待 D			2	105	
			检查 □			2	28	
			存储					
说明	距离/m	时间/s	符号 ○	符号 →	符号 D	符号 □	符号 ▽	备注
1.员工手持终端设备收到拣货单		7	●					
2.员工根据拣货单进行拣货	35	57	●					
3.核对拣完后的货物		14					●	
4.送往出库包装区	47	70.5		●				
5.包装区等待检查		26				●		
6.对货物进行检查		14					●	
7.拣货员返回自己所在拣货区	47	53		●				
8.等待新订单		79			●			
总计	129	320.5	2	2	2	2		

图 5-23　拣货流程图

统计	改善前			改善后		
活动	次数	时间/s	距离/m	次数	时间/s	距离/m
加工 ○	2	111	53	2	64	35
搬运 →	5	322	336	2	123.5	94
等待 D	2	105		2	105	
检查 □	3	33		2	28	
总计	12	571	389	8	320.5	129

图 5-24　改善前后拣货效率对比

5.2 生产保障

5.2.1 生产保障概述

生产保障是为生产制造活动的顺利实施提供保障的要素系统，是产品制造的基础和依据。产品的品质形成、进度实现、数量保障、成本控制等完成性指标都与生产保障系统的可靠性、精度水平和作业水平有直接关系。生产保障系统的一个显著特征是会随着时间的推移发生"劣化倾向"。

整个生产保障过程包括产品加工精度保持、操作精度准确度保持、作业现场有序度保持、数据信息共享和工作流程稳定性保持等内容，涉及生产设备与设施、人机作业环境下的生产作业人员、生产作业现场及环境、提供信息集成与共享的信息系统等要素。

可将生产保障系统定义为，生产保障系统是由制造支持过程及其所涉及的硬件、软件、作业人员、场所环境、信息系统等组成的一个能够实现产品加工、组装的加工制造系统。

（1）生产保障的构成

生产保障由设备保全、人机工程设计、现场管理、信息系统四个部分组成。共同特征是设备、人员、现场这些环节最容易发生非受控和劣化倾向，而信息系统的特征在于实现节点数据和信息的集成和共享。同时信息系统还具有固化工作流程的作用。

（2）生产保障系统运行的要求

生产保障性环节中，设备会随着使用的延长发生劣化倾向，出现加工精度下降、设备故障频繁、维修间隔期缩短、维修难度增大等问题；作业人员的作业水平和作业专注度会随工作时间的延长发生明显变化，作业水平和专注度下降，出现作业疲劳现象，易发生差错和工作效率损失。生产现场是一个具有特定时序结构的多要素、多环节动态集合体，由于生产活动的进行和品种、数量的变动，其有序度会随时间的推移发生劣化，会对生产产量、产品质量、完成时间等多方面产生负面影响。尽管信息系统具有共享信息、固化和标准化企业流程的作用，但由于企业的组织结构、工作流程经常会发生各种原因的调整，如果信息系统的结构、流程、数据采集特征等不能随之调整，就会发生实际工作流程与信息系统工作流程不相符合的情况，信息系统就会不执行工作指令并"报错"，从而影响正常工作的开展。

随着时间推移发生的劣化现象是生产保障环节的特征，防止劣化是系统对管理者提出的要求。

（3）生产保障系统对资金流的影响

生产保障系统的"非劣化"和精度功能保持是产品制造系统能够保证及时、高质、低成本生产顾客需要的产品的前提和基础。设备设施故障一方面会发生维修费用的支出，另一方面还会对产量造成损失；人机环境设计不合理，会造成人体疲劳期提前且不易恢复，使工作质量和工作效率都受到影响，发生产量和质量成本损失；生产现场秩序的劣化会造成更多问题，包括重复购置、呆料发生、各种事故故障频繁发生等，所有这些都伴随着相关的数量巨大的经济损失；信息系统的劣化和失效会直接干扰正常的生产作业秩序，使工作无法继续。这也是我国企业信息化改造活动失败的主要原因。

生产保障子模块优化的目的在于"防止劣化"，防止这些支持性资源要素出现劣化倾向，消除劣化成本，从而保证产成品的完成性指标顺利达成。

5.2.2 生产保障内容及过程

5.2.2.1 生产保障内容

生产保障对于企业正常开展生产活动至关重要，主要包括设备保全、人机工程设计、现场管理和信息化等方面。

（1）设备保全

先进的设备管理系统是制造型企业生产系统的最有力的支持工具之一，能够保证生产计划的如期执行以及时响应客户的市场需求，同时能够有效地降低企业的制造成本，如库存积压成本，维修维护成本及其他管理（人工、时间）成本，而且能够有效降低不良品的产生概率。

全员设备保全活动就是通过全员参与，并以团队工作的方式，创建并维持优良的设备管理系统，提高设备的开机率（利用率），增进安全性及高质量，从而全面提高生产系统的运作效率，最终提高企业的经济增值水平。

全员设备保全将维修变成了企业中必不可少的和极其重要的活动之一，维修停机时间也成了工作日计划表中不可缺少的一项，而维修也不再是一项没有效益的作业。在某些情况下可将维修视为整个制造过程的组成部分，而不是简单地在流水线出现故障后进行，其目的是将应急的和计划外的维修最小化。

（2）人机工程设计

人机工程学是一门多学科的交叉学科，把人-机-环境系统作为研究的基本对象，运用生理学、心理学和其他有关学科知识，根据人和机器的条件和特点，合理分配人和机器承担的操作职能，并使之相互适应，从而为人创造出舒适和安全的工作环境，使工效达到最优的一门综合性学科。

在人-机系统中，人同机器、环境的关系总是相互作用、相互配合和相互制约的，但人始终起着主导作用。因此，为了能充分地发挥人和机器的作用，使整个人-机系统可靠、安全、高效，以及操作方便和舒适，设计人-机系统时就得充分考虑人和机器的特征与功能，使之相互协调配合，构成有机整体，达到生产和工作的最佳效果。

人机工程的目的是通过各学科知识的应用，来指导工作器具、工作方式和工作环境的设计和改造，使得作业在效率、安全、健康、舒适等几个方面的特性得以提高。

（3）现场管理

现场管理是指用科学的标准和方法对生产现场各生产要素，包括人（工人和管理人员）、机（设备、工具、工位器具）、料（原材料）、法（加工、检测方法）、环（环境）、信（信息）等进行合理有效的计划、组织、协调、控制和检测，使其处于良好的结合状态，以达到优质、高效、低耗、均衡、安全、文明生产的目的。现场管理是生产第一线的综合管理，是生产管理的重要内容，也是生产系统合理布置的补充和深入。

企业管理活动中，无论在资金、人员、设备哪一个方面出现问题都会给生产带来困难。随着生产进程，问题就会变得越来越突出，甚至生产出现停顿，从而使整个企业的生产经营活动陷于瘫痪。所以，要维持企业的正常运作，就必须使所有的资源处于良好的、平衡的状态，加强现场管理，以有限的资源获得最佳的经济效益。

现场是企业管理活动的缩影，企业的主要活动都是在现场完成的，现场能提供大量的信息，现场是问题萌芽产生的场所，现场最能反映出员工的思想动态。

总之，一个企业管理水平的高低，就看其现场管理是否完成总的经济目的而设定了各项阶级性和细化了的具体目标，是否很好地引导广大员工有组织、有计划地开展工作，经济合理地完成目标。现场是企业活动的出发点和终结点，不重视现场管理的企业终究是要衰败的。

（4）信息化

企业信息化是指企业以业务流程的优化和重构为基础，在一定的深度和广度上利用计算机技术、网络技术和数据库技术，控制和集成化管理企业生产经营活动中的各种信息，实现企业内外部信息的共享和有效利用，以提高企业的经济效益和市场竞争力。企业信息化涉及对企业管理理念的变革、管理流程的优化、管理团队的重组和管理手段的创新。

如果从动态的角度来看，企业信息化就是企业应用信息技术及产品的过程。或者更确切地说，企业信息化是信息技术由局部到全局，由战术层次到战略层次向企业全面渗透，运用于流程管理、支持企业经营管理的过程。这个过程表明，信息技术在企业的应用，在空间上是一个由无到有、由点到面的过程；在时间上具有阶段性和渐进性。信息化的核心和本质是企业运用信息技术，进行隐含知识的挖掘和编码化，进行业务流程的管理。

5.2.2.2 生产保障过程中需要解决的主要问题

生产保障是指在企业整个生产过程中提供各种相关保障措施，涉及设备设施保全、人机产品管理、员工管理、库存管理、资金管理以及信息技术管理等多方面。为实现科学有效的保障活动，生产保障过程中需要解决的主要问题包括：

第一，如何防止设备设施发生劣化倾向，延长设备使用寿命，延长维修间隔期，降低维修费用。

第二，如何保持和延长生产作业人员的作业专注时间，及时消除疲劳。

第三，如何提高和维持生产现场的有序度，及时发现异常。

第四，如何利用信息技术支持企业发展。

5.2.3 生产保障方法

企业产品生产保障的各个环节中，相关问题的科学解决都需要创新方法的运用。这一过程的主要方法见表 5-13。

表 5-13　生产保障模块可以运用的典型创新方法

环节	问题	典型方法
全员设备保全	如何防止设备设施发生劣化倾向，延长设备使用寿命，延长维修间隔期，降低维修费用	防呆法、点检法、FMEA、OEE 分析、目标管理法
人-机系统设计	如何保持和延长生产作业人员的作业专注时间，及时消除疲劳	作业疲劳测定、失效树分析法、人-机系统设计法
现场管理	如何提高和维持生产现场的有序度，及时发现异常	5W2H 法、目视化管理法、因果图法、标准作业、看板管理
信息系统	如何利用信息技术支持企业发展	ERP、电子看板、OA、MES

5.2.3.1　全员设备保全方法

(1) FMEA

潜在失效模式与后果分析（failure mode and effects analysis，FMEA），是在产品/过程/服务等的策划设计阶段，对构成产品的各子系统、零部件，对构成过程、服务的各个程序逐一进行分析，找出潜在的失效模式，分析其可能的后果，评估其风险，从而预先采取措施，减少失效模式的严重程序，降低其可能发生的概率，以有效地提高质量与可靠性，确保顾客满意的系统化活动。

潜在的 FMEA 作为一种策划预防措施工具，其主要目的是发现、评价产品/过程中潜在的失效及后果，找到能够避免或减少潜在失效发生的措施并且不断地完善。包括：能够容易、低成本地对产品或过程进行修改，从而减轻事后修改的危机；找到能够避免或减少潜在失效发生的措施；未发生、但可能会发生、又不一定会发生的。

(2) 防呆法

防呆法是工业工程中常用的一种方法。防呆法又称为防错法，指的是任何用来消除人为错误的方法。通过防呆设计，使工人在操作或作业的过程中即使稍不注意，也不会发生错误，能把事情做得很好。工业工程中的防呆设计，主要是针对操作者的不定因素。通过防呆设计，使得无论何人操作或作业，达到作业无错误的目的。在企业管理中运用防呆的管理，主要是针对变幻的企业环境。通过防呆设计，使得无论在任何情况下，都能够完成组织的目标。

防呆管理主要有以下几个步骤：①目标的制订。防呆管理目标的制订要有弹性。②任务的传达。任务的传达是一个相对比较简单的过程。③任务的执行和反馈。作为防呆管理，任务的执行和反馈是一个不可分割的部分。

(3) OEE 分析

OEE 即设备综合利用率，是 SEMA 组织于 1999 年提出的一项用于衡量设备生产能力的计算方法标准，是实际合格产量与负荷时间内理论产量的比值。OEE 不仅考虑设备在时间上的利用情况，同时也考虑由于操作和工艺造成的性能降低和产品合格率问题，更全面地体现设备在生产中的利用情况和有设备生产出的产品质量问题。运用 OEE 方法还可以识别出并系统地降低由于统计波动和依存关系而带来的瓶颈工序设备的效率损失，使隐藏的或损失掉的产能释放出来，进而优化企业的生产工序，促进企业有效产能的提高。

5.2.3.2 人机系统设计

（1）失效树分析评价法

失效树分析评价法是事故分析中普遍使用的方法，它是一种图形演绎方法，是对一种故障或失效状态在一定条件下的逻辑推理方法。它能把一个系统的各种失效状态和原因联系起来，通过层层分析，找出系统的薄弱环节，提高系统的可靠性。既可对已发生的事故进行分析和核查，也可用来分析潜在的事故隐患。它由事件符号同与其连接的逻辑门组成。失效树分析法中通常只列出故障事件。失效树分析法的构造过程实质上也就是了解系统、分析系统的过程，建树的完善程度直接影响对系统的定性分析和定量计算。一般要经过多次反复讨论修改，逐步完善。步骤如下：①选定顶端事件，并置于失效树的最上端；②列出可能引起顶端事件的一切因素，并按其相关性分为若干组；③确定各组中各事件的性质，并用不同的符号将其分别标出；④将各组的事件组成为适当的逻辑门；⑤按逻辑关系将各逻辑门联结成失效树。

（2）人-机系统总体设计法

人-机系统设计的一般方法是在深入研究三要素各自性能和特征的基础上，着重强调从全系统的总体性能出发，并运用系统论、控制论和优化论三大基础理论，使系统三要素形成最佳组合的优化系统。通常是在明确系统总体要求的前提下，着重分析和研究人、机、环境三个要素对系统总体性能的影响，如系统中人和机的职能如何分工、如何配合、环境如何适应人、机对环境又有何影响等问题，经过不断修正和完善三要素的结构方式，最终确保系统最优组合方案。

人-机系统分析中要特别重视人的因素问题的分析，人的因素分析贯穿系统建设的全过程，具体包括以下几项内容：①人的功能分析；②人员素质要求分析；③人-机界面分析；④工作环境分析；⑤人力资源分析。

5.2.3.3 现场管理

（1）目视管理法

目视管理是利用形象直观而又色彩适宜的各种视觉感知信息来组织现场生产活动，达到提高劳动生产率的一种管理手段，也是一种利用视觉来进行管理的科学方法。所以目视管理是一种以公开化和视觉显示为特征的管理方式。综合运用管理学、生理学、心理学、社会学等多学科的研究成果。

以视觉信号显示为基本手段，把现场状况反映出来，让大家能够及时发现异常。

要以公开化，透明化的基本原则，尽可能地将管理者的要求和意图让大家看得见，借以推动自主管理或叫自主控制。

现场的作业人员可以通过目视的方式将自己的建议、成果、感想展示出来，与领导、同事以及工友们进行相互交流。

所以说目视管理是一种以公开化和视觉显示为特征的管理方式，也可称为看得见的管理，或一目了然的管理。这种管理的方式贯穿于各种管理的领域当中。

（2）看板管理

用在5S看板作战中，使用表达物品放置场所等基本信息的表示板，可以清楚地表明物料的具体位置在哪里，做什么，数量多少，谁负责，谁来管理等重要的信息，让人一看就明白。因为5S强调的是透明化、公开化。目视管理有一个先决的条件，就是消除黑箱作业。

看板就是表示出某工序何时需要多少数量的某种物料的卡片，是传递信号的工具。现场人员借助于看板，可以实现目视化管理，并利用形象直观、色彩适宜的各种视觉感知信息（表格、图形、数据、颜色）来组织、管理和改善现场生产活动，同时可以一目了然地发现异常状态及问题点的管理方式的一种管理工具——"用眼睛来管理"。看板的功能为

1）生产计划发布。将生产计划实时发布到生产现场。

2）实时产量统计。实时收集生产现场产量。

3）生产线异常通知。出现缺料、设备故障等异常，实时通报相关人员。

4）处理流程跟踪。跟踪异常处理过程，督促相关人员及时处理。

5）生产效率统计。统计生产效率，并对各生产线效率进行统计分析。

6）异常状况统计。统计各类异常状况次数及时间，并进行归类分析。

5.2.3.4　企业信息化

（1）MES

MES是一套面向制造企业车间执行层的生产信息化管理系统。MES可以为企业提供包括制造数据管理、计划排程管理、生产调度管理、库存管理、质量管理、人力资源管理、工作中心/设备管理、工具工装管理、采购管理、成本管理、项目看板管理、生产过程控制、底层数据集成分析、上层数据集成分解等管理模块，为企业打造一个扎实、可靠、全面、可行的制造协同管理平台。

强调以下三点：

1）MES是对整个车间制造过程的优化，而不是解决单一的某个生产瓶颈。

2）MES必须提供实时收集生产过程中数据的功能，并作出相应的分析和处理。

3）MES需要与计划层和控制层进行信息交互，通过企业的连续信息流来实现企业信息全集成。

（2）ERP

ERP是一种主要面向制造行业进行物质资源、资金资源和信息资源集成一体化管理的企业信息管理系统。ERP是一个以管理会计为核心可以提供跨地区、跨部门、甚至跨公司整合实时信息的企业管理软件。针对物资资源管理（物流）、人力资源管理（人流）、财务资源管理（财流）、信息资源管理（信息流）集成一体化的企业管理软件。

ERP系统包括以下主要功能：供应链管理、销售与市场、分销、客户服务、财务管理、制造管理、库存管理、工厂与设备维护、人力资源、报表、工作流服务和企业信息系

统等。此外，还包括金融投资管理、质量管理、运输管理、项目管理、法规与标准和过程控制等补充功能。

5.2.4 典型方法及案例

5.2.4.1 FMEA 简介

FMEA 是在产品/过程/服务等的策划设计阶段，对构成产品的各子系统、零部件，对构成过程、服务的各个程序逐一进行分析，找出潜在的失效模式，分析其可能的后果，评估其风险，从而预先采取措施，减少失效模式的严重程度，降低其可能发生的概率，以有效地提高质量与可靠性，确保顾客满意的系统化活动。

作为一种自下而上（由元器件到系统）的故障因果关系的定性分析，FMEA 是一种最重要的预防故障发生的工具。在采用 FMEA 技术以前，人们凭经验判断元器件等的故障对系统的影响。这种凭经验判断的方式过分依赖个人的经验和技术水平来进行故障分析，因而缺乏系统性和科学性，而 FMEA 为人们提供了一种规范化的、标准化的、系统的有效分析工具。

5.2.4.2 FMEA 的功能

FMEA 是一种预防技术，它是在设计发展阶段发展起来的，用来研究失效因果关系的一种可靠性管理技术。FMEA 特殊的计算及综合功能，能发挥极大的整合效果，对各种不同角度的不良模式分析，呈现出多种弹性的信息输出，发挥预防故障的功能，以下九点为 FMEA 的功能：

1）在设计的初期，帮助选择高可靠度和高安全性的零件；

2）确保所有想象得到的故障模式和影响，在正常的操作情况下均被考虑到；

3）凭借有效地实施 FMEA，能够缩短开发时间并节省开发费用，达到更合乎经济性的开发；

4）列出故障可能性，并定义故障影响的大小，并且为矫正措施的优先顺序提供一个准则；

5）强化及累积工程经验，在早期及时正确找出失效原因，并采取相应措施；

6）提供一个基本的测试程序；

7）发展对制造、组合程序、出货和服务的初期标准；

8）让员工对质量改善有直接参与的路径，并借此达成技术留厂的目标，不致使特殊技术因人员的离开而失散；

9）提供制作故障树分析（fault tree analysis，FTA）的基础，有助于编写失效检修手册。

5.2.4.3 FMEA 的实施程序

故障模式与影响分析通常应用在新产品、设备或新生产、新系统的开发或执行上，所以不论是设计 FMEA 还是生产过程 FMEA，其作业执行程序大致上相同，一般可以分为十四个步骤，现将其简略整理如下：①成立 FMEA 作业小组；②实施 FMEA；③定义系统流程 FMEA；④确认系统的任务；⑤决定分析水准；⑥建立系统机能可靠性关联图；⑦分析、列举各子系统或组件、零件的故障模式；⑧选定与整理系统的重要故障模式；⑨评估故障模式的影响；⑩分析故障模式发生的原因；⑪FMEA 现况评估；⑫制定改善或管理控制措施；⑬实施改善措施后的评估；⑭FMEA 综合报告与结论。

5.2.4.4　案例：T 公司 BQA3800 自动化组合机床 FMEA 分析

T 公司是一家以生产 TF 型某机械产品为主的大中型制造企业，年产值 15 亿元。公司拥有各类设备 1000 余台，其中自动加工中心超过 30%。随着科学技术的发展和新技术的不断引用，机电产品日趋复杂，产品的使用环境多样，对产品可靠性要求越来越高。

设备是公司的重要资产，高附加值的设备更需要妥善的维护和管理才能满足企业的生产运营需要。设备的工作状况直接影响到生产系统的产能和产品的质量，所以良好的设备预防维护是企业在竞争日益激烈的市场环境下生存的关键。

为了做好设备维护保养工作，企业引入预防性维护体系，开展全员和多层次的设备维护活动。FMEA 是一种开展设备预防性维护的重要方法，它是以表格形式来分析当系统最基本构成零件或构件发生故障时，会对上层子系统或系统造成何种影响。通过 FMEA 可以确定故障原因，并通过采取对策来消除故障原因，降低故障影响。

企业拥有众多加工中心，每年要花费大量维修保养费用，同时由于故障造成的停工停产会使生产产量受到较大影响。针对企业现实情况，决定以新引进的 10 台 BQA 系列加工中心在近半年内的工作情况结合以往类似维护经验开展一次 FMEA 分析。希望通过分析结果确定其维护保养方式，并进行对待此类型设备的维修经验推广。

（1）成立 FMEA 分析项目

根据企业决定，成立 FMEA 项目——采用 FMEA 方法分析加工中心维护保养方式。通过查清整机各故障部位、故障模式及故障原因的比率，从整体上掌握这种类型加工中心的故障发生情况，找出对整机可靠性影响较大的故障模式，设计合适的设备保养方法。

（2）成立 FMEA 项目执行小组

按照项目执行内容，挑选出适当的人员成立执行小组。其成员包括设备操作人员 1人、相关工艺（编程）人员 1 人、维修人员 3 人，共计 5 人。

（3）界定系统分析的边界范围

以轴加工车间新引进的 10 台 BQA 系列加工中心为 FMEA 分析对象，根据实际情况确定这 10 台加工中心的工作状况为每天 12h（两班），中间不停机，每周工作 7 天，工作环境为普通厂房，夏季有制冷空调。操作人员一半为有丰富经验数控设备操作经验的工人，一半为学徒工。

（4）实施 FMEA 工作培训

以简报、PPT 的形式让参与本次项目的执行小组成员能够迅速了解 FMEA 的分析方法，包含 FMEA 的意义、历史沿革、目的、功能、实施对象、效益及实施程序等。

（5）决定系统分析水准

项目执行小组针对本次研究所分析的系统范围，确认系统的 FMEA 应分析到哪一个层次。一般的分析层次区分为主系统、子系统、模组及元件四个层次。考虑到本次研究以管理方法的研究为主，并结合实际设备系统特性，研究的分析水准，分析到模块，以一个子系统分析到元件为止。

（6）建立系统可靠性关联图

系统可靠性的关联图是分析可靠性的基本知识，是了解系统构成组件间的技能关系。由关联图的建立，可清楚了解到下一个层次一旦发生故障时，其对上一个层次所造成的影响如何。可逐层检验系统上所发生的故障和影响。本次研究所建立的设备可靠性关联图为执行小组成员在分析设备、参考资料后，决定系统分析水准，根据设备实施状态所绘制。加工中心系统可靠性关联图可参阅图 5-25。

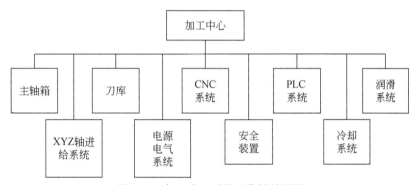

图 5-25　加工中心系统可靠性关联图

（7）分析系统故障模式和影响

执行小组根据步骤（6）所建立的设备可靠性关联图，以研讨的方式列出关联图最低层次的故障模式和影响，如果故障模式可能发生在某种或某些条件下，应将这些条件专门列出，并将每一失效元件名称、故障模式和影响依序填入 FMEA 分析表（表 5-21）中，表头组成见表 5-14。设备故障率统计为该批设备进厂后的故障统计情况，见表 5-15。

表 5-14　VMC750 加工中心主轴系统 FMEA 表内容

故障部位	故障模式	故障原因	故障影响	发生度	严重度	难检度	RPN

注：RPN 为风险指数

在小组讨论时，可以从以前发生的各种故障开始入手，充分发挥小组各成员的思维。而关于故障的影响分析，因为该影响在这里定义为操作者能感知到的对设备或产品的影响，在描述时，必须以操作者、维修人员能注意或理解的方式和语言执行。如果为安全问题或违规问题，则必须明确而清晰地指出来。在具体分析时还应注意系统内在的联系。

表 5-15　加工中心故障部位的故障次数和频率表

项目	CNC 系统	主轴系统	电气系统	刀库	PLC 系统	润滑系统	进给系统	安全装置	冷却系统
次数	15	22	19	10	2	8	10	1	1
频率	0.183	0.268	0.232	0.122	0.024	0.098	0.049	0.012	0.012

由表 5-15 可知，主轴系统故障率最高，考虑到本书主要为探讨一种设备管理的方法，本次分析仅以对主轴系统的分析为例。

(8) 分析设备故障模式的发生度

执行小组根据实际设备的故障记录，针对所有失效元件的故障模式，评定该故障模式的故障发生次数。再通过故障发生次数与发生度给分表（表 5-16），以决定每一故障模式的发生度分数，并将此分数记录在表 5-21FMEA 分析表中。

表 5-16　发生度给分参考表

故障频率（失效次数/年）	给分范围（1~10 分）
1 次以下（不包括 1 次）	1~2 分
1~2 次（不包括 2 次）	3~4 分
2~3 次（不包括 3 次）	5~6 分
3~4 次（不包括 4 次）	7~8 分
4 次以上（包括 4 次）	9~10 分

(9) 分析设备故障模式的严重度

工作小组根据设备实际的故障记录，针对所有的故障元件的故障模式，评定其产生故障后所造成的停产时间，再根据停产时间和给分表，决定每一种失效模式的严重度分析，严重度给分参考表见表 5-17，并将这个分数记录在表 5-21 的 FMEA 表中。

严重度是用量化的指标来评估失效发生后所产生影响的严重程度。要想降低一个故障的严重程度，只有通过设计更改和提前采取预防措施，防止它的发生。

表 5-17　严重度给分参考表

停工事件	给分范围（1~10 分）
不超过 0.5h	1~2 分
0.5~1h（不包括 1h）	3~4 分
1~2h（不包括 2h）	5~6 分
2~4h（不包括 4h）	7~8 分
超过 4h（包括 4h）	9~10 分

(10) 分析设备故障模式的难检度

采用专家经验的方式，使用表 5-18 询问相关的技术人员，通过综合评定得到每一个故障模式的难检度分数，并将这个分数记录于 FMEA 分析表（表 5-21）中。这里需要指出的是不能主观认为某故障发生的可能性低，则被发现的容易度就高。

分析表中的平均分数采取 $\sum X_i/n$ 值。

其中，X_i 为第 i 位技术人员给的分数；n 为技术人员数；$\sum X_i/n$ 为每一故障模式难检度的平均分数。

表 5-18 难检度分析参考表

次（子）系统名称：

分数失效模式名称	极易				一般			极难		
	1	2	3	4	5	6	7	8	9	10
故障模式 1	☐	☐	☐	☐	☐	☐	☐	☐	☐	☐
故障模式 2	☐	☐	☐	☐	☐	☐	☐	☐	☐	☐
故障模式 3	☐	☐	☐	☐	☐	☐	☐	☐	☐	☐

（11）决定设备故障模式的发生度、严重度、难检度权重

本次研究为了能客观、实时地反映个案设备对于发生度、严重度和难检度三个评分要项的权重。采用 AHP（层次分析法）以决定三要项的权重值。关于三者权重分析的 AHP 构架，如图 5-26 所示。

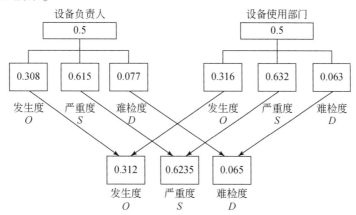

图 5-26　发生度、严重度、难检度权重分析 AHP 框架图

设备负责部门针对发生度、严重度、难检度三者要项的评比见表 5-19。

表 5-19　设备负责部门针对发生度、严重度、难检度三者要项的评比

项目	设备负责人员		
	发生度（O）	严重度（S）	难检度（D）
发生度（O）	1	1/2	4
严重度（S）	2	1	8
难检度（D）	1/4	1/8	1

$$A = \begin{bmatrix} . & 1/2 & 4 \\ 2 & . & 8 \\ 1/4 & 1/8 & . \end{bmatrix} \longrightarrow B = \begin{bmatrix} 0.308 \\ 0.615 \\ 0.077 \end{bmatrix}$$

可得：$W_{o1}^{B} = 0.308$，$W_{S1}^{B} = 0.615$，$W_{D1}^{B} = 0.077$。W_{o1}^{B}，W_{S1}^{B}，W_{D1}^{B} 分别表示设备负责部门确定的发生度、严重度、难检度三者的权重。

设备使用部门针对发生度、严重度、难检度三者要项的评比见表 5-20。

表 5-20　设备使用部门针对发生度、严重度、难检度三者要项的评比

项目	设备使用人员		
	发生度（O）	严重度（S）	难检度（D）
发生度（O）	1	1/2	6
严重度（S）	2	1	12
难检度（D）	1/6	1/12	1

$$A = \begin{bmatrix} . & 1/2 & 6 \\ 2 & . & 12 \\ 1/6 & 1/12 & . \end{bmatrix} \longrightarrow B = \begin{bmatrix} 0.316 \\ 0.632 \\ 0.053 \end{bmatrix}$$

可得：$W_{o2}^{B} = 0.316$，$W_{S2}^{B} = 0.632$，$W_{D2}^{B} = 0.053$。W_{o2}^{B}，W_{S2}^{B}，W_{D2}^{B} 分别表示设备使用部门确定的发生度、严重度、难检度三项的权重。

综合以上两个部门的评比情况，在发生度、严重度、难检度三要项的权重上，分析结果为

$$W_1 = 0.308 \times 0.5 + 0.316 \times 0.5 = 0.312 \text{（发生度）}$$
$$W_2 = 0.615 \times 0.5 + 0.632 \times 0.5 = 0.6235 \text{（严重度）}$$
$$W_3 = 0.077 \times 0.5 + 0.063 \times 0.5 = 0.065 \text{（难检度）}$$

(12) 决定设备失效模式的风险优先指数

项目执行小组按照步骤（11）得到发生度、严重度、难检度三项评分要素的权重值，并根据步骤（8）、（9）、（10）所建立的各故障模式的发生度、严重度、难检度分数。通过风险优先指数的计算公式，用以决定每一故障模式风险指数，并将此计算结果记录到 FMEA 的分析表中。

有关风险优先指数的计算公式为

故障模式的风险优先指数

= 0.312×故障模式的发生度分数 + 0.6235

×故障模式的严重度分数 + 0.065×故障模式的难检度分数

(13) 决定设备故障模式的风险等级

项目执行小组按照步骤（12）所计算出来的故障模式风险优先指数资料，作风险指数与故障模式项数间的统计图（图 5-27）。由图可知，其故障模式的风险优先指数分布为一

趋近于常态分布（中间高两边低）的特性。由这一特性来定义故障模式的风险等级。

将指数由大到小排序，若采用 3 等分法，来区分高、中、低三风险等级，其每等级所含有的失效模式数目无法满足常态分布（中间高两边低）的特性。若采用 6 或 7…10 等分法来区分高中低三风险等级，则其高风险等级的故障模式项数又太少，无法达到显著的改善效果。

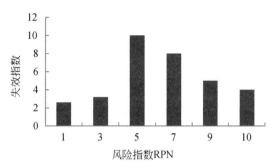

图 5-27　风险指数—失效指数统计图

基于以上两点，采用 5 等分来区分故障模式的风险等级，定义此指数排序的前 1/5 属于高风险等级的故障模式。最后 1/5 属于低风险等级的故障模式。

（14）制定改善和控制方式

结合工作小组的集思广益，考虑设备可用资源（人力、物力、财力），针对每一个故障模式提出具体可行的改善策略，并经过小组成员的评估后，填入 FMEA 分析表中。并重点对高风险等级的故障模式进行控制。

而且 FMEA 分析不是一个一次性的工作，它必须被不断更新，甚至增加新的项目，直到表中所列已全部实施，并已达到预期效果。

（15）完成 FMEA 表

FMEA 表见表 5-21。

表 5-21　VMC750 加工中心主轴系统 FMEA 表

故障部位	故障模式	故障原因	故障影响	发生度	严重度	难检度	RPN
主轴准停不好，转速不正常	主轴失调	数控增益未调好	主轴不准停	9	3	4	4.94
抓刀拉杆断	零部件损坏	拉杆断	无法换刀	5	7	2	6.05
主轴准停不能完成	主轴失调	PLC 和线路故障	无法换刀	5	5	6	5.07
机床无法准停，抓刀出错	主轴失调	抓刀高度不符	无法换刀	7	5	2	5.43
抓刀时接近开关，没有信号	主轴失调	接近开关失灵	无法换刀	7	1	2	2.94
主轴旋转发出噪音	零部件损坏	轴承坏	主轴无法正常运转	5	7	3	6.12

故障部位	故障模式	故障原因	故障影响	发生度	严重度	难检度	RPN
抓刀出现报警	主轴失调	接近开关失灵	无法正常换刀	10	1	2	3.87
主轴反向不转	主轴失调	调整出错	主轴无法工作	3	3	3	3.00
主轴锥柄内有裂纹	零部件损坏	制造材料问题	主轴无法工作	3	9	6	6.94
镗孔时圆度超差	紧固件松动	拉钉与刀柄接触面不实	工件加工质量差	1	3	5	2.51

5.2.4.5 个案 FMEA 分析结果的讨论

利用前面建立的 FMEA 分析表，进行本个案设备 FMEA 分析结果的讨论，其内容包括分析结果的统计、改善策略的分析、改善效益的评估。

（1）分析结果的统计

根据本次研究建立的 VMC 加工中心的 FMEA 分析表5-21可以得知，设备 BQA3800 加工中心主轴系统故障模式中达到高风险等级的，计有主轴锥柄内有裂纹、主轴旋转发出噪声两项故障模式，这两种故障模式均导致主轴无法工作，设备因故停机，无法生产，影响生产的时间较长，造成的影响也最为严重。

其余各单元系统的高风险故障模式统计，均可参考以上方法进行。

（2）改善策略的分析

经过对这次研究的分析结果统计（请参阅前表5-8），可清楚得知个案设备中究竟存在哪些高风险故障模式，本小节将根据这些故障模式，提出可行的改善方案及分析导入改善方案后的设备主轴系统可靠度情况。

有关改善方案的拟订，可以通过这次的 FMEA 工作小组的集思广益，并考虑该研究单位现行的对于设备维护保养的处理方式以及可应用的各类资源（人力、物力、财力）后提出。而且所提出的方案必须由设备主管工程师评估其执行后的预期效果如何、风险指数是否下降（指数下降，表示改善方案确实可以有效地提升设备的可靠度，值得推行；指数上升，则相反），这样才能从程序和内容上对这次的分析研究有个完整的过程并得到结果，达到分析的目的。

由分析结果可知，首先应解决主轴锥柄裂纹，该项虽然只出现一次，但直接导致设备停机，而且作为设备的购买单位，其维修力量无法解决此类故障，所以将该问题反馈到生产厂家，并建议生产厂家对该批次设备主轴锥柄材料进行分析检查，如果确定为该批次材料使用问题，厂家应对使用部门的同批次设备的主轴锥柄进行免费更换。而针对另一项高风险等级的主轴旋转发出噪音，由于轴承是设备运动的主要部件，可将轴承润滑保养时间提前，由原来的每三个月一次改为现在的每一个月一次，实施后效果良好。可参见设备改善方案的分析表5-22。按照这种方法逐项进行分析，确定针对各项故障模式的保养周期和内容，争取解决其余相关问题。最后可以得到设备改善前后可靠度分析表，见表5-23（表5-22和表5-23仅以高分险等级的故障模式为例）。

将新 RPN 值填入原来的表 5-19，得到改善后的 FMEA 表 5-24。再重新计算故障模式风险优先指数，作新的风险指数与故障模式项数间的统计图（图 5-28）。

表 5-22　设备改善方案的分析表

故障部位	故障模式	故障影响	故障原因	检查方法	RPN	对策	再评价
主轴锥柄内有裂纹	零部件损坏	制造材料问题	主轴无法工作	预防保养	6.94	厂家更换	保养周期提前
主轴旋转发出噪声	零部件损坏	轴承坏	主轴无法运转	预防保养	6.12	防错法	保养周期提前

表 5-23　设备改善前后可靠度分析表

故障部位	故障模式	故障影响	故障原因	改善前的 RPN	改善后的 RPN
主轴锥内有裂纹	零部件损坏	制造材料问题	主轴无法工作	6.94	4.87
主轴旋转发出噪音	零部件损坏	轴承坏	主轴无法运转	6.12	2.37

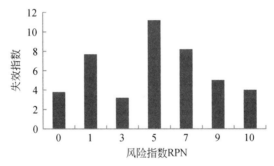

图 5-28　风险指数与失效指数统计图

经下降，重新划分风险等级，采用 5 等分来区分故障模式的风险等级，定义此指数排序的前 1/5 属于高风险等级的故障模式。最后 1/5 属于低风险等级的故障模式。

表 5-24　VMC750 加工中心主轴系统改善后 FMEA 表

故障部位	故障模式	故障原因	故障影响	发生度	严重度	难检度	RPN
主轴准停差，转速不正常	主轴失调	数控增益未调好	主轴不准停	9	3	4	4.94
抓刀拉杆断	零部件损坏	拉杆断	无法换刀	5	7	2	6.05
主轴准停不能完成	主轴失调	PLC 和线路故障	无法换刀	5	5	6	5.07
机床无法准停，抓刀出错	主轴失调	抓刀高度不符	无法换刀	7	5	2	5.43
抓刀时接近开关，没有信号	主轴失调	接近开发失灵	无法换刀	7	1	2	2.94

续表

故障部位	故障模式	故障原因	故障影响	发生度	严重度	难检度	RPN
主轴旋转发出噪音	零部件损坏	轴承坏	主轴无法正常运作	1	7	3	2.37
抓刀出现报警	主轴失调	接近开发失灵	无法正常换刀	10	1	2	3.87
主轴反向不转	主轴失调	调整出错	主轴无法工作	3	3	3	3.00
主轴锥柄内有裂纹	零部件损坏	制造材料问题	主轴无法工作	1	3	6	4.87
镗孔时圆度超差	紧固件松动	拉钉刀柄接触面差	工件加工质量差	1	3	5	2.51

(3) 改善效益的评估

根据前面的 FMEA 分析表（表5-21）和设备改善方案的分析表（表5-22）以及设备改善前后可靠度分析表（表5-23）等三项资料，综合评估设备改善效益。评估模式可采用一种较能反映成本和效益之间关系的益本比分析法。针对本次研究设备改善的评估流程可以按照下述研究方法进行。

1）设备改善前产能损失金额的估算。本次研究中，根据设备 FMEA 分析表的发生度和严重度分数，可以容易得到每一种故障模式平均每年的故障次数和产生故障后所造成的停产时间。根据这两项数据，通过产能损失金额的估算式，可以决定每一种故障模式对设备产能的损失情况，将此计算的结果记录到设备改善前的产能损失估计表中。其产能损失金额估算公式为

产能损失金额＝失效次数（每年）×停产时间（小时）×单位时间产能损失金额（小时）

根据此次研究的两项高风险等级的故障模式，主轴旋转发出噪音年失效次数为 6 次，每次拆卸安装和其他停机时间共计 12h；主轴锥柄内有裂纹年实现次数为 2 次，每次停机时间 7d。由于被研究单位的特殊性，其单位时间产能损失金额用 A 表示。年产能损失金额 $=(2{\times}12{\times}7+6{\times}12){\times}A=240A$。

2）设备预期改善后产能损失金额的估算。本次研究中，根据设备改善前后可靠度分析表，可以简单地评估出每一种故障模式预期改善后的失效次数和停产时间。再根据这两项的评估数据，通过预期产能损失金额的估算式，可以决定每一种故障模式在设备预期改善后的产能损失情况，将此计算结果记录到设备改善后的产能估算表中。其估算公式如下：

预期产能损失金额＝预期失效次数（每年）×停产时间（小时）

×单位时间预期产能损失金额（小时）

改善后，主轴旋转发出噪音年失效次数为 1 次，每次拆卸安装和其他停机时间共计 6h（提前备用轴承）：主轴锥柄内有裂纹，年实现次数为 1/2 次，每次停机时间 2d（提前备用锥柄）。年产能损失金额 $=\left(\dfrac{1}{2}{\times}12{\times}2+1{\times}6\right){\times}A=18A$。

3）设备预期投入改善成本的估算。FMEA 工作小组根据设备改善方案分析表中所提

出的改善方案内容，考察现行可用资源（人力、物力、财力），用以评估针对每一种故障模式，系统需要投入的改善成本，并将此改善成本记录到系统改善方案的分析表中。

在此研究中，高风险等级的故障模式之一——主轴锥柄内有裂纹，一方面和厂家选材有关，另一方面和高强度的运转有关；故障模式之二——主轴旋转发出噪声，主要和高强度的运转有关。所以需要加大预防保养的强度，其费用包括人力成本、润滑成本及润滑保养时的停机时间。较之以往，主要增加的是润滑油成本和润滑保养时的停机时间。该费用用 B 表示。由于润滑保养的时间仅为每两个月 1h（年时间为 6h），以及润滑油的年费用为 200 元。该费用较单位时间产能损失金额微不足道。在这里仅考虑年润滑停机时间 6h，则因润滑保养引起的改善成本计为 6A。

4）设备改善前后的成本—效益（益本比估算）。益本比是一种衡量成本和效益间的指标，其值越大，代表每单位投资成本所获得的效益越大。在本研究中，通过益本比的估算公式，可以计算出设备改善前后的成本—效益比值，从而可以评估设备的改善效益。其益本比的估算公式为

$$益本比=\frac{设备改善前的产能损失金额-设备改善后的产能损失金额}{设备预期投入的改善成本}=\frac{设备预期改善效益}{设备预期改善成本}$$

那么根据这次研究的结果，其益本比的结果为

$$益本比=(240A-18A)/B=222A/6A=37$$

由此可见，经过分析和改善，获得了较高的效益。

5.2.4.6 结论

通过以上的分析，我们找到了本次研究对象——加工中心的可靠性薄弱环节和潜在缺陷。一方面可以根据这些潜在缺陷制定设备的维护保养方式和时间，另一方面，对于我们无法解决的问题，及时反馈给厂家，便于厂家的跟踪。我们还可以找出高风险故障模式，对高风险故障模式进行改善后，设备的主轴系统故障率下降，由于电气故障率还未改进，故障率上升到第一位，因此应进一步针对电气系统故障模式、故障原因进行分析，并采取改进措施。应该说明的是故障发生的频率总体已较改进前大大减少。相信会通过不断进行 FMEA 法循环，促使设备的可靠性得到不断提高。经过对信息和数据的跟踪和可靠性考核的结果表明，该类设备的平均无故障工作时间比改进前提高了 48.3%，可靠性得到明显的改善。同时也说明 FMEA 法是改进和提高产品可靠性的有效方法。

5.2.5 作业疲劳测定

5.2.5.1 作业疲劳测定方法简介

作业疲劳是导致生产效率下降、事故发生的重要原因之一。研究作业疲劳对提高生产效率、减少事故的发生，以及保护劳动者安全和健康具有重要意义。通过对手工作业人群肌肉力量及疲劳性机理的分析，测定人体本身及其能力的数据，可以设计出适合人的能力的生活、工作用品，解决人与物、物与物之间的效率提高问题。常用的作业疲劳测量方

法，包括：主观感觉询问表评价法、生理参数测试法、生物化学测试法、心理学测试方法以及几种方法相结合的结合测试方法。

OWAS（ovako working-posture analyzing system）用于区分人工作时的身体姿势，并依照该姿势所可能引发的肌肉骨骼伤害程度予以等级评定，提供研究人员对工作现场进行改善的参考依据。在日常工作空间设计分析中，OWAS 被认为是对各种工作场景的无数操作姿势进行人机分析的有效且容易实现的方法，因而在工业领域得到了广泛的应用。

OWAS 主要分析人体背部、手臂、腿部、头部四个部位的姿势要素和一个负重要素，然后根据对上述五项采取编码的方式，按照特定的排列组合显示出来。例如 2321-1，其编码方式及含义如图 5-29 所示。通过分析五个要素之间的相互作用，评定人体姿态的疲劳等级。OWAS 将工作姿态需要改进的紧迫程度、工作姿态疲劳等级按 1~4 进行划分。其等级分类详见表 5-25。

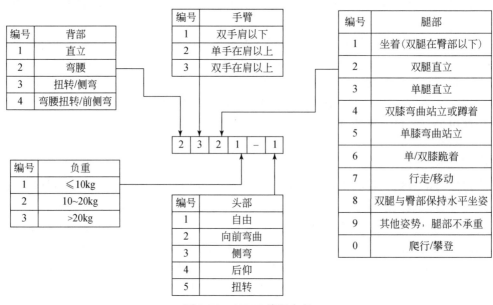

图 5-29　OWAS 编码含义

表 5-25　OWAS 疲劳等级分类

等级	1	2	3	4
含义	可以接受	轻微伤害	显著伤害	严重伤害

5.2.5.2　手工作业人群肌肉力量及疲劳性机理分析与改进

(1) 企业概况

CH 木业有限公司是一家以生产细木工板为主要生产对象的生产基地，拥有员工 70 余人，属于小型企业，职能部门主要包括生产、销售、运输、保卫、后勤五个部门。企业组织结构图如图 5-30 所示。

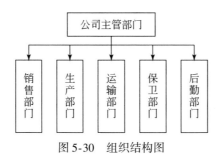

图 5-30   组织结构图

该公司工厂的作业流程图如图 5-31 所示。

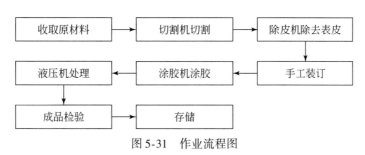

图 5-31   作业流程图

表 5-26 是对手工锯木和细木工板装订得出的统计数据。

表 5-26   测量表格

名称	工作时长/h	休息时长/h	重复动作	抽样人数/个	重复比例/%
锯木	6	2	弯腰、手腕前推、后撤	6	75
装订	6	2	弯腰、手腕前伸、后撤	8	60

（2）调查问卷数据分析

研究的主要对象是生产部门的手工作业人员在生产中肌肉疲劳强度的分析，以及介绍肌肉疲劳的主要来源。其目的是提高社会对肌肉骨骼疾患的重视和认识，最终改善患者的生活质量。由于主要研究的是对生产部门的作业人员分析，主要包括手工锯木和细木工板装订两个作业工种，通过调查，得出表 5-27。

表 5-27   调查对象的基本信息

变量	类别	人数/个	百分比/%	其他
性别	女性	18	29.5	—
	男性	43	70.5	—
年龄	30 岁以下	25	41.0	平均值 33.80
	31 ~ 40 岁	28	45.9	标准差 7.02
	40 ~ 50 岁	6	9.8	最小值 24
	50 岁以上	2	3.3	最大值 57

变量	类别	人数/个	百分比/%	其他
	1~5 年	16	26.2	平均值10.21
工龄	5~9 年	12	19.7	标准值6.17
	10 年及以上	33	54.1	最小值1
	—	—	—	最大值28
工作期间是否曾有肌内骨骼失调性损伤	是	41	67.2	—
	否	20	32.8	—

统计结果显示在工作期间曾经有过肌肉骨骼失调性损伤（muscular skeleton disorder，MSD）相关症状或者病患的比例达到了67.2%，这个数字显示了手工作业人群在进行作业时肌肉疲劳损伤的高风险性。表5-28 的统计结果显示，在被调查者身体各部位中，颈部、背部是经常感到疼痛的部位，存在不同程度酸痛的比例分别达到了78.8%、68.9%，其次为肩部和腿部，手腕和脚踝是最低酸痛感的部位。表5-29 是对各种设备的数据测量。

表5-28　身体各部位存在酸痛症状百分比　　　　（单位:%）

部位	没有酸痛	轻微酸痛	中度酸痛	比较酸痛	严重酸痛
手腕部	50.8	14.8	24.6	8.2	1.6
颈部	21.3	24.6	27.6	16.4	9.8
肩部	31.4	21.3	29.5	13.1	4.9
背部	31.1	16.3	24.5	21.3	6.6
腿部	36.1	27.9	23	9.8	3.3
脚踝部	47.5	23	19.7	6.6	3.3

表5-29　设备名称及长宽高数据表　　　　（单位：m）

名称	长	宽	高
液压机	5.5	1.8	12
砂光机	2.4	3.8	3.8
涂胶机	7.2	2.9	1.4
除皮机	732	1	1.8

注：液压机腰部距离存放高度为30~40cm；腕部距离机身为80~100cm；膝部距离存放台30cm；砂光机工作台宽为2m；腰部倾斜45度角，双人操作；腰部与机身距离为30~40cm；腕部与操作台为30~40cm

表5-30 是对细木工板的测量数据。

表5-30　细木工板数据表　　　　（单位：cm）

长	宽	高
300	140	2

（3）手工作业员工的 OWAS 分析

工作姿势的超负荷会带来肌肉骨骼损伤的风险。手工作业人群进行弯腰、搬运等幅度较大的动作和工作姿势都有可能给作业人群身体带来损伤。

作业人员工作姿势的行动等级（action categories，AC）共分为四个等级，包括 AC1、AC2、AC3、AC4，各个等级的处理方案见表 5-31。除 AC1 以外，其他三个等级均有改善作业的必要。

表 5-31　AC 等级表

等级	危害姿势	处理方案
AC1	正常姿势	不需处理
AC2	姿势轻微危害	需要近期采取改善措施
AC3	姿势有明显危害	需要尽快该措施
AC4	姿势严重危害	需要立即采取改善措施

对手工锯木和细木工板装订两个工种工人的每一个动作进行 OWAS 分析，可得子作业过程表（表 5-32 和表 5-33）。

表 5-32　手工锯木动作表

作业编号	名称	包含的动作
1	取木	取得木板，拿起手工木锯
2	送木	放下木锯，送达木板
3	平稳锯木	持续锯木，稳拿木锯
4	锯割质地较硬的木板	加大手部力气
5	转换切割方向	换个方向，切割另一面

表 5-33　毛坯装订顺序表

作业编号	名称	包含的动作
1	取木	取得木板，拿起装订机
2	送木	放下装订机，送达木板
3	快速装订	持续装订，稳拿装订机
4	装订质地坚硬的木板	加大装订机气压
5	装换装订方向	调整装订方向

场景图如图 5-32 和图 5-33 所示。

（4）身体各部位姿势分析

经过对所有画面的工作姿势的分析和统计，所拍摄的手工作业两个工种工人的身体各

图 5-32　手工锯木图

图 5-33　毛坯装订图

部位不良姿势重复性百分比结果如表 5-34 所示。结果显示，两个工种工人的不良姿势比例较高的部位主要包括颈部和背部。工人在操作过程中会频繁地转动腕部，注意每个动作，在遇到质地较硬木板时尤其频繁，同时对不断取送木板的注意也会加重颈部负担。另外，工人还要不时地扭转头部观看下一工序，查看是否需要。背部弯曲姿势主要出现于锯木和装订时，加大力气时也会加重背部负荷。在进行细致处理时，工人也需要弯曲背部才能进行操作。

为了分析各子过程中的不良姿势比例，我们将姿势分析的结果与上文中的操作子过程分析相结合，从而得到损伤风险较高的子过程。通过统计各子过程不良姿势百分比，结果见表 5-34，不良姿势比例较高的子过程为取木、送木和转换操作方向等过程。在取木和送木的过程中，工人在询问需要情况等动作中，经常会有背部弯曲的动作，这导致了取送木板过程中不良姿势的比例较高。而在转变操作方向过程中，由于需要腰背部发力，背部容易弯曲，且扭转这样的姿势在 OWAS 系统中对应的行动等级较高，从而导致转向过程中的不良姿势比例较突出，见表 5-35。因为在取送木工程中，手腕部位灵活度自由控制，所以不做描述。

表 5-34　子过程不良姿势百分比结果表　　　　　　（单位:%）

子过程	手工锯木不良动作姿势百分比	毛坯装订不良动作姿势百分比
取木	75.0	41.7
送木	42.8	23.6
持续操作	5.8	5.1
质地较硬的木板	0.3	0
转向	36.7	42.1

表 5-35   身体部位 AC 表

身体部位	部位姿势	手工锯木/%	装订/%	AC 值
颈部	自由	76.3	64.4	AC1
	前倾	3.4	10.6	AC3
	侧弯	6.8	5.6	AC1
	侧弯旋转	13.5	19.4	AC2
背部	直立	57.7	81.2	AC1
	弯曲	33.8	15.5	AC2
	扭转	6.8	2.9	AC2
	弯曲且扭转	1.7	0.4	AC3
臂	双臂低于肩	100	100	AC1
腿	坐姿	100	100	AC1
施力与重量	低于 5kg	100	100	AC1

（5）全身姿势的组合分析比较

为了了解工人在整个操作过程的姿势动作危险程度，此部分统计了工人全身姿势所对应的各个行动等级的比例。表 5-36 给出了统计结果。结果显示，对于两个工种工人 AC 值大于等于 2 的比例分别为 66.8% 和 70.2%，说明操作过程中的大部分姿势对工人的肌肉骨骼都是有损害风险的。AC3 和 AC4 对应的则是需要尽快改进措施的姿势类别。两个工种工人分别面对持续操作和质地较硬的木板两种情境如图 5-34 所示，结果显示，两种情境下工人的不良姿势比例相差并不明显。

表 5-36   两个工种工人全身动作不良姿势百分比   （单位:%）

AC 值	手工锯木全身不良动作姿势百分比	毛坯装订全身不良动作姿势百分比
AC1	33.2	29.8
AC2	51.0	45.6
AC3	12.2	18.4
AC4	3.6	6.2

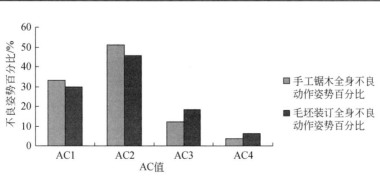

图 5-34   手工作业不良姿势百分比图

本节利用调查问卷结果结合 OWAS 方法评价了手工作业人群的肌肉疲劳状况，分析了不良工作姿势给作业人群带来的损伤风险。评价和分析结果显示工人的疼痛部位和负荷最大的部位为背部和颈部，这与国内外的调查研究结果基本一致。并将液压机工人进行作业处理时的手工作业改成便自动化作业，有效减轻其作业负担。

（6）提高作业能力和降低劳动疲劳的措施

作业能力和作业效率受作业者的身体素质、心理素质、技术水平、作业条件的影响。通过改革机器、工具、改进操作方法，改善生产条件、劳动制度、劳动企业和作业环境，可以显著地提高作业者的作业能力和工作效率。

5.2.5.3 改进操作方法

（1）正确选择作业姿势和体位

采用 MOD 法设计标准作业动作，同时根据员工身高的不同制作脚踏板，减轻腰部和肩部受力，缓解疲劳。

为细木工板装订人员设置可移动高凳（移动座椅可以能让装订人员不用起身，就可以到达装订地位进行装订，省时），保护其腰部；

购买合适的护臂，保护其腕部、肘部、前臂；

改进热压机工人在作业时由于长期取拿木板对腰部造成的肌肉损伤现象，对存放台进行改进，采用液压装置，将工人手工抬木改用液压升高装置，可有效缓解工人在作业时的腰部损伤。

（2）合理安排作业休息制度

1）上下午各设置 15min 的工间休息时间。

2）中午休息时间延长 30min。

（3）改善工作内容

1）推行岗位轮换制，避免工作单调和局部肌肉劳动损伤。

2）合理调节作业速率。除皮和液压两个工种是半自动化操作形式，因此可以通过改变机器运行的速度来调节工作速度或节奏，这方面很大程度上缓解其心里紧张程度和提高肌肉恢复速度。

手工作业人群易受多方面的劳动损伤，严重影响正常的生活水平，通过对手工作业者的调查，来发现此类诸多问题。通过利用专业的工具来分析问题、解决问题，使得自己在认识问题上的思路更加清晰。目的是发现造成手工作业人群劳动损伤的主要原因，在以后，应避免或注意此类问题。并就此类问题提出自己的相关建议。

5.3 小　　结

生产改善是制造创新方法链中的一个重要模块。本章针对生产改善模块中的产品制造和生产保障两个子模块的概念、内容、基本过程以及存在的主要问题进行了简单的介绍，并对产品制造和生产保障子模块中可用的创新方法进行了整理，同时结合相关案例，对产品制造过程中的流程程序分析、设施布置、生产线平衡等以及生产保障过程中的失效模式与影响分析、劳动疲劳测定等典型创新方法展开了较为详细的讨论。生产改善模块的输出结果是可靠的制造过程和低成本、高品质产品，它为下一阶段市场营销模块的实施提供了有力的保障。

参 考 文 献

岑吴，蔡三发 . 2005. 装配生产线平衡的改善 . 上海管理科学，（5）：16-17.

陈荣秋，马士华 . 2004. 生产与运作管理 . 北京：高等教育出版社 .

陈荣秋，马士华 . 2005. 生产与运作管理 . 北京：高等教育出版社 .

丁玉兰 . 2007. 人因工程学 . 上海：上海交通大学出版社 .

耿双华 . 2009. 基于工业工程的解放卡车装配线改善的研究 . 天津：天津大学硕士学位论文 .

郭伏，钱省三 . 2006. 人因工程学 . 北京：机械工业出版社 .

蒋祖华，苗瑞，陈友玲 . 2001. 工业工程专业课程设计指导 . 北京：机械工业出版社 .

蒋祖华，奚立峰 . 2006. 工业工程典型案例分析 . 北京：清华大学出版社 .

阚树林 . 2008. 生产计划与控制 . 北京：化学工业出版社 .

孔庆华 . 2010. 人以工程基础与案例 . 北京：化学工业出版社 .

李健，等 . 2009. 先进制造技术与管理 . 天津：天津大学出版社 .

李维佳 . 2006. FMEA 应用于设备维护的研究 . 成都：西南交通大学硕士学位论文 .

刘琴，孙林岩，刘军峰 . 2012. 公交司机肌肉骨骼损伤风险的功效学分析 . 工业工程管理，17（2）：118-122.

牛雪筠 . 1987.《工效学》学科介绍 . 山东建材学院学报，（1）：75-77.

齐二石 . 2007. 现代工业工程与管理 . 天津：天津大学出版社 .

严扬 . 1993. 人机工程学设计应用 . 北京：中国轻工业出版社 .

易树平，郭伏 . 2006. 基础工业工程 . 北京：机械工业出版社 .

张鄂，王冠华，李岳，等 . 2012. 基于 NIRS 的局部肌肉疲劳与脑疲劳及人体舒适性实验 . 四川兵工学报，（11）：120-123.

张广鹏 . 2008. 工效学原理与应用 . 北京：机械工业出版社 .

张学渔 . 1985. 人类工效学简介 . 铁道学报，（2）：120.

赵江洪，谭浩 . 2007. 人机工程学 . 北京：高等教育出版社 .

De Neufville R. 1976. AirportSystems Planning. London：Macmillan Press.

Nembhard H B，Kao M S. 2011. A forecast-based monitoring methodology for process transitions . Quality and Reliability Engineering International，4（17）：307-321.

Philip W W，et al . 1993. An application of Bayesian methods in SPC，The Statistican，42（4）：461-469.

|第6章| 市场营销

当企业实现产品的大规模制造后，其面临的主要任务就是进行市场营销，如图 6-1 所示。精心的设计、优越的功能、上乘的质量，不一定带来产品销售上的大获全胜；相反，许多满足上述各项条件的"优秀"产品在上市不久之后就默默无闻、黯然失色，甚至其中有一部分产品尚未来得及面市便早早铩羽而归。显然，在当今市场竞争日趋激烈的环境下，"酒好不怕巷子深"的时代已经一去不返。因此，对于经过创意激发、技术突破、成型优化与生产改善四个模块相关活动与方法造就的产品，能否在市场上获得成功，实现"惊险的一跳"这一创新的"终极目标"而言，市场营销发挥着举足轻重的作用。

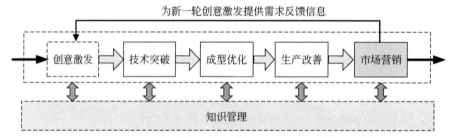

图 6-1　市场营销模块在制造创新方法链中的位置与作用

市场营销是企业生产的产品实现其市场价值的关键模块，该模块通过各种渠道和方式，将生产改善模块所生产出来的产品传递到目标消费者的手中，从而使得企业实现经济效益。在制造创新方法链中，市场营销模块的创新目标是：一方面采用市场细分、目标市场选择与市场定位等多种举措，进行科学而准确的市场规划；另一方面则应用价格、渠道、促销等营销策略与组合，最终实现产品的市场价值，并通过售后服务和客户管理等方式，提升顾客满意度和顾客价值，维持长期稳定的客户群，从而实现企业的可持续经营和发展。

市场营销模块主要包括市场规划和产品营销两个子模块，如图 6-2 所示。市场规划的主要流程是，开展市场调查，分析市场轮廓，然后在此基础上，进行市场细分，目标市场选择及确定市场定位。市场规划可以为创新的最终商业化实现指明正确方向。产品营销涉及的主要工作是，在市场规划的基础上，确定产品价格，建立营销渠道，开展产品促销、售后服务和客户管理，以便在实现顾客价值的同时实现产品的市场价值。产品营销是直接导致创新性产品能否真正获得市场成功的关键一环。

本章的结构安排为，6.1 节主要讨论市场规划的基本概念和相关创新方法，在这一部分中，首先对市场规划的基本概念、主要环节及存在的问题、相应的可用创新方法进行简单介绍，然后针对对应分析法和联合分析法这两种典型创新方法及相应案例进行详细介

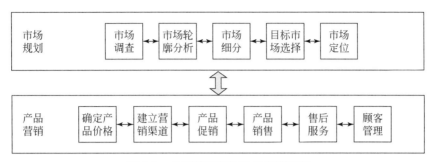

图 6-2　市场营销模块及各实施环节

绍；6.2 节主要讨论产品营销的基本概念和相关创新方法，在这一部分中，首先对产品营销的基本概念、主要环节及存在的问题、相应的可用创新方法进行简单介绍，然后针对饥饿营销方法和可拓营销方法两种典型创新方法及相应案例进行详细介绍。

6.1　市 场 规 划

市场规划是最早的市场营销活动，其根本宗旨在于综合分析产品市场、竞争形势、组织内部外部条件等因素及其变迁情况，为企业准确确定具有发展潜力和开发优势的目标市场，从而为创新的最终商业化实现指明正确方向。

6.1.1　市场规划定义

6.1.1.1　市场规划内涵

市场规划，就是在市场调查分析和研究的基础上，根据产品市场容量预测以及消费者的行为、偏好、需求和购买意愿差异及其变化情况，结合市场竞争形势和企业的资源、能力、优势、劣势等具体条件，科学合理地选择一个特定的消费群体作为目标市场，从而为本企业产品确定合适的市场位置，并树立其鲜明形象，以便进一步制定相关营销策略，实现企业的营销目标。

6.1.1.2　市场规划重要性

一般而言，新产品从需求分析、创意产生开始到成品投放市场取得既定方针的目标收益，要经历创意激发、技术突破、成型优化、生产改善和市场营销五个完整模块。在这五个模块中，只要在任何一个模块上出现问题，整个创新工作就可能陷于停顿。相关研究表明，市场原因是导致新产品开发失败的三大主要原因之一，它特别表现为

1）目标市场及定位策略不够清晰。一些企业将目标顾客定位为渠道商或者是购买产品的人，而未能充分考虑最终消费者的行为特征及需求。

2）目标市场太小。消费者对此种产品需求太小，产品创意找到目标市场后，缺乏有

效的预测产品市场容量的方法或缺乏此种意识。

3）消费者喜好改变。在新产品上市成功之前，消费者喜好大幅度改变。主要是在新产品设计与上市阶段，均没有不断地调查消费者喜好的变化并进行适当的调整。

由此可见，市场规划的正确与否将对新产品的开发和创新的市场实现产生举足轻重的作用。

6.1.1.3　市场规划特点

在制造创新方法链中，市场规划子模块表现出以下三个显著特点：

第一，前瞻性。在市场营销活动中，市场规划是决定后续营销策略的战略性和前瞻性规划，它往往可以与创新方法链中前四个模块并行处理，甚至先于其他部分模块，因而它又被部分学者称为"第一次营销"。

第二，差异性。一方面，消费者具有明显的差异性，因此，任何一项产品，无论其性能和创新性水平如何，都不可能满足全部消费者的所有需求，这是市场规划活动之所以存在和必要的根本前提；另一方面，不同的企业之间在资源、能力、面临的具体形势方面也迥然不同，因此，不同企业的具体市场规划活动千差万别。

第三，准确性和收敛性。市场规划活动的基本目的在于通过一系列的科学、细致分析，从宽泛的潜在市场中，选择合适的消费者群体作为目标市场，有的放矢地进行经营、开发与服务，因此其准确性和收敛性也是非常突出的。

6.1.2　市场规划过程及存在的问题

6.1.2.1　市场规划基本过程

市场规划的核心工作就是识别各个不同的购买者群体，选择其中一个或几个作为目标市场，以便运用适当的市场营销组合，集中力量为目标市场服务，满足目标市场的需要。

从图 6-3 可以看出，市场规划包含市场调查、市场轮廓分析、市场细分、目标市场选

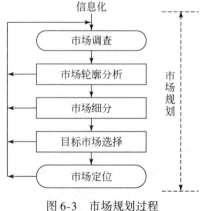

图 6-3　市场规划过程

择和市场定位五个主要环节。在市场规划过程中，各个步骤需要完成的基本任务和包含的主要内容如下。

（1）市场调查

作为市场营销模块的初始阶段，市场调查的基本任务是以科学的方法、客观的态度，明确研究市场营销有关问题所需的信息，有效地收集和分析这些信息，为制定更加合理的营销战略和策略提供基础性数据和资料。

（2）市场轮廓分析

分析市场轮廓的主要任务是在市场调查的基础上，进一步分析某类产品市场的大致情况，如市场的规模、市场增长率以及该市场上的产品品牌情况等。通过市场轮廓分析，可以对市场的整体情况进行确切了解，为制定产品策略奠定基础。

（3）市场细分

根据消费者需求上可能存在的各种差异，对某一市场的特征进行分析，并在此基础上将整个市场划分为若干个具有相同需求和欲望的消费者群体，即不同的细分市场。

（4）目标市场选择

划分好细分市场之后，可以进入既定市场中的一个或多个细分市场，进行目标市场选择，即估计每个细分市场的吸引力程度，并选择进入一个或多个细分市场。

（5）市场定位

确定市场定位就是在选定的目标市场上，根据自身的优劣势和竞争对手的情况，为本企业产品确定一个位置，树立一个鲜明的形象，以实现企业既定的营销目标。其基本任务包括：确认细分市场的商机与风险，识别与细分市场业务相关的优势与劣势资源，分析企业在各个细分市场成功的关键点，确定企业的市场定位战略。

6.1.2.2 市场规划过程中存在的问题

市场规划的创新目标在于准确地界定产品的目标市场，并在潜在消费者心目中树立产品形象，从而为之后采取针对性的营销策略确定主攻方向。为实现上述创新目标，在进行市场规划的过程中，需要解决的问题主要包括：

第一，如何准确地预测产品的销售量，特别是对于一项通过实施创新方法链前述模块开发出来的创新性产品而言，如何较为科学地预测其首次购买量。

第二，如何获取创新型产品市场细分的决策数据；如何科学地进行市场细分。

第三，如何有效地分析市场结构的吸引力；如何科学地分析企业内部外部的各种条件，以利于准确地选择目标市场。

第四，如何科学地进行市场定位；如何创造性地进行市场定位，开辟发展前景光明的市场。

6.1.3 市场规划方法

在市场规划子模块，可以使用的常见创新方法主要包括 Bass 模型、情景构思法、

MPV、对应分析法、联合分析法、极端人士看法、波特五力竞争模型、SWOT 分析法、顾客感性认知图、多维尺度分析法，见表6-1。下面分别对其进行简单介绍。

表6-1　市场规划过程中的主要创新方法

环节	问题	可用创新方法
市场调查	—	
市场轮廓估计	如何准确地预测产品的销售量	Bass 模型
市场细分	如何获取创新型产品市场细分的决策数据	情景构思法
	如何科学地进行市场细分	MPV、对应分析法
目标市场选择	如何有效地分析市场结构的吸引力	波特五力竞争模型
	如何科学地分析企业内部、外部的各种条件，以利于准确地选择目标市场	SWOT 分析法
市场定位	如何科学地进行市场定位	联合分析法、顾客感性认知图、多维尺度分析法
	如何创造性地进行市场定位，开辟发展前景光明的市场	极端人士看法

（1）Bass 模型

Bass 模型是一个反映市场生命周期规律的，并以产品过去的销售数据为基础的数学模型，这个模型建立在以下假设基础上：产品某一个时间的首次购买率是以前购买者总数的线性函数。最初，购买率依赖于市场开拓者，随着购买者数量增加以后，购买率就会随着时间而增加。从数学上看，这个模型暗示购买率等于创新者影响程度的值加上一个代表产品信息传播过程影响力的变量，这个变量等于一个常数乘以已经购买产品的消费者的比例。Bass 模型体现了所有市场购买者的互动趋势，购买者越多，则购买率越高，每一个特定阶段的预期销量是还没有购买产品的人数乘以他们购买的概率。由于创新者的影响和信息的传播，市场销售额会先增长，然后，当市场饱和的时候会下降，这是因为市场上购买产品的人越多，剩下的未来购买产品的人就越少，当然这里指的是在一个产品生命周期中的情况。Bass 模型函数反映了类似生命周期规律的曲线。在估计产品市场轮廓的过程中，采用 Bass 模型可以比较准确地预测快速消费品的销量；同时，也可以科学地预测耐用消费品产品生命周期的初始销售额。Bass 模型有助于确立某类产品的最初增长率，从而有利于提高新产品刚上市时的竞争力。由于 Bass 模型的形状和某个市场生命后期的形状类似，而且对于新产品在市场逐步扩散的模式有比较好的抽象，因此，其应用效果要优于其他一般的时间序列预测方法。

（2）情景构思法

情景构思法是一种对创新型产品进行市场细分的方法。对创新型产品的市场进行细分，最主要的障碍在于必须进行无数据决策。创新型产品诞生时，市场上通常没有相关数据；而且，越是不连续的创新，就越缺乏现成的数据。即便找到了"数据"，也是他人发表在某个媒体上的推测，依赖这种"数据"做出的决策，很容易对企业产生误导。情景构思法正是解决市场细分过程中上述"数据"缺失问题的一种可用创新方法。情景构思法的操作步骤是：①对假设的目标人群进行分类；②对每一类人群分别进行特征描述；③对工作中正在使用的产品、环境进行描述；④对典型的工作日进行描述，并特别关注目前使用的工具对客户造成的不便；⑤设想并描述客户应用该产品工作时的不同情景；⑥列出几种产品应用的假设并与每一类人群进行验证；⑦请使用者对应用的重要性进行评分，找出得分最高的 2~3 个组合，即"产品—使用者—应用"的价值逻辑，也就是细分市场的备选方案；⑧对这 2~3 个细分市场，以市场规模、竞争程度、产品优势等作为指标进行定量分析，找出最佳切入点，即确定的目标细分市场。以上这个模式的第④、⑤、⑥、⑧步需要一些经验性的直觉判断，所以要求经验丰富的人员参加到决策过程中。另外，在运用情景构思法进行分析的过程中，可能会对目标人群进行修正，也可能产生新的应用，应及时进行调整。

应用情景构思法进行市场细分，可以为创新型产品甚至看似"无用"的产品找到准确的细分市场；可以预测细分市场中需要的补充产品，为战略联盟做准备；也可预测创新产品对使用者行为习惯的影响可能带来的新的市场机会。

（3） MPV

如同 6.1.3 小节所概括的那样，MPV 就是真实地影响着客户的购买行为，对顾客购买产品产生影响的价值主要参数或主要价值参数。MPV 分析法不仅可以在需求转换过程中，帮助工程师整理需求数据并将数据转化成初步的设计信息，而且在市场营销模块中，可以使市场营销人员看到呼声最高、最重要、购买意愿最强烈的顾客需求，并为高层管理人员准确地进行市场细分和产品定位，以及寻找企业的战略机会提供分析工具和手段。

（4） 对应分析法

对应分析法是 20 世纪 70 年代由法国统计学家 Benzecri 提出的一种多元相依变量统计分析技术，它以定性变量构成的交互分析表为基础，将定类型或定序型变量转换为可度量的分值，并通过降低维度做出分值分布图，分析同一变量各个类别之间的差异，以及不同变量各个类别之间的关系。在创新方法链中，应用对应分析法可以使市场细分过程变得更加严谨和精确。关于对应分析法的详细介绍见 6.1.4.1 小节。

（5） 联合分析法

联合分析法是通过将产品表述成属性水平组合的形式，请消费者按其喜好程度给产品组合打分或排序，然后采用数理分析方法，测算消费者对每个属性水平的喜好程度，从而分析研究消费者的选择行为。其基本思想在于把顾客的需求描述成一系列的产品属性，每个属性又分成不同的属性水平，不同属性及水平组合形成不同的模拟产品，让顾客根据自己的喜好对这些虚拟产品通过打分、排序等方法进行评价。与传统的让受访者对每个属性进行评估的定性调查方法不同，联合分析让受访者对多个属性进行选择或评分，并利用不同的统计方法计算出每个属性的相对重要性以及各属性水平的相对重要性。在创新方法链中，作为一种新颖的营销工程方法，联合分析法可以帮助人们摆脱传统的"拍脑袋式"的市场营销决策行为，引导其进行科学而准确的产品定位。关于联合分析法的详细介绍见 6.1.4.2 小节。

(6) 极端人士看法

极端人士看法（omega life view，OLV）是系统性创新专家 Darrell Mann 等提出的一种创造性地进行市场细分和产品定位的新型方法。历史的经验表明，真正的突破性创新始于满足少数"极端人士"的需求。极端人士看法正是在这一发现基础上，鼓励人们抛弃被广泛采用的所谓设计参数平均最优量值，促使人们以与处于正态分布曲线上极端状态的人士"共鸣"的方式，从"极端人士"的视角出发来分析市场，探究市场细分情形，并进行相应的产品定位（图6-4）。在创新方法链中，应用极端人士看法进行市场细分和产品定位有利于打破人们在此过程中存在的顽固思维惯性，有效地找到代表突破性创新方向的目标细分市场。

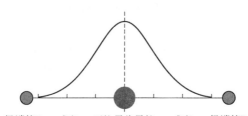

极端值B　或者　平均最优量值　或者　极端值B

图6-4　极端人士看法的创造性产品定位示意

(7) 波特五力竞争模型

细分市场可能具备理想的规模和发展特征，然而从赢利的观点来看，它未必有吸引力。美国管理学家迈克尔·波特提出了所谓的五力竞争模型，他认为有五种力量决定整个市场或其中任何一个细分市场的长期内在吸引力。这五个群体是：同行业竞争者、潜在的新参加的竞争者、替代产品、购买者和供应商。他们分别形成细分市场内激烈竞争的威胁、新竞争者的威胁、替代产品的威胁、购买者讨价还价能力加强的威胁以及供应商讨价还价能力加强的威胁。在创新方法链中，引入波特的五力竞争模型，可以在目标市场选择的过程中，清晰而有效地分析细分市场结构的吸引力。

(8) SWOT 分析法

SWOT 分析法（也称 TOWS 分析法、道斯矩阵）即态势分析法，20 世纪 80 年代初由美国旧金山大学的管理学教授韦里克提出，经常被用于企业战略制定、竞争对手分析等场合。SWOT 分析是指对影响企业绩效的内部优势和劣势、外部的机会和威胁进行综合研究，以制定出企业生存和发展的有效战略。在创新方法链中，应用 SWOT 分析法可以帮助企业在目标市场选择的过程中，将其资源和行动聚集在自己的强项和有最多机会的地方，并让企业战略变得更加明朗。

(9) 顾客感性认知图

顾客对产品的购买是通过对产品物理特征的认知，产生对产品的偏好而形成的。顾客感性认知图从视觉上概括了顾客感知和判断产品的尺度，并且识别出竞争产品在这些尺度上是如何定位的。绘制认知图时值得注意的是尺度数量、尺度名称的合理确定，以及理解顾客形成这些尺度的细节。通过顾客感性认知图，企业可以知道竞争产品的定位、新产品可发掘的机会在哪里等。认知图强调的是顾客的利益和需要，顾客一般根据感觉到的利益来确定其购买行为。在创新方法链中，应用顾客感性认知图正确掌握顾客对产品的认知，为企业能动性地体现产品在消费者心目中的认知层级，以及体现产品与竞争品牌之间的差异性提供了有力的依托工具，因而这一方法可以帮助企业积极、直观而系统地进行准确的产品定位。

（10）多维尺度分析方法

企业进行市场研究主要着眼于探悉究竟要用何种产品来满足顾客，目标顾客到底定位于哪一个或哪一系列用户群，多维尺度分析方法就是解决上述产品与顾客群相对定位问题的方法。多维尺度分析方法是基于向量模型的多维图示技术，又称多维图示方法，是研究多维数据尤其是市场顾客多维偏好数据的强有力工具。最常用的多维尺度分析方法是多维偏好分析，多维偏好问题的本质是顾客偏好数据的主成分分析，其步骤包括：①确定研究的问题；②抽样设计；③获取偏好数据；④进行主成分分析；⑤做偏好分析并解释结果的意义；⑥评价分析的结果。在创新方法链中，引入多维尺度分析方法可以帮助人们系统地回答以下几个重要问题：谁是我们的用户，谁有可能成为我们的潜在用户，新产品应该如何定位，我们应该开发何种新产品，新产品的目标客户群是哪些。

6.1.4　典型方法及案例

在上述市场规划子模块可用的创新方法中，对应分析法和联合分析法是两种较为典型的创新方法，下面分别对其进行详细介绍，并对其应用案例进行简要分析。

6.1.4.1　对应分析法

（1）概述

对应分析法的思想首先由理查森（Richardson）和库德（Kuder）在 1933 年提出，后来法国统计学家让·保罗·贝内泽（Jean Paul Benzecri）和日本统计学家林知己夫（Hayashi Chikio）对该方法进行了详细的论述而使其得到了发展。对应分析方法是一种多元相依变量统计分析技术，是通过分析由定性变量构成的交互汇总数据来解释变量之间的内在联系。同时，使用这种分析技术还可以揭示同一变量的各个类别之间的差异以及不同变量各个类别之间的对应关系。而且，变量划分的类别越多，这种方法的优势就越明显。该统计研究技术在市场细分、产品定位等领域越来越广泛地运用。

（2）一般操作步骤

在实际应用过程中，对应分析的一般操作步骤主要包含以下几个方面。

1）数据预处理。设有 n 个样品，每个样品有 p 个观测指标，列出原始数据矩阵为

$$
X = \begin{bmatrix}
X_{11} & X_{12} & \cdots & X_{1p} \\
X_{21} & X_{22} & \cdots & X_{2p} \\
\vdots & \vdots & & \vdots \\
X_{n1} & X_{n2} & \cdots & X_{np}
\end{bmatrix}
$$

将原始数据矩阵 X 转化为标准化的频率矩阵 P，令 $P = \dfrac{1}{T}X = \left(\dfrac{1}{T}X_{ij}\right)_{n\times p}$，其中，$T = \displaystyle\sum_{i=1}^{n}\sum_{j=1}^{p}X_{n\times p}$。

2）计算两点距离。对应分析的实质是将研究样品点之间的关系转换成研究变量点之间的关系，而变量点间的相互关系一般用两个变量点间的欧氏距离来表示，为消除量纲的影响，引入第 k 个和第 i 个样品间的加权平方距离公式：

$$D^2(k,\ i) = \sum_{j=1}^{p}\left(\frac{p_{kj}}{p_k}\times\frac{p_{ij}}{p_i}\right)/p_j = \sum_{j=1}^{p}\left(\frac{p_{kj}}{p_k\times\sqrt{p_j}}\times\frac{p_{ij}}{p_i\times\sqrt{p_j}}\right)^2$$

式中，p_j 为第 j 个变量的边际概率。将 n 个样品点到重心的加权平方距离的总和定义为总惯量 Q。

3）绘制对应分析图。为绘图方便，先确定特征值累计比率和主成分因子个数，一般选取两个主成分因子。对 R 型，选取变量的协方差矩阵 A 最大与次大两个特征值 λ_1 与 λ_2，及相应特征向量 e_1 与 e_2；对 Q 型，选取样品的协方差矩阵 B 最大与次大两个特征值 λ_1 与 λ_2，及相应特征向量 v_1 与 v_2。将特征向量单位化后，把 $e_1\times\sqrt{\lambda_1}$ 和 $e_2\times\sqrt{\lambda_2}$ 分别记作 R_1 和 R_2，把 $v_1\times\sqrt{\lambda_1}$ 和 $v_2\times\sqrt{\lambda_2}$ 分别记作 Q_1 和 Q_2，即得 R 型和 Q 型轮廓坐标（因子载荷矩阵）。在 $R_1 - R_2$（即 $Q_1 - Q_2$）直角坐标系绘制投影图，即得对应分析图。以 R 型因子分析为例，列轮廓坐标（或因子载荷矩阵）为

$$F = \begin{bmatrix} \dfrac{d_1}{\sqrt{p_1}}v_{11} & \dfrac{d_2}{\sqrt{p_1}}v_{12} & \cdots & \dfrac{d_n}{\sqrt{p_1}}v_{1n} \\ \dfrac{d_1}{\sqrt{p_2}}v_{21} & \dfrac{d_2}{\sqrt{p_2}}v_{22} & \cdots & \dfrac{d_n}{\sqrt{p_2}}v_{2n} \\ \vdots & \vdots & & \vdots \\ \dfrac{d_1}{\sqrt{p_p}}v_{p1} & \dfrac{d_2}{\sqrt{p_p}}v_{p2} & \cdots & \dfrac{d_n}{\sqrt{p_p}}v_{pn} \end{bmatrix}$$

同理，得出行轮廓坐标 G，并绘制在同一个二维平面上，得出对应分析图，并将邻近的变量和样品点归为一类，从而对其进行解释和推断。

（3）在市场细分过程中的独特作用与使用条件

1）对应分析法在市场细分中的独特作用。市场细分是企业根据消费者需求的不同，把整个市场划分成不同的消费者群的过程，以满足消费者的需求、动机、购买行为的多元性和差异性。它对企业发掘和开拓新的市场机会、将各种资源合理利用到目标市场、制定经销策略、调整市场的营销策略起着至关重要的作用。

目前市场细分研究主要有两个视角，由此形成了两大流派：一是消费者导向的细分，主要为理论界采用，该派研究重点是对消费者的需求和行为特征进行分类；二是产品导向的市场细分，主要为营销决策者采用，目的是了解消费者对某产品或品牌的心理需求和消费行为差异，以选择最有利的目标顾客群及恰当的营销策略。运用何种方法和手段对其进行研究成为市场细分的一个核心问题，从目前文献来看细分方法研究大体有以下几种：早

期研究者在研究前已选定了细分标准，这称为事前细分，其理论基础是消费者行为模式，其最终得到的细分类群结果依赖于研究者对消费者行为所作的定性分析。之后出现了一种细分研究设计——适应性细分，该方法运用统计学的联合分析和计算机模拟方法，对消费者选择行为数据进行适应性调试，以期获得更有效的细分模型。近年来，在细分数据统计分析方面出现了几种新的方法，包括人工神经网络、潜隐层次模型及模糊重叠聚类，这些方法都属于事后细分一类。生活形态细分模型，把不同类型消费者的行为差异与其个性、社会心理特征联系起来，在一定程度上弥补了以往因选用单一细分标准而导致对各类消费群心理和行为描述不全面的缺陷，所以其目前在理论界和实业界得到了广泛应用，成为消费者细分研究的主流。目前市场细分模型的消费者假设来自学术界关于消费者行为模式的研究文献。近年流行的生活形态细分则是综合了环境、心理、行为这三类细分信息的混合细分模型，它只是一种借助统计技术的事后细分工具，在选择细分标准的理论模式上并没有突破。

从上述方法来看，大多比较复杂而且需要的变量较多，而在实践应用中较难将所有的定性指标进行量化，纵然能使用某种工具把各定性变量进行量化，但由于变量的数目较多，而且进行多次复杂的转换后，则会导致最后的分析结果偏离真实性较远，造成严重的信息失真。权衡各个因素，对应分析法具有综合优点：①定性指标划分的类别越多，越容易刻画相互间的关系；②提供了将定性变量按定量方法处理的途径，从数量的角度揭示交叉列表行变量类别和列变量类别间的关系；③对应分析图可以将不同属性的指标反映在同一坐标系下，将所有行变量类别和列变量类别间的联系直观地表现在同一张分布图上，从而能清楚地解释统计分析结果；④可以将名义变量或次序变量转变为间距变量，从而可以应用更多的传统统计方法分析含有这种变量的调查数据。

对应分析法的最大特点是能把众多的样品和变量做到同一张图解上，将样品的大类及属性在图上直观而又明了地表示出来，具有直观性。另外，它还省去了因子选择和因子轴旋转等复杂的数学运算及中间过程，可以从因子载荷图上对样品进行直观的分类，而且能够指示分类的主要参数（主因子）以及分类的依据，是一种直观、简单、方便的多元统计方法。

2）对应分析法的应用条件。虽然对应分析法在市场细分的研究中，具有明显的优势与独特的特点，然而采用对应分析法进行市场细分，应该具备以下几个基本条件：①变量是定名变量或定序变量；②行变量类别与列变量类别分别互相独立；③行列变量构成的交叉分析表中不能有 0 或负数。

（4）应用实例——塞拉图轿车的市场细分研究

进入 21 世纪以来，我国汽车市场伴随着国民经济的快速增长、城市居民购买力的大幅度提高、加入 WTO 所带来的消费环境的改善而逐渐兴起并迅速成长，现在已经成为我国城市居民消费领域的一个热点。目前，我国汽车市场营销环境的变化和购车主体从公务购车向家庭购车的转变都使我国轿车市场的竞争态势表现出较大幅度的波动。尤其重要的是，家庭消费者在购买轿车时，从确认需要、信息收集，及对轿车的评价标准、评价方法、影响购买的因素等诸多方面均呈现出明显的不稳定性。这就要求汽车制造企业要对家庭消费者的购买决策行为进行深入细致的研究和探索，识别自身品牌的客户群及特征，在品牌策略、价格策略、服务策略、渠道策略的制定等方面必须要进行适时的调整和创新，努力为自己的客户群创造价值。这关系到一个汽车制造企业的生死存亡，这也是汽车制造企业实现快速、健康、可持续发展的必然选择。与此同时，在汽车技术越来越同质化的时代，产品如果能够迎合消费者的购买因素，无疑将促进销量的增加。将汽车市场进行科学的细分，对汽车企业在新产品规划时合理配置车辆的技术特性，以及在市场营销中迎合消费者的喜好进行产品宣传具有指导意义。

赛拉图轿车（Cerato）作为东风悦达·起亚的主力车型，2005 年投放中国市场，参与了中低级轿车市场的竞争。北京现代·伊兰特（Elantra）、上汽通用别克·凯越（Excelle）和赛拉图一样都是来自韩国的车型，从起亚汽车来到中国的第一天起就把伊兰特、凯越作为自己最主要的两个竞争对手。东风悦达·起亚在中国一直实行的是总成本领先的竞争战略和市场追随者的营销战略，并努力向市场领导者转变。然而，从 2006 年、2007 年度的实际情况来看，赛拉图在市场销量上的表现和伊兰特、凯越其实还不在同一层次上。一方面原因是产能的限制，而最主要的原因则是东风悦达·起亚还没有准确把握中国市场，没有赢得中国大部分消费者的认同。因此，本案例试图以江苏市场为例，采用对应分析法帮助赛拉图轿车进行较为科学和精准的市场细分。

1）数据来源。本案例按照传统的问卷设计方式自设了一份调查问卷，以测量消费者对赛拉图及其竞争品牌的偏好、在购买汽车时对汽车各种主要属性的喜好程度以及购买汽车时主要考虑的因素。问卷调查在江苏省的苏南、苏中、苏北三个地区共八家东风悦达·起亚 4S 店内展开，共随机抽取了 500 名店内顾客，得到有效问卷 455 份。经初步整理得基础数据表 6-2。

表 6-2　455 份有效样本的基础数据表

编号	消费者特征	塞拉图	伊兰特	凯越	编号	消费者特征	塞拉图	伊兰特	凯越
1	18～25 岁	35	38	46	17	私企/个企老板	7	5	13
2	26～30 岁	48	41	62	18	私企/个企员工	11	17	18
3	31～35 岁	18	32	39	19	自由职业者	1	6	8
4	36～40 岁	9	9	28	20	学生	4	5	9
5	41～45 岁	2	10	13	21	其他	8	3	12
6	46～50 岁	6	5	8	22	男	93	82	145
7	50 岁以上	1	1	4	23	女	26	54	55
8	初中/职校/技校及以下	1	5	10	24	2 000 元以下	19	19	19
9	高中/中专	46	16	25	25	2 000～5 000 元	60	54	101
10	大专/大学	62	97	132	26	5 001～8 000 元	32	43	47
11	硕士、博士级以上	10	18	33	27	8 001～10 000 元	1	7	10
12	国企中高层管理者	2	5	12	28	10 001～20 000 元	3	8	9
13	国企员工	16	18	38	29	20 000 元以上	4	5	14
14	公务员/事业单位	25	47	65	30	苏南	24	55	55
15	外企/中外合资中高层管理者	7	13	9	31	苏中	20	20	60
16	外企/中外合资企业员工	38	17	16	32	苏北	75	61	85

2）研究方法。市场细分是通过市场调研，根据消费者明显的不同特性，把整体市场分割为两个或更多的子市场，每个子市场都是由需要与欲望大致相同的消费者群组成，从而确定目标市场的过程。

关于市场细分的分析方法主要有三种：数据处理技术、非监督分类技术和监督分类技术。其中数据处理分析技术主要包括：因子分析、主成分分析、多元回归；非监督分类技术包括聚类分析、两阶段聚类、C5.0 规则侦测及对应分析等；监督分类技术包括判别分析、多元 logistic 回归等。

在以上介绍的几种方法中，对应分析方法是一种较为有效的方法，它在市场细分、产品定位、品牌形象以及满意度研究等领域正在被越来越广泛地运用。本案例选择对应分析为研究方法。

对应分析的原理：对应分析又称为 R-Q 型因子分析，是 1970 年 Beozecri 提出的一种多元统计分析方法。它把 R 型因子分析和 Q 型因子分析统一起来，由 R 型因子分析的结果直接得到 Q 型因子分析的结果。它克服了 Q 型因子分析中因样本容量较大而造成的计算上的困难，并把指标与样本同时反映到相同坐标轴（因子轴）的一张图形上，结合计算结果，在绘出的图形上能够直观地观察指标之间的关系、样本之间的关系以及指标与样本之间的对应关系。

对应分析的方法和步骤：设数据矩阵为 $X = (x_{ij})_{n \times p}$，列向量表示指标向量，行向量表示样本向量。

第一步，原始数据规格化。将 Z 的每一个元素转化为正数。如果某个元素是负数，则对所有元素同时加上一个数，使每一个元素都为正数。然后将 X 的每一个元素都除以全部元素之和得矩阵 P。

$$P = (P_{ij}) = \frac{1}{x.}(x_{ij})$$

式中，$x. = \sum_i \sum_j x_{ij}$。

第二步，计算矩阵 Z，矩阵 $Z_{n \times p}$ 的元素为

$$Z_{ij} = \frac{p_{ij} - p_i \times p_j}{\sqrt{p_i \times p_j}}$$

式中，$p_i = \sum_j p_{ij}$；$p_j = \sum_i p_{ij}$。

第三步，计算 R 型因子分析的因子载荷矩阵。

第四步，计算 Q 型因子分析的因子载荷矩阵。

第五步，在因子轴平面上作指标散点图和样本散点图。指标散点图是以矩阵 F 的两列元素为坐标的散点图，样本散点图是以矩阵 G 的两列元素为坐标的散点图。

3）结果与分析。对应分析的惯量和卡方分解。在对应分析法中，所谓的维度惯量（inertia）实际上就是常说的特征根值（eigenvalue），表示相应维度对各类别的解释量。而卡方分解实际上是对交叉分析表进行卡方检验，可以判断行变量和列变量是否具有相关性。尽管卡方分解能够表明变量之间具有显著关系，但不能显示这种关系的方向和程度。

因此，需进一步借助对应分析的其他步骤，直观、定量地描述这种关系。

从表6-3可知，前两个提取的特征根累积贡献率的百分比已经达到100%，说明两个公因子已经代表了变量与样本的全部信息。

表6-3 对应分析的惯量和卡方分解

奇异值	卡方值	百分比/%	14 28 42 56 70
			----+----+----+----+----+----
0.208 09	118.212	75	* * * * * * * * * * * * * * * *
0.130 58	46.550	28.25	* * * * * *
	164.763	100	（自由度为62）

4）各品牌的概括统计量。在表6-4中，从MASS（各变量的边缘频率）来看，在所有消费者中对凯越品牌的偏好程度是第一的，占有43.956%，具有较大的品牌竞争优势。从INERTIA（变量对特征值的贡献）来看，赛拉图的值最大。这说明，赛拉图与伊兰特、凯越有较大的区分度，赛拉图有着明显不同的客户群体，而伊兰特、凯越的品牌客户群体差别不大。

表6-4 各品牌的概括统计量

车型	贡献率	百分比/%	惯量
赛拉图	1.000 00	26.153 8	0.529 407
伊兰特	1.000 00	29.890 1	0.236 526
凯越	1.000 00	43.956 0	0.234 067

对应分析结果图。结合表6-5中的相关信息，从图6-5这张对应分析图上我们可以非

表6-5 消费者基本特征分类

编号	年龄	编号	文化程度	编号	职业	编号	性别	编号	家庭月收入	编号	地区
1	18~25岁	8	初中/职校/技校及以下	12	国企中高层管理者	22	男	24	2 000元以下	30	苏南
2	26~30岁	9	高中/中专	13	国企员工	23	女	25	2 000~5 000元	31	苏中
3	31~35岁	10	大专/大学	14	公务员/事业单位			26	5 001~8 000元	32	苏北
4	36~40岁	11	硕士、博士级以上	15	外企/中外合资中高层管理者			27	8 001~10 000元		
5	41~45岁			16	外企/中外合资企业员工			28	10 001~20 000元		
6	46~50岁			17	私企/个企老板			29	20 000元以上		
7	50岁以上			18	私企/个企员工						
				19	自由职业者						
				20	学生						
				21	其他						

常直观地看到，消费者特征与各品牌之间的对应关系。在以两条零点线分成的四个象限中，我们称右下部分为东 1 区，右上部分为东 2 区，左上部分为西 2 区，左下部分为西 1 区（以下同）。在东 1 区中有消费者特征 2、6、9、17、21、22、25、32，赛拉图落在此区中，这说明这一区域中的 8 个特征是赛拉图轿车客户群的主要特征；在东 2 区中，消费者特征 1、16 和 24 离赛拉图也比较近，说明它们也是赛拉图客户群的特征。在西 2 区中，消费者特征有 3、5、10、14、15、18、19、23、26、28 和 30，它们与伊兰特靠得最近，说明这些消费者偏好于伊兰特轿车。西 1 区中消费者特征 4、8、11、12、13、20、29、31 与凯越在同一区域，说明这些消费者偏好于凯越。

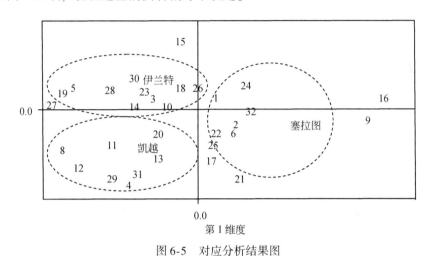

图 6-5 对应分析结果图

5）市场细分研究结论与建议。赛拉图的客户群特征。从对应分析图可知，分布在赛拉图周围，即东 1 区中的消费者特征 2、6、9、17、21、22、25、32，在东 2 区中的消费者特征 1 和 24 是赛拉图客户群的主要特征，具有这些特征的消费者构成赛拉图的客户群。为了更清楚地表示，具有在图 6-5 中用深色背景标出特征的消费者是赛拉图的客户群。

赛拉图的营销策略建议。①深入研究目标顾客群的需求，制定有效的营销组合策略，创造顾客价值。从对应分析结果来看，赛拉图目前的顾客群主要是汽车消费群体中较为低端的部分。这要求赛拉图要对这些消费者的购买决策行为进行深入细致的研究和探索，在品牌策略、价格策略、服务策略、渠道策略的制定等方面必须具有针对性，并要进行适时的调整和创新，努力为自己的客户群创造价值。赛拉必须坚持低价渗透的价格策略和 5 年/10 万 km 的售后服务策略，加快经销网络建设，全力打造"长里易站"服务品牌，构筑品牌直接同用户沟通的桥梁，提高用户满意度。②加大品牌营销力度，努力提高品牌竞争力，争取更高的顾客占有率。当前中国汽车市场，已经进入了品牌消费的时代。品牌是企业实现可持续发展的最重要的资源。品牌意味着市场定位，意味着产品质量、性能、技术、装备和服务等的价值，它最终体现了企业的市场经营理念，来源于消费者对它的认同。而恰恰，品牌是制约赛拉图进一步发展的瓶颈。起亚汽车是赛拉图的品牌依托，但起亚汽车品牌在中国却鲜为人知。起亚是韩国的一家著名的汽车公司，也是韩国最老牌的汽车制造厂，它有着悠久的历史、引以为豪的汽车产品和多项国际殊荣。赛拉图轿车在中国要全力打造"the power to surprise"品牌理念，提高品牌的知名度和美誉度，塑造年轻、动感、时尚，有激情，充满活力的品牌文化。

6.1.4.2 联合分析法

（1）概述

联合分析法又叫结合分析法，早期称为联合衡量（conjoint measurement），是由数理心理学家 Luce 和统计学家 Tukey 于 1964 年首先提出的。1971 年联合分析法由 Green 和 Rao 引入市场营销领域，逐步成为描述消费者在多个属性的产品或服务中作出决策的一种重要方法。1978 年 Carmone、Green 和 Jain 等将联合衡量改为联合分析。

联合分析法的基本思想是，通过提供给消费者以不同的属性水平组合形式的产品，并请消费者做出心理判断，按其意愿程度给产品组合打分、排序，然后采用数理分析方法对每个属性水平赋值，使评价结果与消费者的打分尽量保持一致，来分析研究消费者的选择行为。它可以用于评估消费者的偏好。如果产品特征是由一些属性构成，那么通过联合分析，就可以确定这些属性的哪种组合最受消费者欢迎。

自 20 世纪 80 年代以来，联合分析法在许多领域中获得了广泛的认可和应用，90 年代其应用更加深入，并逐渐涉及许多研究领域。

（2）原理、特点及其在市场营销和产品定位过程中的作用

1）联合分析法的基本原理。联合分析法在统计学中属于多元分析方法的范畴，它通过秩次计算、距离分析、方差分析、相关分析，将反映多个因素的综合指标分解为几个不同的因素指标，从而了解这些因素影响总体指标程度的大小及结构。在实际应用过程中还可能运用到正交设计法或对称直交法安排受测产品，通过这些方法可以在不影响分析结果的情况下简化操作过程。

在联合分析法中，数据收集要求消费者对多个可选择产品进行比较、排序或选择。数据分析的目的则是找到一组部分效用集合，该集合在给定的组合规则下所得到的结果和被测试者做出的全部的优先次序有最好的一致性。这种排序顺序受到受测产品内外部所有因素的影响，而且这些因素之间可能存在相关关系，使得研究者无法从数据表面看出排列顺序与这些因素之间的明显关系。联合分析法通过合理安排影响消费者选择受测产品的各主要因素出现的情况，可以分析在其他主要因素保持不变条件下，一个因素改变一定量时造成受测产品排序指标变动的情况，从而获得该因素的相关指标。通过相同的程序，研究者可以将所有重要因素对受测产品排序指标作用程度的相关指标计算出来，而且这些计算出来的指标之间存在着可比性，即可以比较各个因素对受测产品的作用程度及在所有因素中所占的比重，从而使问题得到解决。消费者对受测产品的排序数据虽然简单，但它包含了消费者对受测产品的各个属性影响程度的信息（这是我们最想获得的信息）。当然从简单和无规律的排序数据上看，是很难得出这些信息的。如果将联合分析法引入该问题，就可以在设计这些产品时，按照适当的方法设计这些因素的组合情况，对排序数据按照属性的不同水平进行归类、比较，从而获得各属性水平的效用值和重要程度，从而达到分解排序数据为各因素的相关数据的目的。

2）联合分析法的特点。研究产品属性及属性水平给消费者带来效用的传统方法是直接询问法，即通过调查询问消费者，哪些产品属性对他们作出购买决策是重要的。这种方法的最大优点是简单，但其结果并不真实可靠。联合分析法作为一种间接研究法，是多变量分析技术中的一种相依方法。较传统的直接询问法，联合分析具有以下优点：①联合分析既可以分析计量性属性（如价格）的重要性，又可以分析非计量性属性（如品牌名称）的重要程度；②资料收集的程序简单易行，受测者只需要考虑偏好的排列顺序，而不需考虑偏好程度的大小；③联合分析要求受测者考虑各个属性之间的权衡，比直接询问受测者其理想点的属性水平及属性重要性要来得实际；④联合分析所求出的成分效用值可供作高度不同的属性或是更基本的非计量性属性的直接比较，而这些比较因素正是人们作出购买决策所面临的真实问题。

3）联合分析法的主要作用。人们在市场营销研究与实务中经常遇到的问题是，一件产品通常具有许多属性，如品牌、款式、颜色、价格等，在各属性下面又有不同的属性水平，我们生产的产品应具有怎样的属性水平组合才能最受消费者欢迎？联合分析法就能够很好地解决这类问题。联合分析法是通过假定产品具有某些属性，对现实产品进行模拟，然后让消费者根据自己的喜好对这些虚拟产品进行评价，并采用数理统计方法将这些属性与属性水平的效用分离，从而对每一属性以及属性水平的重要程度做出量化评价的方法。因此，联合分析法可以帮助人们了解消费者的内在价值体系，可以帮助人们研究"为什么消费者选择某一个产品而不是其他的产品"这样一个营销领域的核心问题。

在产品定位过程中，为了了解产品各个因素对消费者购买过程影响的程度和它们的结构，传统的方法一般是直接调查消费者对产品各个特征属性的评价值，为每个因素选择"最优"的评价值，最后将这些最优的评价值作为最优产品必须具备的特征。这种方法至少存在两个问题：一是就产品的某个具体特征进行评分，对于消费者来说是困难的，也不符合实际情况；二是每个因素的最优值通常不能共存于新产品中，即新产品不能同时具有这些最优属性。而联合分析法并不要求消费者对这些属性进行直接评分，只需要对受测体进行总体排序，这对于消费者来说，就好比在实际生活中面对同类产品如何选购问题。不但简单，而且符合实际情况。对于多属性构成的产品，该方法可以帮助我们了解各属性的重要性以及属性水平的部分效用值。

(3) 应用步骤

一般而言，联合分析法的应用包括以下6个步骤：

1）确定研究对象。联合分析法研究的对象是十分广泛的，可以是产品、服务、企业、行业等。这些对象必须具有可以识别的基本特征，并且这些基本特征的不同水平会对消费者的喜好程度产生显著的差异性影响。

2）确定产品的属性和属性水平。联合分析法所选取的属性和属性水平并不是越多，最后结果就越精确。因为过多的属性及水平不但会使消费者评价过程复杂化，还会增加消费者评价打分的时间，使消费者感到厌烦，从而反映不出消费者内心的真实想法，影响消费者评价的质量。属性的数目一般取3~6个，属性水平数目一般取3个左右为宜。

3）产品模拟。将产品的不同属性与属性水平进行组合，会生成一系列的虚拟产品，其构造方法主要有两大类：配对法和全轮廓法。配对法的优点是受访者容易判断评价，缺点是要比全轮廓法作出更多的评价。同时，配对法由于仅考虑两种属性，而不考虑其他属性，对事物的评价往往不太现实，因而实际运用中，往往更倾向于采用全轮廓法。实际上没有必要评价所有可能的组合，在很多情况下也无法做到。例如，某个产品由 4 个属性组成，每个属性具有 4 个属性水平，那么可能组合就有 256 种，毫无疑问，对如此巨大的模拟对象进行评价是缺乏可操作性的。在这种情况下，需要在确保相当精度的前提下，尽可能地减少模拟对象数目，以期达到现实中的可操作性要求。基于这种考虑，对配对法一般采用循环设计来减少配对比较的个数；对全轮廓法，则采用正交设计法来减少组合的个数。

4）数据的收集。通过访问消费者，请消费者根据他们对虚拟产品的偏好、购买的可能性等来作出评价。评价方法主要有两种：打分法和排序法。前者是要对每一个虚拟产品独立地评分，判断可独立进行，一般可按照百分制来打分；后者是要对产品模拟组合中的所有属性水平作相对的评价，消费者根据自己的购买偏好或意愿对虚拟组合产品进行组合排序，一般采用 9 级 Likert 量表进行评价（1＝不喜欢，9＝非常喜欢）。由于打分法更便于被调查者作评价，所得数据也比排序法更易于分析，近年来打分法的应用更为普遍。

5）确定效用函数模型。我们需要从收集的数据中分离出消费者对每一属性以及属性水平的偏好值，也即该属性的"效用"。一般来说，属性水平的估计模型有三种：间断线性模型、线性矢量模型和曲线模型。上述三种模型中，目前所采用的模型大多还是间断线性模型，其效用函数的表达式为

$$U(X) = \sum_{i=1}^{n} \sum_{j=1}^{k_i} a_{ij} x_{ij} \tag{6-1}$$

式中，$U(X)$ 为所有属性的总效用；a_{ij} 为第 i 个属性（$i = 1, 2, \cdots, m$）的第 j 个水平的效用；k_i 为属性 i 的水平个数；n 为属性个数。如若第 i 个属性的第 j 个水平出现，则 x_{ij} 取值为 1，否则取值为 0。

式（6-1）所示基本模型的方法有多种，其中最简单的也是越来越普及的方法，叫哑变量回归法。由于参数的数目随着属性及其水平数目的增加迅速增加，会给计算带来一定的难度，所以通常采用哑变量回归法来减少参数，如果某属性有 k_i 个属性水平，那么可以用 $k-1$ 个哑变量来为其编码。

例如，对于含三个属性、每个属性由三个水平组成的研究对象来说，可以只用两个哑变量——x_1、x_2 来表示第一个属性的三个水平。同理，第二个属性的三个水平，可以用哑变量——x_3、x_4 表示；第三个属性的三个水平，可以用 x_5、x_6 表示。这样，变量数就减少到只有六个，此时效用函数可以表达为

$$U = b_0 + b_1 x_1 + b_2 x_2 + b_3 x_3 + b_4 x_4 + b_5 x_5 + b_6 x_6 \tag{6-2}$$

6）估计参数。由式（6-2）所示方程及前述已知数据，运用最小二乘法可以估计出参数 b_i，其中 $\{i\} = \{0, 1, 2, 3, 4, 5, 6\}$。然后根据 0-1 哑变量系数的特点，每个 0-1 哑变量系数代表不同水平效用与基础水平效用的差距，可建立相关线性方程组，并通过求

解这一现行方程组得出参数 a_{ij} 的值。

据此，我们可以求得具体的效用函数，从而可以计算出各个由不同属性水平组合的潜在产品对象的效用。接着根据市场上的现有同类竞争产品所表现的属性水平与之对号入座，求出其对消费者的效用值，然后将产品定位至一个合适的水平，使之对消费者产生的效用大于或至少等于竞争产品的效用。这样我们就可以在激烈的市场竞争中，更科学更准确地进行产品的定位，从而克服产品定位的盲目性，使之比同类产品更具竞争力。

（4）应用实例——某洗发水生产企业产品定位问题

某洗发水生产企业准备开发一种以学生为主要目标群体的新产品。根据过去的经验可以知道，影响消费者购买的因素很多，其中最主要的因素包括"知名度"、"适合发质"、"价格"、"功能配方"、"包装"等。但是在这些因素中每个因素所占的重要程度比率，以及当这些因素之间存在取舍关系时，消费者是如何选择的；开发出来的洗发水产品在这些因素中各自应该取什么值才是这个目标群体最愿意购买的，对于诸如此类的问题，该企业需要找到明确的答案。该企业希望通过进一步的调查分析获得这些资料，以帮助确定新产品的定位。下面我们以此为例运用联合分析法进行详细的分析。

根据研究需要，本案例在某高校校园内进行随机调查。调查采用小样本调查方式，总共发放调查问卷 75 份，其中收回有效问卷 60 份，有效率 80%。

1）选择评价因素，确定各因素水平。产品评价因素的选定是联合分析法在新产品定位中应用的首要工作，它的质量好坏很大程度上决定了此次分析的科学性。这个过程实际上是在众多影响消费者购买的产品特性中选择作用最大的若干因素，并确定消费者在购买过程中对该因素按什么水平区分的过程。我们可以通过采用一次非正规的随机调查、分析历史销售数据、收集产品研发部门意见等方法加以确定。这个过程主要是要解决两类错误：一是误取，即把影响消费者购买决策很小的因素作为评价因素；二是误舍，即没有将影响消费者购买决策的重要因素作为评价因素。

本案例根据该企业相关人员过去的销售经验和个人访谈，确定了影响消费者进行洗发水购买决策的较为重要的属性因素有四个，即为"知名度"、"适合发质"、"价格"、"功能配方"，其中每个因素又有三个不同水平，我们将它们表示在同一的二维空间，由此形成一个洗发水产品特征矩阵（表6-6）。

表6-6　洗发水产品重要属性水平描述

水平/因素	知名度	适合发质	价格	功能配方
1	高	油性	10 元以下	日常护理
2	中	中性	10～20 元	特效修护
3	低	干性	20 元以上	去头屑

2）根据选定的评价因素和水平，选用合适的方法设计受调查产品。评价因素及因素水平确定以后，需要把这些因素组合成可能的产品。由于影响消费者购买的因素很多，而且对每个消费者而言影响程度也可能不同，所以通常确定的评价因素会很多而各因素具有

多个评价水平，如果运用因子组合法进行组合，就会产生过多的产品，受测者很难对此做出合理的排序。例如，在表6-6中，有四个较为重要的产品属性因素，每个因素有三个水平，若采用因子设计方法，就会产生81（34=81）种产品组合，受测者就很难对这么多种组合做出理性的判断，即不能够对如此多品种的产品做出理性的排序。这时需要采用适当方法来减少组合数量，同时又不会影响问题的分析。正交设计法和对称直交法都可以用来处理这类问题。

3）实施调查，要求受测者对由这些不同水平因素构成的产品进行总体排序。联合分析法下的调查需要受测者对罗列出来的产品按个人偏好排序，可以采用二因素分析法和整体轮廓法，即可以通过两两之间的比较获得所有产品的排序，也可以通过受测者就所有产品属性进行扫描，得到产品的排序值。本案例采用的是比较常用的整体轮廓法。下面首先以其中一位受测者的数据为例，分析数据处理过程（其他受测者的数据分析方法相同），其中一位受测者的产品偏好排序数据见表6-7。

表6-7　调查过程中某位受测者的产品偏好排序

受测产品	1	2	3	4	5	6	7	8	9
偏好顺序	1	4	2	3	4	6	7	8	9

4）分析各个受测者的排序数据，获得该受测者对各个评价因素的重要性评价值、各因素在不同水平下的效用值和各因素的总效用值。

首先，计算各因素不同水平的平均秩。计算方法为：以"知名度"为"高"水平的平均秩计算为例，找出9种产品中"知名度"为"高"的产品的排序值（即为1、4、2），计算其算术平均数，即（1+4+2）/3=2.33。

其次，计算各因素不同水平的效用值。这里我们用效应值大小来描述消费者的满足程度的高低。计算方法为：将上一步骤计算得到的平均秩减去产品总数的中位数，计算它们的离差，离差的相反数即为要求的效用值。以"知名度"为"高"水平为例，计算过程为：2.33−5=−2.67（这里5为参加排序的产品总数9的中位数）。所以这位受调查者评价体系中对"知名度"为"高"水平评定的效用值为2.67。

再次，计算分值距离。计算方法为，将该因素所有水平中最大的效用值减去最小的效用值，这里是：2.67−（−3）=5.67。之后计算因素的重要性评分，方法为，将该因素的分值距离除以全部因素分值距离的总和，这里是：5.67/（5.67+2+0.66+1.34）×100%=58.63%。进一步计算可以看出（表6-8），价格因素的重要性评分为6.83%，由此说明对这位受测者而言，购买洗发水产品时主要考虑的是"知名度"因素，而"价格"因素相对来说对其购买决策影响最小。

最后，进行拟合优度检验。方法是：运用前面计算得到的效用值计算9种产品各自的总效用值，并按照其大小进行排序，将这个排序作为预测排序与受测者的真实排序进行拟合优度检验，可以选用Kendall法检验，这里计算得到的相关系数为1，双尾检验显著性水平为0.000，说明相关性非常显著，拟合优度的精度非常高，说明运用这种分析方法预测是有效的。

表 6-8　某一受测者各属性的效用值及重要性计算表

因素	水平	偏好顺序			平均秩	效用值	分值距离	重要性/%
知名度	高	1	4	2	2.33	2.67	5.67	58.63
	中	3	5	6	4.67	0.33		
	低	7	8	9	8	-3		
适合发型	油性	1	3	7	3.67	1.33	2	20.68
	中性	4	5	8	5.67	-0.67		
	干性	2	6	9	5.67	-0.67		
价格	<10 元	1	6	8	5	0	0.66	6.83
	10~20 元	4	3	9	5.33	-0.33		
	>20 元	2	5	7	4.67	0.33		
功能配方	日常护理	1	5	9	5	0	1.34	13.86
	特效修护	4	6	7	5.67	-0.67		
	去头屑	2	3	8	4.33	0.67		

5）计算所有受测者对各个评价因素的合计效用值和合计重要性评价值，并对数据作更深入的分析。通过对合计效用值的比较（表 6-9），可以知道各个评价因素在不同水平的效用值。例如，在洗发水产品"知名度"方面，消费者会选择"高""知名度"的产品；在"适合发质"方面，会偏好"中性"；在"价格因素"选择方面会选择"20 元以上"的产品；而对产品的"功能配方"方面更多地会倾向考虑"日常护理"或"特效修护"。

从各个因素重要性分值反应的情况看（表 6-9），最高的因素是"知名度"，占37.851%；其次是"适合发质"和"价格"，分别占 27.761%、17.807%，最不重要的因素为"功能配方"，占 16.582%。可见"知名度"因素对消费者选择洗发水产品时影响最大，而"功能配方"相对影响小。

表 6-9　各因素合计效用值和合计重要性评价值表

因素	水平	合计效用值	重要性/%
知名度	高	1.567	37.851
	中	0.311	
	低	-1.84	
适合发型	油性	0.089	27.761
	中性	0.439	
	干性	-0.567	

续表

因素	水平	合计效用值	重要性/%
价格	<10 元	−0.434	17.807
	10 ~ 20 元	0.156	
	>20 元	0.278	
功能配方	日常护理	0.056	16.581
	特效修护	0.056	
	去头屑	−0.111	

6）计算所有可能的组合产品的总效用值，找出最受欢迎的产品和最不受欢迎的产品。在设计受调查产品阶段，由于评价因素和各因素具有的水平较多，本案例不可能采用因子设计法进行产品设计，只能采用正交法或对称直交法来设计，即考察的是有代表性的部分产品，而不是所有可能的产品。但是通过以上方法获得合计因素效用值后，便可以计算所有可能产品的总效用值，见表6-10。

表 6-10　受调查体的总效用值

受测体	知名度	适合发质	价格	功能配方	总效用值	偏好排序
产品 1	高	油性	<10 元	日常护理	1.278	2
产品 2	高	中性	10 ~ 20 元	特效修护	2.218	1
产品 3	高	干性	>20 元	去头屑	1.167	3
产品 4	中	油性	10 ~ 20 元	去头屑	0.445	5
产品 5	中	中性	>20 元	日常护理	1.084	4
产品 6	中	干性	<10 元	特效修护	−0.634	6
产品 7	低	油性	>20 元	特效修护	−1.417	7
产品 8	低	中性	<10 元	去头屑	−1.946	8
产品 9	低	干性	10 ~ 20	日常护理	−2.195	9

7）根据分析结果，为新产品定位提供决策依据。通过上面的分析可以看出，消费者在选择洗发水产品时"知名度"因素的重要性最大，其次是"适合发质"和"价格"，最不重要的因素是"功能配方"。也就是说，消费者在选择洗发水时考虑最多的是"知名度"及"适合发质"因素，其次才是"价格"和"功能配方"。因此，企业应当更多地关注产品知名度的提升以及为细分目标市场开发恰当发质的洗发水。从各因素不同水平的效用值看，在"知名度"因素中"高"知名度的效用值最大，"适合发质"因素中"中性"最大，"价格"因素中"20 元以上"的水平最高，"功能配方"因素中"日常护理"和"特效修护"并列最高。因而，从产品定位的角度考察，企业可以通过高广告支持的方式，提升产品的知名度以及与知名度相匹配的价格。

6.2 产 品 营 销

产品营销就其一般意义而言，就是在科学的市场规划基础上，沟通、传递和交换产品，从而使企业、企业利益相关者和社会获益的活动。在整个创新方法链中，如若产品营销的实施效果不尽如人意，将直接导致创新的最终商业化实现功败垂成。

6.2.1 产品营销定义

6.2.1.1 产品营销内涵

具体来看，产品营销就是根据市场规划的相关结果，在顾客价值导向下，针对所选的目标市场实施包括确定产品价格、建立营销渠道、进行促销以及开展售后服务等在内的一系列活动，达到吸引顾客，激发其购买兴趣和欲望，促成其购买行为，从而最终实现产品市场价值与组织及组织利益相关者价值的目标。

6.2.1.2 产品营销重要性

产品营销对于新产品开发而言至关重要，因而是成功实施制造创新方法链的必备一环。美国全国工业协会的分析认为，导致新产品开发失败的各类因素比重分别是：市场分析不恰当占32%，成本超出预期值占14%，产品本身不好占25%，投放时间不当占10%，销售的阻碍占8%，销售力量、分销和促销组织的不好占13%。从上面的资料可以看出，其中除成本和产品外的四个因素完全属于市场营销所涉及的内容，占总失败原因的61%，可见新产品开发的成功，并非是一个涉及纯技术的问题。正好相反，大部分的原因是那些看似细微的隐形营销问题。因此几乎可以认为，新产品开发的成功与否，在很大程度上要看能否有效地运用市场营销观念、策略、组织设计和实施技巧。

6.2.1.3 产品营销特点

产品营销是促成创新商业化实现的最后一环，创新性产品能否成功地实现其市场价值，直接取决于产品营销的实施情况。高效的产品营销具有以下两个显著特点：

第一，顾客价值导向性。产品营销的过程就是一个提升组织及其利益相关者价值的过程，其能否达到期望效果，直接取决于它对顾客价值实现与提升的具体贡献。

第二，创造性。产品营销是一项颇需创造性的工作，在产品本身性能质量趋于一致的情况下，能否出奇制胜地实施某些活动吸引顾客，激发其购买兴趣和欲望，是产品能否实现其市场价值的主要原因。

6.2.2 产品营销过程及存在的问题

6.2.2.1 产品营销基本过程

产品营销的核心工作在于通过一系列营销手段实现产品的市场价值和顾客价值。根据其活动的不同特点，可以将其区分为产品市场实现和顾客服务两大步骤，如图 6-6 所示。在产品营销的过程中，各个步骤需要完成的基本任务和主要内容是：

1）确定产品价格。通过广泛的市场调研和科学分析，制定一个或一组能够让顾客乐于接受，且能实现企业经营目标的合理的产品价格。

2）建立营销渠道。根据市场形势、客户购买特征等因素，结合企业营销目标和实际资源、能力情况规划和建立宽窄合适、长度恰当、成本合理的产品销售渠道。

3）产品促销。产品促销是企业通过人员和非人员的方式，沟通企业与消费者之间的信息，引发、刺激消费者的消费欲望和兴趣，使其产生购买行为的活动。

4）产品销售。通过交易，将产品从企业或中间渠道最终转移至客户手中。

5）售后服务。在将产品销售给顾客之后，为顾客提供一系列服务，包括产品介绍、送货、安装、调试、维修、技术培训、上门服务等，以便提高顾客满意度。

6）顾客管理。通过顾客关系管理等方式，增强与顾客之间关系，以进一步实现和提升顾客价值；与此同时，对潜在的顾客流失等倾向进行科学分析，并进行积极的顾客赢回。

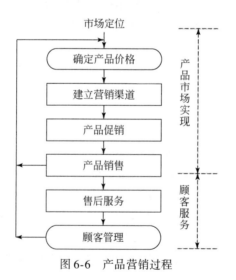

图 6-6 产品营销过程

6.2.2.2 产品营销过程中存在的问题

产品营销的创新目标在于针对产品的目标市场，在顾客需求导向下，创造性地应用各种营销策略和营销组合，满足顾客需要，在实现和提升顾客价值的同时，最终实现创新的成功商业化。为实现上述创新目标，在进行市场规划的过程中，存在的问题主要包括：

第一，如何确定产品价格，以便在树立产品形象的同时，迅速获得产品利润。

第二，如何吸引消费者眼球；如何激发潜在消费者的购买兴趣，并提升品牌知名度和美誉度；如何占有有效市场，并提升产品营销的综合效率。

第三，如何应用产品感性因素激发潜在消费者的购买意愿；如何提高消费者的购买意愿和能力，从而有效开拓市场。

第四，如何维护好与客户的关系，提升客户的满意度，并培养客户对产品的品牌忠诚度；如何准确地对客户流失风险进行评估，以便采取相应策略维护市场。

6.2.3 产品营销方法

在产品营销子模块，可以使用的常见创新方法主要包括撇脂定价法、事件营销方法、饥饿营销方法、口碑营销方法、精益营销方法、绿色营销方法、体验式营销方法、可拓营销方法、关系营销方法和决策树法，见表 6-11。下面分别对这些方法进行简单介绍。

表 6-11 产品营销过程中的主要创新方法

环节	问题	可用创新方法
确定产品价格	如何确定产品价格，以便在树立产品形象的同时，迅速获得产品利润	撇脂定价法
建立产品渠道	—	—
产品促销	如何吸引消费者眼球	事件营销方法
	如何激发潜在消费者的购买兴趣，并提升品牌知名度和美誉度	饥饿营销方法、口碑营销方法
	如何占有有效市场，并提升产品营销的综合效率	精益营销方法、绿色营销方法
	如何应用产品感性因素激发潜在消费者的购买意愿	体验式营销方法
	如何提高消费者购买意愿和能力，从而有效开拓市场	可拓营销方法
售后服务	—	—
客户管理	如何维护好与客户的关系，提升客户的满意度，并培养客户对产品的品牌忠诚度	关系营销方法
	如何准确地对客户流失风险进行评估，以便采取相应的策略维护市场	决策树法

（1）撇脂定价法

所谓撇脂定价法，就是为产品定一个高价，以在短期内攫取最大利润为目标，而不是以实现最大的销量为目标。与撇脂定价法相对应的是渗透定价法，即为产品定一个低价。企业应用撇脂定价法的条件是：①市场上存在一批购买力很强、并且对价格不敏感的消费者；②这样的一批消费者的数量足够多，企业有厚利可图；③暂时没有竞争对手推出同样的产品，本企业的产品具有明显的差别化优势；④当有竞争对手加入时，本企业有能力转换定价方法，通过提高性价比来提高竞争力。苹果公司的 iPod 系列产品就是成功地采用撇脂定价法的一个典范。在创新方法链中，有效应用撇脂定价法可以在提升企业品牌形象的同时，迅速获取最大利润。

（2）事件营销方法

事件营销，也称活动营销，是指通过策划、组织和利用具有名人效应、新闻价值以及社会影响的人物或事件，引起媒体、社会团体和消费者的兴趣与关注，以求提高企业或产品的知名度、美誉度，树立良好品牌形象，并最终促成产品或服务的销售目的的营销手段和方式。简单地说，事件营销就是通过把握新闻的规律，制造具有新闻价值的事件，并通过具体的操作，让这一新闻事件得以传播，从而达到广告的效果。事件营销是国内外十分流行的一种公关传播与市场推广手段，集新闻效应、广告效应、公共关系、形象传播、客户关系于一体，并为新产品推介、品牌展示创造机会，建立品牌识别和品牌定位，形成一种快速提升品牌知名度与美誉度的营销手段。20 世纪 90 年代后期，互联网的飞速发展给事件营销方法的应用带来了巨大契机。通过网络，一个事件或者一个话题可以更轻松地进行传播和引起关注。在创新方法链中引入事件营销方法，有助于吸引消费者眼球，并迅速提升品牌知名度和美誉度。

（3）饥饿营销方法

饥饿营销是生产商或销售商通过限量生产或限量销售的营销手段，有意调低产量或销量，以期达到调控供求关系、制造供不应求"假象"、维持商品较高售价和利润率的目的。饥饿营销通过调节供求两端的量来影响终端的售价，达到加价的目的。一方面，应用饥饿营销方法通过限制供货量，可以造成产品供不应求的热销假象，从而提高售价，赚取更高的利润；另一方面，饥饿营销方法可以提升品牌的附加值。一般而言，在饥饿营销运行的过程中，始终贯穿着"品牌"这个因素。在创新方法链中合理地引入饥饿营销方法，将有助于历经创意激发、技术突破、成型优化、生产改善四个模块洗礼的产品在市场上的表现达到"如虎添翼"的效果。关于饥饿营销方法的详细介绍见 6.2.4.1 小节。

（4）口碑营销方法

口碑营销就是指企业在打好营销基础的同时，有意识、有步骤地利用社会公众人际信息传播机制，宣传推广自己的一种营销方法。应用口碑营销的基础主要包括：①超出顾客的期望，创造更多的消费者剩余；②提供周到的细节服务；③别出心裁的服务；④向顾客提供各类信息；⑤关注顾客的需要与个性化要求；⑥消除顾客不满；⑦鼓励顾客参与；⑧和谐的公众关系。口碑营销的传播途径则包括鼓励顾客宣传、广告宣传、利用新闻效用扩大影响、组建顾客俱乐部、通过渠道成员和意见领袖传播口碑、通过电子邮件和网络等进行口碑宣传等。美国苹果公司在应用饥饿营销方法的同时，综合应用口碑营销方法，就是其取得成功的要诀之一。在创新方法链中，口碑营销方法的应用有助于与顾客进行信息沟通并获得市场关注，从而显著促进产品销售。

（5）精益营销方法

精益营销方法是精益思想在市场营销领域的拓展和创新性应用，其核心思想是，在进行营销活动的过程中，消除不给产品或服务增加价值的活动，并对营销资源进行合理而有效的配置，把重要而关键的资源集中到主要客户上；在营销过程中，营销团队不断在过程中学习，丰富自己的知识结构，树立起精益的观念并在以后的活动中不断应用，持续改进营销活动，追求尽善尽美，最终获得投资收益最大化。营销中的无价值活动包括顾客选择不当、产品定位不当、顾客利益不当、顾客付出不当、产品定价不当等，因此，精益营销方法的应用目标在于在恰当的时候、在恰当的地点（渠道）、向恰当的顾客、以其恰当的付出、提供恰当的顾客利益，即在恰当的时间、空间、商品等范围内，使企业的营销活动满足恰当顾客的付出意愿和利益获得意愿，赢得顾客满意。在创新方法链中，应用精益营销方法有助于以最低的成本提升顾客的满意度，并占有有效市场。

（6）绿色营销方法

绿色营销就是指企业在营销中重视保护地球资源环境，防治污染以保护生态环境，充分利用并回收再生资源以造福后代。绿色营销方法可实现企业、消费者和环境三方面的平衡——既满足消费者的需求，又实现企业的利润目标，也非常注重自然环境的保护和生态系统的平衡。就其本质而言，绿色营销方法是一种新型的营销理念与营销战略，它注重环境保护，认可绿色文化，尽量消除或减少生产销售等环节对环境的破坏，满足消费者对绿色消费的需求，并在此基础上挖掘新的市场机会，通过合宜的营销方式实现盈利。绿色营销方法的核心是以绿色技术、绿色市场和绿色经济为基础，按照环保与生态原则选择和确定营销组合。绿色营销方法的特点是兼顾消费者利益、企业效益、社会效益与环境效益的统一，实现四者之间的平衡。在创新方法链中，应用绿色营销方法，可以从环保的角度提升包括顾客价值在内的所有营销利益相关者的价值。

（7）体验式营销方法

体验式营销模式是发展中继生产、销售、服务之后的第四个阶段，体验式消费首先在西方发达国家出现，近年来我国的北京、上海、广州等大城市的商家也纷纷开始采用"体验式消费"的营销方法。体验式营销方法也叫感性营销方法，它是站在消费者的感官、情感、思考、行动、联想五个角度重新定义设计的一种营销模式，主要是研究如何根据消费者的状况，利用各民族传统文化、现代科技、艺术和大自然等手段来增大产品体验内涵，更好地满足人们的情感体验、审美体验、教育体验等多种体验需求，以服务产品为舞台，以有形产品为载体，生产经营高质量的产品，在给人们心灵带来强烈的震撼时达到促进产品销售的目的。这种营销模式突破了传统理性消费者的假设，认为消费者在消费时是理性与感性兼备的，消费者的体验才是购买行为和品牌经营的关键。通过体验式消费，将使顾客不再像以往那样仅仅进行简单的光顾，而是坐下来看别人怎么设计和应用，或者自己也参与其中，感受设计或应用带来的快乐。在创新方法链中，引入体验式营销方法可以增强顾客对产品应用效果的信心，并使其产生配套购买的冲动。

（8）可拓营销方法

可拓营销是以广东工业大学蔡文研究员所创的可拓学理论为基础，将可拓学的基本思想应用于市场营销的一种新型营销方法。可拓营销方法运用可拓学的基元模型、可拓变换、蕴涵分析等工具，以及普遍意义上的矛盾解决思路和方法，进行产品创新、市场开拓、企业革新和营销策划。可拓营销方法主张用可拓的思想组织营销过程，以兼顾企业利益、顾客利益和社会利益为原则来制订营销方案。在创新方法链中，应用可拓营销方法可以以一种系统而又具有创造性的方式实现产品的市场开拓。关于可拓营销方法的详细介绍见6.2.4.2小节。

（9）关系营销方法

在企业和客户的关系发生了本质性变化的市场环境中，抢占市场的关键已转变为与顾客建立长期而稳固的关系，从交易变成责任，从顾客变成用户，从管理营销组合变成管理和顾客的互动关系。关系营销方法就是针对这一形式而提出的以管理企业的市场关系为出发点的一种新型营销方法。它的核心思想是建立发展良好的顾客关系，使顾客保持对某个企业或某一品牌商品的高度忠诚。关系营销观念认为，建立和谐有利的商业关系，需要企业与顾客及其他利益相关人之间，建立相互信任的关系。关系营销方法强调不仅要争取顾客和创造市场，更重要的是维护和巩固已有的关系。关系营销的主要内容是对顾客进行科学的细分与管理，其实现方式灵活多样，如可以建立消费者数据库，使企业能够准确掌握消费者的有关信息，使商品能够准确定位，同时，使企业的促销工作更具针对性，从而提高营销效率。在创新方法链中引入关系营销方法，有利于进一步提高顾客对本企业品牌的忠诚度。

（10）决策树方法

决策树方法是数据挖掘常用的方法之一，决策树是一个可以自动对数据进行分类的树型结构，是树形结构的知识表示，可以直接转换为决策规则。决策树学习采用自顶向下的递归方式，在决策树的内部结点进行属性值比较，并根据不同的属性值判断从该节点向下的分枝，在决策树的叶结点得到结论。在市场营销模块中，应用决策树方法可以较为系统地分析客户流失危机。

6.2.4 典型方法及案例

在上述产品营销子模块可用的创新方法中，饥饿营销方法和可拓营销方法是两种较为典型的创新方法，下面分别对其进行详细介绍，并对应用案例进行简要分析。

6.2.4.1 饥饿营销方法

（1）饥饿营销方法概述

饥饿营销方法是近几年伴随市场营销体系的逐步发展，在消费心理学的基础上形成的一种新型营销方法。具体而言，所谓饥饿营销方法，是指产品的销售者或者提供者故意制造产品短缺来吸引消费者的注意，满足消费者的消费心理使其购买欲急剧扩增，制造销售供不应求的假象，以此换取较大的利润击败竞争对手的方法。饥饿营销方法是人为地有意制造产品的短缺，调低产品的生产量，其根本性的目的是利用供不应求的关系，也就是所谓的"物以稀为贵"的概念来赢取消费者的消费欲望，对消费者的消费心理进行猛烈的攻击，以便维持商品较高售价和较高的利润，同时达到提高商品附加值，提升品牌形象的目的。饥饿营销方法的成功运用，对于企业的产品市场推广乃至长远发展具有重要意义。

饥饿营销方法的主要特征在于"饥饿"状态的产生与形成。从消费者心理学的意义上分析，消费者心理上"求新"、消费者心理上的"攀比"、消费者心理上的"求名"以及消费者心理上的"从众"，是饥饿营销方法能够发挥明显作用的重要影响因素。

饥饿营销方法是企业经常采用的一种营销方式，从汽车行业到电子产品行业，许多企业采用这一方法获得了市场推广和产品销售的成功。最近，电子产品行业中人们较为关注的苹果公司和国内的小米手机，在一定程度上正是由于饥饿营销方法的应用，才令他们分别取得了骄人的成绩。

（2）饥饿营销方法的理论基础和作用

1）饥饿营销方法的理论基础。饥饿营销方法在市场推广实践中之所以行之有效，主要在于它有坚实的理论基础，即"效用理论"和"消费心理学"。

效用理论。饥饿营销方法的理论基础之一是西方经济学中的"效用理论"。"效用理论"认为，"效用"不同于物品的使用价值。使用价值是物品所固有的属性，由其物理或化学性质决定，而"效用"则指代消费者的满足感，是一个心理概念，具有很强的主观性。在特定的时间、地点、环境下，某种产品或服务一旦满足了消费者的特定诉求，这种产品或服务的价值就会被放大，进而成为消费者竞相追逐的目标。随着社会的发展，人类的物质和精神需求层次也不断提高，这种心理诉求为饥饿营销方法的运用提供了良好条件。

经济学家萨缪尔森曾提出著名的幸福公式，即幸福＝效用/欲望。从这个公式可以看出，一旦消费者的"欲望"被撬动而显著增强，为了获取足量的"幸福"感，消费者就会努力从产品或服务中获得更高的"效用"，消费行为便不可避免。此时，无论是提供产品或服务的时间、地点，还是价位、数量，卖方都拥有更大的话语权。

消费心理学。饥饿营销方法的另外一个理论渊源是消费心理学。每个消费者总是存在许多需要。有些需要是由生理状况引起的，如饥饿、口渴、不安等，另外一些需要是心理性的，是由心理状况紧张而引起的，如认识、尊重、归属。当需要升华到足够的强度水平时，这种需要会变为动机。饥饿营销对消费者心理的激发机制就是心理性的故意制造商品短缺假象，让消费者紧张，让消费者以占有为最快乐的事情，这时消费者被吊足了胃口，需要升华到急于占有，消费者动机产生了。

饥饿营销抓住了消费者的购买动机中有成长需要的特点：当消费者获得一个限量版产品，排队抢购得来的新颖产品就是对自己能力的一种证明，满足了他们对产品的好奇心，对美的追求，即满足了他们更高层次的认知需要和审美需要，因而可以证明自己很时尚，同时也证明自己很有地位，从而满足了他们自我实现的需求。

电视、广播、报纸、杂志、网络等传媒，为商家应用饥饿营销方法提供了更大便捷。聪明的商家从产品上市前就开始预热造势，面市报道、缺货抢购报道等形成"完美"的传播曲线，进一步扩大了饥饿营销"战场"的深度与广度。

2）饥饿营销方法的作用。消费者往往会存在"先占为荣，人无我有"的心理，因此饥饿营销方法的人为限量正好迎合并满足了这些消费者潜在的心理特点，有利于消费者产生强烈的抢购心理，同时有利于使本企业的产品始终处于一种卖方市场。在产品营销子模块中，饥饿营销方法的作用体现在以下几个方面。

一是通过人为地造成供不应求的假象，消费者反而会对品牌的热情持续高涨。

二是企业通过科学的预测，根据消费者的需求变动趋势，主动限量生产，当市场需求发生变化时，有利于企业降低风险。

三是饥饿营销产生的抢购，有利于企业和经销商产品的销售，缩短投资回收周期，加快资金周转率。

（3）饥饿营销方法在产品营销中的应用前提

在产品营销子模块中，饥饿营销方法能否应用，应用后成功与否，与诸多因素存在密切关系，并非任何企业、任何品牌都可以随时随地应用。在市场竞争不充分、消费者心理不够成熟、产品综合竞争力较强、品牌非常成熟的情况下，饥饿营销方法才能较好地发挥作用，否则，企业很难通过运用这一方法达到预期效果。在市场推广或产品销售过程中，应用饥饿营销方法必须具备以下几个基本前提条件。

1）市场竞争不充分。细分市场内竞争的威胁水平低。如果企业细分市场内竞争激烈，应用饥饿营销方法就有难度。因为在应用饥饿营销方法时，消费者会转移至其他竞争者。为了在激烈的竞争中立于不败之地，企业就应该货源充足，每出现一位消费者就直接促成其购买行为。所以在这种情况下，就不应该使用饥饿营销方法。相反，如果企业细分市场内没有竞争，或竞争程度较低，市场状况为卖方市场时，这时企业处于主动地位，就可以采用饥饿营销方法。因为即使企业供货不足，消费者也不会转而消费其他产品，只能加剧消费者占有这种商品的欲望。

新竞争者的威胁水平较低或新竞争者进入行业壁垒较高。企业除了现有竞争者的竞争之外，还有不断涌入的新竞争者。当一个行业进入壁垒较低、预期利润较高时，就会有企业不断地大量涌入。一旦竞争者数量越来越多，带来的威胁也就越来越大，这时不适宜采取饥饿营销策略。相反，行业前景乐观，预期利润很高，同时，行业进入壁垒也较高，这就会拦截很多资金实力弱、经营水平一般的企业进入，企业的竞争者数量不会在短期内急剧增加。在这种条件下，企业可以有时间和精力应用饥饿营销方法。

替代产品的威胁水平低或替代品较少。替代品指能带给消费者近似满足度的几种商品间具有能够相互替代的性质，若其中一种商品价格上升，顾客们就会去寻求相较于这种商品便宜的，并且能带来相似满足度的另一种商品购买。

两个处于不同行业中的企业，可能会由于所生产的产品是互为替代品，从而在它们之间产生相互竞争行为，这种源自于替代品的竞争会以各种形式影响行业中现有企业的竞争战略。替代品价格越低、质量越好、用户转换成本越低，其所能产生的竞争压力就越强。

当一个企业的产品存在大量质优价廉的替代品时，不可以使用饥饿营销方法。因为此时使用饥饿营销方法，反而会为竞争者的产品销售提供便利。

所以，计划使用饥饿营销方法的企业，应该先通过调查，了解现有替代品竞争者的数量、替代品竞争者的实力以及替代品竞争者的生产能力、资金实力、产品结构均衡等问题。

2）消费者消费心理不成熟。消费者购买动机不理性是应用饥饿营销策略的心理基础。消费者的购买动机有求实、求安、求廉、求同、求新、求美、求名七种动机。使用马斯洛需要层次理论，求实、求安、求廉动机是生理、安全等低层次需要的反映，求同、求新、求美是社会需要层次的反映，求名动机是尊重需要层次的反映。能够应用饥饿营销方法并取得成功的动机主要有求同、求新、求美及求名这四个动机。"求同"、"求新"、"求美"、"求名"本是消费者正常消费心理，但是消费者这种心理反应如果很容易被营销者的任何策略牵着走，那就说明当前消费者心理状态还不成熟，还不是靠理智来决定购买。消费者心理的这种不成熟状态为企业实施各种营销方法尤其是饥饿营销方法提供了条件。

企业善于诱导或刺激消费者购买欲望是饥饿营销应用的先决条件。基于上述对消费者消费心理动机的分析，可以发现消费者因为存在以上所有动机或其中之一，再加上企业采取广告等形式的诱导，将导致消费者购买欲望越来越强烈，直至最后无法理智地判断商品的具体实用性和效用，以占为己有为目标，这时消费者达到最大"饥饿"状态。企业在此时适时应用饥饿营销方法，消费者会毫不犹豫地配合。

3）产品综合竞争能力较强。产品质量水平高是企业应用饥饿营销方法的物质基础。购买到物美价廉、性价比高的商品往往是大多数消费者最普遍的想法。产品质量水平高，就会使消费者乐于选择这种商品。一旦这种高质量的商品供不应求、价格又低于同类产品的时候，就会形成消费者的抢购。而消费者一旦开始对某种商品进行抢购，所有之前理智的购买心理都会消失，消费者在那一瞬间只会觉得以先购或得到为最终目的。此时企业及时使用饥饿营销方法，也会为其带来无法预料的效果。在现代企业里，质量意识越来越强，企业更加重视商品质量水平。在提升企业产品质量时，其质量经营战略主要包括追求零缺陷、营造质量文化、开展质量教育与塑造质量形象等内容。这些都会为企业未来实施饥饿营销方法奠定基础。

加强产品和技术创新。实行饥饿营销策略的企业要经常加强产品和技术创新，只有不断在变化发展中才能与竞争者的产品有差异，才会让消费者对其产品趋之若鹜，即使产品供不应求，出现断货现象也能持续等待。

4）品牌成熟度、知名度和美誉度水平要求符合饥饿营销的应用要求。各种品牌在市场上的力量和价值各不相同，品牌的成熟度、知名度、美誉度也各不一样。但是，毫无疑问，品牌成熟度高、知名度高、美誉度高的商品会被大多数的消费者喜欢，同时，这也是企业实施饥饿营销方法的又一个不可或缺的条件。所以企业不能仅仅希望采用各种策略吸引消费者，更应该先从企业自身条件的塑造角度去满足消费者最新的需求。

从上述条件可以看出，准确的市场定位、过硬的产品质量、独特的产品性质或显著的技术创新，是企业得心应手地应用饥饿营销方法的基本前提。因此，如果企业能够因企制宜、科学合理地实施创新方法链，那么饥饿营销方法的恰当应用就可以在产品营销的过程中达到如虎添翼的良好效果。

（4）饥饿营销方法在产品营销中的应用步骤和实施关键点

在产品营销子模块中，饥饿营销方法的一般应用步骤包括：

第一步，引起关注。成功实施饥饿营销，首先需要引起用户的关注，如果用户对企业产品毫无兴趣，就无法产生"饥饿"。因此，让用户对产品关注，并建立初步的认识是成功的第一步。通常"免费"和"赠送"是最能吸引用户的手段。

第二步，建立需求。仅仅引起用户的关注不足以成功实施饥饿营销方法，还需要让用户发现自己对产品有需求。如果用户只是表示关注，自身却没有任何需求，不愿拥有产品，则仍然无法实现企业的饥饿营销目标。

第三步，建立期望值。成功引起用户关注后，需要进一步趁热打铁，帮助用户建立一定的期望值，让用户对产品的兴趣和拥有欲望越来越强烈。

第四步，设立条件。这是实施饥饿营销的最后一步，即设立产品所需要的条件。

饥饿营销方法实施的关键点在于产品对消费者的吸引力，以及如何让消费者感受到供不应求的紧迫感。饥饿营销一般借助三类因素，第一是把握市场节奏，推出适合市场、具备强大竞争力的产品；第二是通过各种媒介宣传造势；第三是产品本身具备核心竞争力，并不容易被复制仿造。

（5）饥饿营销的应用实例——苹果公司的做法

美国苹果公司是所有品牌企业实施饥饿营销方法最具影响力的一家企业。2010年推出的iPhone4，之后备受关注的iPad2，再到最近热卖的iPhone4s，中国各地区脱销情形十分常见，原因在于，消费者大力追捧，同时商品限量供应，市场供需矛盾。尽管客观地讲，美国公司有可能面临产能无法满足市场需求的现状，而并不能否认在品牌推广中成功运用饥饿营销方法的事实。

1）苹果公司应用饥饿营销方法的突出特点。饥饿营销方法的应用，使得苹果的产品在上市和推广过程中，呈现出其独特的营销曲线：信息控制—发布会—公布上市日期—等待—全方位新闻报道—正式开卖—全线缺货—热卖。苹果公司的饥饿营销方法突出地表现为以下几个特点。

第一，信息控制。在上市之前，为了保证产品的神秘感，对于产品的所有信息进行全方位的控制，以勾起消费者的遐想和欲望。实际上，苹果公司一直在执行一项名为"可控泄露"的营销策略，即有计划、有目的地放出未发布新产品的信息，如由一位苹果职员在接到上级指令后，主动找到权威媒体记者聊天或打电话，但绝不会留下诸如E-mail这样的文字证据。此外，这种泄露还会采取多种措施，以防事情败露被追究责任。例如，以《华尔街日报》关于第一代iPad上市前的相关报道为例，该报最著名的科技专栏作者Walt Mossberg并未署名，而新闻署名为另外两位记者。如果出现问题，两位记者都可以把责任推给对方，或者表示只是谈话中的一次误解。

第二，制造紧缺。从苹果的系列产品来看，都会出现"紧缺"现象。苹果的产品之所以如此受欢迎，很大程度上来源于其对市场供应的控制，也就是使市场处于某种相对"紧缺"的状态，这有利于保持其产品价格的稳定性和对产品升级的控制权。iPhone的销售显然是这种紧缺制造策略的代表。自上市以来，不管市场对这款产品的呼声多高，苹果公司始终坚持限量供应。苹果和乔布斯，高傲且强势，很多消费者为等产品发布彻夜排队，买产品要"预订"，他高高吊起人们的胃口，却不急于满足。

制造紧缺的目的是，一方面利用消费者的求新心理，另一方面利用"物以稀为贵"的价值法则，激发消费者的购买欲望，从而更好地采用"撇脂定价"，获取高额利润。当然，在当今产品非常丰富并且替代产品很多的情况下，"短缺"要适度。

第三，制造悬念，提高兴趣。2007 年 1 月 10 日，苹果公司发布了旗下第一款手机产品苹果 iPhone，从而正式宣布了苹果公司进入无线通信领域。在此之前，所有对于这款手机的揣测全部来自于网络中铺天盖地的预言和苹果零星透露的点点消息。这款手机被世人期待了太久，吸引了全球太多的注目，所以当它褪去神秘傲然面世的时候，注定了要被关注它的人们所津津乐道，要在通信行业中掀起革新的波澜，苹果公司顿时变为了全世界的焦点。

每次 iPhone 新一代机型发布前夕，都会有包含各种猜测和期待的小道消息在互联网上流传，在吊人胃口的同时也悄悄地扩展着 iPhone 的影响力。iPhone 这个简单的名字都曾被人猜测了很久。但是漫长的等待和无数难辨真伪的消息和传闻并没有降低人们对于它的热情。很多人在新品发布前都已经开始摩拳擦掌：新一代 iPhone 的外观设计到底有什么特别之处？iPhone 到底有什么功能？iPhone 到底能给我们带来什么？iPhone 与人们的想象到底有哪些出入？诸多的疑问越发让 iPhone 和之前的手机相比看来更像一个异类，但在随后苹果新产品发售活动中，公司的相关决策得到了准确和充分的体现：各地相继报道出苹果专卖店门外会聚集大量粉丝通宵排队，只为发售当日在商店开门的那一刻率先购入他们心仪已久的商品。

2）苹果公司饥饿营销方法的应用经验。在进行产品营销时，美国苹果公司成功实施饥饿营销方法的经验可以总结为以下几方面。

深入解读人性。与微软相比，苹果市值要高出 1000 多亿美元。PC 业在最近 10 年中出现极大的改变，而虽未掌握最先进技术的苹果差不多都适时进行了介入，如个人电脑、互联网以及移动互联网等。对于苹果公司和乔布斯而言，技术导向并不是最重要的，也从不放出在某一领域称霸的豪言。对人性的深入解读，准确把握需求以及欲望，是确保其走向成功的最有力保障。

贯穿品牌因素。市场供不应求有助于品牌影响力的提升。饥饿营销对产品市场价格的把控主要依托于对市场中供与求的调节，从而实现抬高产品售价，赢取较高产品收益的目的。与饥饿营销方法相比，让更多的消费者拿到产品，通过自己亲身使用，感受产品的神奇之处，从而赢取消费者口碑的方式要好得多。手机产业相关数据以及苹果公司财务报表对此有较为直观的反映。以苹果公司 2011 年第一季度公布的财务报表为例，在整个手机市场中，苹果手机所占份额只有 5%，但整个手机领域利润的 55% 都被纳入 iPhone 系列囊中。iPhone4 手机成本 150 美元左右，而市场却卖到 500~800 美元。

饥饿营销方法实施看起来难度并不大，先确定叫好叫座的惊喜价，赢取潜在消费者的注意力，之后对产品供应量进行严格控制，制造供不应求的表象，借此抬高产品价格，赢取高额利润；然而，从本质上讲，"品牌"因素一直贯穿饥饿营销策略实施的全过程，产品品牌所具有的极大的市场号召力是推行该策略的有力保障，如果产品在未创造足够的市场影响力的情况下贸然对产量及供货量加以控制，不但无法获取高额收益，反而还存在丧失原有市场份额的可能。

饥饿营销方法好似一把双刃剑，运用得好，可以促进原本就已经很强大的产品的附加值的进一步提升；运用得不好，将会给产品品牌带来极大的消极影响，并造成产品附加值降低的不利后果。饥饿营销方法最主要的目的并非只是单纯地追求较高的产品售价，更主要的是促进产品自身附加值的不断提升，进而树立产品品牌高价值形象。苹果手机正是在品牌优良市场声誉基础之上，大力推行饥饿营销方法，吊足消费者胃口，使得消费者购买欲望不断高涨。iPhone 问世以来，一致践行苹果精致作风，树立了良好的市场口碑，对苹果品牌的提升发挥了重要作用。

选择正确产品。在品牌推广环节，产品市场拥有量以及市场对产品的认可度对于实施饥饿营销方法而言十分关键。必须确保产品被消费者认可和接受，产品具有较大的市场开发潜力。对欲望的深入分析对于确保产品开发获取成功十分重要，只有准确把握欲望，才能确保产品功能性利益、诉求、品牌个性及形象与市场需求相一致，符合消费者心理预期。在消费者心目中，已经对苹果产品形成这样一个深刻而美好的印象：产品性能突出、外形时尚美观、设计近乎完美，在不少人心目中，苹果就是个性的代名词，是时尚人士的必备单品。差不多所有苹果产品都会带给消费者惊喜，"这就是我的苹果!"毫不夸张地说，苹果产品在其行业内占据着最为关键的营销地位。

制造适度紧缺感。随着社会及经济的进步，市场商品品种越来越多，存在较为严重的产品同质化问题，不断提高产品特有竞争优势是实行限量供应的前提。在关注个性的今日，消费者不再接受随大流。苹果市场增长速度快于产能释放速度，从物以稀为贵角度出发，制造适度紧缺，使得产品市场供应出现适度的紧张局面，有利于达到加价销售目的。苹果从消费者对品牌和品位的追求心理出发，配合"饥饿营销"，成功获取高额利润。

借助媒体力量。消费者在需求及欲望程度方面存在一定的差异性，在进行产品品牌推广过程中要适度配合专业传播，并需要做好传播策略、时间、形式以及传播媒介等方面的规划工作。苹果善于联动不同媒体的影响力，用立体化的整合营销成功进行产品推广，同时在发布前先引发公众热议，通过赚来的媒体来进一步实现口碑营销，使产品发布会聚集万众期待的高人气，爆发式地实现产品的高人气和高销量，形成良好的品牌知名度。

正是由于饥饿营销方法等策略的运用和产品本身具备的优良特性，作为并非同类产品技术上最为先进的企业，苹果公司获得了举世瞩目的销售成绩。2008～2012 年，苹果公司连续 5 年荣获 CMO Survey 颁发的"杰出营销奖"，成为了营销冠军。2012 年，苹果公司的品牌价值超过 1000 亿美元，一举成为全球最具价值的品牌之一。

6.2.4.2 可拓营销方法

(1) 可拓营销方法概述

可拓营销是以广东工业大学蔡文研究员所创的可拓学理论为基础，以可拓方法为工具，结合现代营销理论及中国古今的管理思想而提出的一种营销方法。它通过对国内外企业现状的分析，构建了以创新为核心去创造产品、开拓市场、开拓企业能力的一种新型营销方法。可拓营销主张用可拓的思想组织营销过程，以兼顾企业利益、顾客利益和社会利益为原则来制订营销方案。

可拓营销方法认为，产品、市场和企业能力都是可以开拓的，市场竞争正在从产品竞争发展到能力竞争，竞争取胜的关键是创新，包括产品创新、市场拓展和能力开拓。企业要根据市场的需要和社会的利益，创造出虚实结合、软硬结合的"完整产品"，同时建立虚实、软硬、潜显、负正各部门相协调的"健全企业"，形成具有鲜明个性的企业形象，并利用可拓方法去创造需求、创造市场，使企业从追随潮流转向带动潮流。

可拓营销的核心概念是创新与交换，主要内容是创造产品、开拓市场和革新企业。在可拓营销中，提出了"完整产品"、"健全企业"、"可拓市场"等概念。在可拓营销中，提出了产品创新、市场开拓和企业革新的分析、策划方法，主要包括提高产品创新能力的方法、提高市场开拓能力的方法、开拓企业能力的方法等。

其中，市场开拓能力对于市场营销特别是所谓的狭义营销或者"第二次营销"而言，具有至关重要的意义。可拓营销认为，在开拓市场时，可以根据可拓市场的概念，分析可拓市场的规模、状况以及开拓的方法。利用需求的可拓性，可拓营销提出了创造需求的方法，同时，根据可拓市场的思想，可进一步得到基于不同可拓变换的不同可拓市场，从而利用可拓变换去创造需求、创造市场。

（2）可拓营销方法的基本理论和核心概念

可拓营销方法就其本质而言，就是可拓学理论与方法在市场营销领域的具体应用。因此，可拓营销的基本理论和核心概念与可拓学存在相似之处。可拓营销的核心概念主要包括基元、基元的可拓性、基元可拓变换等可拓学基本概念，以及可拓营销方法提出的可拓市场概念。

1）基元。基元是可拓营销依托的基础性概念，在可拓营销中，最常见的基元可以进一步区分为物元和事元两大类型。

物元是描述事物的基本元。它以事物的名称、特征的名称及相应的量值所构成的三元组来表示，即

$$物元 =（事物的名称，特征的名称，量值）$$

通常用符号记作：$M =（O_m，c_m，v_m）$。

物元是形式化描述事物的基本工具，其中的量值可以是数量化量值，也可以是非数量化量值。例如，产品 A 的价格是 100 元，质量等级是甲级，品牌名称为菊花，知名度很高，若用物元来描述，则产品 A 可形式化地表示为

$$M = \begin{bmatrix} 产品\,A, & 价格, & 100\,元 \\ & 质量等级, & 甲级 \\ & 品牌名称, & 菊花 \\ & 知名度, & 高 \end{bmatrix}$$

事元是描述事情的基本元。它是由动词、特征及相应的量值构成的三元组，即

$$事元 =（动词，特征，量事元值）$$

通常用符号记作：$A =（O_a，c_a，v_a）$。

事元是形式化描述事情的基本工具，它可用于对需要、功能、策略等的形式化描述，是营销研究中进行需要与功能分析的基本工具。

物元和事元的运算。物元和事元有加、减、乘、除等运算，这些运算可以看成是物元或事元的组合。

组合就是创造。产品、市场、企业的能力等都可以通过各种组合而得到新的开拓方案。不同的产品组合起来，可以得到新的产品；某两个生产相关产品的企业合并后，进行了设备、人员、资金重组，优势互补，可使企业欣欣向荣。

2）基元的可拓性。基元的可拓性包括基元的发散性、共轭性、相关性、蕴含性和可扩性，它从事物向外、向内、平行、变通和组合分解的角度提供了多条变换的可能路径，成为事物开拓和解决矛盾问题的依据。

发散性。一事物具有多种特征，一特征又为多种事物所具有，"一物多征"、"一征多物"、"一值多物"、"一特征元多物"等统称为物元的发散性，如图6-7所示。基元的发散性是进行产品开发、利用代用品等的依据，根据发散性，企业可以正确地寻找原材料、零配件、新技术、新工艺，以进行产品创新、技术创新和工艺创新。

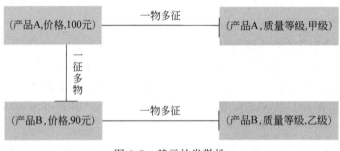

图 6-7　基元的发散性

共轭性。事物的内部结构是解决矛盾问题的另一个着眼点，通过内部结构的改变，有时也可把矛盾转化为相容。任何事物都有虚实、软硬、潜显、负正八个部分，通过对事物共轭八部的分析，可以更全面地认识事物，并利用它们进行开拓创新。事物的共轭部在一定条件下是可以相互转化的。因此，不论对企业还是对企业的产品，都应该进行共轭分析，并且充分利用共轭部的可转化性去寻找解决问题的途径。

相关性。事物与事物之间，一事物的某些特征之间，不同事物的特征之间都可能存在依赖关系，称为相关。由于基元的相关性，一基元某要素的变化，会引起其相关要素的变化，称为基元的传导效应。产品的价格与质量、销售量、利润均有相关性，电视机的产量与电视机配件的产量也是相关的。在制定各种策略时，企业必须考虑相关性，在不同条件下，传导生产厂家在其产品的知名效应也是不同的。对产品而言，价格和销售量是相关的；同一产品不同生产企业之间的市场份额与销售量也是相关的。相关性在可拓营销中起着重要的作用。

蕴含性。如果事物A实现，必有事物B实现，则称事物A蕴含事物B。"围魏救赵"就是一个利用蕴含性解决问题的很好例子。现代商战中也经常应用这种手段。捕捉时机，避实击虚，扬长避短的很多方案，都是商战中运用蕴含性走出困境的成功范例。

可扩性。一个事物，可以与其他事物结合成新的事物，也可以分解为若干新的事物，它们具有原事物不具有的某些特性。我们把事物可以结合分解的可能性，统称为事物的可扩性，包括可加性、可积性、可分性。企业兼并、资产重组、成本分解核算等都是可扩性的应用。例如，海尔集团实行企业兼并，以自己雄厚的实力救活了若干个"休克鱼"连年亏损的企业，从而进一步扩大了企业规模，增强了竞争力。可扩性也是产生多功能、多用途组合产品的依据，在产品销售中，系列产品组合包装出售、产品分解销售等，都是可扩性的应用。

3）基元可拓变换。基元的可拓性提出了解决矛盾问题的若干路径，而在可拓营销方法中，解决问题的技术则是基元变换。

任何一个问题都是由目的和条件两个部分组成的。如果现有的条件达不到所要求的目的，则称为不相容问题。不相容问题的解决，可通过变换目的、变换条件、变换目的和条件这三条路径，化不相容为相容。基元可拓变换包括置换、增删、扩缩、分解四种基本变换及传导变换。

置换变换。用某事物代替另一事物，用某特征代替另一特征，用某量值代替另一量值的变换称为置换变换。置换变换是根据物元的发散性进行的。每种原材料或每一个零部件都是为实现某种功能而使用的，但要实现某种功能并非非使用它不可，如防火纸可代替防火板，这一置换的结果使成本降低。某企业的产品质量很好，但由于品牌知名度不高而滞销，该企业通过与某名牌企业合作，更换品牌后，使企业扭亏为盈。

增删变换。企业在进行产品决策时，必须根据目标市场的需求情况，对产品线或产品进行增删变换。例如，对生产空调的企业而言，随着消费者消费水平的提高，对空调的"绿色"要求越来越高，很多生产空调的企业就及时为空调增加了"绿色"功能，如加装负离子发生器、多元光触媒空气滤清器等，这是产品功能的增加变换，也是产品品目的增加变换。通过对产品进行功能或零部件的删减变换，就可以扩大市场。增删变换在产品设计、包装设计、促销手段、广告中都经常用到，如增加包装品的用途，在产品中附加赠品等。

扩缩变换。在日益激烈的市场竞争中，企业要想不断扩大自己的市场份额，可以通过规模的扩大来实现。对产品而言，功能的加强（扩大）产生了换代产品，电脑的小型化、大屏幕彩电等都属于扩缩变换。扩缩变换是企业进行产品创新和企业改革时常用的方法。

分解变换。分解变换在企业运作中经常用到，注意利用分解变换可以产生很好的效果。例如，邯郸钢铁厂采取成本分解核算的方法，将成本落实到每个车间、每道工序、每个人，从而大大降低了成本。在可拓学与可拓营销方法中，可采用事元将上述四种基元可拓变换分别进行形式化表述，如图 6-8 所示。

基元的传导变换。由于基元之间的相关性，某一事物、特征或量值的变化，往往会引起一系列其他事物、特征或量值的改变，这种变换称为传导变换。产品质量（实部）的提高，会引起产品知名度（虚部）的提高，这是虚实的传导变换。

$$T = \begin{bmatrix} 置换, & c_{r_1}, & \Gamma \\ & c_{r_2}, & \Gamma \\ & c_{r_3}, & \Gamma' \\ \cdots & \cdots \end{bmatrix} \quad T_1 = \begin{bmatrix} 增加, & c_{r_1}, & \Gamma \\ & c_{r_2}, & \Gamma \\ & c_{r_3}, & \Gamma \oplus \Gamma_1 \\ \cdots & \cdots \end{bmatrix} \quad T_2 = \begin{bmatrix} 删减, & c_{r_1}, & \Gamma \\ & c_{r_2}, & \Gamma \\ & c_{r_3}, & \Gamma - \Gamma_1 \\ \cdots & \cdots \end{bmatrix}$$

$$T = \begin{bmatrix} 扩大 v 缩小, & c_{r_1}, & \alpha 倍 \\ & c_{r_2}, & \Gamma \\ & c_{r_3}, & \alpha\Gamma \\ \cdots & \cdots \end{bmatrix} \quad T = \begin{bmatrix} 分解, & c_{r_1}, & \Gamma \\ & c_{r_2}, & \Gamma \\ & c_{r_3}, & (\Gamma_1, \Gamma_2, \cdots, \Gamma_n) \\ \cdots & \cdots \end{bmatrix}$$

图 6-8 基元可拓变换的形式化表述方式

企业、产品、市场之间也具有传导变换。企业为了增加产品销售量，常常把人民币（广告费）送到广告公司或电视台去做广告，以提高产品的知名度，而产品知名度的提高，又会产生名牌效应，使市场对产品的需求量增加，从而扩大了企业的市场份额，达到增加销售量的目的。

企业与其竞争对手之间也具有传导变换，竞争对手知名度的提高、销售量的增加，会引起本企业销售量的变化，因此，企业在进行营销管理时，一定要特别重视对传导变换的分析和应用。

4）可拓市场。可拓市场是应用可拓营销方法在开拓和推广市场过程中的一个重要概念。根据营销市场的概念，某产品的市场就是有能力购买且愿意购买该产品顾客的集合，因此，某产品的市场是由消费者的两个特征——购买意愿和购买能力来决定的。不论是何种原因导致了市场的变化，归根结底都是对顾客的购买意愿和购买能力的变换。为了探寻开拓市场的机理，以形式化地描述市场的变化过程，可拓营销方法利用基元可拓集合的思想，对市场这一集合进行了形式化分析，提出了可拓市场的概念，并分析了可拓市场的类型及实现方式，应用这一概念及其相关方法可以为企业提供开拓市场的思路及形式化方法。

所谓可拓市场，是相对于某个变换而言的，如果在变换 T 下，可使原来不属于市场的人变成属于市场的人，这些人构成的集合就称为原市场关于变换 T 的可拓市场。根据基元可拓集合的定义，可对可拓市场进行如下定义。

定义一：设某产品在给定地区销售，把该地区的人群记为论域 U，对 $O \in U$，令

$$l = \begin{bmatrix} O, & c_1, & v_1 \\ & c_2, & v_2 \end{bmatrix} = \begin{bmatrix} O, & 购买意愿, & v_1 \\ & 购买能力, & v_2 \end{bmatrix} \tag{6-3}$$

在 c_1 和 c_2 的值域 $V(c_1)$ 和 $V(c_2)$ 上分别建立关联函数 $k_1(x)$ 和 $k_2(y)$，$x \in V(c_1)$，$y \in V(c_2)$，

在物元集

$$W = \begin{bmatrix} l \mid l = \begin{bmatrix} O, & c_1, & v_1 \\ & c_2, & v_2 \end{bmatrix}, & O \in U \end{bmatrix}$$

上建立物元可拓集合

$$\tilde{M}(l; T) = \{(l, y, y') \mid l \in W, y = K(l) = k_1(v_1) \wedge k_2(v_2) \in I, y' = K(Tl) \in I\}$$

式中，$K(Tl)$ 是关于变换 T 的可拓函数；I 为实数域，称

$$M_+(l; T) = \{(l, y, y') \mid l \in W, y = K(l) \leq 0, y' = K(Tl) \geq 0\}$$

为原市场 $M(l) = \{(l, y) \mid l \in W, K(l) \geq 0\}$ 关于变换 T 的可拓市场。

定义一中的变换 T 是关于基元的变换，T 也可以是对关联函数的变换、对论域的变换或对时间的变换。根据变换的不同，可拓市场主要可以分为以下各种不同的形式：①关于消费者购买能力和购买意愿基元变换的可拓市场。这一可拓市场又可进一步细分为关于意愿变换的可拓市场和关于购买力变换的可拓市场；②关于关联规则变换的可拓市场；③关于论域变换的可拓市场；④关于传导变换的可拓市场；⑤关于变换组合的可拓市场。

变换 T 的类型决定了可拓市场的性质。根据变换类型的差异，可拓市场也可分为各种不同的类型，其实现方式也有多种。可拓营销提出的可拓市场相关理论与方法，使得开拓市场的过程有规律可循，企业可以根据实际情况，利用变换，寻找开拓市场的多种途径。

（3）可拓营销方法在市场推广中的应用

可拓营销方法认为，市场是相对于产品而言的，因而可以根据产品的可拓性去寻找开拓市场的思路。针对产品的市场推广问题，可拓营销提出了基于产品发散性、产品可扩性、产品相关性、产品蕴涵性的四种可拓市场探寻方法。

1）利用产品的发散性寻找可拓市场。这一种方法可进一步细分为向同功能产品的市场开拓，以及利用产品的其他功能开拓市场两种方式。

向同功能产品的市场开拓。根据"一征多物"的发散性，同功能的产品很多，它们可以互相替代，因此可以把同功能产品的市场作为原产品的可拓市场，通过一定的变换，把该市场变成原产品市场的一部分。

向同功能产品的市场开拓，其具体操作步骤为：①搜集同功能产品的信息；②分析各同功能产品市场的特征，如容量、分布情况、对产品的看法等，比较各同功能产品的优缺点；③评价选择可拓市场；④宣传本产品比其他同功能产品的优越性，使原来购买其他同功能产品的顾客转而购买本产品；⑤制定比其他同功能产品更能吸引顾客的价格，使顾客花较少的钱而购到相同功能的产品；⑥对价格较高的产品，应尽量采取分期付款或小包装的方法使顾客有能力购买。

通过利用产品的其他功能开拓市场。一个产品有多个特征，即"一物多征"，有的可以为人们提供多种功能，也就是说，一个产品的不同功能可以作为不同产品去开拓不同的市场。步骤如图 6-9 所示。①分析产品的多种性质，找到它的多种功能；②分析各种功能可以满足人们的何种需要；③对应不同的需要，选择新的功能，作为新的产品，从而开拓新的市场。即同一产品，不同功能的市场可能是不同的，不同的市场又各有不同的可拓市场，这一思想，可为企业创造市场提供思路。

2）利用产品的可扩性寻找可拓市场。根据产品可以组合或分解的可扩性，可以形成开拓市场的思路。这种思路也可进一步细分为以下两种方式：

用产品组合的方法开拓市场。有些产品销路不畅，市场较小，利用产品组合的方法，有时可以收到很好的效果。步骤为：①收集与已有产品可以进行组合的信息；②制定产品组合方案；③对组合方案进行评价，选择若干组合方案；④针对"组合产品"的特点进行

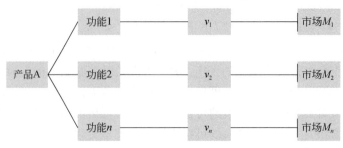

图 6-9　利用产品的其他功能开拓市场

促销，从而开拓市场。

用产品分解的方法开拓市场。对某些产品而言，有时整体价格会低于部分的价格之和，整体的市场比零部件的市场要小，此时就可以采取产品分解的方法，以获取更高的利润。步骤为：①收集产品分解的可能性及分解后的零部件市场的信息；②制定分解方案；③不同的零部件投放不同的市场。

3）利用产品的相关性寻找可拓市场。由于产品具有相关性，消费者对相关产品的需求也是相关的，因此，可以通过相关产品的市场来开拓原产品的市场。利用产品的相关性寻找可拓市场，其具体操作步骤为：①列出本产品的相关产品；②分析本产品市场和相关产品市场的关系；③确定可利用的相关产品市场，将该市场作为本产品的可拓市场。

4）利用产品的蕴含性寻找可拓市场。若消费者购买了 A 产品，就要购买 B 产品，这种蕴含性可以用来开拓 B 产品的市场。该方法的具体操作步骤为：①收集蕴含 B 产品的 A 产品的信息，得到一批 A 产品；②分析上述产品，以确定要使用的 A 产品；③制定使消费者使用 A 产品的计划。根据蕴含性，当消费者使用了 A 产品后，就一定会购买 B 产品，从而打开 B 产品的市场。

（4）可拓营销方法的应用实例

本案例是有关某冷饮店在冬天进行冷饮销售的问题，此处将应用可拓营销方法分析和解决该店所面临的具体困难。

1）冬天冷饮销售问题的描述。冬天很少有人吃冷饮，但某冷饮店还积压有许多冰糕等未卖出去。如果不将这些冷饮卖出，这家冷饮店就会亏本。如何有效地开拓冬季冷饮市场，从而解除该店所面临的危局呢？

2）可拓营销方法在冷饮销售问题中的应用。针对上述问题情形，为有效地进行冬天冷饮的市场开拓和销售工作，下面利用可拓学的事元蕴含系统分析并探寻这家冷饮店开拓市场的策略。

第一步，确定目标基元和条件基元。根据前述基本情况，可以将冰糕市场开拓问题定义为如下目标事元：

$$A_g = \begin{bmatrix} 买, & 支配对象, & 冷饮 \\ & 施动对象, & 顾客 \end{bmatrix} = \begin{bmatrix} O_{a1}, & c_1, & v_{11} \\ & c_2, & v_{21} \end{bmatrix}$$

条件事元为

$$A_l = \begin{bmatrix} 卖出, & 支配对象, & 冷饮 \\ & 施动对象, & 老板 \\ & 时间, & 冬天 \end{bmatrix} = \begin{bmatrix} O_{a2}, & c_1, & v_{12} \\ & c_2, & v_{22} \\ & c_3, & v_{32} \end{bmatrix}$$

第二步，进行蕴含分析。为实现冬天冰糕的市场开拓目标，可对目标事元进行如下蕴含分析：

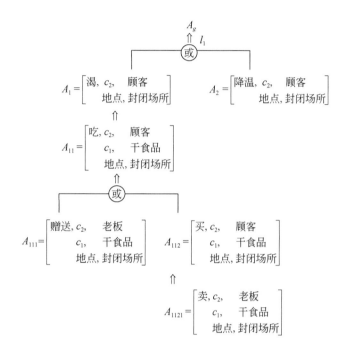

其中，$l_1 = (\overline{供}, c_1, 水)$，表示在不给顾客供水条件下的相应情形。因此，就理论上而言，这一蕴含分析的结果是，在不供应水的场合下，将冷饮成功出售给顾客可能出于以下两个原因，要么是顾客在封闭的场所内感觉到口渴，要么是顾客在封闭的场所内需要降温。只要上述两个原因中的任意一个成立，即可实现冷饮成功出售给顾客的目标。

进一步地，暂不考虑顾客在封闭场所内需要降温的情况，为了实现或加速使封闭场所内顾客口渴的目标，可以进一步通过蕴含分析寻找它的下位目标，其中一种可行的方式，是让顾客在封闭的场所内食用某种容易引发喉咙干燥的食品。继续进行蕴含分析可以发现，使得封闭场所内顾客使用干食品的基本途径有两条：第一，老板给处于封闭场所内的人们免费赠送某种干食品；第二，引导顾客在封闭场所内购买干食品。而其中的第二种方式又可通过老板在封闭场所内出售干食品的途径予以实现。

因此，可将上述蕴含分析结果进一步简单地表示为

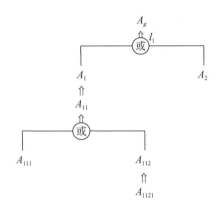

其蕴含通道可以进一步表示为

D_1：$A_{111} \Rightarrow A_{11} \Rightarrow A_1 \Rightarrow A_g$，

D_2：$A_{1121} \Rightarrow A_{112} \Rightarrow A_{11} \Rightarrow A_1 \Rightarrow A_g$，

D_3：$A_2 \Rightarrow A_g$。

通道 D_1 意味着老板选择在封闭场所赠送干食品，接下来，顾客在收到干食品之后在封闭场所内食用，于是顾客开始口渴，因而他们就会购买冷饮。

通道 D_2 意味着老板在封闭场所卖干食品，因而顾客会购买干食品，接下来，顾客买到干食品之后在封闭场所内食用，于是顾客开始口渴，因而他们就会购买冷饮。

通道 D_3 则意味着另外一条思路，在这条思路当中，老板不是想方设法使顾客在封闭场所内产生口渴的现象，而是采取某些办法增强顾客在封闭场所内降温的需要，而一旦顾客需要降温，则会主动购买冷饮。

第三步，选择合理可行的蕴含通道。

通常在条件 A_1 下，即冬天时节，A_2（顾客需要降温的情形）不会出现，因此可以选择蕴含通道 D_1 和 D_2，也就是说使事元 A_{111} 或 A_{1121} 出现，都会最终导致初始目标 A_g 出现，因此 A_{111} 或 A_{1121} 可以作为解决这一矛盾问题的两种思路。

根据上述蕴含分析，认为让顾客在封闭的公共场所（无供水）吃干食品就可以导致顾客购买冷饮。为进一步增强顾客的购买意愿，让顾客吃的这种干食品必须好吃，而且价格低廉。但是再好吃、再廉价的东西，也不能保证会有很多顾客买，若顾客不买，就不能致使其买冷饮。因此，在实际操作的过程中，如若选择策略 A_{1121}，可能很难实现大量出售冷饮的目标，可见，蕴含通道 D_2 并非最优选项。相反，在蕴含通道 D_1 中，由于老板选择向封闭场所内的顾客免费赠送干食品，因而可能更加容易被顾客所接受，从而产生更好的效果，所以必须选择"赠送"的方式，即选择策略 A_{111}。

第四步，最优备选策略的具体化。

为制定更加详细的实际销售策略，可利用发散树方法将上述最优策略和思路 A_{111} 进行具体化：

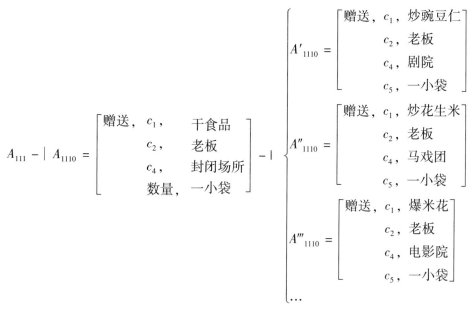

在上述公式中，A_{1110} 表示的总体思路是，老板在封闭的场所内可以向潜在顾客赠送一小袋干食品。在这一总体策略中，"干食品"又可以采用可拓学的方法进一步发散和具体化为"炒豌豆仁"、"炒花生米"、"爆米花"等食物；而"封闭场所"则可以进一步发散和具体化为"剧院"、"马戏团"、"电影院"等场所。因此，A_{1110} 总体思路又可以进一步区分为以下不同策略。

第一种策略：老板可以给剧院的观众赠送一小袋炒豌豆仁；

第二种策略：老板可以给马戏团的观众赠送一小袋炒花生米；

第三种策略：老板可以给电影院的观众赠送一小袋爆米花。

根据不同的发散思路，可以进一步形成更多的不同策略。此外，根据组合的基本方式，也可将上述策略进行进一步的综合和整理，从而形成更加丰富多样的混合性市场开拓策略。

再根据冷饮店的地理位置和人们的饮食习惯，以及食品价格，最后选择

$$A_{1110}^{*} = \begin{bmatrix} 赠送, & c_1, & 炒豌豆仁 \\ & c_2, & 老板 \\ & c_4, & 剧院 \wedge 马戏团 \\ & c_5, & 一小袋 \end{bmatrix}$$

作为具体化的思路：冷饮店的老板购买一些生豌豆仁，回家后把豌豆仁炒得香喷喷的，并把它们分成小袋装好，然后到马戏团、剧院等门口，去给观众赠送炒热的豌豆仁。演出休息，冷饮店老板组织一帮小孩，跑进马戏团、剧院去卖冰糕、冰淇淋等。人们刚吃完热豌豆，正觉口干舌燥，喉头发热，一见冰糕等，便会纷纷购买。到此，使矛盾问题得到圆满的解决，应用可拓营销的相关理论与方法，最终使冷饮在冬天时节被成功地销售出去。

6.3 小 结

当企业实现产品的大规模制造后，面临的主要任务就是进行市场营销。本章针对制造创新方法链中市场营销模块的市场规划以及产品营销两个子模块的基本概念、主要内容和任务、常用的创新方法进行了分析，并以具体案例对对应分析法、联合分析法、饥饿营销方法和可拓营销方法等典型创新方法的应用进行了详细讨论。市场营销不仅使得企业直接实现经济利益，同时在营销过程中所获得的消费者针对产品质量、功能、外观等各方面的反馈，也为企业实现下一轮技术创新和新产品的开发奠定了重要基础。

参 考 文 献

宝利嘉顾问公司. 2002. 500 种最有效的管理工具：生产、质量、市场营销. 北京：中国经济出版社.

蔡文，杨春燕. 2000. 可拓营销. 北京：科学技术文献出版社.

冯千. 2003. 凯泉泵业集团的市场细分、目标市场选择和市场定位. 成都：西南交通大学硕士学位论文.

高云龙，袁亮. 2009. 对应分析在赛拉图轿车市场细分中的应用研究——基于江苏市场的实证分析. 数理统计与管理，(4)：685-690.

葛腾. 2013. 基于效用理论的企业饥饿营销策略探讨. 人民论坛，(2)：80-81.

龚艳萍，李峰. 2006. 基于联合分析方法的定价策略. 统计与决策，(7)：50-52.

关贞琴. 2012. 基于消费者心理的饥饿营销策略. 现代营销，(11)：47-48.

何晓群，陈少杰. 2000. 联合分析及其在公寓调查中的应用. 统计研究，(12)：10-14.

侯艳敏. 2011. 中国农业银行个人业务目标市场选择与定位战略研究. 济南：山东大学硕士学位论文.

黄素琴. 2010. 对应分析法在保险市场细分中的应用. 经济研究导刊，(23)：149-150.

纪向东. 2003. 创新型产品营销中的市场细分. 中小企业科技，(5)：8.

姜涛. 2006. XX 公司 X 型电磁流量计市场开拓失败的个案分析. 昆明：昆明理工大学硕士学位论文.

李强. 2007. 中兴通讯数据产品目标市场的选择及竞争策略. 南京：南京理工大学硕士学位论文.

李晓娜，史占国. 2011. 基于对应分析的汽车细分市场购买因素研究. 武汉理工大学学学报（信息与管理工程版），33 (1)：159-162.

林泉，林志扬. 2008. 基于联合分析法的新产品定位研究. 统计与决策，(23)：182-184.

林岳，谭培波，史晓玲，等. 2009. 技术创新实施方法论（DAOV）. 北京：中国科学技术出版社.

刘杰克. 2011. 从苹果成为全球第一股看品牌成功基因. 市场研究，(9)：42-45.

刘杰克. 2011. 从苹果的品牌实战谈饥饿营销策略. 现代企业教育，(9)：24-28.

刘金锋，文亚青. 2011. 论饥饿营销策略的负面影响和实施条. 广东石油化工学院学报，，(5)：69-71.

刘清华. 2011. 饥饿营销背后的消费动机分析. 中国管理信息化，14 (20)：31-33.

刘清华. 2011. 饥饿营销的应用条件分析. 现代营销，(6)：64-65.

吕建中，张雯. 2007. 精益营销战略研究. 产业与科技论坛，(11)：98-99.

罗杰·A. 凯林，史蒂文·W. 哈特利，威廉·鲁迪里尔斯. 2012. 市场营销. 董伊人，史有春，何健等译. 插图修订第 9 版普及版. 北京：世界图书出版公司北京公司.

孙克俭. 2012. 绿色营销研究：内涵、现状与对策. 对外经贸，(5)：111-112.

王高，黄劲松，赵宇君，等. 2007. 应用联合分析和混合回归模型进行市场细分. 数理统计与管理，26 (6)：941-950.

王金池 . 2006. 口碑营销的基础及其传播途径 . 东南大学学报 (哲学社会科学版), 8 (2): 38-41.

吴见平, 徐鼎权 . 2008. 联合分析方法对产品属性的应用研究 . 现代商贸工业, (10): 58-60.

薛云建, 陈捷 . 2010. 用扩散机理解析新产品营销 . 企业研究, (9): 14-19.

阳长征, 李慧敏 . 2012. 基于对应分析法的市场细分与目标定位研究 . 商业时代, (4): 20-21.

杨春燕, 蔡文 . 2007. 可拓工程 . 北京: 科学出版社 .

杨春燕, 何斌, 蔡文 . 2001. 可拓营销理论研究 . 数学的实践与认识, 31 (6): 696-701.

杨春燕 . 1999. 利用事元蕴含系统寻找开拓市场的策略 . 系统工程理论与实践, (8): 32-37.

杨剑彬 . 2012. 从 iPhone4S 的销售模式浅析饥饿营销 . 北方经贸, (7): 63-64.

曾富洪, 谢永春, 李国云 . 2009. 产品创新设计与开发 . 成都: 西南交通大学出版社 .

张学高 . 2013. 浅析小米手机的饥饿营销 . 现代商业, (2): 40-41.

张永锋, 杨相和 . 2012. 饥饿营销探析——从苹果公司系列产品的持续热销谈起 . 中国商贸, (07a): 85-86.

赵杨 . 2012. "饥饿" 苹果 中国 "疯" ——浅议苹果品牌饥饿营销策略 . 中国商贸, (11): 19-20.

Mann D. 2007. Hands on systematic innovation. London: IFR Press.

案例参考借鉴资料来源注: 6.1.4.1 案例: 高云龙, 袁亮 . 2009. 对应分析在赛拉图轿车市场细分中的应用研究——基于江苏市场的实证分析 . 数理统计与管理, (4): 685-690; 6.1.4.2 案例: 林泉, 林志扬 . 2008. 基于联合分析法的新产品定位研究, 统计与决策, (23): 182-184; 6.2.4.1 案例: 刘杰克 . 2011. 从苹果的品牌实战谈饥饿营销策略 . 现代企业教育, (9): 24-28; 刘杰克 . 2011. 从苹果成为全球第一股看品牌成功基因 . 市场研究, (9): 42-45; 6.2.4.2 案例: 杨春燕, 蔡文 . 2007. 可拓工程 . 北京: 科学出版社 . 特此说明和表示感谢 。

|第7章| 知 识 管 理

在产品开发的整个过程中，知识无处不在，无时不有，而且越来越成为决定产品价值、创新成果、市场业绩的关键因素。同时，知识的有效管理和应用也是最终实现产品创新的必备基础和必要环节。知识管理模块的目标是在制造创新方法链的各个模块帮助执行任务的研发人员、生产人员和管理人员在每个需要知识的阶段，及时获取所需的知识，以加速创新的速度，提高产品的质量，并将这个阶段新产生的知识及时融入到企业的知识资产库，为后续不断循环使用，持续产生新的价值提供支撑，如图7-1所示。

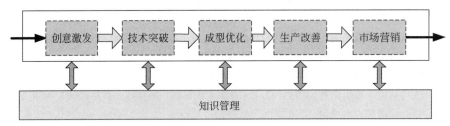

图 7-1 产品创新过程中的知识管理

本章的内容是，介绍知识管理的思想、理念、发展过程及未来方向，以及为了实现有效的知识管理与应用，实施知识管理需要关注的重点任务，分析在制造创新方法链的整个过程中对于知识的需求及产生的知识成果，介绍能够有效解决知识管理问题、实现知识管理的方法、技术和工具。

本章的结构安排如下，7.1节为知识管理概述，对知识、知识管理的定义、作用、内容，以及知识管理的重点任务做简要介绍；7.2节详细描述在制造创新方法链的整个过程中，每个模块创新活动的知识需求和知识成果；7.3节介绍知识管理重点任务完成的过程中，支撑知识高效应用的主要方法、技术和工具，7.4节针对典型的知识管理方法和技术展开深入探讨；7.5节结合实例对知识管理系统进行介绍。

7.1 知识管理定义

当今时代，科学技术为人类发展带来的推动力前所未有地凸显出来。17～18世纪的产业革命，使经济结构由农业经济走向工业经济，20世纪70年代以来高科技的发展催生了托夫勒在《第三次浪潮》中称的"后工业经济"，未来学家约翰·奈斯比特（John NaisBitt）在《大趋势》中称之为"信息经济"。1990年联合国一研究机构提出了"知识经济"（knowledge economy 或 knowledge based economy）的概念，即世界经济增长主要依赖于知识的生产、扩散和应用。

在《企业生态与企业发展》一书中讲到，1993 年，美国密西根大学商学院教授 Noel M. Tichy 提出了"企业 DNA"的概念，认为企业作为一种活的非自然生物体，与生物一样有自己的遗传基因，正是这个基因决定了企业的基本稳定形态、发展，乃至变异的种种特征。在 21 世纪，企业的 DNA 就是知识，包括企业在制造创新链中的各项技术、制度以及企业文化等，知识的继承和创新决定了企业生态位的大小，即企业的生存、发展资源和空间，也就决定了企业在市场上的竞争地位和利润状况。

如图 7-2 所示，与生物体的基因对生物体的结构、功能有着先天的影响，决定肌体和心理两个层面相似，企业组织的基因也因其对企业生命的作用体系而分为两个层面。企业文化等知识作为企业组织能力基因结构的理念因素，是企业凝聚力和向心力的激发机制，也是企业追求成长的驱动力。而企业在成长过程中与外界环境进行各种交流而逐步形成和积累的阶段性知识和技能，即组织惯例，则构成企业基因的外部物质层面，也是企业肌体状况的综合阶段反映，决定了企业成长的路径依赖特征。简而言之，企业的知识 DNA 的理念层面通过作用于企业文化而决定了企业的个体差异；惯例层面则通过作用于企业的决策机制、组织结构、经营方向和激励机制等要素而决定了企业的不同表象。在此基础上，从遗传、变异和市场选择三个环节决定企业的发展。

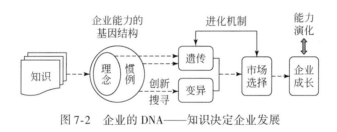

图 7-2　企业的 DNA——知识决定企业发展

7.1.1　知识的定义与特征

韦伯斯特词典 1997 年对知识的定义是：知识是通过实践研究、联系或调查获得的关于事物的事实和状态的认识，是对科学艺术或技术的理解，是人类获得关于真理和原理的认识总和。《辞海》将知识定义为人类认识的成果或结晶，包括经验知识和理论知识。经验知识是知识的初级形态，系统的科学理论是知识的高级形态。《知识管理国家标准》（GB/T 23703.1）则把知识定义为，通过学习、实践或探索所获得的认识、判断或技能。

1958 年，迈克尔·波兰尼（Michael Polanyi）从哲学领域提出了"隐性知识"这个概念，他在著作《个人知识》中定义："显性知识是通常被表述为知识的，即以书面文字、图表和数学公式加以表述的知识；而隐性知识是未被表述的知识，像我们在做某事的行动中所拥有的知识。"野中郁次郎在《创造知识的企业》中提出："在企业创新活动的过程中，隐性知识和显性知识二者之间互相作用、互相转化，知识转化的过程实际上就是知识创造的过程。知识转化有四种基本模式：社会化（socialization）、外化（externalization）、组合化（combination）和内化（internalization），这就是著名的 SECI 模型。而世界经济合作与发展组织在《以知识为基础的经济》的年度报告中给的定义，则是将知识分为四类：知道是什么的知识（know-what），知道为什么的知识（know-why），知道怎么做的知识（know-how），知道是谁的知识（know-who）。

不论在学术界还是在企业界，对知识的内涵还没有一个统一的认识。关于知识的定义，相信今后很长一段时间，也不会有一致的定义。"知识是什么"这个问题之所以难于回答，一个重要原因在于知识紧密地依赖语境及在这个语境中的知识接收者。

与知识类似，我们通常提到的数据、信息等同样与语境密切关联，而且在实际应用中，这三个词汇经常会被混用，这恰好也为我们提供了另外一个对于知识的内涵进行描述的思路，即通过 DIKW 模型来描述非准确定义知识，如图 7-3 所示。

图 7-3　DIKW 模型

1982 年，Harlan Cleland 在《未来家》杂志上首先提出这个模型。

D 代表 data，即数据，通常是观察、测量直接所得的原始素材，如文本、规约、实践的记录。

I 代表 information，即信息，经被处理、具有逻辑关系的数据，是对数据的解释，回答数据的含义，典型的如回答 who，where，when，what，即能够反映具体信息人物、地点、时间、事件等。

K 代表 knowledge，即知识，是从相关信息中过滤、提炼及加工而得到的有用资料，通常是 know-what，know-how，即知道是什么，知道怎么样的知识。

W 代表 wisdom，即智慧，是对知识的应用，是人类所表现出来的一种独有的能力，主要表现为收集、加工、应用、传播知识的能力，以及对事物发展的前瞻性看法，通常是 know-why，即知道为什么，支撑判断决策的能力。

在《大数据》一书中，有个"啤酒与尿布"的案例，正好可以用这个模型来解释一下：

D：一个超市每天、每种货物的销售量数据。

I：货物的销售信息表，包括货物名称、销售量、日期等数据。

K：分析 I 的表发现，在周五啤酒与尿布的销售量成正比，且周五远高于一周内的其他天。挖掘这些数据关系背后的事实，发现在周五，全职太太们经常要外出聚会，那么丈夫们要留在家中看孩子，而先生们习惯一边看孩子，一边看电视喝啤酒。

W：超市管理者及时调整超市的货品布局，将最贵的尿布和啤酒货架放在一起；于是对尿布价格不敏感的先生们，总是会买了啤酒、抓起尿布就付钱了，于是尿布的销售量显著增加。

在这个案例中，我们不仅仅看到了知识是如何诞生的，也看到了聪明的商人如何把知识变成行动，从而赢利，这就是获得了智慧。正如《商业智能理论与应用实践》中作者所言："随着 DIKW 的提高，人们对客观世界的认识越来越深刻，企业能实现的价值也越高。智慧就是行动，就是将知识转化为企业的经营行为。"

DIKW 体系将数据、信息、知识、智慧纳入一种金字塔形的层次体系，由底向上，每一层比下一层包含更多特质。首先由原始观察及量度获得了数据，分析数据间的关系即获得了信息。通过对信息的整理，并在行动中应用信息即产生了知识。智慧关心未来，具有前瞻性。同时要注意的是：数据、信息、知识依赖于语境，依赖于接收者本身，因此，三者之间的区别并非泾渭分明。某个经过加工的数据对某个人来说是信息，而对另外一个人来说则可能是数据；所以随着语境、接受者的不同或改变，对于知识的定义和需求也是不同的。

7.1.2 知识管理定义

在《国标 GB/T 23703.1—2009》中，知识管理的定义是对知识、知识创造过程和知识的应用进行规划和管理的活动。它的含义主要在于两个方面：第一，管理对象是"知识"；第二，对知识的管理涵盖知识从出生到衰退的完整生命周期。

企业的知识生命周期，可以粗略地分为四个阶段，如图 7-4 所示，与生物系统、技术系统的 S 曲线理论一样，也有出生期、成长期、成熟期和衰退期，这些阶段对应着知识获取、知识处理、知识应用、知识退出等阶段。

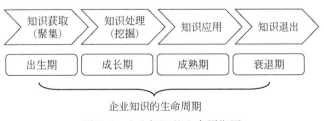

图 7-4 企业知识的生命周期图

随着时间和空间的变化，知识的数量、质量和适应性都在发生变化，人们所拥有的知识会随时间推移逐渐变为常识，称为"知识的退化"。最终，如果连数据的价值也无法提供，只能成为"噪音"，于是也就剔除出 DIKW 的层次架构了。

7.1.3　知识管理与知识工程

2013 年初，在由相关机构发布的《中国知识管理现状、问题和趋势：2012 中国知识管理实施调研结果分析》报告中，对当前中国企业实施知识管理的状况进行了调研分析。从中我们不仅能看到这个市场的繁荣发展：民营企业、智力密集行业、中小型企业知识管理需求旺盛，也能看到诸多问题，其中一个让知识管理（knowledge management，KM）供应商和客户越来越头痛的问题，就是 KM 与企业的实际业务结合不紧密，在所有受访企业中发生率高达 56%。这个问题被严重诟病的原因，是它对于企业的 KM 建设具有双重杀伤力：一方面企业投入巨大人力、财力梳理知识，建立管理平台，改变组织制度，重塑企业文化，引发变革中不可避免的动荡；另一方面，新建立的系统和知识竟然与企业日常各类创造性业务活动不能自然结合，不能立即显现出"知识资本"对于生产率的显著正向影响力，而且还会造成员工日常工作的忙乱，反而在短期内降低了效率，损害了组织内部对于 KM 变革的信心和期望。

由此，业界人士提出了"知识工程（knowledge engineering，KE）"的概念，意图在这个方面迎难而上，突破性地解决现有问题，引导企业顺利转型步入知识经济时代的进取之路。这个新的课题也是当前知识管理新的发展方向，虽然称为知识工程，但是它与知识管理有着千丝万缕的关系。同时，知识管理作为制造创新方法链中的一个必要环节和重要模块，有效支撑着其他五个模块的创新工作，将五个模块过程中知识的获取、处理、管理及应用与各模块所涉及的主要创造性活动紧密关联，也是知识管理模块中最重要的一项任务。制造创新方法链是对产品制造创新整体业务的流程化描述，知识作为一个新的维度融入其中，与知识工程的理念完全吻合。

对照知识管理的概念，可以定义知识工程为：在运营业务流程的过程中，获取知识、创造知识、积累知识的活动。参照图 7-4 的企业知识生命周期可见，KE 更为关注的是这个完整周期中的一个内容——知识应用。为了应用，需要获取已有的知识，同时会产生新的知识，并将之保存起来供后续流程以及其他人使用，而且这些活动都是在运营业务流程的环境中，在制造创新方法链的整个过程中完成的。

因此，KE 是针对具体环境、目标性很强的活动，如图 7-5 所示，KM 关注企业整体知识平台的搭建，包括知识的采集、存储、挖掘、模式提炼、共享交流，企业级知识的管理效率与效果评测，以及制度与文化的变革等；KE 聚焦在对制造创新方法链中一个个关键创新活动的运营过程中，从知识管理系统（knowledge management system，KMS）中获取精准的所需知识，在运用过程中创造出新的知识，并将这些知识返回到 KMS 的知识库中，纳入全生命周期的管理。横纵叠加，使知识有效地支撑各阶段业务的应用，才能全面覆盖企业对于"知识资本"的需求。

从制造创新方法链的整体看，KM 和 KE 其实是不可分的，KM 重在基础建设，KE 重在联系业务实践，这本身也是知识管理的最终目标。知识管理要持续发挥作用，需要形成相应的企业文化，这需要包括大量知识管理实施和建设的相关内容，是一项系统工程，需

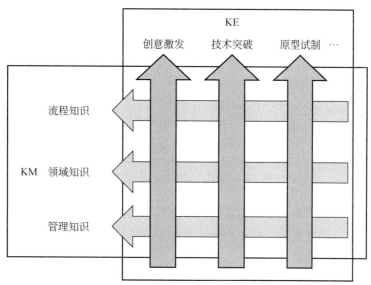

图 7-5　KM 与 KE 的关系

要系统化的规划，在合理流程和方法的指导下去进行。

7.1.4　知识管理重点任务

在进行知识管理之初，要确立明确的目标与愿景，清晰地描述通过知识管理组织希望收获的成效。分析多家企业知识管理实施的案例，可总结出通过知识管理建设，组织期望达到的目标和愿景，大致会包含以下几个方面：①收集与传递员工知识；②共享和实施各环节的最佳实践；③保证组织数据、信息的准确、完整和可靠，同时确保安全与保密性；④与上下游链条中的客户、供应商及合作伙伴等实现知识的双向传递；⑤应用知识于产品创新、组织创新和战略策划过程中；⑥通过组织知识的管理和应用，融入形成企业的知识运营文化。

知识管理要取得成功，前期需要有效的整体规划。首先，可围绕制造创新链过程中各环节的关键创造性活动进行梳理，同时对各活动所需要和产生的知识进行分析；其次，在此基础上，构建一套符合企业知识应用需求的知识分类体系，然后围绕业务需求进行知识的聚集、知识的挖掘和处理，以及知识的智能应用，在此过程中综合考虑相关角色、技术、方法及软件和流程的协同建设，并配合以相应的支撑保障体系，为知识管理项目的实施确保强有力的执行力。

知识管理项目建设过程中的重点任务包括：总体规划、知识体系设计、知识聚集、知识处理、知识应用，以及涵盖组织、流程、制度的配套支撑体系建设，如图 7-6 所示。

（1）总体规划

首先要规划企业进行知识管理建设需要达到的目标和未来的战略蓝图，围绕知识对于制造创新方法链整体过程的有效支撑这一目标展开路线规划，以指导各项重点任务的开展

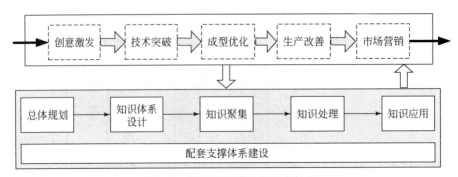

图 7-6 知识管理模块的重点任务

和实施，在规划中会包括知识分类体系的初步规划、知识管理系统功能的规划、知识服务的规划等相关内容。通过规划，使得企业在开始进行知识管理之前，清楚地知道目标是什么，路径是什么，如何达到。

（2）知识体系设计

首先需要对制造创新方法链过程中的知识需求进行分析，基于制造创新方法链各创新模块所涉及的活动需要的知识以及产生的知识成果进行分析和总结。在此基础上，归纳形成按业务维度各模块业务活动所需的知识目录清单，并形成检索要求，基于这种检索要求的表达，计算机可以将其转化为知识搜索的条件。然后进一步将知识的表达方式、分类维度及知识关系表达进行标准化设计，构建形成多维度的知识体系。

（3）知识聚集

知识聚集是知识管理的内容基础层，主要作用是将制造创新方法链各模块运行过程中存在于信息系统、个人电脑、网络或纸质的数据及信息资源进行有效汇集，最终形成支撑制造创新方法链整体知识应用的各类知识库。这类信息资源包括各模块所需的基础数据、学习参考资料、设计文档、试验数据、成果报告、专利、论文、工具软件、设计模板、专家信息、标准术语、设计经验、标准规范、客户数据库等。这些资源有的存储于企业特有的专业应用系统中，有的存储于文档管理系统中，有的存储于员工的个人电脑中，有的是纸质文件，存储于资料室；还有的存放在员工个人的大脑中，作为隐性知识存在着。因此在此项任务中，需要进行各类知识来源的分析、基于知识应用需求进行知识库的设计、采集接口的设计与实现等工作，使得最终进入知识管理系统的信息资源，根据各自的特征归入相应的目标知识库。

（4）知识处理

在 DIKW 模型中，知识处理是对进入到知识库中的知识进行深入挖掘，进行有效的加工处理，以方便不同层级用户使用。对于非结构化的文档类知识，主要依托语义技术，通过词系统、本体库的构建，对文档类知识进行标引，并应用统计分析等算法，最终实现文档类知识的自动分类、聚类、关联与抽取。同时，知识管理系统具有自我学习的能力，在系统使用过程中，将对语义系统工具中涉及的词、算法进行优化，从而提高知识处理的准确率，以满足应用层的需要。这样对知识进行综合处理后，使得知识、业务以及角色之间建立起准确有效的关联关系，确保所需的知识找得到，并为针对业务需求提供精确的知识推送奠定基础，确保找到的知识准确有用。

（5）知识应用

知识体系设计、知识聚集、知识处理的终极目标是为了满足制造创新方法链各模块不同层级、不同角色用户的使用。在应用层的唯一需求，就是确保之前沉淀、管理和共享的知识在使用者执行某项核心业务活动时找得到、能应用。要做到这点，需要知识管理平台应用端的支撑，通过多种不同方式完成知识的查询和推送，其中包含知识应用的一般模式：知识导航、知识地图、知识检索、知识查看和知识下载等功能。另外，应用层的高级模式还需要涵盖面向业务支撑知识应用的特色模式，包括面向业务活动的知识推送、向导化应用、任务牵引等。

（6）配套支撑体系建设

结合组织实际运营及文化现状，进行配套制度、流程、激励的建设，为知识全生命周期活动（包括知识的获取、处理、应用）提供完整的制度、流程保障。知识管理是一项涉及制造创新方法链全流程、全员参与的工作，要确保这项工作有效导入、持续运转的先决条件是在高层领导的支持下，设置专门的组织和角色主导该项工作，设计并发布知识管理相关的流程，指导全员有的放矢地进行知识分享和复用，制定知识考核与激励措施，将创新链流程中知识应用和贡献度与绩效考核挂钩，确保相应流程的有效执行，提高员工知识管理的参与性和知识贡献的积极性和主动性，通过整套支撑体系将与知识管理相关的人、技术、流程有机联系在一起，实现知识在企业内的有效流动与高效运营。

7.2　制造创新方法链的知识管理

在制造创新方法链的整个过程中，每个模块关注的内容不同，需要的知识和产生的知识也不同。本节试图对制造创新方法链中的每个子模块，分析并阐述其需要和产生的典型知识，给读者一个启示，有兴趣的读者还可以沿着制造创新方法链整个过程中的关键活动继续梳理，结合企业自身特点，以及产品制造创新过程中的特有活动，将相关的知识需求及知识成果全部梳理清楚。这是实施知识管理工作之初一项必要的任务，明确企业对知识聚集、处理和应用的需求。

7.2.1　创意激发模块的知识管理

如前所述，创意激发模块处于产品创新的最前端，其目标是通过用户需求进行分析整理、挖掘各类创新机会点，并借助创造性思维突破方法和工具，利用内外部资源激发创新灵感，高效率、高质量地提出产品创新设计的创意方案，从而满足客户对产品求新和多样化的需求，提高企业的新产品开发能力。

该阶段的知识管理工作围绕市场需求知识的汇集和产品创意方案的产生展开，参与创意激发工作的研究者都需掌握挖掘市场机会、开展创造性思维的能力，更重要的是他们头脑中需要对企业核心技术、产品等方面具有深刻理解，它往往决定着新产品开发的走向，这一过程也是隐性知识显性化的重要节点。因此，在此过程要努力为产品开发团队提供必要的信息和知识，并采取有效的激励措施，以使团队的创造力得到充分的发挥，从而能够产生好的创意方案。

创意激发模块包括需求分析和创意产生两个子模块，其对应的知识需求与知识成果，即知识的输入，包括用户需求、企业战略、技术与市场趋势、设计原理和已有案例等知识，知识的输出包括用户需求分析报告、新产品机会分析报告、产品规划、构思方案等，如图7-7所示。

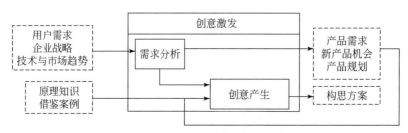

图7-7　创意激发模块的知识输入输出

（1）知识聚集

在需求分析子模块中，研发人员通过了解用户的需求、企业战略、技术与市场未来发展趋势，从而分析各类创新机会点。这些知识存在于企业的外部和内部。其中，企业战略主要来源于企业内部的战略规划或者从高层领导交流等过程中获得。用户需求、技术与市场趋势类知识则主要来自于企业外部，包括调研访谈形成的文档、外部网络、专利数据库以及行业与企业公开信息，如行业资深专家公开发表的观点、政府数据与信息、相关的经济数据、企业年报、季报、权威机构的报告等，如图7-8所示。

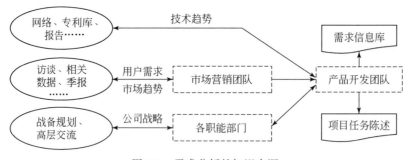

图7-8　需求分析的知识来源

在创意产生子模块中，需要以与创意相关的科学原理知识作为输入，并参考已有成果案例，从而构建原理性创意方案。设计原理类知识主要来自于企业外部数据库，如科学原理库、科学效应库，以及纸质或电子类文档，如行业手册等，已有案例则来源于专利库、科研成果案例（档案）库、文献情报库、成果报告文档等。

在创意激发模块进行知识汇聚，需要应用数据集成的方法和技术将这些外部知识资源进行汇聚，应用网络爬虫技术对网络资源进行聚集，形成企业统一的智库。还需要应用知识模板、知识条目导入等工具通过专家对经验类的知识资源进行聚集。

（2）知识处理

知识资源聚集后，并不能直接支持产品制造创新方法链上的创新活动，还需要进行"知识淘金"，即对知识资源进行处理，形成业务活动真正需要的知识。这同样需要相应的方法、技术和工具作为支撑。在创意激发模块，需要应用关联分析、自动分类、聚类等技术对用户需求类知识资源进行处理，分析用户特征进行群组划分，从而进行用户细分、需求挖掘和识别；需要应用趋势分析对市场发展趋势进行分析，从而识别产品创新机会点，通过两者的结合，确定产品应该满足的需求点。过程中还需要应用文本挖掘、语义网等技术对海量网络资源、内部非结构化文档进行处理等。

（3）知识应用

知识经过处理后，通过查看、检索、推送等方式进行知识应用。在应用知识进行创新之后，需要明确每个关键活动中产生的知识，即活动的知识输出，而这些输出很多会作为下一阶段关键活动的输入。所以说知识管理活动是一个从知识聚集沉淀，到共享应用，到产生新的知识，再到对新的知识进一步积累支撑循环应用的过程。

在创意激发模块，将产生产品需求、产品规划、构思方案等知识，根据企业知识管理水平和信息化程度的不同，这些知识可能会集中存储在企业已有知识库中，如功能质量屋、PDM，也可能以文档形式零散存储。这些知识将作为企业情报系统的重要组成部分，可为企业新产品开发提供智力支持。每一个创意的产生都是一个知识应用并创新的过程，创意的产生过程同时也是隐性知识的显性化过程，以知识为基础的创意通过各种方式在不同的渠道被多样地显现出来，这些创意无论最终是否被选用都会在或远或近的将来指导产品开发甚至企业的发展方向。

7.2.2 技术突破模块的知识管理

如前所述，技术突破模块是将产品制造链中创意激发模块产生的初步创意想法转化为一个可供开发的具体设计图纸阶段。技术突破模块的创新目标是快速、高效地实现由创意思路向创新方案的转化，从而提高产品创新方案的质量、缩短创新产品研发周期，增强产品在市场中的竞争力。

技术突破工作需要丰富的知识基础作为支撑，开发团队需要保持与外部相关技术信息的对接，通常有一个或几个技术桥梁人物进行外部信息的对接，并能够在开发团队内通过多种方式将知识进行有效传播，构成完整的知识网络，从而保证研发成果的技术先进性与市场适用性，如图7-9所示。

技术突破模块包括概念设计和详细设计两个子模块，其涉及的关键活动中知识需求与知识成果如图7-10所示，其中知识需求包括创意激发模块形成的产品需求、构思方案需求等，还包括原理知识、设计规范、分功能结构、已有设计实例、参数设计案例、产品货架，知识成果包括产品功能树设计、产品分功能设计、产品功能结构设计、产品参数设

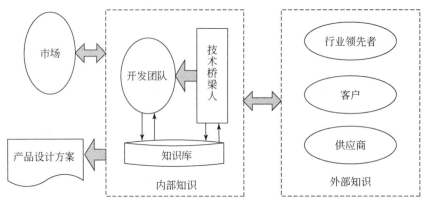

图 7-9　技术突破模块的知识共享模式

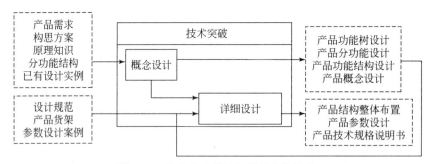

图 7-10　技术突破模块知识输入与输出

计，并最终形成产品技术规格说明书。

（1）知识聚集

在概念设计子模块中，关键活动包括设计问题的表达与抽象、建立功能结构、寻求分功能作用原理，对应需要将创意激发模块产生的需求分析知识成果以及产品分功能、原理知识、已有设计实例等作为知识来源，即概念设计的输入，基于这些知识输入，采用抽象的方式识别出核心问题，然后在此基础上建立功能结构，并为其寻找合适的工作原理，接着将这些工作原理组合成为一个产品结构。通过概念设计，最终得到合适的产品概念设计方案。这些知识一般为企业内部已有的知识资源，主要存储于已有信息系统，如功能质量屋、产品数据管理库（PDM）、功能基数据库、科学原理库、科学效应库、产品组件库等，还有部分知识以纸质或电子文档形式存储，如行业手册等。

在详细设计子模块中，产品创新活动包括生成结构设计方案和产品参数设计，其知识输入则主要为概念设计阶段形成的产品基本结构方案，以及以往同类产品设计过程中的参数设计案例、公司形成的产品构架，通过专业领域知识对概念设计方案的细化，对产品实现的结构进行具体参数化。这些知识有的以文档形式存储，如产品设计目录、标准规范手册等，有的存储在企业内部信息系统中，如案例库、产品数据管理库等。

在技术突破模块进行知识的聚集，主要应用数据集成方法对存储有设计标准、规范、案例的信息系统内的数据和文档进行聚集。

（2）知识处理

在技术突破模块，基于已有设计成果继承并在此基础上进行突破是提高效率和质量的重要手段。进行知识处理，也重在通过产品的功能特征、结构特征、运行原理特征与知识的属性特征进行关联，从而支撑产品具体结构的形成。该模块可应用关联分析对可借鉴产品设计方案的知识进行挖掘分析，将知识和相关的产品、要实现的功能等实现关联；可通过对过往相似设计案例的数据分析和挖掘，推荐出最适合的参数设计方案等。

（3）知识应用

在该模块中知识应用的方式为查看、检索、推送和快速设计，最终在概念设计阶段将产生抽象的产品设计需求、产品功能结构、产品分功能作用原理等知识，在详细设计阶段将产生产品结构布置、产品参数设计方案、产品技术规格说明书等知识。这些知识有可能存储于企业已有数据库，如 PDM 等，或者以文档形式存储，如产品概念设计报告等。

7.2.3　成型优化模块的知识管理

如前所述，成型优化模块是将产品制造创新方法链中技术突破模块产生的技术方案转化为一个具体的物理结构模型。其创新目标是快速、高效实现从图纸到产品的转化，尽早地发现成型过程中的问题。成型优化的前端和设计相连，在成型过程中及早发现在设计图纸中没有反映出来的问题，并及时得到解决；后端和生产改善相连，既对生产阶段需要的工艺等进行规范，又可以使生产出来的产品能够反映设计的理念，并把这种理念准确地传递给客户。

该模块知识管理过程中需要关注的是：原型和试制人员要深入理解产品开发团队在创意和技术突破阶段的意图和动机，对前述模块输出的知识进行共享和吸收消化。同时，产品试制也是一个反馈的过程，试制人员通过收集、分析产品成型过程中出现的问题，联合开发人员对设计或试制方案做进一步修正，直到得到满意的产品原型。从知识管理的角度来看，这一过程是一个知识收集、共享、创新的过程，充分体现了知识管理的动态性。

成型优化模块包括产品原型和产品试制两个子模块，两个子模块涉及的关键活动中的知识需求与知识成果如图 7-11 所示。

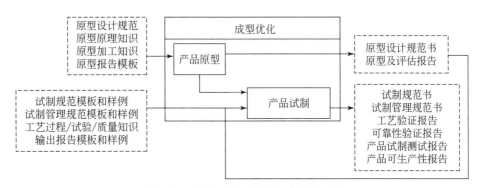

图 7-11　成型优化模块知识输入和输出

(1) 知识聚集

在产品原型子模块中，制造创新方法链的创造性活动包括编制技术设计规范、产品原型设计制作。规范编写需要以相应的设计规范编写知识和模板知识作为输入，原型设计制作则需要以原型设计加工、原型原理类知识作为输入。基于这些知识的输入进行原型设计制作，验证详细设计方案的可行性。这些知识一般来源于企业内部，有的可能存储在已有的信息系统中，如模板库、原型原理库、材料库、工艺库，还有的以纸质或电子文档形式存在，如报告案例、模板等。

在产品试制子模块中，关键活动包括制定试制规范、制定试制管理规范、工艺设计验证、可靠性验证以及完成可生产性报告。规范、报告的编写需要规范编写的模板类知识，验证的知识输入主要为产品原型过程形成的原型试验报告，以及支撑产品试制关键活动的工艺过程知识、工艺实验知识等。这些知识主要来源于企业内部已有信息系统，如工艺流程库、工艺参数验证库等，部分以纸质或电子文档形式存在，如试制规范标准手册、已有报告案例、模板等。

在成型优化模块进行知识汇聚，需要应用数据集成方法对已有信息系统的数据进行聚集，还需要应用知识管理系统中的知识模板、知识条目导入等工具对文档等知识资源进行分析、知识点凝练及聚集。

(2) 知识处理

在成型优化模块，需要应用关联分析、自动分类、聚类等技术对具有相似关键特征的产品成型相关报告、方案、原理知识等进行分析借鉴；需要应用偏差分析对实验过程中形成的数据进行分析，尽早从数据中发现问题；还需要应用文本挖掘、语义网等技术对内部非结构化文档进行结构化处理及支撑原型和试制的精确知识提取等。

(3) 知识应用

在产品成型模块，知识应用的方式为查看、检索、推送等，最终在产品原型阶段产生原型报告、验证报告等知识成果，可将这些知识存储于企业已有数据库中，如 PDM、试验数据库等，或者以文档形式存储于档案库中。

7.2.4 生产改善模块的知识管理

如前所述，生产改善模块的创新目标是根据市场需求制定有效的生产计划，组织产品的优质、低成本、灵活、准时生产，同时还要从更好地满足用户需求的角度出发，运用先进适用技术不断改进已有的产品和生产工艺技术，持续提升产品的性能，降低生产成本。

生产改善的过程中，凝聚着大量的知识。生产人员、技术人员的经验等都是企业宝贵的财富。它们可以让新手迅速成长，也可以让专家在现有的基础上不断改进，提出效率更高的工艺流程。生产改善过程中的知识管理目前依然是传统师傅带徒弟的方法来加速对知识的认识和掌握，所以这些知识还是以隐性知识的方式存在着，通过知识管理，使这些知识显性化、文档化，有助于技术人员之间经验交流活动的展开，提升生产线上的绩效。

生产改善模块包括产品制造和生产保障两个子模块，其涉及的关键活动中知识需求与成果如图 7-12 所示，其中需要的知识包括生产选址、规划布局、物流与物料搬运、工作研究相关专业领域的知识，还需要生产计划与生产调度制定的模板和样例、质量管理体系、库存管理规范、设备运维知识，产生的知识包括生产选址报告、物流与物料搬运报告、工作研究报告、产品生产计划、产品生产调度计划、产品质量管理手册以及现场管理制度、设备保养制度、人员调度安排、在制品库存管理手册等。

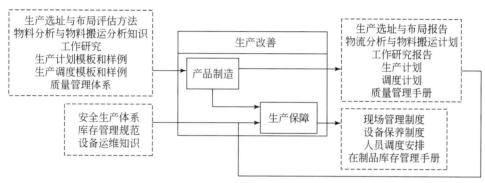

图 7-12　生产改善模块知识输入输出

（1）知识聚集

在产品制造子模块中，关键活动包括工厂选址、设施规划与布置、物流搬运系统设计、工作研究、生产计划控制、质量控制等方面，每个活动都需要一批文档和知识的支撑，这些文档是整个流程的纽带，这些文档综合起来包括生产选址和布局安排、物料与物流安排、工作流程安排、市场用户需求量、生产计划与调度相关知识等。基于这些知识的输入，完成生产过程的计划、执行、管理与调度。这些知识主要来源于外部相关行业和专业的标准规范、行业手册、研究报告、方法经验、CRM、企业资源计划系统（ERP）、MRP 等信息系统，也有可能以纸质或电子文档的形式零散存储。

在生产保障子模块运行的过程中，关键活动包括设备保全、人机系统设计、现场管理和信息系统建设等方面，其知识输入则主要为安全生产、质量管理、库存管理、设备运维、信息系统需求相关知识，这些知识主要以纸质或电子文档形式存在，如产品质量管理体系、库存管理指南、设备使用手册系统规划等。

生产改善模块的知识汇聚，主要需要应用知识管理系统中的知识模板、知识条目导入等工具对文档类知识资源进行分析、填写和聚集。

（2）知识处理

在生产改善模块，需要应用关联分析的技术对具有相似关键特征的产品与对应的生成计划模板进行关联；需要应用基于生产数据的偏差分析对生产过程进行质量控制；需要应用文本挖掘、语义网等技术对内部非结构化文档进行处理等。

（3）知识应用

在生产改善模块，知识应用的方式同样为查看、检索、推送等，最终在产品制造子模块将产生需求预测结果、生产和调度计划等知识成果。最终将产生生产选址与布局报告、物流与物料计划、工作研究报告、产品质量管理与调度管理手册等知识。根据企业知识管理水平和信息化程度的不同，这些知识有可能在企业数据库中集中存储，如 ERP，也有可能以文档形式零散存储。

7.2.5　市场营销模块的知识管理

如前所述，市场营销模块是企业生产的产品实现其市场价值的关键模块。市场营销模块的创新目标是围绕其目标市场，一方面，采用市场细分、目标市场选择与市场定位等多种举措，进行科学而准确的市场规划；另一方面，则应用价格、渠道、促销等营销策略与组合，最终实现产品的市场价值，并通过售后服务和客户管理等方式，提升顾客满意度和顾客价值，维持长期稳定的客户群，从而实现企业的可持续经营和发展。

市场营销可以说既是某一特定产品开发的终结，又成为下一轮新产品开发的基础。进入市场营销模块后，知识管理的重点相对就应当集中于产品销售过程中市场信息的收集、分析和共享，并在此基础上实现下一轮产品开发的知识应用和知识创新。例如，销售部的销售信息应当及时报给生产部以便根据市场需求进行调节；服务部的消费者反馈情况也应该及时报给研发部，以便根据用户需求改进现有产品或开发出更具市场潜力的新产品。这一模块的知识管理为新一轮的产品开发提供充足的知识储备。这样，产品制造创新方法链就在知识管理的推动下环环相扣，持续发展，不断为企业创造丰厚的利润和价值。

市场营销模块包括市场规划和产品营销两个子模块，其涉及的关键活动中知识需求与知识成果如图 7-13 所示，需要的知识包括市场趋势、用户需求、市场分析报告、产品成本、同类产品定价、客户信息以及销售数据等，产生的知识包括产品定位与市场需求、营销方案、产品定价方案、渠道管理办法、客户关系管理、销售数据分析、售后服务评价报告知识等。

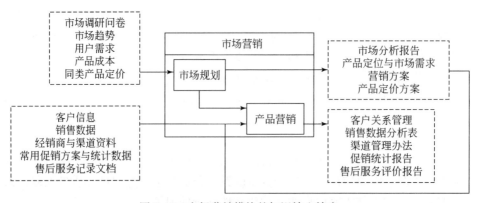

图 7-13　市场营销模块的知识输入输出

（1）知识聚集

在市场规划子模块中，关键活动包括市场调查、市场轮廓估计、市场细分、目标市场选择、市场定位，需要将前期分析的用户需求、市场趋势结果作为输入。基于这些知识输入，完成营销从策划到执行的过程。这些知识需要从企业内部及外部取得。其中存在于企业外部的主要是与需求和市场相关的知识，来源于网络、行业期刊、行业报告等，其他均存在于企业内部已有知识资源，包括产品标准成本表、量本利图等，依据信息化程度不同有的可能存于系统中，有的以纸质或电子文档形式存在。

在产品营销子模块中，最主要的任务就是进行产品定价、渠道建立、产品促销、产品销售、售后服务和客户管理，产品成本、渠道信息、客户信息和销售数据是这些活动的主要知识输入，一般都会存储于企业内部 CRM、销售管理系统中，或以纸质或 Excel 表等电子文档的形式存在。

在市场营销模块进行知识聚集，需要应用数据集成方法对已有信息系统的数据进行聚集，作为后续客户和销售数据分析的基础。还需要应用知识模板、知识条目导入等工具对营销方案类文档类知识资源进行分析、聚集和共享。

（2）知识处理

在市场营销模块，需要应用关联分析、自动分类、聚类等技术对具有相似关键特征的产品或用户进行关联分析；需要应用基于市场销售数据的趋势分析对市场规模、用户需求等构建预测模型；需要应用文本挖掘、语义网等技术对非结构化文档进行处理等。

（3）知识应用

在市场营销模块，知识应用的方式为查看、检索、推送和决策模型制定等，最终该阶段将产生产品需求、营销方案、产品价格、客户关系管理、产品销售分析表、渠道管理办法、促销统计报告等知识成果。这些知识有可能存储于 CRM、销售管理系统中，或者以方案报告等文档形式存在。

7.2.6　创新方法链各模块知识管理小结

在制造创新链各模块的创新活动中，包含很多支撑活动开展的知识，同时，活动过程中及每个模块结束时，也会产生很多知识成果。而这些产生的知识，又作为下一模块活动开展时需要的知识。

根据企业信息化建设与知识管理程度的不同，这些知识存储的介质、形式等也不一样，有的来源于企业已有数据库、文档库，有的则作为纸质手册存储，还有一些零散存储在个人电脑中等，表 7-1 综合列举了在制造创新方法链的五个模块中需要和产生的知识名称、需要知识的来源以及产生知识的存储系统或形式。

制造创新方法链中的知识管理，是基于创新方法链中各关键活动的知识需求，通过相关的方法、技术和工具，将这些知识资源进行聚集、处理，并最终支撑活动应用，为创新过程提供知识支撑。这些方法包括语义分析、关联规则、知识图示化表达等相关技术，在7.3 节中对这类方法、技术和工具展开介绍和描述。

表 7-1　产品创新过程中产生的典型知识

模块	子模块	活动	需要的典型知识		产生的典型知识	
			知识名称	知识来源	知识名称	知识存储
创意激发	需求分析	挖掘分析用户需求	用户需求	用户问卷、分析报告、会议纪要、访谈纪要、用户使用报告	用户需求分析报告、新产品机会分析、产品规划	功能质量屋、PDM、产品需求说明文档、需求分析报告、产品规划报告
			企业战略	企业战略规划、高层领导		
			市场与技术趋势	网络、行业期刊、权威机构的报告、动态简报、专利数据库		
	创意产生	构建构思方案及筛选	原理知识	科学原理库、科学效应库、行业手册	构思方案	产品创意方案文档、PDM、创意评审报告
			借鉴案例	专利库、科研成果案例（档案）库、文献情报库、成果报告文档		
技术突破	概念设计	设计问题表达与抽象	产品需求、构思方案	功能质量屋、PDM	产品功能树、产品功能列表	产品设计需求数据库、产品功能需求文档
		寻求分功能作用原理	原理知识	科学原理库、科学效应库、行业手册	产品分功能设计报告	产品原理数据库、PDM
		建立功能结构	分功能设计原理、功能结构设计	产品结构数据库、功能基数据库	产品功能结构图、产品概念设计方案	PDM、产品概念设计报告
			已有设计实例	设计案例库、设计案例报告		
	详细设计	生成结构设计详细方案	产品概念设计方案	产品概念设计说明书、PDM	产品结构整体布置方案	PDM
			产品设计规范	设计规范标准手册、结构变换方法库		
			产品货架	产品设计目录		
		产品参数设计	参数设计案例、参数设计规范	设计规范标准手册、模型设计案例库	产品参数设计方案、产品技术规格书	PDM

续表

模块	子模块	活动	需要的典型知识		产生的典型知识	
			知识名称	知识来源	知识名称	知识存储
成型优化	产品原型	编制原型设计规范	原型设计规范	原型规范标准手册，模板文档	原型设计规范书	规范模板库
		产品原型设计制作	原型原理知识	设计原型库	产品原型	PDM
			原型加工知识	材料库、工艺库、规范模板库		
		文档编制交付	报告模板	模板库	评估报告	原型知识库
	产品试制	编制试制规范	试制规范模板和样例	规范标准手册，模板文档	试制规范书	规范模板库
		编制试制管理规范	试制管理规范模板和样例	规范标准手册，模板文档	试制管理规范书	规范模板库
		工艺设计验证	工艺过程知识	工艺库，试验记录文档	工艺验证报告	工艺库，PDM，试验数据库
			工艺试验知识			
		可靠性验证	工艺质量知识	可靠性验证记录文档	可靠性验证报告	
		编写产品试制报告	报告模板和样例	规范模板库	产品试制测试报告	PDM
					产品可生产性报告	
生产改善	产品制造	工厂选址	选址评估方法	行业手册、研究报告	选址报告	文档、档案库
			厂址基础信息	地产描述档案资料		
		设置规划与布置	规划布局方法	行业手册、标准规范、研究报告	规划布局方案	文档、档案库
		物流管理与物料搬运	物料与物流评估方法	行业手册、标准规范、研究报告	物料与物流分析报告	文档
		工作研究	工作研究方法、工作流程规范	行业手册、研究报告	工作研究报告	文档
		生产计划与控制	用户需求	CRM、用户问卷、人口统计表	需求预测结果	PDM
			生产计划模板和样例	ERP、MRP、规范模板库	产品生产计划	ERP、生产计划文档
		质量控制	质量管理体系	行业手册、产品质量管理体系	产品质量管理手册	产品质量管理系统

续表

模块	子模块	活动	需要的典型知识		产生的典型知识	
			知识名称	知识来源	知识名称	知识存储
生产改善	生产保障	设备保全	设备使用与维修信息	设备使用手册	设备运维办法	规章制度文档库
		人机系统设计	人机工程知识	行业手册、研究报告、案例	人机系统设计方案	文档、档案库
		现场管理	生产调度模板和样例	ERP, MRP, 规范模板库	产品生产调度计划	企业资源计划系统 ERP，生产调度文档
			库存管理规范	行业手册、库存管理指南	在制品库存管理手册	库存管理系统
		信息系统	信息化需求	信息化规划报告、需求报告	生产信息系统规划	文档
			信息系统功能	系统宣传手册		
市场营销	市场规划	市场调研	市场调研问卷模板	调研问卷样例	市场分析报告	文档
		市场轮廓估计	市场趋势			
		市场细分	市场分析报告	网络、行业期刊、权威机构的行业报告	产品需求、价值点质疑	功能质量屋，PDM
		目标市场选择	客户分类	客户关系库、报告模板样例	练与呈现方案	
		市场定位	营销方案模板样例		营销方案	营销方案计划书等文档
		产品定价	产品成本、同类产品定价信息	产品的标准成本表、量本利图	产品价格方案	产品的价格目录表，CRM
	产品营销	建立营销渠道	经销商与渠道统计资料	渠道档案资料	渠道管理办法	文档
		产品促销	以往促销方案与统计数据	销售管理系统、市场部工作总结档案资料	促销统计报告	文档
		产品销售	销售数据	销售管理系统	销售数据分析表	销售管理系统
					销售预测模型	市场决策系统
		顾客管理	售后服务记录	售后服务记录文档	售后服务分析报告	文档
			客户信息	客户档案资料	客户关系管理	CRM

7.3　知识管理方法和技术

如 7.2 节所述，对制造创新方法链各模块的知识管理、知识聚集、知识处理和知识应用是作为几项重点任务进行的，不管是制造创新方法链的哪个模块，工程师或员工所面临的环境和对知识的需求是趋同的：

第一，知识资源零散存储在不同系统、服务器、个人电脑中，还有一些知识存在于网络、CNKI 等企业外部数据库，如何将这些资源进行有效聚集，进一步支撑一体化应用？

第二，组织内外部信息增长速度越来越快，如何从这些信息中进行挖掘，实现"海量信息的知识淘金"？

第三，很多组织开发的知识管理系统和业务结合不紧密，不能满足制造创新方法链工作开展过程中的知识应用需求，有哪些技术和工具可以支撑企业在业务运营过程中快速、准确获得需要的知识？

围绕以上问题，本节介绍一些知识聚集、知识处理和知识应用的常用方法和技术（表7-2），以及支撑方法和技术落地的知识管理系统工具。

表 7-2　知识管理重点任务、常见问题与方法对应表

任务	问题	方法
知识聚集	如何将知识资源进行有效聚集，进一步支撑一体化应用	数据集成、网络爬虫
知识处理	如何从这些信息中进行挖掘，实现"海量信息的知识淘金"	关联规则、自动分类、自动聚类、趋势分析、偏差分析、文本挖掘、语义技术
知识应用	如何支撑企业在业务运营过程中快速、准确获得需要知识	搜索引擎、中文分词、多维分析、用户行为分析、知识图示化表达、知识管理系统

7.3.1　知识聚集方法

知识聚集旨在依托相应的方法、技术和工具，将组织外部互联网信息、文献资源等，以及内部散落存储在数据库、信息系统、专业软件、文档服务器，甚至个人电脑等中的信息进行聚集，并经过处理加工后支撑一体化应用。目前常用的方法包括数据集成、网络爬虫。

7.3.1.1　数据集成

制造创新方法链为支撑产品研发制造整个过程提供整体的方法与技术支撑，每个模块都会产生不同的信息与知识，拥有各自的信息系统。知识管理模块需要连同五个模块知识的输入与输出，提供相应的信息与知识支撑。数据集成通过应用间的数据交换达到集成的目的，主要解决数据的分布性和异构性的问题，其前提是必须被集成应用公开数据结构，

即必须公开表结构、表间关系、编码的含义等。

数据集成是把不同来源、格式、特点性质的数据在逻辑上或物理上有机地集中，从而为企业提供全面的数据共享。在企业数据集成领域，已经有了很多成熟的框架可以利用。通常采用联邦式、基于中间件模型和数据仓库等方法来构造集成系统，这些技术在不同的着重点和应用上解决数据共享和为企业提供决策支持。

7.3.1.2 网络爬虫

随着网络的迅速发展，万维网成为大量信息的载体，如何有效地提取并利用这些信息成为一个巨大的挑战。网络爬虫是一个自动提取网页的程序，它为搜索引擎从万维网上下载网页，是搜索引擎的重要组成。传统爬虫从一个或若干初始网页的 URL 开始，获得初始网页上的 URL，在抓取网页的过程中，不断从当前页面上抽取新的 URL 放入队列，直到满足系统的一定停止条件。聚焦爬虫的工作流程较为复杂，需要根据一定的网页分析算法过滤与主题无关的链接，保留有用的链接并将其放入等待抓取的 URL 队列。然后，它将根据一定的搜索策略从队列中选择下一步要抓取的网页 URL，并重复上述过程，直到达到系统的某一条件时停止。另外，所有被爬虫抓取的网页将会被系统存储，进行一定的分析、过滤，并建立索引，以便之后的查询和检索；对于聚焦爬虫来说，这一过程所得到的分析结果还可能对以后的抓取过程给出反馈和指导。

7.3.2 知识处理方法

知识处理与挖掘已经出现了许多方法，分类方法也有很多种，按被挖掘对象可以分为基于关系数据库的和基于多媒体数据库的方法。按挖掘的方法分，有数据驱动型、查询驱动型和交互型方法。按知识类型分，有关联规则、特征挖掘、分类、聚类、总结知识、趋势分析、偏差分析、文本挖掘等方法。这其中常用的有以下几种。

7.3.2.1 关联规则

关联规则分析指发现大规模信息集中，项集合之间的关联或相关关系。关联规则是指通过对数据库中的数据进行分析，从某一数据对象的信息来推断另一数据对象的信息，寻找出重复出现概率很高的知识模式，常用一个带有置信度因子的参数来描述这种不确定的关系。关联规则挖掘过程主要包含两个阶段：第一阶段必须先从资料集合中找出所有的高频项目组，第二阶段再由这些高频项目组中产生关联规则。制造创新方法链的每个模块都可以通过这种关系的建立，包括任务、问题、角色及信息之间的相关关系，帮助使用者快速获取解决当前问题所需的信息或知识，是实现面向业务知识应用的一项基础技术。

7.3.2.2 自动分类

分类是知识挖掘研究的重要分支之一，是一种有效的数据分析方法。分类的目标是通过分析训练数据集，构造一个分类模型（即分类器），该模型能够把数据库中的数据记录映射到一个给定的类别，从而可以用于（离散型的）数据预测。分类技术在很多领域都有应用，市场营销模块中很重要的一个特点是强调客户细分。客户类别分析的功能也在于此，采用数据挖掘中的分类技术，可以将客户分成不同的类别，如呼叫中心设计时可以分为：呼叫频繁的客户、偶然大量呼叫的客户、稳定呼叫的客户、其他，帮助呼叫中心寻找出这些不同种类客户之间的特征，这样的分类模型可以让用户了解不同行为类别客户的分布特征。

7.3.2.3　自动聚类

聚类就是指当要分析的数据缺乏必要的描述信息，或者根本就无法组织成任何分类模式时，利用聚类函数把一组个体按照相似性归成若干类，这样就可以自动找到应该归属的类。聚类和分类类似，都是将数据进行分组；但与分类不同的是，聚类中的组不是预先定义的（对比分类：需要先建立分类器，之后进行数据预测中的分类操作），而是在响应客户需求时根据实际数据的特征，实时按照数据之间的相似性来定义的。聚类的一种应用是可以分析同角色同场景的用户最关注的知识点或信息点，提取出进行知识复用或作为趋势分析的基础内容。

7.3.2.4　趋势分析

趋势分析是统计分析方法，最初由 Trigg's 提出，采用"准确度趋势"（平均数）和"精密度趋势"（标准差）两个指标对系统误差和随机误差分别进行监控。趋势分析与传统的休·哈特控制图的相同之处，是使用平均数来监测系统误差，用极差或标准差来监测随机误差。不同之处在于，趋势分析中的平均数（准确度趋势）和标准差（精密度趋势）的估计值是通过指数修匀方法获得的。指数修匀要引入权数来完成计算，而测定序列的每一次测定中，后一次测定的权数较前一次为大，因此增加了对刚刚开始趋势的响应，起到了"预警"和"防微杜渐"的作用，因此在很多市场数据挖掘中经常使用这种方法。

7.3.2.5　偏差分析

偏差分析是探测数据现状、历史记录或标准之间的显著变化和偏离，偏差包括很大一类潜在的有趣知识。例如，观测结果与期望的偏离、分类中的反常实例、模式的例外等。其目的是寻找观察结果与参照量之间有意义的差别。在企业危机管理及其预警中，管理者更感兴趣的是那些意外规则。意外规则的挖掘可以应用到各种异常信息的发现、分析、识别、评价和预警等方面。

7.3.2.6　文本挖掘

文本挖掘是基于文本信息的知识发现，指从文本文件中抽取有效、新颖、有用、可理解的有价值知识，并且利用这些知识更好地组织信息的过程，是数据挖掘的一个分支。文本数据挖掘是一个边缘学科，由机器学习、数理统计、自然语言处理等多种学科交叉形成。它可以分为基于单文档的数据挖掘和基于文档集的数据挖掘。常用的方法既有专门针对文本处理的文本分类、文本聚类、信息抽取、自动摘要、文本压缩等，也有上述数据挖掘中的种种方法。因此使用过程中还是要看针对各模块用户要处理的文本，对于所需知识的需求，再来选择哪种方法更加有效。对文本挖掘系统的评估，目前比较公认的几种评估指标有：分类正确率、查准率、查全率、支持度、置信度等。

7.3.2.7 语义网

语义网是能够根据语义进行判断的智能网络，实现人与电脑之间的无障碍沟通。它好比一个巨型的大脑，智能化程度极高，协调能力非常强大。在语义网上连接的每一部电脑不但能够理解词语和概念，而且还能够理解它们之间的逻辑关系，可以从事人所从事的工作。语义网中的计算机能利用自己的智能软件，在万维网上的海量资源中找到你所需要的信息，从而将一个个现存的信息孤岛发展成一个巨大的数据库。

语义网的建立极大地涉及了人工智能领域的部分，与 web 3.0 智能网络的理念不谋而合，因此语义网的初步实现也作为 web 3.0 的重要特征之一，但是想要实现成为网络上的超级大脑，需要长期的研究，这意味着语义网的相关实现会占据网络发展进程的重要部分，并且延续于数个网络时代，逐渐转化成"智能网"。

7.3.3 知识应用方法

用户获取知识的方式，有各种检索，推送，推荐，订阅等等。这些方式从知识的展示方式上看有一个共同点，就是都是单个知识的呈现。我们以检索为例，如果用户基本上可以准确描述想要的知识的特征，检索无疑是最高效的，因为检索结果通常是按照与检索条件的匹配度排列的。

也可以按照某个维度的层次结构组织，用户可以从最高层的维度入手，像剥洋葱一样逐层深入，查找自己需要的知识，其操作与 Windows 的资源管理器一样简单。这种情况适用于客户只知道所需知识在某个维度上的部分特性，从而在该维度上快速定位到所需的知识。这需要提前构建起业务活动与相关知识的关联关系。

条目式显示的知识之间的关联关系非常薄弱，他们仅是拥有同样的检索条件所给的属性特征；而按照同一个维度的层次组织成目录显示的知识之间，这种关联关系会更加明确一些，它们可以同属于一个比较严格的体系。但是目录式也只能表达知识的一维关系，而现实中知识之间的关系往往会是多维的，如何显示呢？于是有人提出了"知识地图"，就是按照网络图式呈现知识之间复杂的多维关系。

我们了解了知识主要的三种显示方式，接下来介绍一下每种方式背后支持它的主要方法或技术。支持信息检索的主要是搜索引擎技术，它已经发展多年，比较成熟，相关技术也种类繁多，会在典型方法中做详细介绍；而搜索必然涉及对于用户输入信息的理解，还要介绍一下中文分词技术。支持知识导航的是多维分析技术，它源自数据仓库的概念。而说到知识应用的个性化和智能化发展，基于用户行为分析的自动推送是很有价值的分析热点，我们也会略作介绍。而关于知识的图示化表达，是各种知识应用模式中，被接受度最高的一个发展方向，在典型方法中会做专门描述。

7.3.3.1　搜索引擎

支持信息检索的主要技术是搜索引擎技术，搜索引擎是指根据一定的策略、运用特定的计算机程序从互联网上搜集信息，在对信息进行组织和处理后，为用户提供检索服务，将用户检索到的相关信息展示给用户的系统。搜索引擎包括全文索引、目录索引、元搜索引擎、垂直搜索引擎、集合式搜索引擎、门户搜索引擎等。搜索引擎可以分为企业搜索引擎和互联网搜索引擎。这里"企业"可以理解为"企业级"，即企业级搜索引擎。企业级搜索引擎以内容管理技术为框架，搜索技术为支撑，通常与产品数据管理、内容管理、市场竞争情报、团队协同、过程管理、信息门户等制造创新链的各个环节密切结合，构成管理组织知识资产完整而又灵活的体系。知识管理对搜索引擎技术提出了更高的要求，而先进的搜索引擎技术则为知识管理提供了工具和保障。

7.3.3.2　中文分词

中文分词是文本挖掘的基础，指的是将一个汉字序列切分成一个单独的词。分词就是将连续的字序列按照一定的规范重新组合成词序列的过程。中文分词，是让计算机自动识别语句含义的基础。对于搜索引擎来说，最重要的并不是找到所有结果，而是把最相关的结果排在最前面。中文分词的准确与否，常常直接影响到对搜索结果的相关度排序。我们知道，在英文的行文中，单词之间是以空格作为自然分界符的，而中文只是字、句和段能通过明显的分界符来简单划界，唯独词没有一个形式上的分界符。中文分词是其他中文信息处理的基础，搜索引擎只是中文分词的一个应用，其他的比如机器翻译、语音合成、自动分类、自动摘要、自动校对等，都需要用到分词。

现有的分词算法可分为三大类：基于字符串匹配的分词方法、基于理解的分词方法和基于统计的分词方法。按照是否与词性标注过程相结合，又可以分为单纯分词方法和分词与标注相结合的一体化方法。它们各有特点和缺陷，任何一个稳健的分词系统，都需要综合不同的算法。

7.3.3.3　多维分析

多维分析来自于数据仓库的概念。数据仓库之父 W. H. Inmon 的 *Building Data Warehouse* 把数据仓库定义为"一个面向主题的、集成的、稳定的、随时间变化的数据的集合，以用于支持管理决策过程。"

维（dimension）是人们观察数据的特定角度。在应用中常见的一些维度有：业务主题维，如业务域—业务—业务主题；专业领域维，如机械、电子、流体等；产品维，如产品线—产品—版本；地理位置维，如洲—国家—省—市—县—区；时间维，如知识产生时间—年—季—月—日；知识类型维，如研究成果、数据、规范、方法、流程、专家类等；知识来源维，如外部、内部等。

多维分析是对以多维形式组织起来的数据采取切片（slice）、切块（dice）、钻取

(drill-down 和 roll-up)、旋转（pivot）等各种分析动作，以求剖析数据，使用户能从多个角度、多侧面地观察数据库中的数据，从而深入理解包含在数据中的信息，可以从数据仓库处理大量数据集成、分析、展现的架构、思想、方法上借鉴和学习良多，让 KMS 早日成熟起来。

7.3.3.4 用户行为分析

在用户使用网络的过程中，不知不觉地记录下用户的操作和关注点，通过一定的模型将用户进行分类与归纳，提炼用户行为特征，进而可以从行为特征分析其心理特征，预测其需求，之后可以为这个用户做非常体贴和个性化的服务，也可以为企业带来大数据基础上的用户需求信息。这是当前市场营销中经常采用的技术性方法。如果用户要采购一项产品，网络不仅仅列出了他要找的产品，还可以给出购买这些产品的人通常还会买什么产品，还可以主动推荐"您也许还需要……"，这在亚马逊等的网络销售中都已经实现了。如果用户要搜索信息，不仅仅提供给他按照输入的检索信息得到的结果，还可以按照他的偏好来进行排序。而大量用户的偏好信息和购买行为，对于产品设计者和营销者更是最好的市场需求输入，如"精准定向广告"就是目前非常受企业关注的一种应用模式。

"用户行为分析"的主要步骤有四步：用户身份识别，用户行为数据集成，用户兴趣数据分析，商业应用。这里面的很多技术我们都介绍过，用户兴趣建模是其中关键的一步，它从用户操作的记录中提取用户的兴趣特征信息，简单地说是个分类模型，与数据发现或知识发现中的分类器做的是一样的工作。用户的信息来源既包括静态的，如用户身份信息，也包括动态的，如用户操作的数据。而依据分析结果的商业应用，前面提到了可以作个性化检索，精准知识推送、精准广告推送等。

7.3.3.5 知识图示化表达

知识图示化表达指可以用来构建、传达和表示复杂知识的图形图像手段。除了传达事实信息之外，知识图示化的目标还在于传输人类的知识，并帮助他人正确地重构、记忆和应用知识，我们常称其为知识地图。知识图示化有助于知识的传播，在信息技术条件下，知识图示化有了新的突破：制作工具越来越多，制作方法更为简易，表现形式更为多样。知识图示化以图形设计、认知科学等为基础，与视觉表征有着密切关联。视觉表征是知识图示化构成的关键因素。例如，概念图是基于有意义学习理论提出的图形化知识表征；知识语义图以图形的方式揭示概念及概念之间的关系，形成层次结构。知识图示化是通过视觉表征形式促进知识的传播与创新。无论是知识可视化设计还是应用，视觉表征都是这个过程中的关键部分。因此，知识图示化的价值实现有赖于它的视觉表征形式。

7.4　典型方法与示例

对制造创新链中五大模块的知识管理，是基于各模块中关键活动的知识需求，通过相关的方法、技术和工具，将所需的知识资源进行聚集、处理，再返回到各关键活动中提供相关知识应用的支撑，最终实现产品创新。

在知识聚集的基础上，应用典型的知识处理和加工方式，让人与计算机对概念达到共同的理解，按照这种理解自动构建起知识之间的关联关系，是实现知识有效支撑业务运行这一理念的关键方法。通过构建起各模块的关键活动、该活动所需的知识、执行活动的角色之间的关联关系，确保在知识应用的过程中通过搜索引擎能够找到所需的知识。为了让查询到的知识最大限度地被复用，知识的图示化表达方式是非常重要的。根据制造创新链中各个模块对知识需求和各类存在形式的不同，我们会建议各个模块以不同的方式来进行相关知识集合的展示。

因此，本节选择了面向知识处理的语义网技术，面向知识查阅的搜索引擎技术，以及面向知识展示的知识地图作为三种典型方法进行介绍。

7.4.1 语义网

谈到知识挖掘的未来发展方向，其相关的分析算法、可视化方法、文本挖掘等都是研究的热点，然而这其中最能吸引用户的莫过于被称为"下一代互联网"的语义网。2012年1月，瑞典互联网市场研究公司 Royal Pingdom 发布了 2011 年全球互联网产业发展状况报告，其中提到全球互联网用户总数已达到 21 亿，如图 7-14 所示。正是由于用户数量巨大，其更新换代才更加引人注目。

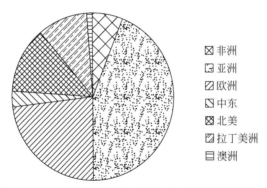

图 7-14　Royal Pingdom 发布的全球互联网用户分布图

7.4.1.1　语义网概述

语义网的概念是由互联网的发明者、现任互联网联盟（world wide web consortium，W3C）主任提姆·伯纳丝·李（Tim Berners Lee），于 1998 年首次提出：语义网（semantic web）是现在网络的延伸，其中所有的信息都具有良好定义的含义，更利于人与机器之间的合作。

semantic 即"语义"，就是指数据的含义，可以把它看作是数据所对应的现实世界中的事物所代表的概念的含义，以及这些含义之间的关系，是数据在某个领域上的解释和逻辑表示。例如，"打电话"这个文本，是描述了一个活动，动词加宾语。更进一步理解，它隐含着两个参与方，而且二者地位不对称，其中一方为主动，一方为被动，如它要理解"A 打电话给 B"，和"B 接了 A 的一个电话"是同等的含义，或者"A 打电话给 B"与"B 打电话给 A"这两个活动之间的差异。再继续深入，这个活动包括了一系列动作，如拿起电话、输入号码、拨打电话、连接信息传输、对方接听、双方沟通、沟通结束、双方挂机等。

现在互联网的设计初衷是给人阅读的，而不是让计算机程序来理解用户的行为目的，以及隐藏在用户语言背后的含义，更别指望计算机根据其行为目的进行自动处理了，因此其表达格式、处理流程与方法都受此制约。语义网的目的就是要扩展当前的互联网，使其能够表达可以被计算机所"理解"的语义，然后计算机可以按照语义"自动处理"，从而大大增强人和计算机，以及计算机和计算机之间的交互与合作。因此，人们称语义网为web3.0，以区分于 web2.0 和 web1.0，如图 7-15 所示。

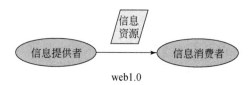

web1.0

web1.0：网络资源从信息产生者到信息客户的单向流程

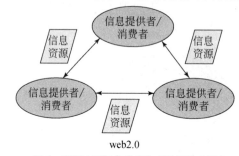

web2.0

web2.0：所有人既是信息产生者又是信息用户

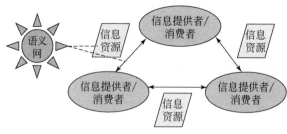

web3.0

web3.0：智能语义程序介入网络资源流程，更有针对性地发送信息和获取信息

图 7-15　web 1.0→web 2.0→web 3.0

语义网与目前的互联网主要的区别有以下几个方面。

（1）面向的对象不同

目前的互联网主要使用 html 表达网页内容，但是 html 注重文本的表现形式，如字体颜色、大小、类型等，而不考虑文本的具体内容与含义。虽然有一些自动脚本程序可以帮助人们实现一部分功能，但它无法真正理解文本内容，也就无法在开放式的网络环境中支持计算机之间各种各样的交互需求。所以，我们说目前的互联网面向的对象主要是"人"，而语义网面向的对象则主要是"机器"。

（2）信息组织方式不同

由于二者面向的对象不同，因此信息组织方式也不同。互联网按照人们的思维习惯和方便性组织网络信息资源，主要以"人"为中心；语义网则必须兼顾计算机对文本内容的"理解"，以及它们之间的相互交流和沟通需要。

（3）信息表现的关注重点不同

互联网重点关注信息的显示格式和样式，而不是所要显示的内容，如用大字体、特殊的颜色表示重要的内容。而语义网则更加关注信息的含义，对具有特殊意义的文本进行标注或解释。

（4）主要任务不同

互联网设计的初衷是供人之间交流与共享的，因此其主要任务是信息发布与获取。语义网的主要任务则是提高计算机之间的交流和共享能力，从而使计算机可以代替人们完成一部分工作，使网络应用更加智能化、自动化和人性化，从而提高人之间交流与共享的效率和效果。

（5）工作方式不同

人们使用互联网时，大部分工作都是由人来完成的，包括信息的收集、检索、整理、排序和分析等。而语义网则期望可以把人从上述繁杂任务中解脱出来，利用"智能代理"理解用户的真正意图，并尽量自动化其操作。

7.4.1.2 语义网构建的流程与主要方法

提姆·伯纳斯·李于2000年提出了语义网的体系结构，如图7-16所示。

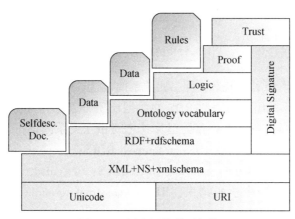

图7-16 语义网的体系架构

这个体系架构共包括七层，每一层都包含了为实现语义网构想所必需的一系列技术，不同的技术层完成不同的功能；而下一层又为其上一层提供支持，逐层拓展功能逐渐增强，共同构成了语义网的技术基础。例如，自下而上最底层是编码定位层，（Unicode+URI）技术层负责完成 web 资源的编码和定位；XML 结构层，（XML+NS+xmlschema）技术层负责提供结构化的语法；资源描述层（RDF+rdfschema）和本体层（Ontology vocabulary）负责 web 上的数据、资源和知识的表示；逻辑层（Logic）、证明层（Proof）和信任层（Trust）负责提供语义网所需要的规则、推理和验证。

关于语义网的体系结构，虽然国内外众说纷纭，但目前还是以上面这个七层结构接受程度最高。从技术上看，语义网的实现需要三大关键技术：XML、RDF 和 ontology，目前的讨论主要集中在 RDF 和 ontology 上。

（1）资源描述框架

资源描述框架（resource description framework，RDF），是 W3C 推荐用于描述 www 上的信息资源及其关系的语言规范。RDF 在语法上符合 XML 规范，从这个意义上可以把 RDF 看成是利用 XML 规范而定义的一种置标语言。但在语义描述上，RDF 与 XML 却有天壤之别。

RDF 非常适合描述表达 web 资源的元数据信息，如主题名称、作者、修改日期以及版权信息等，具有简单、开放、易扩展、易交换和易综合等特点。由于它们都被称为 web 资源，所以 RDF 实际上可以描述在网络上标识的任何信息。也可以说在资源描述上，RDF 更像是一个数据模型，它的基本单元是由主语、谓语、宾语构成的"三元组"，称为"RDF 陈述或陈述（statement）"。可以用三元组来表示网络信息资源的资源、属性和属性值，如果把主语和宾语当作节点，把属性当作一条边，则一个简单的 RDF 陈述就可以表示成一个 RDF 有向图，如图 7-17 所示。

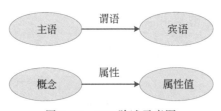

图 7-17　RDF 陈述示意图

可见，RDF 数据模型实质上是一种二元关系的表达，由于任何复杂的关系都可以分解为多个简单的二元关系的组合，因此 RDF 的数据模型可以作为 web 复杂关系模型的基础模型。RDF 定义了一套用来描述资源类型及其之间相互关系的词汇集，称为 RDF schema（RDFS），包括：①三个核心类：RDF：resource、RDFS：property、RDFS：class；②五个核心属性：RDF：type、RDFS：subclass of、RDFS：see also、RDFS：subproperty of、RDFS：is defined by；③四个核心约束：RDFS：constrant resource、RDFS：range、RDFS：constraint property、RDFS：domain。

在用 RDF 描述资源时，首先使用 RDFS 提供的建模方式构建被描述资源的 schema 信息，然后再利用此 schema 描述目标信息资源。通过 RDFS 可以定义资源的类型、属性并揭示它们之间丰富的语义关系。

RDF（S）是语义网的重要组成部分，它使用 URI 来标识不同的对象，包括资源节点、属性类或属性值；并可将不同的 URI 连接起来，清楚表达对象之间的关系。相比于 XML 文档必需的树形资源结构，以及所有的语义都只能存在于 XML 的标签中，RDF 陈述的有向图可以更加灵活地表达网络上的知识或资源及其之间的相互关系，这也正是机器可理解的形式化语义，这就更加符合 www 开放、分布式以及结构松散的特征。如果把 XML 看作是一种标准化的元数据语法规范的话，那么就可以把 RDF 看作是一种标准化的元数据语义描述规范。而计算机对 RDF 的自动处理则依托于 RDFsyntax，它以 XML 为宿主语言构造了一个完整的语法体系，通过 XML 语法实现对各种元数据的集成。

然而 RDF 也存在一些问题。与 XML 中使用的标签类似，RDF 对属性的定义没有任何限制。也就是说不同的词汇可能表示的是同一个属性，也就是我们通常所说的同义词或多词一义现象。当两个不同的系统使用不同的词汇来表达同一个概念，并需要进行交流时，多词一义就会带来问题，因为如果不在这二者中至少存在一个词典说明这两个词汇是同义的，那么它们自己是不知道的。与多词一义相对应的另一个问题是一词多义，即表达概念的同一个词汇在不同的应用背景下其含义是不同的。RDF 并不具备解决这两个问题的能力。除此之外，RDF 虽然可以表达比 XML 更为丰富的语义信息，但相比于语义网强大推理能力的要求，它的表达能力仍然偏弱。基于以上两点，语义网引入了本体层。

（2）本体技术

Ontology，中文有两个含义："本体"（ontology，首字母小写）和"本体论"（Ontology，首字母大写）。本体论起源于哲学，古希腊哲学家亚里士多德创立了形而上学理论，主要研究现实的本质，包括意识和物质、物质和属性、事实和价值之间的关系。本体论是其中的一个分支，研究客观事物存在的本质。本体论与认识论相对，认识论研究人类知识的本质和来源，也就是主观认知，而本体论研究的是客观存在。

而对于"本体"这个概念，目前仍没有形成统一的定义，如有人认为本体是共享概念模型的形式化规范说明，通过概念之间的关系来描述概念的语义；有人说本体是对概念化对象的明确表示和描述；也有人定义本体是关于领域的显式的、形式化的共享概念化规范等。但斯坦福大学的 Gruber 给出的定义得到了许多同行的认可，即"本体是概念化的显式规范"，本体就是关于领域知识的概念化、形式化的明确规范，是对领域知识共同的理解与描述。因此，本体成为人与计算机对概念语义达到共同理解的媒介，可以在各类应用之间实现知识的共享及重用，目前已经被广泛应用到包括计算机科学、电子工程、远程教育、电子商务、智能检索、数据挖掘等在内的诸多领域。

本体着眼于表达概念和关系（概念之间的、特性之间的、属性之间的、值之间的、约束之间的和规则之间的）复杂的语义，为了有针对性的表达，本体可以分为三个层次：①顶级本体。描述最普遍的概念及概念之间的关系，如空间、时间、事件、行为等，与具体的应用无关，其他种类的本体都是该类本体的特例。②领域本体。特定领域（如石油石化行业、制造业）中的概念及概念之间的关系。③应用本体。依赖于特定领域和特定任务的概念及概念之间的关系。

构建一个好的本体体系，对于概念及其关系的表达是事半功倍的事情。因此，本体构建是一个基本而且重要的任务，我们对此略作介绍。

构建本体的思路大体上有三种：①将已有的叙词表或分类词表改造成本体，本体是对叙词表的有效扩展，可以认为叙词表是简化的本体，基于现有的叙词表构建本体，可以利用叙词表中现成的概念和概念关系。这对于已经有叙词表应用基础的系统来说是最省力的。②利用领域资源，包括非结构化文本、半结构化的网页、XML 文档、词典，以及结构化的关系数据库等，借助领域专家的帮助，从零开始构建本体，这是目前构建本体的最常用的方法。试图实现本体自动构建的本体学习技术也是基于这种思路开展的。③综合现有的本体，经过本体合并，并有效组织后形成通用本体或参考本体。

在语义网范畴内，本体的作用主要表现在：①概念描述。即通过概念描述揭示领域知识；②语义揭示。本体具有比 RDF 更强的表达能力，可以揭示更为丰富的语义关系；③一致性。本体作为领域知识的明确规范，可以保证语义的一致性，从而彻底解决一词多义、多词一义和词义含糊现象；④推理支持。本体在概念描述上的确定性及其强大的语义揭示能力，在数据层面有力地保证了推理的有效性。

与资源描述层相比，本体提供了对领域知识的共同理解和描述，具有更强的表达能力，支持可保证计算完整性和可判定性的逻辑推理。从整个语义网体系结构来看，本体层起着关键的作用，它不仅弥补了资源描述层的不足，而且其概念模型也是逻辑层（logic）以上各层发挥作用的基础，因为只有在对领域知识形成一致性描述的基础上，才能进行相应的规则描述、推理和验证。

7.4.1.3 语义网构建示例

本体技术是实现语义网的关键技术，通过本体可以很好地解决语义网的语义描述和二义性问题。语义网需要极为丰富的本体，下面通过石油石化行业的一个领域本体构建的示例，来说明本体构建方法的应用结果。

在制造创新方法链的技术突破模块，需要的知识输入是和当前设计或科研工作的研究对象的相关描述，包括该研究对象的属性和参数等资料，通过领域本体的构建，可以建立起对象与对象间、知识及对象间的相关关系，便于任务执行者更快捷获取相关的参考资料。

图 7-18 是最终构建的石油石化勘探开发领域本体的局部截图，该图描述了盆地与区块，区块与井，地层与盖层，储集层、生油层之间在空间上的包含关系，也描述了每个概念的一些属性特征，如每个区块都有单独属于自己的地理位置和地层，地层要通过地层特征、地层层序来描述，地层特征又分为构造背景和沉积环境等信息。这些本体显然是石油石化行业的领域本体，同时又是描述"地层对比"这个任务的应用本体。

"地层对比"是石油石化上游科研板块的一项核心研究任务，这是研究地层的重要手段之一。其意义是将不同地区的某些地层单位，根据岩性及所含化石等特征，作地层层位上的比较，来证明这些或那些地层单位，在层位上是相当的，在时间上是接近同时的，这种工作方法称为地层对比。

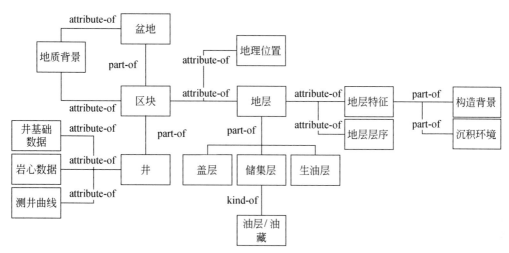

图 7-18 石油石化行业的本体示例

在实际进行某个区块的地层对比任务时，可以依据基于领域概念本体关系形成的本体实体图，如图 7-19 所示，以该区块 "GD1-1J11 井" 为核心，呈现出与之相关的实体，它们之间的关系也显示在连线上。通过实体之间的关系，可以查阅到与 "GD1-1J11 井" 相关对象如同一井型的参考知识。

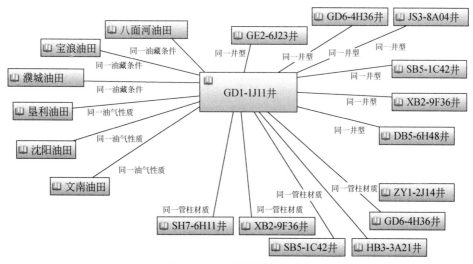

图 7-19 实例本体关系展示

这个实例本体关系图帮助我们轻松地做到：①概念之间的对比，如同属于一个区块的井的对比；②特性之间的对比，如同属于一种油层的地层对比；③属性之间的对比，如同属于一个盆地区块的地质背景的对比；④属性值之间的对比，如具有相同地层特征的区块地层的对比；⑤约束之间的对比，如地理位置在一定范围之内的区块地层的对比。

具有推理能力是本体区别于 RDF 的一个重要特征。语义网帮助知识管理增强人与机器之间的理解能力，提高机器的智能处理能力，而且其处理的技术、方法也多有重叠，所以关注语义网可以为知识管理的发展带来新启示。语义网的构建是搜索引擎最终查询效果好坏的决定性因素之一。

7.4.2 搜索引擎

7.4.2.1 搜索引擎概述

搜索引擎是根据一定的策略、运用特定的计算机程序从互联网上搜集信息，在对信息进行组织和处理后，为用户提供检索服务，将用户检索到的相关信息展示给用户的系统。搜索引擎包括全文索引、目录索引、元搜索引擎、垂直搜索引擎、集合式搜索引擎、门户搜索引擎与免费链接列表等。

(1) 全文搜索

全文搜索引擎是目前应用最为广泛的主流搜索引擎，谷歌和百度是其典型代表。它以网页文字为主从互联网提取各个网站的信息，建立起数据库，检索与用户查询条件相匹配的记录，按一定的排列顺序返回结果。当用户以关键词查找信息时，搜索引擎会在数据库中进行搜寻，如果找到与用户要求内容相符的网站，就采用相关的算法计算出各网页的相关度及排名等级，评价因素包括网页中关键词的匹配程度、出现的位置、频次、链接质量等；然后根据关联度高低排序，按顺序将这些网页链接返回给用户。这种引擎的搜全率比较高。

(2) 目录索引

目录索引也称为分类检索，在互联网发展早期，以雅虎为代表的这种网站分类目录查询非常流行。网站分类目录由人工整理维护，精选互联网上的优秀网站，并简要描述，将其网址分配到相关分类主题目录的不同层次的类目之下，形成像图书馆目录一样的分类树形结构索引。用户使用目录索引时，无需输入任何文字，只要根据网站提供的主题分类目录，层层点击进入，便可查到所需的网络信息资源。严格地说，目录索引并不能称为真正的搜索引擎，它只是按目录分类的网站链接列表而已。

(3) 元搜索引擎

单个的搜索引擎，由于收集信息的范围、搜索机制、算法等不同，平均只能涉及整个互联网资源的30%～50%。用户为了提高查全率，就不得不使用多个搜索引擎，因此也被迫去适应不同的使用习惯。结果发现，同一个搜索请求在不同搜索引擎中，获得的查询结果的重复率不足34%，而每一个搜索引擎的查准率还不到45%。于是有人创建了"搜索引擎之上的搜索引擎"——元搜索引擎。

元搜索引擎是将用户提交的检索请求到多个独立的搜索引擎上去搜索，并将检索结果集中统一处理，以统一的格式提供给用户。这样的引擎把自己的价值定位在提高搜索速度、智能化处理搜索结果、个性搜索功能的设置和用户检索界面的友好性上，查全率和查准率都比较高。

（4）垂直搜索引擎

通用搜索引擎面向大众，使用方便，但是对于某个领域的用户来说，就有涉及的信息量过大、查询不够准确、专业深度不够等问题，于是人们提出来新的搜索引擎服务模式，针对某一特定领域、某一特定人群或某一特定需求，提供有价值的信息和服务，这就是"垂直搜索引擎"。可以说搜索引擎走向了细分市场，它具有很高的针对性，具有高度的目标化和专业化，查准率有了较大提高，用户对查询结果的满意度较高，迅速地在市场上占据了一席之地。业界普遍认为，这将是搜索引擎往个性化发展的一个进步，未来很有发展空间。

（5）集合式搜索引擎

这种搜索引擎类似元搜索引擎，区别在于它不是同时调用多个搜索引擎进行搜索，而是由用户从提供的多个搜索引擎中选择一个来执行真正的搜索。

由以上可以看出，全文搜索引擎是元搜索、集合搜索、垂直搜索的基础，我们着重了解一下它的工作原理和流程。

7.4.2.2 搜索引擎构建流程与主要方法

搜索引擎一般由搜索器、索引器、检索器和用户接口四个部分组成，工作流程分为三步：

1）爬行。这一步由搜索器完成，它的主要功能是在互联网中漫游，发现和搜集信息，也被称为"爬虫（spider）"或"网络机器人（robot）"。爬虫利用主页中的超文本链接遍历互联网，通过U址引用从一个html文档爬行到另一个html文档，收集到的信息可以有多种用途，其中最重要的是提供给索引器建立索引数据库。

2）预处理。这一步由索引器完成，它的主要功能是理解搜索器所搜索到的信息，从中抽取出索引项，用以表示文档以及生成文档库的索引表。在预处理阶段，索引器要对抓取来的页面数据进行一系列处理，如提取文字、中文分词、去停止词、消除噪音（如版权声明文字、广告等）、正向索引、倒排索引、链接关系计算、特殊文件处理等，以备用户使用。

3）排名。这个阶段由用户接口和检索器共同完成。用户接口接受用户输入的信息，传递给检索器，并显示查询到的结果。检索器根据用户提供的信息在索引库中快速检索文档，进行相关度评价，对将要输出的结果进行排序，并能按用户的查询需求合理反馈信息。

7.4.2.3 搜索引擎的应用示例

在制造创新方法链的创意激发模块中，针对需求分析结果，要产生产品改进或新功能设计的创意方案。对产品的需求通常会转化为一个具体的问题，就要求搜索引擎针对具体的问题反馈给用户相应的参考方案，用户理解这些参考方案，并将方案转换为针对当前产品设计改进的创意方案，并形成示意图。因此需要提高搜索引擎对用户语言的理解，这方面已经有很多研究者做了一些尝试。

例如，用户现在要解决的是芯片冷却的问题，在已有的自然语言智能答问系统中，用户可以输入简单的自然语言，如"How can I cool the chip"。搜索引擎在对提问进行结构和内容的分析之后，或直接给出提问的答案，或引导用户从几个可选择的问题中进行再次选择。使用自然语言交互，能够让用户与网络的交流更加人性化，但是对于自然语言的理解能力，会直接影响到查询的结果。该系统要求用户采用结构化或者半结构化的搜索信息输入格式，检索模块提供的三种方式的检索：

1）用户输入关键词 cool<AND>air，在此可以使用布尔逻辑符号做关键词的运算，如图 7-20（a）所示。

2）用户输入自然语言，但是要求这个语句必须是这样的格式：谓语+宾语（可以带一个参数），如输入"decrease temperature of chip"，或者"cool chip"都可以进行尝试，如图 7-20（b）所示。

3）用户输入结构化的检索信息：谓语+宾语（可以带一个参数），如图 7-20（c）所示。

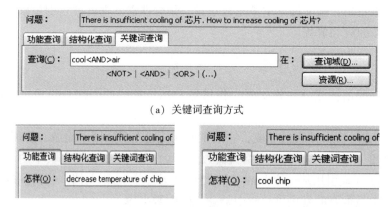

（a）关键词查询方式

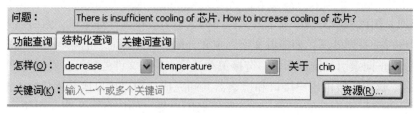

（b）功能查询方式

（c）结构化查询方式

图 7-20　三种检索方式

在查询结果上，使用关键词和另外两种方式的结果也不一样，因为软件系统在到数据库中查询具体的信息之前，对非关键词的检索方式还做了一次加工：本体关系扩展。对谓语，也就是动词进行同义词、近义词的扩展和同类词的扩展，如 cool（冷却）这个单词和 decrease temperature（降低温度）是同义的，无论用户输入哪一个，另一个也会被加入到检索条件中。而 decrease temperature（降低温度）是 change temperature（改变温度）的一种，那么 change temperature 这个词组也会被加入到检索条件中。但是依据它查到的信息，在排序中会比前者更靠后，因为它不如前者更精确地符合用户的原意。对宾语，也就是名词的扩展关系会更加丰富，图 7-21 是 water（水）的扩展关系。我们可以看到，水是 liquid（液体）的一类，所以它的上位词会有 liquid，同理 liquid 是 fluid（流体）的一类，这是向左上方的一个分支；水从化学成分上讲是一种氧化物，这就是向右上方的分支。water 与 H_2O 是一回事儿，所以它们是等位关系。海水、饮用水、地下水等都是水的具体形式或种类，它们是 water 的下位词，就是图上的左下方和右下方的一些分支。7.4.1.3 小节我们介绍的语义网中的本体技术在此作为基础技术发挥了作用。

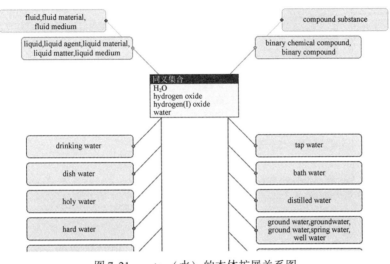

图 7-21　water（水）的本体扩展关系图

按照这样的扩展查询到的结果，也可以按照与检索条件的关系远近加以区分，可以得到树形结构检索结构，它们各自代表四个含义。

1）精确技术方案：查询式本身的关键词查询。

2）特例技术方案：查询式中动作的同义词，对象的下位词。

3）通用技术方案：查询式中动作的同义词，对象的上位词。

4）类比技术方案：查询式中动作的同义词，根据对象分为四类。①最近类比，与对象相同上位词/父级的名词；②较近类比，对象的同义词；③近似类比，与对象相同祖父集，但不同父集的名词；④一般类比，与对象相同曾祖父集及以上，但不同祖父集的名词。

搜索结果如图 7-22 所示。由图可见，如果只有关键词查询，那么会有大批的信息是检索不到的。这些就是对检索条件进行本体关系扩展之后的效果，用户使用时感受到的是查全率、查准率提高了，而且不同用户习惯使用不同的词汇，对于结果没有太大影响，也就是查询结果的可重复性提高了，因此信息检索总体性能更加稳健了。

未来用户在使用时会有更高层级的要求，如使用更加自然的描述语言，不受"谓语+宾语"这样的要求限制。那么自然语言处理的相关技术就需要采用了，如前面举的例子："How can cool the chip"，要先分析这句话的语言、语法，然后分析语义，形成检索条件集合，才能真正开始检索信息。例如，要先判断出它是英语，而且是英语语法中的特殊疑问句，按照这个语法的规则，可以提取出的关键词汇是 cool chip，也许完整的句子中 chip 还有个限定词是 computer。

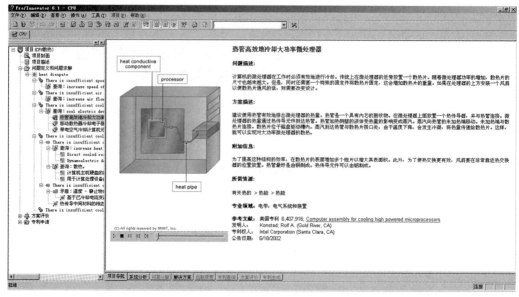

图 7-22　智能扩展的检索结果

　　搜索引擎技术和方法作为知识获取的基础方式存在，结合企业的实际应用需求，设计合适的搜索模式和搜索引擎技术，使得聚集的信息和知识能最大限度地被查"全"、查"准"，在查"全"、查"准"的前提下，知识的复用效果与所查询到的知识集合在前端的图示化表达方式是紧密相关的。

7.4.3　知识地图

7.4.3.1　知识地图概述

　　知识地图的概念起源于地理上的地图，美国捷运公司最早的知识地图是一张包含知识资源的美国地理地图，可以说这就是知识地图的雏形。图 7-23 展示的是来自 nmlink 网站对于"知识"做的知识地图，这是此网站的总图，点击任何一个节点，还可以继续深入到网站提供的不同概念相关的资源中，是名副其实的"地图"。我们可以看到，本章前面提到的很多概念都在这个图中，DIKW 的数据、信息、知识、智慧，SECI 模型的社会化、外化、组合化、内化、显性知识、隐性知识、经验、实践等。

　　目前知识地图仍然是一个处于发展中的概念，各方的认识也不同，如达文波特认为知识地图无论是黄页还是数据库的形式，都是为了指出知识的位置，本身不包含知识的内容，这是强调了知识地图的"导航"功能，可以算是基本功能；威尔认为知识地图是可视化的显示获得的信息及其相互关系，以使不同背景的使用者在各个具体层面上进行有效的交流和学习。换句话说，知识地图是一种显性的知识关系网络，它描绘一个组织系统中的知识存量、结构、功能、存在方位以及查询路径等，这是倾向于知识的"显示"功能，特别是知识关系的显示。现在人们虽然还没有对知识地图的定义完全达成一致，但是对它的

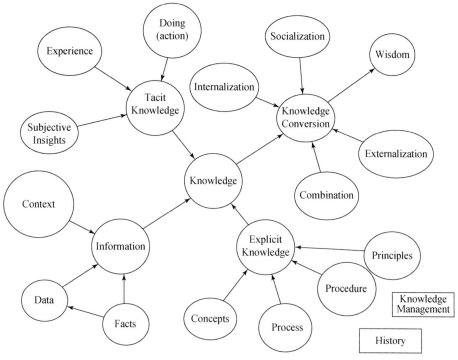

图 7-23　nmlink 的 "知识" 的知识地图

一些特点已经达成了共识：①只告诉人们知识的所在位置，并不直接指向知识内容；②不仅揭示知识的存储地，而且揭示知识之间的关系；③不仅揭示显性知识，也揭示隐性知识；④以可视化形式展现知识间的关系，有助于发现新知识。

对于文档类知识的处理主要体现在文档关联上，也叫做 "关联类知识"。伴随着文本挖掘技术的发展，现在可以做到文档的碎片化管理，不仅能够将文档作为一个整体进行管理，还能够深入到文档的内容继续分析，如提取文章中涉及的多个主题，对每个段落或章节讲述的主要内容进行摘要，这一类知识就叫做 "抽取类知识"。这些更加精细化的分析，就能够提供更细致、准确的信息，也就能更加精准地满足用户的需求。

为什么这样做就能让计算机更加智能？

因为知识地图的理念与人的神经系统发育完全一致，如图 7-24 所示，图 7-24（a）对比了右脑发达与不发达孩子的神经元，可见发达与不发达的区别就在于神经元是否产生了茂盛的轴突；而图 7-24（b）的对比图可以清楚地看到成人的大脑与孩子的大脑相比，神经元本身也许没有大的变化，但是之间的联系复杂得多了。这就是大脑发育的秘密：增强联系。中国有句俗话 "脑子越用越灵"，这是有道理的，因为更多的刺激就会让神经元与周围建立更多更强的联系，大脑的处理能力就更强。

知识地图的功能可以描述为：知识导航、知识共享、揭示隐性知识、揭示知识间关系等。通过知识地图，企业管理者可以清楚地知道自己有多少知识，一线员工可以快速地找到想要的知识，特别是模糊查询，可以依靠知识之间的关系来顺藤摸瓜。

右脑发达孩子的神经元　　右脑不发达孩子的神经元

(a)

孩子的大脑　　成人的大脑

(b)

图7-24　人的神经系统发育

由于制造创新方法链的各个模块对知识的需求不同，每个模块所需要的知识类别不同、存在的形式不同，因此下面对不同模块所适用的知识地图的形式和方法分别进行示例介绍。

（1）进化树

在创意激发模块需求分析子模块中，利用技术路线图能够帮助使用者明确该领域的发展方向和实现目标所需的关键技术，理清产品和技术之间的关系。作为一种方法，技术路线图可以广泛应用于技术规划管理、行业未来预测等方面。进化树是针对某一种产品进行技术规划的一种方法，也是知识地图的一种展示方式。它揭示了技术系统在发展过程中，沿着主要的进化路线如何变化出各种各样的产品。在形成进化树的过程中，需要广泛搜集完成同样功能的所有产品形式，然后用多条进化路线组织成一棵主干与枝节分明的树，这就大大提高了我们对技术系统进化过程中必然性与偶然性的理解和运用能力。

建立进化树通常按照以下的顺序进行：

1）确定建立进化树所要服务的产品所行使的主要功能，弄明白并建立行使该功能的时候该产品所在的位置。

2）收集关于类似产品的信息，在实现该基本功能的时候这些产品或者是具有同样的功能，或者是能够促进该功能的完成。对被分析的产品每一种方案做出简单的描述，特别要关注得到该种方案的变换的实质。找到被研究物体的初始方案，从工艺进化的角度来寻找最简单的方案。

3）选择主要发展路线，即未来进化树的主干。这可以是发展路线中的任何一条，但是最方便的是使用其内部元素变换特别明显的发展路线，如物体和元素的分解路线或者单—双—多系统（展开）路线。将带有被分析产品的方案——放置在路线上的相应位置，建立起主要的发展路线，即未来进化树的框架。

4）按照以下规则，建立第二层次的发展路线：尽可能地建立产品变换方案的动态化路线，假如没有这个可能，则先建立能够得到用于动态化的资源路线：单—双—多系统路线、分解路线和缩减路线。

5）检查建立描述产品形状、表面和内部构造变换的第二层次发展路线的可能性，这里包括几何进化、内部构造进化和表面性质进化。为了使进化树的结构最佳化，最好将这些路线添到进化树内。

6）检查在单—双—多系统路线、分解路线和缩减路线以后，建立第三层次的动态化路线的可能性。将这些路线画到进化树相应的特征位置上去。

7）在动态化路线后面，建立提高可控程度路线。应该针对有特征性的、重要控制性的情况来建立路线。对于其他情况，按照类似的情况弄清产品的控制性。在进化树有特征性的、重要的位置上，建立起提高可控程度的路线。

8）对信息进行补充搜索，对进化树的构造做出补充和确认。

研究者以显示器为例，来制作显示器的进化树。在制作之初，首先要选择显示器的初始方案，这里选择的是光学显示器，然后就可以进入到建立进化树的下一个阶段了。重要的是要理解哪一条发展路线将是主要的，并且要确定位于这条路线上，即进化树树干上的关键点有哪些。

进行预先的信息搜索以后，可以得到实现显示器功能的多种方案。对搜索到的方案进行分析以后，选择了以下几种显示器方案作为关键的方案：①基本光学元素；②在表面上的图像；③电影；④带电子显像管的电视机；⑤平板显示器；⑥针状显示器；⑦雾做成的显示器；⑧空气中的显示器；⑨直接在人的意识中引起图像的显示器。

任何一个产品在其存在的很长时间内的变化过程，一般都可以用扩展—收缩的进化路线来描述。因此，可以预测在显示器进化树的总体构造中也可以见到这个趋势，如图 7-25 所示。

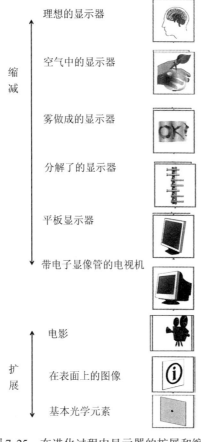

图 7-25　在进化过程中显示器的扩展和缩减

把扩展—缩减路线当作显示器进化树的主干，然后转变到了物质分解的进化路线上。分布在进化树树干上的每一个变换方案，都有水平的侧向枝杈伸出。这是显示器主干上的变换方案发展所进行的路线。这些路线的数量和组成由产品相关的资源来决定。例如，对显示器来说，重要的资源有它的工作表面（屏幕）、发光系统以及对组成图像的像素进行控制的系统。

根据进化树建立的步骤和规则，显示器各元素的发展通过以下发展路线来描述：屏幕表面集合进化路线、屏幕表面微观形状的复杂化、像素颜色的单—双—多系统、显示器的动态化等，最终形成了如图 7-26 所示的显示器完整的进化树。

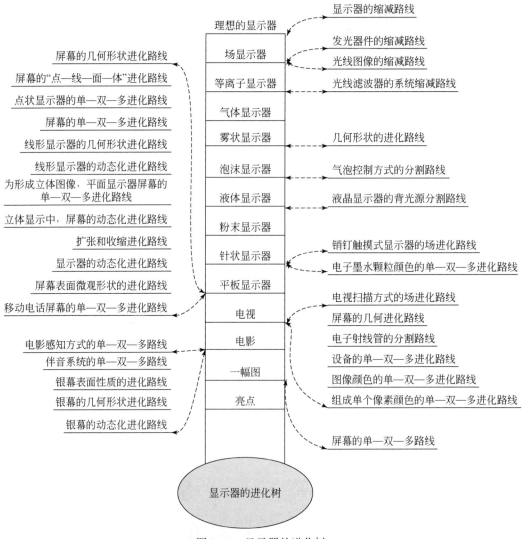

图 7-26　显示器的进化树

通过进化树这种分析产品发展信息的方法，能帮助企业很好地分析产品的历史。在创意激发模块中应用，可了解现在市场的竞争状态，寻找产品新的想法和技术解决方案，以规避专利的限制，以及对技术系统发展做出预测，事先规划某项技术或产品的专利布局，制定符合企业发展的研发战略和知识产权策略，帮助企业抢占市场先机，改变竞争地位。因此可以说，进化树是企业做产品战略规划的重要利器，也有客户称之为"产品作战地图"。

（2）专家地图

专家作为一种特殊的知识存在于组织中，组织中的隐性知识通常存在于专家的大脑中。将专家作为一类独特的知识进行分析和关联，构建出专家地图，不仅仅用于查找专家以获取隐性知识，也可以作为员工的能力培养与评价系统使用，是名副其实的人员资源库。

在制造创新方法链的市场营销模块，用专家地图进行员工、客户、供应商、渠道的人员资源管理是非常有效的。如图 7-27 所示，就是 KMS 中常见的专家地图界面，专家之间的关系显示在连线上。通过专家地图，我们找到需要的专家，并直接找到和此专家相关的文档、成果等知识。

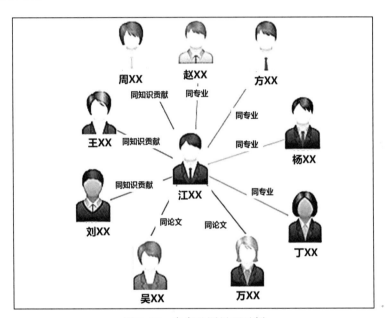

图 7-27 专家地图界面示例

因此，在组织中构建专家地图时专家的信息通常会包括：①专家的基本信息。包括等级、姓名、邮箱地址和联系电话等。这些信息一是为专家自己的身份验证储存必要的信息，二是当求助者找到最合适的专家时可与他们顺利取得联系；②专家的自我描述信息。包括专业领域有哪些、都有些什么工作经历、专注于制造创新方法链的哪个环节等；③专家的标签。其他用户可以为专家贴上标签，表明自己对专家的评价和认识；④专家的知识。包括专家所撰写的论文、书籍、报告等文字性的成果；⑤专家的权威程度。专家的权威程度由专家每次解答问题后的得分以及打分的用户的等级决定。它表明了专家在其专业领域内的可信程度，权威度越高就表示越值得信赖，通过知识问答的方式可有效地将专家的隐性知识转变为显性知识共享起来；⑥专家的状态。可通过专家主页的形式展示，主页中除了包括专家基础信息之外，还可以由专家随时更新，描述其在近期的工作状态等信息。

各个专家的信息描述作为专家的属性和标签构建起专家之间的关系，形成专家地图，在应用过程中需要专家帮助时，专家地图能有效地提供专家匹配。专家名字搜索是最直接的方法，如果专家存在，直接得出最终结果，匹配的专家也就是需要的专家。也可以通过搜索专业领域、问题提问等方式，根据专家地图背后构建的关联关系，匹配出需要的专家。

这类专家地图式的人员资源库为组织提供了一种了解彼此能力、消除信息壁垒的方式，从而建立起全组织的人员能力库存。建好这个地图后，如果一个管理者正在为一个新项目组建工作小组，他不需要到处打听或者临时抱佛脚地招募人员，只要向这个覆盖组织范围的在线专家地图咨询和查阅就可以得到可用的名单了。

"人立方"的搜索结果展示既采用了个人主页的方式，显示了关注人的相关信息，同时在关系搜索方面采用了类似脑图的形式，是更为直观的一种专家地图的展示方式。例如，输入"奥巴马"，输出结果如图 7-28 所示，显示了奥巴马相关的很多信息。

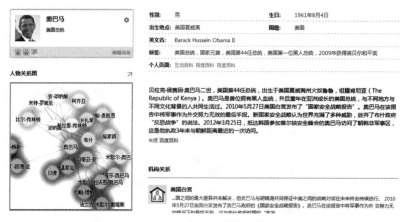

图 7-28　人立方的名称搜索结果图

而在人物关系图中，图 7-29（a）所示的是以"奥巴马"为中心的人际关系网络，与这个人有密切关系的人都显示在图中，距离越近表示关系越密切。如果我们点击"奥巴马"节点与左侧的"玛丽亚·安"节点之间的连线，会弹出一个文本框，更详细地说明二人之间的关系，如图 7-29（b）所示。而且我们也看到，图 7-29（a）中的这些人并不是只和"奥巴马"有连线，他们彼此之间也有联系，这是真正的"关系网络"。我们需要的专家地图也是这样的显示方式，在节点中表示的是知识的名称，节点之间的连线距离代表关系紧密程度，也会有不同的关系类型体现在其中。

（3）专利地图

专利是企业中宝贵的知识资产，在制造创新方法链创意激发和技术突破模块中会有大量的专利产出。专利可以为产品的技术突破提供有效的参考方案，而对内外部专利的应用不仅仅是每项专利本身。通过对专利集合的分析，形成的专利地图，对于创意激发模块中技术发展趋势预测或产品方向定位有着巨大的意义。

根据分析的重点与目的，专利地图大致可分为三类：①专利管理地图，主要分析专利数量、所有人、发明人、引证率、技术生命周期的归纳分析等，反映业界或某一领域整体

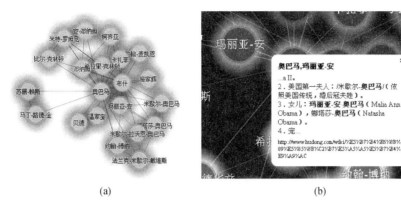

图 7-29　人立方的关系搜索结果图

经营的趋势。②专利技术地图，主要分析特定技术动向，预测技术趋势，为研发中的回避设计、形成专利收费站策略或篱笆策略等提供重要信息依据。③专利权利地图，主要分析专利中的权利要求，揭示已有专利的权利要求范围、权利转让、侵权可能性、权利状态等信息，为规避已有技术提供信息，也可以用于评估自身技术的可专利性和产业利益。

我们以机器人产业技术为例，对其近二十年的专利申请量、学科类别分布、专利权人分布、专利国家分布、产学研合作水平等进行统计，并通过专利 IPC 分析、被引频次分析及专利引文网络分析，揭示机器人产业技术的发展趋势，最终在此基础上提出促进我国机器人产业技术提升的建议。

常用的专利地图分析方法有以下几种：

1）时间变化趋势分析。通过分析一些指标伴随时间的变化，以了解它们长期的发展趋势。例如，通过申请量变化趋势分析，了解技术萌芽时间、专利技术发展进程、该技术自诞生后是否有足够吸引力促使研究投入逐年增多等。而对比专利申请数量的上升与下降趋势，可进一步分析相应的技术瓶颈或促进技术升级的驱动因素。可用于专利数量、专利权人数、专利权人国家数、发明人数等多个指标，有助于分析竞争国家、竞争者进入该领域的情况、研发团队规模与实力等。

图 7-30 给出了机器人专利数量随年度变化的情况。从专利申请量的变化趋势中可以看出，机器人技术的发展基本分为三个阶段：第一阶段是 1991～1996 年，机器人专利申请数量处于平稳增长的阶段；第二阶段是 1997～2002 年，专利申请的数量有小幅下降的趋势；第三阶段是 2003 年至今，专利申请量呈现持续快速增长的趋势。表明机器人相关技术越来越受到关注，相关研发正在快速发展。

2）IPC 分布结构分析。分析研究专利申请的 IPC 变化趋势，有助于研究各技术实体（国家地区、专利权人）的专利技术分布，掌握其研发侧重点与技术势力范围，特别是对了解各种新兴、交叉、边缘学科的发展很有帮助。

国际专利分类表的内容设置包括了与发明创造有关的全部知识领域。分类表共分为八个分册，每个分册称为一个部，用英文大写字母 A～H 表示。A 部为生活必需品；B 部为工程作业运输类；C 部为化学冶金类；E 部为固定建筑物类；F 部为机械工程、照明加热

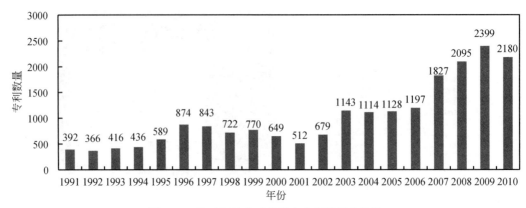

图 7-30　按时间趋势对机器人专利数量的统计

等技术；G 部为物理研究类；H 部为电学类。IPC 分类体系是由高至低依次排列的等级式结构，设置的顺序是：部、分部、大类、小类、主组、小组。

通过对检索出的机器人产业技术相关的专利进行 IPC 分类，我们不仅可以清晰地看到相关专利在各个学科大类里的分布情况，也可以了解更小分类下的各项专利的分布情况。为了研究中国与全球范围内专利申请的差别，我们检索出德温特数据库中中国申请的机器人技术专利共 2444 条，并将全球范围内及中国申请的专利按国际专利分类表（IPC）的分布进行了对比，如图 7-31 所示。

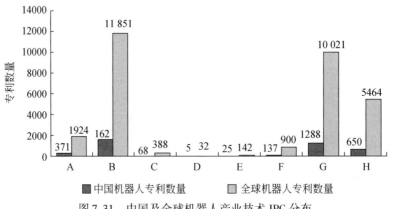

图 7-31　中国及全球机器人产业技术 IPC 分布

根据图 7-31 可以看出，全球范围内的机器人产业技术的 IPC 和中国范围内的分布非常相似。这些专利申请以 B 部最多，主要为机械手、装有操纵装置的容器。具体包括机械手的操控装置；程序控制机械手；装在车轮上或车厢上的机械手；与机械手配合的附属装置，如用于监控，用于观察、与机械手组合的安全装置或专门适用于与机械手组合使用的安全装置；夹具。G 部包含的机器人产业技术专利位列齐次，这些专利主要为数字计算机，其中部分计算是用电完成的数字数据处理装置；一般的控制或调节系统及其功能单元、用于这类系统或单元的监视或测试装置；非电变量的控制或调节系统。

3）技术成熟度分析。例如，技术生命周期分析，分析某一技术在不同时间段内的专利申请数量与专利申请人（多为公司或机构）数量分析，专利重点技术分析；技术发展程度的量化分析，如技术生长率、技术成熟系数、技术衰老系数和新技术特征系数等。

专利重点技术的分布，反映了专利技术的集中点，也暗示了当前技术的发展方向。根据 IPC 小组的统计，全球及中国机器人专利排名前 15 位的 IPC 小组注释表见表 7-3。

表 7-3　全球及中国机器人专利排名前 15 位的 IPC 小组注释

序号	全球 IPC 小组	数量	中文注释	中国 IPC 小组	数量	中文注释
1	B25J-013/00	1692	机械手的控制装置	B25J-013/00	385	机械手的控制装置
2	H01L-021/68	1378	在制造过程中组件的支撑或定位装置	B25J-009/16	356	程序控制
3	B25J-009/16	1332	程序控制	G06F-019/00	261	专门适用于特定应用的数学计算或数据处理的设备或方法
4	B25J-013/08	1319	通过敏感装置，如观察或触摸装置	B25J-009/00	243	程序控制机械手
5	B25J-005/00	1254	装在车轮上或车厢上的机械手	B25J-019/00	222	与机械手配合的附属装置；与机械手组合的安全装置
6	G06F-019/00	1232	专门适用于特定应用的数学计算或数据处理的设备或方法	H01L-021/67	203	专门适用于在制造或处理过程中处理半导体或电固体器件的装置
7	B25J-019/00	1201	与机械手配合的附属装置；与机械手组合的安全装置	B25J-005/00	194	装在车轮上或车厢上的机械手
8	H01L-021/67	1171	专门适用于在制造或处理过程中处理半导体或电固体器件的装置	H01L-021/677	174	用于传送的，如在不同的工作站之间
9	B25J-009/10	1079	以机械手原件定位装置为特点的	B25J-013/08	162	通过敏感装置，如观察或触摸装置
10	B25J-009/22	1030	记录或重放系统	G05D-001/02	147	二位的位置或航道控制
11	G05B-019/18	818	数字控制，即在特殊机床分的自动操作机器	H01L-021/68	118	在制造过程中组件的支撑或定位装置
12	G05D-001/02	813	二位的位置或航道控制	B65G-049/07	111	用于半导体晶片的
13	H01L-021/677	758	用于传送的，如在不同的工作站之间	G05B-019/18	111	数字控制，即在特殊机床分的自动操作机器
14	B25J-009/00	685	程序控制机械手	G05B-019/418	111	全面工厂控制，即集中控制许多机器
15	G05B-019/42	672	记录和重放系统，即在此系统中记录了来自操作循环的程序	B25J-009/10	108	以机械手原件定位装置为特点的

从表 7-3 可以看出，全球机器人专利与中国机器人专利对比，前 15 个 IPC 小组中有 13 个相同，但是前 5 个 IPC 小组中，只有 2 项是相同的，分别为 B25J-013/00（机械手的控制装置）和 B25J-009/16（控制程序），这说明中国与世界机器人专利的重点发展领域还存在一定的差别。在这些排名前 15 位的 IPC 小组中，全球及中国分别有 8 项及 7 项 IPC 小组所处的技术领域为 B25J（机械手，装有操纵装置的容器），占所列出 15 项中的半数左右；其他小类诸如 G05B（一般的控制或调节系统及其功能单元）、G06F（数字计算机、其中至少部分计算是用电完成的；数字数据处理装置）、H01L（半导体器件；其他类目未包括的电固体器件）、G05D（非电变量的控制或调节系统）等无论是在中国还是在全球范围的机器人专利技术领域中都占据了极大部分，表明中国与世界机器人技术发展的方向基本保持了一致，这些技术领域均为机器人技术研究的热点，我国应该多鼓励企业、高校及科研院所研究这些核心领域。

4）引证关系分析。这是专利分析中非常重要的一个内容。专利公开时间越早，被引证的概率越高，就越有可能成为本领域的核心专利。因此，引证关系分析有助于确定业内的核心专利与基本专利，来分析业界的技术竞争优势分布。而分析大量的引证专利，可以透视出这项技术的未来发展方向，这些都是企业竞争中关注的重点。例如，抢先申请核心专利，可以让企业实行"收费站"策略；如果核心专利被对手抢先，那么也可以把各种应用形式申请大量的引证专利，实行"篱笆"策略。

对 DII 数据库检索结果按照被引频次排序得到被引次数较多的机器人专利，行业关键技术可能就出现在这些专利之中，详见表 7-4。

表 7-4　按专利被引频次排序的专利分布

被引频次	专利号	专利权人
365	EP456103-A2	IBM CORP
284	WO9729690-A	COMPUTER MOTION INC WILSON J
271	WO9403113-A	COMPUTER MOTION INC
201	US5038089-A	NAT AERO & SPACE ADMIN（USAS）
178	US5466213-A	MASSACHUSETTS INST TECHNOLOGY（MASI）
170	WO9325347-A	SPEEDFAM CORP
165	WO2003090630-A1	TYCO HEALTHCARE GROUP LP（COVI）
156	US5116180-A	SPAR AEROSPACE LTD（SPAR-Non-standard）
146	EP540197-A	UK ATOMIC ENERGY AUTHORITY（UKAT）
145	US5730642-A	MICRON TECHNOLOGY INC
136	WO9825666-A	INTUITIVE SURGICAL INC
136	WO9516396-A	COMPUTER MOTION INC
129	WO200033726-A	INTUITIVE SURGICAL INC
128	US4979949-A	UNIV WASHINGTON
123	US5366896-A	UNIV VIRGINIA PATENTS FOUND

被引频次	专利号	专利权人
120	US5382885-A	UNIV BRITISH COLUMBIA（UYBR）
113	US5784542-A	CALIFORNIA INST OF TECHNOLOGY
112	WO200030548-A	INTUITIVE SURGICAL INC
110	US5236432-A	UNIV WASHINGTON
109	WO9501757-A	BORST C

由表 7-4 可以看出，被引频次最高的专利是 EP456103-A2，一共被引用了 365 次。其后的 WO9729690-A、WO9403113-A、US5038089-A 也均被引用了 200 多次，由此可见这些专利均为重要的母专利，后续的许多专利都是在这些专利的基础上发展而来的。在这些引证率较高的专利中没有我国的专利，其中大部分专利出自美国的高校、企业和科研机构。一方面，是由于美国在机器人方面的研究较早，为其他国家的后续研究奠定了基础；另一方面，也反映了美国拥有较高的机器人研发水平及较多的机器人核心重点技术。反观中国，机器人产业技术专利多为研发机构对他国专利的引证或者对自身专利的引证，引证率不高，这也说明中国在机器人技术的研发上仍然落后于发达国家。

5）竞争主体相对研发能力分析。这是研究竞争专利权人实力分布的重要分析方法，有助于确定领域内主要竞争专利权人，把握业内主要研发重点与走势，主要通过引证率来衡量。

6）权利要求分析。专利的权利要求不仅是其技术特征的最精确表述，而且是专利竞争中的法律依据。例如，在新产品构思和设计时，分析现有专利，特别是新近公开的专利的权利要求，可以从中寻找权利空白，及时调整自身的技术研发方向，形成自身的新技术专利，或者进行专利规避设计。

除此之外，专利分析还可以用于进化树分析的补充，用来填充进化路线上的步骤。通常进化路线比较低端的实例是产品，包括过去的和现在的产品，在中间部分会是一些概念原型、专利构思等，而高端的步骤也许还没有出现在设计人员的脑海中，那么这就是空白地带，是企业可以占据的高地了，这样的分析结果对于企业的产品规划是很有价值的。

7.5 知识管理系统

7.5.1 知识管理系统架构简介

知识管理最终也需要 IT 系统来实现，即知识管理系统（knowledge management system，KMS）。知识管理系统使组织能更好地捕捉和应用知识，通过收集所有相关的知识和经验，并使知识在任何地方、任何时间需要时能方便使用，以改善组织过程和管理决策。KMS 支持知识的获取、存储、分发和应用过程，也支持创新知识和把知识集成到组织的过程，具体包括组织范围的管理和分发文件、图形及其他数字载体的系统。

我们可以从三个维度来描述 KMS：①时间维上，它涵盖了知识在全生命周期的管理，因此包括了知识产生、获取、存储、应用和维护管理；②空间维上，它服务于制造创新方法链中各模块的人员、与各种为 KMS 提供内容的信息管理系统和各种需要 KMS 提供知识的业务系统进行各种交互与协同；③逻辑维上，它内涵了 DIKW 这个金字塔的自下而上知识产生的过程，在更长远的时间和空间看，也能够看到知识沿着倒金字塔逐渐退化的过程。

基于上述内容可知，KMS 的功能按照时间维的全生命周期管理知识，一般可以分为五个部分：知识聚集→知识处理→知识维护→知识应用→知识创新，如图 7-32 所示。在此可以将"知识创新"作为一种特殊的"知识应用"模式来理解，因为知识的应用可以是重复原有的知识以创造新的价值，而此处的创新特指产生了新的知识。创新而得到的知识被采集入知识库，继续纳入 KMS 管理，进入新的轮回。在持续产生与复用的过程中，知识不断地为企业创造新的价值。

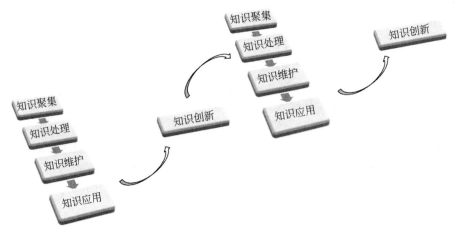

图 7-32　KMS 的功能逻辑图

更具体一点，我们来看一个典型的 KMS 功能架构图，如图 7-33 所示。

我们可以看到自下而上，KMS 的功能层次与典型的 IT 系统并没有差异，依次为数据层、逻辑层和表现层。不过在这里，"数据层"就是图中的"知识库"这个层次，它存储的知识源于经过了加工与处理的数据和信息，这些数据或信息来源于企业的各种业务流程、信息化系统、数据库或者文档库，甚至于员工在社区中的交流，以及企业外部的参考文献库和相关的网络资源等。这里的知识处理与加工，正是按照 DIKW 逻辑，将提炼后的知识存储在 KMS 数据库中；而源数据或信息是不必重复存储的，只要保证当用户感兴趣要看原文时能够到达即可。知识处理与加工的具体方法，实际上就是"知识挖掘"。

在逻辑层，提供对于知识的多种处理服务，如新知识创建流程、知识审核流程、知识搜索引擎、知识的多维视图、统计分析处理模块、用户的行为分析以及知识推送处理模块等。后面几种都是知识应用的一些具体方式。

在表现层，主要是与用户直接交互的门户部分，以及为了各种显示的需要，而与逻辑

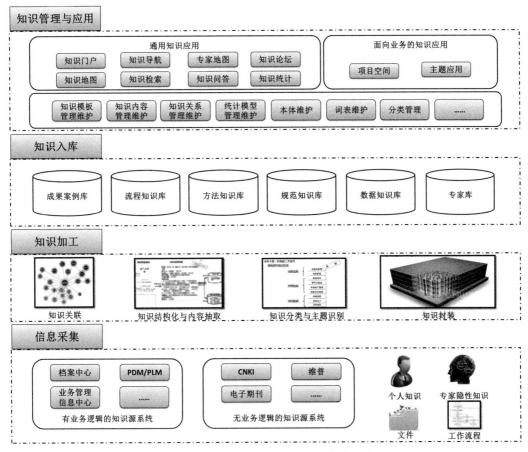

图 7-33 一个具体的 KMS 产品功能架构示意图

层和数据层打交道的处理接口。典型的知识显示方式有本章前面介绍的条目式显示、目录式显示、地图式显示等。

7.3 节所介绍的知识管理常见的方法和技术，都是最终实现 KMS 表现层的关键支撑技术与方法。

7.5.2 知识管理系统功能简介

如前所述，知识体系设计、知识聚集、知识处理的终极目标是为了满足制造创新方法链各个模块不同层级不同角色用户的使用。本部分主要对 KMS 中涉及的知识应用功能进行简单介绍。从应用的智能化程度角度划分，知识应用可分为一般模式和高级模式。

一般模式主要是实现"人找知识"，即通过知识门户、知识导航、知识地图、知识检索、专家地图、知识问答、主题应用、项目空间等功能，查找到所需要的知识（图 7-34）。

知识门户：知识门户一般分为两种，一种是通用门户，反映组织内部知识使用、知识贡献的统计情况，并提供通用模块的链接；另一种是个人个性化门户，可根据需求进行界

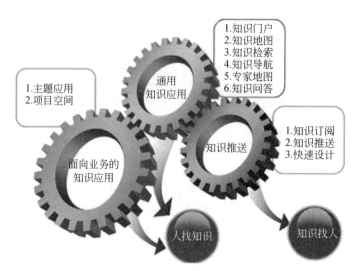

图 7-34　知识应用模式示意图

面和功能配置，同时可查询与自己相关的知识任务，如"我的任务"、"我的订阅"、"我的申请"、"我的收藏"等。

知识导航：展示知识以及知识之间的动态关联。用户可以选择不同的知识库，不同的维度和分类查看系统中所有已经发布的知识。

知识/专家地图：展示知识/专家与知识/专家之间的关联关系，用户可以选择地图中的具体条目进行查看。

知识检索：根据 KMS 内置的检索策略，根据用户嵌入的检索词/句/段落，反馈检索结果，用户可点击某条结果进行知识查看。

知识问答：该功能是实现隐性知识显性化的重要模块，用户可以根据自己碰到的问题进行问题描述并发布。其他用户可以查看到所有问题，根据自己所学的知识进行回答问题。提出问题的用户根据回答结果选择一个对自己有帮助的回答进行确认。

主题应用：所谓"主题"，是指制造创新方法链各模块涉及的关键活动中的一个或一组相关的子任务，这些任务围绕一个明确的研究目标、明确的研究对象、使用大多数相同的知识内容。这些任务能够联合产生完整、独立的知识成果，如创意激发模块中"需求分析"就可以作为一个主题。"主题应用"是在前期知识处理阶段形成围绕某一主题的知识目录，即支撑该主题开展的各类知识后，将这些知识与该主题进行关联，在应用阶段通过导航、检索等手段反馈至用户界面。

项目空间：企业中的工作多是以项目形式进行的，项目空间为项目组成员提供项目中具体任务的分配和项目所需知识的发布、项目过程中和最终知识成果的审核及沉淀。

应用层的高级模式主要是实现"知识找人"，包括知识订阅、面向业务活动的知识推送、快速设计等。

知识订阅：用户根据个人工作需要订阅与工作相关或自己感兴趣的知识，KMS 根据用户设置的订阅主题，以及订阅时间、知识库、知识分类等要求，主动将符合要求的知识条目推送至用户的个人门户中。

知识推送：将某条知识与具体任务进行关联，当用户执行该任务时，KMS自动将该条知识推送至用户面前。

快速设计：通过对某项任务中涉及的流程、算法与工具进行封装，使得用户在执行某项任务时，只需进行某个参数的修改，就可以可视化方式进行联动设计完善，实现快速设计。

7.5.3 制造创新方法链中 KMS 的应用案例

7.5.2小节主要从应用模式维度对KMS功能进行了介绍，为了更好地阐述在制造创新方法链中KMS如何发挥作用，本部分以一个实际案例从业务维度，即从制造创新方法链的某一具体模块工作的开展维度，对KMS系统的应用进行描述。

（1）背景简介

我国航空工业正从仿制向自主设计转变、从跟随向自主创新转变、从追赶向追求第一转变。在我国航空工业快速发展的大好形势下，某飞机设计研究院遇到了新的问题，在人员更替过程中，设计队伍呈现年轻化趋势，随着老一批技术专家退休，新一代技术人员承担起技术骨干和工作主力的角色。但是，年轻人无法顺利上手顶尖的研发项目，"有样子的活会干，没样子的活不会干"，这种情况普遍存在！

该院选择开展知识管理建设，开发和定制适用于飞机研发过程的研发知识管理平台和知识库，为研发任务的开展提供知识和工具平台的支撑保护智力资产，并让知识直接服务于研发过程，增强核心竞争力。

（2）KMS 在飞机设计中的支撑作用

该院知识管理建设同样遵循我们在7.1.4小节中介绍的知识管理的重点任务，即总体规划、知识体系设计、知识聚集、知识处理、知识应用和配套支撑体系建设（图7-35）。该院飞机设计阶段即制造创新方法链中的技术突破模块，其知识管理系统主要为其设计提供知识服务，作为知识管理任务中的聚集、处理和应用三个主要任务的落地支撑工具。

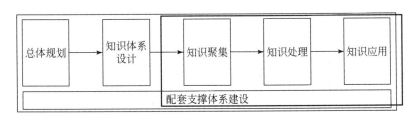

图 7-35　KMS 在知识管理中的作用

知识聚集。以"×××设计质量分布计算"任务为例，围绕该任务知识需求，盘点知识资源，包括隐含在专家头脑中的隐性知识，以及存储在已有信息系统中和零散存储的文档类科研资料。这些知识资源包括完成"质量分布计算"以往作该任务后产生的验证后存入数据库的数据、质量分布计算的方法、需要遵守的标准、已有成果案例等，主要来源于购买的外部期刊文献，存储在数字图书馆、CNKI等期刊文献库中，内部已有信息系统，如档案系统、飞机信息系统、实验数据库系统等，还有的部分成果以电子文档形式存在，采用以下方法进行聚集：

1）集成聚集。通过集成技术将期刊文献库、信息系统进行集成，整合为企业智库。

2）采集模板聚集。在KMS内嵌采集模板，将梳理后的重量设计专业技术专家人才和成果报告导入KMS知识库中。

表7-5 知识资源盘点与聚集

知识名称	存储系统	集成方案
计算数据	PLM、PDM中的数据、实验数据库、飞机信息库等	集成接口
设计方法参考	数字图书馆、文献库、专利库、情报系统等、文档	集成接口、采集模板
国标、国军标	标准库	集成接口
以往设计成果案例	档案系统、文档	集成接口、采集模板
技术专家	未梳理	内嵌专家信息模板进行采集

知识处理。该院知识处理方式主要是进行知识关联与封装，采用边建边用，滚动发展策略。

1）手动关联。在项目的定义和设置环节（类似项目空间功能），项目经理/项目长主动检索选择与"质量分布设计"任务相关的知识条目进行关联，从而实现知识和流程的强关联，基于这种关联，能够更加准确地在重量工程师的工作过程中，将对应的知识进行推送，更加有效地支持用户的设计研发。

2）自动关联。根据KMS内的知识具有的基本属性，如关键字、专业和阶段等，与"质量分布计算"任务具备基本的属性，包括关键词、专业、阶段等进行自动关联，并推荐给工程师。

3）工具封装。将"质量分布计算"任务中可重复使用的计算方法、工具等封装成设计模板，形成快速设计程序，辅助工程师更规范、更高效地完成各类设计任务。

知识应用。首先在进行飞机设计时，设计负责人会将该设计工作按照业务梳理规范和方法，分解为几个既相互独立、又相互关联的子项目。项目长进一步分解为子任务，由具体工程师完成相应工作。整个过程中涉及的知识流动逻辑如图7-36所示。

其中涉及的KMS功能主要如图7-37所示。

项目长在"工作流程"或"项目空间"内进行进一步"任务分解和知识发布"，将具体任务"质量分布计算"和需要了解的关联知识发布给具体工程师。

工程师在"个人门户"的"我的任务"中接收任务，并学习"关联知识"。这些知识是完成任务必要的输入，基本可以满足完成该工作60%～70%的知识需求。同时，工程师还可以通过"流程看板"了解工作全貌，知道如何一步步地完成工作。

在初步了解完成该任务的流程、相关规范、方法等知识后，工程师开展具体的研发工作。此时，工程师还需要其他相关知识，这些知识以两种方式获取，其一是通过该任务的属性特征，KMS自动推送关联知识；其二是工程师可通过"知识导航"、"知识检索"等

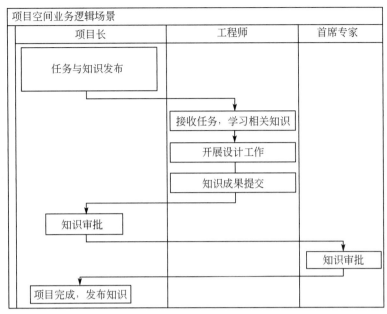

图 7-36　知识流动逻辑图

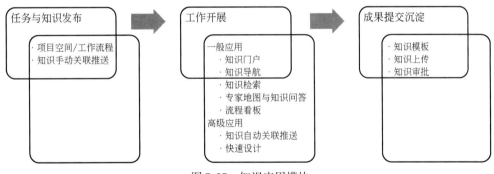

图 7-37　知识应用模块

方式进行查询和相关的浏览，查看前人写的类似的报告、前人的设计历史过程等。

如果该项任务有满足"快速设计"条件的活动，如质量分布计算中的 CAD 建模，会在"个人门户"的"我的资源"中体现，只需按照"任务牵引"的提示，一步一步地开始工作。并在建模工具中运行模板，一步一步修改参数即可方便快捷地完成工作。

在研究过程中，遇到无法解决的问题还可以通过"专家地图"、"知识问答"等模块向专家请教。

任务完成后，需要撰写工作总结报告，KMS 系统内嵌相应的"知识模板"，按照模板完成后，可自动生成符合要求的报告，并提交审批，最终经项目经理和专家审批后，进入知识库，可供他人借鉴使用。

7.6 小　结

　　知识管理是制造创新方法链中的一个重要支撑模块。本章针对知识管理的含义和重点任务、制造创新方法链中各模块知识的需求和知识成果，以及面向这类需求进行知识聚集、处理挖掘和知识应用中可用的方法和技术进行了归纳性介绍，同时结合知识管理领域的发展状况，对知识处理和应用过程中相关的语义网、搜索引擎技术、知识地图这三种典型方法展开了较为详细的讨论。知识管理涉及组织的各方面，产品制造创新流程的每个环节都集中体现着知识的价值，并且是集中产生新知识的重要业务环节。组织更加需要早日意识到这一点，并启动相关的知识管理活动，在产品研发制造的过程中积累知识，并复用到一轮一轮的产品创新实践中，为企业的长期发展塑造持久动力。

参 考 文 献

鲍亮 . 企业应用集成 . 西安电子科技大学软件工程研究所，百度文库，http：//wenku. baidu. com/

陈瑜林 . 2012. 我国教育技术学者合著网络知识图谱构建研究 . 远程教育杂志，6：11-17.

丁蔚 . 2000. 从信息管理到知识管理 . 情报学报 . 19（2）：124-129.

段晓斌，陈基淳，张沫，等 . 个性化推荐服务中用户兴趣模型研究 . 计算机与信息技术，1-3.

冯忠良，伍新春，姚梅林，等 . 2010. 教育心理学（第二版）. 北京：人民教育出版社 .

郭斌等 . 2004. 新产品开发过程中的知识管理 . 研究与发展管理 .

黄超等 . 2012. 基于专利分析的机器人产业技术情报研究 .

经济合作与发展组织 . 1996. 以知识为基础的经济——经济合作与发展组织 1996 年年度报告 . 1998. 中国工商管理研究，7：61-65.

卡尔·爱瑞克·斯威比 . 2007. 知识探戈——管理与测量知识资本的艺术 . 王鄂生译 . 北京：海洋出版社 .

康永兴 . 2005. 知识地图——知识管理的有效工具 . 农业图书情报学刊 .

梁嘉骅，范建平，李常洪，等 . 2005. 企业生态与企业发展 . 北京：科学出版社 .

林岳，谭培波，史晓凌，等 . 2009. 技术创新实施方法论（DAOV）. 北京：中国科学技术出版社 .

刘宇松 . 2009. 本体构建方法和开发工具研究 . 现代情报，9：17-24.

陆小成 . 2009. 生产性服务业与制造业融合的知识链模型研究 . 情报杂志，2：117-120.

马国耀，吴宇 . IBM ESB 产品之间的比较及应用场景 . http：//www. ibm. com/developerworks/cn/webservices/0811_ magy_ esb/

迈克尔·波兰尼 . 2000. 个人知识 . 贵阳：贵州人民出版社 .

梅小安，王午，万君康 . 2005. 知识生命周期的三种诠释 . 企业活力，8：54-55.

尼古拉·什帕科夫斯基 . 2010. 进化树：技术信息分析分及新方案的产生 . 郭越红，孔晓琴，林岳译 . 北京：中国科学技术出版社 .

邱均平 . 2006. 知识管理学，北京：科学技术文献出版社 .

三联生活周刊：知识地图 . http：//www. dooland. com/magazine/article_ 178432. html

世界银行 . 1998/99 年世界发展报告：知识与发展 . 北京：中国财政经济出版社 .

司莉，陈欢欢 . 2008. 国内外知识地图研究进展 . 图书馆杂志，8：13-17.

宋炜，张铭 . 2004. 语义网简明教程 . 北京：高等教育出版社 .

苏力萍 . 2012. 商业智能理论与应用实践 . 北京：中国科学技术出版社 .

汤建民，余丰民 . 2012. 国内知识图谱研究综述与评估：2004～2010 年 . 情报资料工作，1：16-21.

涂子沛 . 2012. 大数据：正在到来的数据革命 . 桂林：广西师范大学出版社 .

托夫勒 . 2006. 第三次浪潮 . 黄明坚译 . 北京：中信出版社 .

王改香 . 2011. 搜索引擎的体系结构与索引技术探析 . 长江大学学报（自然科学版），8（3）：88-90.

王丽珍等 . 2009. 数据仓库与数据挖掘原理及应用 . 北京：科学出版社 .

王士元 . 2011. 语言、演化与大脑 . 北京：商务印书馆有限公司 .

魏瑞斌 . 2011. 国内知识图谱研究的可视化分析 . 图书情报工作，8：126-130.

许波，张结魁，周军 . 2009. 基于行为分析的用户兴趣建模 . 情报杂志，28（6）：166-169.

野中郁次郎，竹内弘高 . 2006. 创造知识的企业（日美企业持续创新的动力）. 李萌，高飞译 . 北京：中国水力水电出版社 .

约翰·奈斯比特等 . 1984. 大趋势——改变我们生活的十个新方向 . 梅艳译 . 北京：中国社会科学出版社 .

张娴，高利丹，唐川，等 . 2007. 专利地图研究分析及其应用 . 情报杂志，11：22-25.

中国知识管理中心 . 2013. 中国知识管理现状、问题和趋势：2012 中国知识管理实施调研结果分析 .

中华人民共和国国家质量监督检验检疫总局，中国国家标准化管理委员会 . GB/T 23703.1-2009 知识管理第 1 部分：框架 . 2009. 北京：中国标准出版社 .

Doconta M C. 2009. 语义网——XML、WEB 服务和知识管理的未来 . 岳高峰等译 . 北京：中国科学技术出版社 .

Huang Z S. An Introduction to the Semantic Web and Ontology Technology. Vrije University Amsterdam（Presentation on Sept 28 in 2005 at Harbin Engineering University）.

Laurence Prusak Working knowledge：how organizations manage what they know. Harvard Business School Press.

Syed A，Abad S. 2006. Data，Information，Knowledge，Wisdom：A Doubly Linked Chain, http：//wenku. baidu. com/view/7d21cffb941ea76e58fa04de. html.

Tim Berners-Lee，James Hendler，Ora Lassila. 2006. The Semantic Web. Scientific American.

第8章 制造创新方法链的集成应用与实践

制造创新方法链包括创意激发、技术突破、成型优化、生产改善、市场营销，以及支持以上过程实现的知识管理六个模块，其中前五个模块在产品创新过程中相辅相成，互相配合，任一模块的创新既是对上一模块创新成果的继承与筛选，又为下一模块的创新提供了有利条件。由于不同类型的企业在产品创新过程中承担的角色不同，在产品研发过程中遇到的问题也各不相同，所以所需的创新方法也不同，制造创新方法链中每一模块节点的创新方法既可以单独使用，针对性地解决特定模块的特定问题，也可以将各链条模块节点的创新方法集成使用，发挥创新方法链间的叠加效应，从整体上对产品创新过程进行支持，更有利于产生具有较强竞争力的产品。

8.1 A公司制造创新方法链实践

A公司是国家定点生产手扶拖拉机的大型骨干企业、省级创新型企业。主要产品有手扶拖拉机、甘蔗机械、小型多功能拖拉机、农用运输车、重型改装汽车、轻型客车、仓储机械（立体仓库）、水稻脱粒机等。

8.1.1 现状与问题

高效收获甘蔗，需要甘蔗收获机把甘蔗从靠近土壤的根部切断，并去掉顶尖部分及甘蔗叶。传统的甘蔗收获机，有两个独立的部分：甘蔗收割机和剥叶机，分别如图8-1（a）和图8-1（b）所示。他们各自的工作原理是：甘蔗收割机靠两套传动链条形成的V型进口、链条带动拨片把地上分散长着的甘蔗归拢起来并夹持住，下面有一旋转的刀具，为了使旋转刀具砍到甘蔗时不会把甘蔗连根拔起，刀具需要从土地表面以下1~2寸的甘蔗根部切断，切断的甘蔗由横铺机构送出到旁边的田地里，这些放在地里的甘蔗靠人工拾起，并喂到剥叶机里，靠剥叶机的一对橡胶滚子去尖，靠橡胶指抽打去除甘蔗叶。

现有产品的主要问题是：

1）由于刀具在土地表面以下切割甘蔗，经常会打到石子上，有时甚至打到大石块上，造成刀具很容易磨损或者刀刃损坏，经常需要停机更换刀具。

2）由于剥叶机的橡胶滚轮转速较快，甘蔗叶会以高速飞出很远，容易伤人，但避免这些问题的产生必须降低剥叶机的工作效率。

针对这两个问题，A公司组织公司创新工程师团队成员，探索性地集成了包括制造创新方法链创意激发模块中的系统分析、功能流分析、组件价值分析、理想解分析四种方

(a)   (b)

图 8-1　甘蔗收割机、剥叶机

法，技术突破模块中的冲突解决原理、裁剪法、功能导向搜索、效应库四种方法，成型优化模块中的数字样机、虚拟仿真两种方法，合计十种创新方法，发挥了各种方法的优势，针对这两个问题从创意激发、技术突破、成型优化方面进行了产品系统化创新，取得了较好的应用效果。下面结合这两个问题的解决过程介绍十种创新方法的应用。

8.1.2　需求分析

通过研发人员的分析，获得解决该问题的需求包括如下两方面。

需求一：如何减少或避免切割刀具磨损及损坏；

需求二：如何提高甘蔗剥叶效率。

根据制造创新方法链需求分析环节提供的创新方法，可对上述需求进行问题分析，获得制约这些需求实现的障碍，从而挖掘出创新的机会点，并将这些抽象化的需求转化为具体的设计要素。下面我们采用系统分析和功能价值分析工具对上述需求进行分析，了解整体产品的工作过程及原理，分析产生上述需求的原因，并根据这些原因将用户需求转化为具体技术问题。

8.1.2.1　系统分析与功能流分析

通过对甘蔗收割机械产品建立组件模型，可知现有产品包括甘蔗、刀盘、刀轴、传动机构、机架、液压缸、提升杆件，以及超系统组件，包括人、空气、土壤、石块等。根据各组件之间的作用关系，可建立甘蔗收割机械系统分析模型。此外，根据功能流分析，获得该系统实现的功能有哪些、这些功能的实现原理是什么、这些功能中的输入输出是什么、各种功能的性质是什么、哪些功能需要改进等重要信息。因为系统分析和功能流分析是从不同角度对系统进行的分析，我们可以将这两种分析同时进行，如图 8-2 所示。该图为借助 CAI 工具绘制而成的，其中组件之间的功能关系包括完整有用功能、有害功能、不足功能和过度功能四类，分别采用不同花纹加以区别。表 8-1 为各种功能类型、功能名称和功能的组件作用过程。

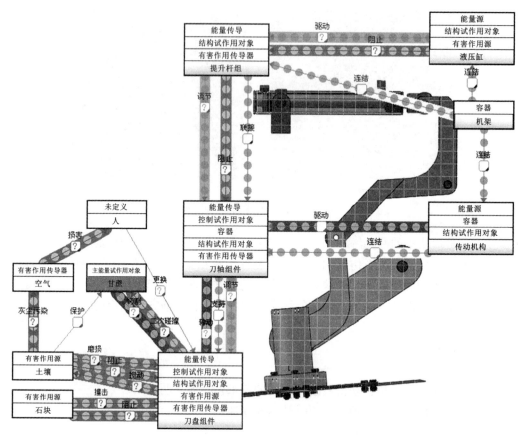

图 8-2　基于系统分析的甘蔗收割机械系统关系图

表 8-1　各功能类型、功能名称和功能的组件作用过程

类型	名称	组件作用过程
Main	主能量流	传动机构→驱动→刀轴组件→转动→刀盘组件→切割→甘蔗
Control	调节刀具高度	液压缸→驱动→提升杆组→调节→刀轴组件
Control	调节	刀轴组件→调节→刀盘组件
Case	结构	机架→连结→液压缸
		机架→连结→提升杆组→联接→刀轴组件→支持→刀盘组件
		机架→连结→传动机构
Undesirable	有害作用	土壤→磨损→刀盘组件
		石块→撞击→刀盘组件
Undesirable	碰撞	刀盘组件→二次碰撞→甘蔗
Undesirable	阻止	土壤→阻止→刀盘组件
		石块→阻止→刀盘组件
Case	结构	传动机构→连结→刀轴组件
Undesirable	阻止	液压缸→阻止→提升杆组→阻止→刀轴组件
Undesirable	扬尘	刀盘组件→搅动→土壤→灰尘污染→空气→损害→人

8.1.2.2 组件价值分析与裁剪分析

使用系统建模方法可从整体上分析用户的需求，以及各种需求目前存在的技术问题。此外，还可以根据组件价值分析方法，对各组成组件机械性能进行理想度计算，见表8-2，准确判断出组件的价值，为后续的问题解决奠定基础。

表8-2 甘蔗收割机各功能组件的价值分析

系统组件	功能贡献	问题贡献	成本贡献		理想度指数	
			评价	百分比/%	计算值	百分比/%
刀盘组件	10	45	低	4	0	1
刀轴组件	17	14	中	11	0	4
传动机构	24	0	高	36	2.8	23
提升杆组	10	19	低	4	0	2
机架	22	0	中	11	8.4	68
液压缸	17	19	高	36	0	3

根据该表，可以将成本分配+问题影响作为横坐标，功能贡献作为纵坐标，绘制出各功能组件的理想度诊断分析图，如图8-3所示。

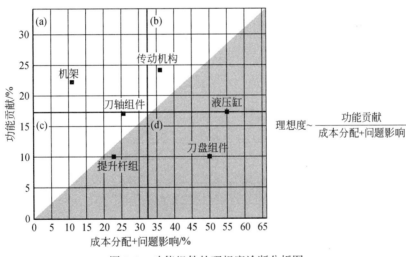

图8-3 功能组件的理想度诊断分析图

根据理想度诊断分析，可以得到以下解决问题的初步想法：

1）通过移除区域（d）中的系统组件"刀盘组件，液压缸"来简化系统。

2）通过增加其功能贡献来改进区域（c）中的系统组件"刀轴组件，提升杆组"。

3）通过降低其成本来改进区域（a）中系统的组件"传动机构"。

4）为了简化和理想化的系统，建议按照以下顺序删除/改善系统组件：①系统组件刀盘组件；②系统组件提升杆组；③系统组件液压缸；④系统组件刀轴组件；⑤系统组件传动机构。

同理，对甘蔗剥叶机械产品也建立组件模型，根据各组件之间的作用关系，可建立甘蔗剥叶机械系统分析模型、组件理想度，如图8-4、图8-5、表8-3所示。

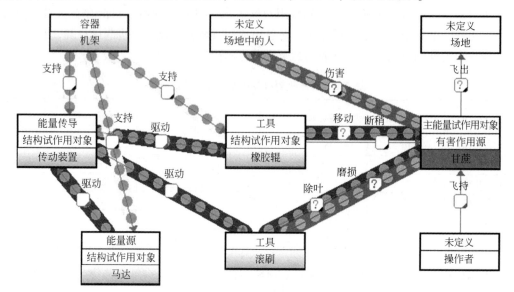

图8-4　基于系统分析的甘蔗剥叶机械系统关系图

表8-3　组件理想度计算

系统组件	功能贡献	问题贡献	成本贡献		理想度指数	
			评价	百分比	计算值	百分比
马达	13	0	高	50	1.4	9
机架	17	0	中	15	6	37
橡胶辊	37	50	中	15	2.352	14
滚刷	19	50	低	5	1.333	8
传动装置	15	0	中	15	5.333	32

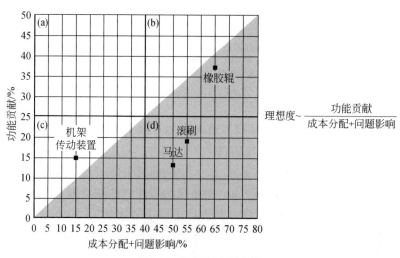

图8-5　理想度诊断分析

根据理想度诊断分析，我们可以得到以下解决问题的初步想法：

1）通过移除区域（d）中的系统组件"马达、滚刷"来简化系统。

2）通过增加其功能贡献来改进区域（c）中的系统组件"机架、传动装置"。

3）通过降低其成本来改进区域（a）中系统的组件"橡胶辊"。

4）为了简化和理想化的系统，建议按照以下顺序删除/改善系统组件：①系统组件滚刷；②系统组件马达；③系统组件橡胶辊；④系统组件传动装置；⑤系统组件机架。

到这一阶段就可以利用技术突破模块中的创新方法对这些创新问题进行解决。案例采用冲突解决原理、功能导向搜索和科学效应库等方法，实现对该问题的解决。下面对该部分内容的阐述将使用基于这些创新方法开发的 CAI 工具展开。

8.1.3 针对需求一的创意激发与技术突破

8.1.3.1 需求分析与需求转化问题列表

根据需求一：减小或避免切割刀具磨损及损坏；分析产生该需求的原因和带来的后果。由于 CAI 工具要求将各种创新问题需求都用（There is/How to+动词+of+组件）标准的形式加以表达，这样利于功能导向搜索工具对知识库进行查找。下面是设计人员针对该问题提出的各种原因和带来的结果。

There is excessive 破头率 of 甘蔗。

How to decrease 破头率 of 甘蔗？

How to prevent 磨损 of 刀盘组件？

How to prevent 撞击 of 刀盘组件？

How to prevent 二次碰撞 of 甘蔗？

How to prevent 阻止 of 刀盘组件？

How to prevent 阻止 of 刀盘组件？

There is uncontrollable 切割深度 of 甘蔗。

How to control 切割深度 of 甘蔗？

There is unstable 阻力 of 刀盘组件。

How to stabilize 阻力 of 刀盘组件？

How to prevent 阻止 of 提升杆组？

How to prevent 阻止 of 刀轴组件？

There is insufficient 自适应性 of 提升杆组。

How to increase 自适应性 of 提升杆组？

There is insufficient 自适应性 of 刀轴组件。

How to increase 自适应性 of 刀轴组件？

There is insufficient 自适应性 of 刀盘组件。

How to increase 自适应性 of 刀盘组件？

There is insufficient 效率 of 甘蔗。

How to increase 效率 of 甘蔗?

There is insufficient 可维修性 of 刀盘组件。

How to increase 可维修性 of 刀盘组件?

为了更清晰地表达各类问题，可将以上问题根据其相互关系建立起问题关系树，如图 8-6 所示。根据问题分解树中各个节点的问题类型分别对其进行进一步分析，以期获取满足用户需求的解决方案。

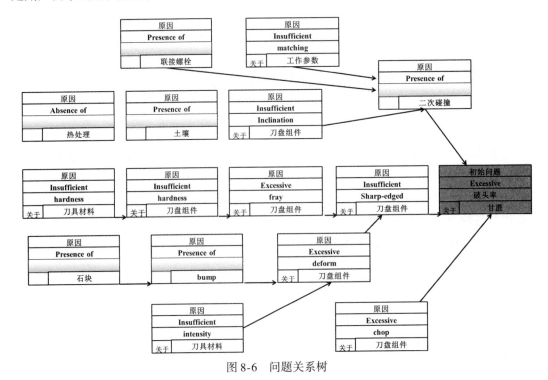

图 8-6 问题关系树

8.1.3.2 基于功能导向搜索的创意方案

下面采用 CAI 工具提供的科学效应和实例知识库，利用功能结构化查询工具实现针对不同问题的功能导向搜索，获得可以解决上述问题的各类相似实例，并在对实例分析的基础上，建立类比概念方案。下面以如何减小或避免切割刀具磨损及损坏问题展开技术突破过程。

(1) 问题一描述：减小或避免切割刀具磨损及损坏

问题形式一：How to decrease 破头率 of 甘蔗?

查询表达式：increase hardness cutter。

查询方式：功能结构化查询。

参考方案：圆锯中通常使用可替代锯片，如图 8-7 所示。锯片用碳钢制成。锯片金属的耐久性差，会很快磨损。由于硬质合金的脆性高，所以不能使用硬质合金作为锯片材料。需要一种硬化锯片的方法。

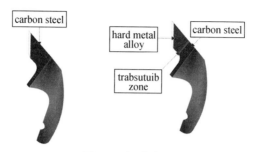

图 8-7 锯片动画

参考专利：美国专利#5752307，method for applying a hard cutting edge to a replaceable
bit for a circular saw，05/19/1998

方案描述：建议使用硬质金属合金来硬化锯片。切掉锯片的磨损部分。将熔化的硬质金属合金倒在切掉磨损部分的位置。在倾倒硬质金属合金时，锯片的基金属部分熔化。因此，基金属与硬质金属合金混合，形成一个过渡区。熔体凝固后，在锯片表面形成硬质金属合金切削部分。过渡区可以使硬质金属合金与锯片材料强烈黏合在一起。硬质金属合金的切削部分比锯片基金属的硬度更大。因此，锯片形成了耐用主体和硬质抗磨损工作面。这样，熔化的硬质金属合金便将锯片硬化了。

附加信息：通过使用加长杆，可以用等离子体电弧焊炬熔化硬质金属合金。借助于水冷型铸模形成硬质金属合金熔体：碳化钨、高速钢或钨铬钴合金。RTM 金属合金可以用作硬质金属合金材料。

（2）根据知识库建立类比方案

基于上述参考方案，产生类比方案：熔化硬质金属合金硬化刀片。

备选方案描述：采用非常耐磨，且耐冲击的钨铬钴合金作刀刃，使之熔化，与刀身的基金属碳钢结合在一起。硬质金属合金切削部分比刀具基金属硬度更大，因此，刀具形成了耐用主体和硬质抗磨损工作面。这样，熔化的硬质金属合金便将刀具硬化了，如图 8-8 所示。

（3）问题形式二：How to prevent 磨损 of 刀盘组件

查询表达式：adjust distance。

查询方式：功能非结构化查询。

1）参考方案一：为了提高驾驶安全性，需要在“现代”的车辆上安装可以控制两辆行驶车辆之间距离的装置。

方案描述：雷达装置向沿着带预定扫描角方向行驶的车辆辐射激光束。车辆接收到被反射的激光束。计算在系统车辆与前面车辆之间的距离与相对速度，并预测道路的曲率半径。发动机控制器决定着当前车辆的速度、节流阀打开的程度以及制动踏板踩下的角度。制动控制器决定着转向角、偏航角速度以及每个车轮的转速。距离控制装置分析接收到的数据。根据同行车辆或者迎面来车的目标加速度，距离控制器发出信号，控制供油、速度变化以及制动，向显示器发出报警信号及适当的数据。如果车辆之间的距离缩小，距离控

图 8-8　熔化硬质金属合金硬化刀片

制器就会决定在目前条件下使用至少各减速装置中的一种来完成最佳制动。

　　附加信息：只有当距离控制器为了保持安全距离执行了最大限度的制动，且制动量仍不足时，才会发出报警信号。距离控制器的相关操作以及报警信号可以防止司机的感情受到伤害。该控制器可用于卡车等大型车辆，如图 8-9 所示。

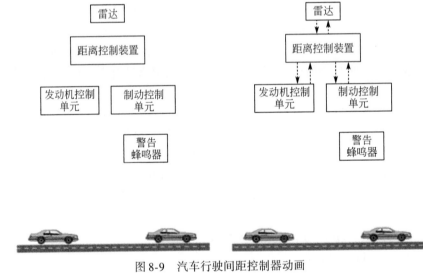

图 8-9　汽车行驶间距控制器动画

参考专利：美国专利# 6265990, apparatus and method for controlling a distance between two traveling vehicles and a recording medium for storing the control method, 07/24/2001

　　2）参考方案二：为了将磁头精确定位在磁盘轨道上，近来使用了一台附加的高清晰度电动机或微型传动装置。常规的技术方案要求改变大规模制造技术，在技术上难以实施。

　　方案描述：两极式的传动系统采用了原有的驱动器，它由带固定头（head）悬挂装置的传动臂组成。音圈电动机使传动臂旋转。传动臂沿其轴线有一个纵向槽。压电元件嵌在传动臂的一侧，在纵向槽将传动臂一分为二的部位。通过施加电压，可以使压电元件膨胀或者收缩，以此使传动臂弯曲。弯曲传动臂可使磁头跟随音圈电动机的轨迹。结果由音圈电动机完成了线路的定位，而微型传动装置随后完成更加准确的定位，如图 8-10 所示。

附加信息：为了减弱臂的弯曲力，在纵向槽形成传动臂的第二部分的微型传动装置对面，采取了减荷措施。

disk
relief
head
microactuator

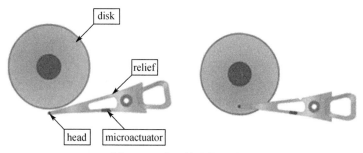

图 8-10　微型传动装置动画

参考专利：美国专利# 6052251，actuator arm integrated piezoelectric micro actuator，04/18/2000

3）参考方案三：为了把胶片上的图像转移到照相纸上，最基本的是在光学印刷系统中设定胶片的标准起始位置。

方案描述：为了保持光学印刷系统中胶片的稳定位置，建议利用弹簧的弹力。把胶片定位在衬纸上，衬纸由固定簧套上的两个弹簧支撑。由于弹簧的弹力，胶片在衬纸的重力影响下逐渐从停止位置下降。固定在簧套上的透明定位构件把胶片的运动限定在底部。该构件有一个突出端，胶片安置在突出端上。簧套上方相对于簧套固定的透镜把胶片的图像聚焦在照相纸上。弹簧的弹力，尤其是弹簧的充分伸展，保证了胶片在光学系统中永远占据一个固定位置，而与衬纸的尺寸无关。透镜准确地聚焦从底部投射的光。因而，弹簧的弹性保持了光学印刷系统中胶片的稳定位置，如图 8-11 所示。

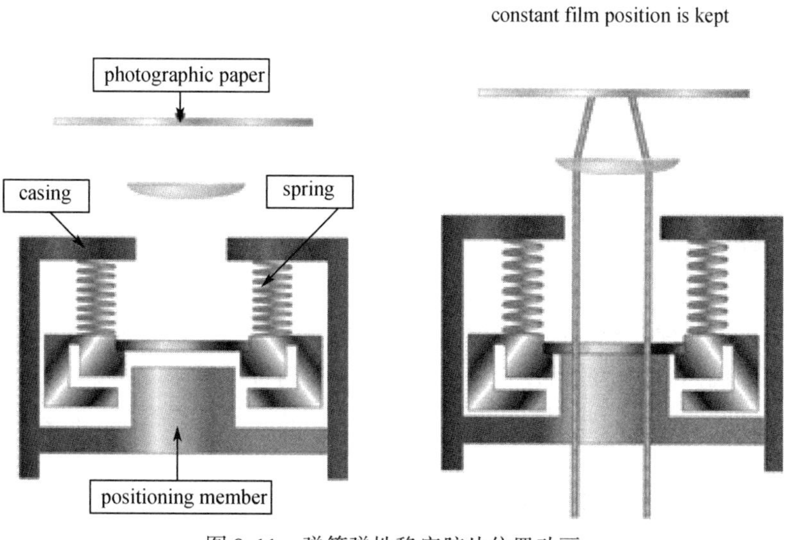

constant film position is kept
photographic paper
casing
spring
positioning member

图 8-11　弹簧弹性稳定胶片位置动画

参考专利：美国专利# 4575231，Positioning device for mounted film，03/11/1986

附加信息：该方法克服了传统装置中关于调整胶片卷曲的另一个缺点。胶片置于定位件的平坦突出端上，从而在重力的影响下自动获得了平坦的形状。

（4）根据知识库建立类比方案

基于上述参考方案二和三，产生如下的方案。

备选方案描述：采用平行四杆机构，通过培土装置的一个前端翘曲的整土盘与蔗垄的接触，控制平行四杆机构的运动，带动刀盘随着蔗垄的高低上下移动，从而控制刀具的入土深度，避免了由于入土过深造成的阻力过大，也减少了撞击石块的机会。同时替代了液压缸调节，降低了成本，如图 8-12 所示。

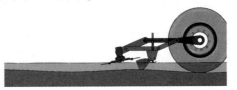

图 8-12　自适应刀盘概念方案

（5）问题形式三：How to increase 可维修性 of 刀盘组件

查询表达式：Adjust maintenance。

查询方式：功能非结构化查询。

参考原理一：将物体分成容易组装和拆卸的部分。

创新原理描述：

1）把一个物体分成相互独立的部分，如图 8-13 所示。

2）将物体分成容易组装和拆卸的部分。

图 8-13　功能非结构化动画

查询表达式：cutter。

查询方式：关键词（布尔逻辑）查询。

参考方案一：连续切割装置把持续送料的薄板材料纸幅切割成预定长度的板材。该装置采用旋转剪切机，剪切机的刀片安装在切刀辊上。随着纸幅厚度和宽度的增加，切刀辊易于在切割操作时弯曲，因此用旋转剪切机很难切割又厚又宽的纸幅。需要其他切割薄板材料纸幅的方法。

方案描述：建议使用射流来切割薄板材料纸幅。蓄能器中有高压液体，液体从蓄能器经软管流进一个喷嘴，喷嘴把压力的势能转换成射流的动能，射流落在薄板材料纸幅上并切割薄板材料纸幅。纸幅以进刀速度在装置内沿移动方向移动，而装置内的喷嘴以移动速度移动。移动速度与纸幅的移动方向成预定的角度。这就产生与纸幅移动方向垂直定向的切割速度。因而，射流切割了薄板材料纸幅，如图 8-14 所示。

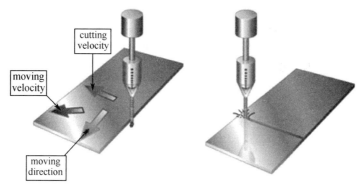

图 8-14　射流切割薄板材料动画

参考专利：美国专利 #4048885，Method and apparatus for cutting continuously moving
sheet material by jet stream of fluid under high pressure，09/20/1977

附加信息：液体可以是含有一种聚合物的水。蓄能器中的液体压力为 $1500 \sim 7000 kg/cm^2$。薄板材料是瓦楞纸板或类似材料。该切割工艺使瓦楞纸板具有良好的外观。

（6）根据知识库建立类比方案

运用创新原理 35。物理或化学参数改变原理，改变物体的物态、密度等。水容易拆分也容易聚集到一起，高速水流作刀具在金属、玻璃等加工中已经是成熟的技术，在此也可以采用水刀切割的方法，一方面，水流作刀具不会被磨损；另一方面，水可以回收再利用，相当于工作中不断更换刀具，如图 8-15 所示。

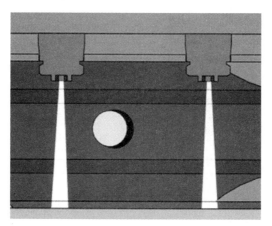

图 8-15　Harvester 水刀

8.1.4　针对需求二的创意激发与技术突破

同理，针对问题二：提高甘蔗剥叶效率问题，采用功能导向搜索，获得对该问题的解决方案。

（1）问题描述一：How to increase 速度 of 甘蔗

查询表达式：Remove substance。

查询方式：功能非结构化查询。

1）参考方案一：改变物体的聚集态，如图8-16所示。

创新原理描述：①改变聚集态；②改变浓度或密度；③改变系统柔性。

图8-16　改变物体聚集态动画

2）参考方案二：使用高压液流去除在金属加工设备上处理的工件的毛刺。所用液体为最多含有10%～15%油和乳化剂的水乳浊液。但是，有很多使用冷却液或镗孔液作为冷却和润滑介质的金属加工设备，在这些情况下，乳化剂含有的水可忽略不计。有必要开发一种去除这种设备加工金属工件毛刺的方法。

方案描述：建议使用含有超过50%的油和压力的高压液流去除金属工件的毛刺。通过一个高压喷嘴把液流注入密封的工件腔中，直接喷到工件上。这样，在液体流的作用下，毛刺被去除。为了消除失火或爆炸的危险，可以很容易地把工件腔从设备室中分离开，如图8-17所示。

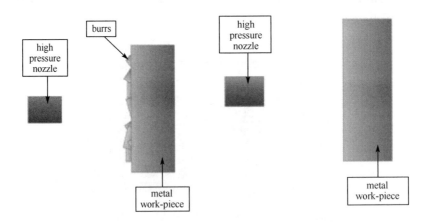

图8-17　高含油量的高压液流去除金属工件的毛刺

参考专利：美国专利# 6178610，Method of and apparatus for removing burrs from metal work-piece，01/30/2001

附加信息：这种方法简化了工作顺序，降低了加工成本；并且有利于环境保护。

3）参考方案三：城市污水和工业废水中都含有大量的油渍。这可能会对污水处理系统中所用的设备造成破坏，并导致一些微生物的滋长。传统的方法是利用撇乳器把废水中的油渍去除。

方案描述：建议利用一种通风装置来把水表面的油渍加以去除。这种通风装置是由一个水槽和一些横向排列的撇乳器管儿所组成的。在每一个管子上都有一些流体排放口。这些排放口被安置在水表面之上。空气被当作流体介质。让空气朝着水槽的排放端倾斜地吹向水的表面。这样，油渍就会向着同一个方向在水表面移动。在水槽排放端的输送机可以把收集到的油渍清除掉，如图8-18所示。

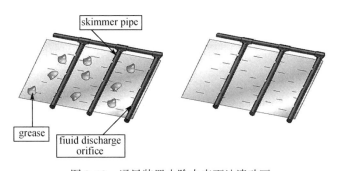

图8-18　通风装置去除水表面油渍动画

参考专利：美国专利# 6551516，Methods for removing grit And grease from water，04/22/2003

附加信息：这种装置能够对水表面的油渍进行连续性的去除工作。也可以用其他的气体或者液体，如水，来充当流体。另外，这种装置中实际上并不含有任何移动的部分。

4）参考方案四：清除海滩上溅落的油污是一项比从海中回收油污更加困难的任务。海滩环境是由生活在海滩上及海滩表面下大约1英尺①左右的大量有机物组成的。因此，与在海面的油污相比，溅落在海滩上的油污对生态的破坏程度更加严重。先前，溅落在海滩上的油污被海水冲回海中，然后再从海水表面收集这些被冲回的油污。冲洗这些溅落的油污不仅毁坏了海滩，也毁坏了生活在海滩上层土壤中的有机物。因此，如何做到清除溅落在海滩上的油污的同时，且对生态造成的毁坏程度最小是一个难题。

方案描述：为此，可以利用真空作用来从海滩上去除油污。为此目的，推荐使用大量的水浸透被污染的海滩的表层。将真空吸尘器探头放在浸透水的海滩区域，通过海滩区和真空吸尘器探头之间的空间吸入一股高速空气流，降低了该空间的大气压力。该空气流使得在真空吸尘器探头下面海滩的表面形成了空气、水和污染物的泡沫混合物。高速空气流经过真空吸尘器探头，同时带走了水滴和油污。混合气体进入真空吸尘器探头后气速显著降低，水滴和油污就会凝结进入集油槽，形成了一种液态混合物。然后，将该液态混合物从集油槽中移走，并在真空吸尘器探头外对其作进一步处理。通过这种方式，真空吸尘器就可以实现在对生态环境的破坏程度最小的情况下清除溅落在海滩上的油污，如图8-19所示。

附加信息：在用水浸透海滩被污染区域的过程中，为了更加有效地利用真空吸尘器探

①　1英尺 = 3.048×10^{-1}m。

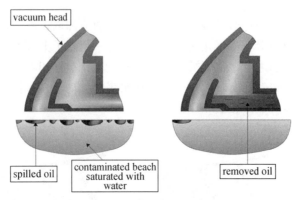

图 8-19　真空去油污动画

参考专利：美国专利# 5302210，Rapid deployment method for recovering oil from beaches，04/12/1994

头，也可以在水中加入生态上可以接受的清洁剂、乳化剂和酶。

（2）根据知识库建立类比方案

基于上述参考方案一、二和三，产生如下的类比方案。

类比方案：把滚刷改为高压气流去除甘蔗叶。

备选方案描述：采用气泵产生高压气体，用于吹甘蔗叶。橡胶辊及传动装置可以同时低速传输多条甘蔗，在传输过程中被高压气吹去叶子，如图 8-20 所示。

图 8-20　气流除叶

基于上述参考方案四，产生如下的类比方案。

类比方案：真空吸尘器去除甘蔗叶。

备选方案描述：真空吸尘器产生高速气流，把甘蔗叶去除并吸进腔体，如图 8-21 所示。

利用功能导向搜索和 CAI 系统已有的科学效应库和实例知识库的激励作用，企业创新

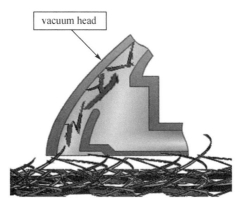

图 8-21　先剥叶后切割

团队的研发人员获得了大量解决减小，或避免切割刀具磨损及损坏，和提高剥叶效率的新方案，并对新方案进行了示意图描述，这就得到了产品的概念设计方案。通过这些概念方案，结构设计师可根据需要和约束条件将这些方案建立成三维模型和装配模型，这就完成了产品的详细设计过程。将详细设计的产品方案投入大规模生产之前，还需要建立产品方案的数字原型，并对其进行仿真优化，从而减少生产阶段的产品缺陷和成本。下面，我们将以上阶段获得的改进刀具方案为例，介绍在制造创新方法链的成型优化模块中的数字样机与虚拟仿真方法的具体应用。

8.1.5　改进刀具的仿真分析

8.1.5.1　问题描述

由改进刀具产品概念设计方案的结果，设计人员可以获得多种解决刀具损坏的措施。但这些方法是否能够解决实际问题，并可以进入后续的产品生产和销售，还需对获得的方案进行仿真和优化，从而节约设计资源，缩短设计周期，节约产品研发成本。因此，根据制造创新方法链的方法群，还需对获得的概念方案进行详细设计和原型优化，下面将利用仿真方法针对刀具打到石头上的情况进行分析，并对刀具改进前后的方案进行对比，为后续的改进设计提供依据。

8.1.5.2　分析内容

针对由上一阶段获得的四种不同的概念方案，对刀具与石块的冲击过程进行仿真分析，通过刀具应力、刀具与石头碰撞作用力指标对各种方案进行对比，校验改进方案的可行性。

1）原方案：原结构中的刀具刀片采用 45 号钢材料，如图 8-22 所示。

2）改进方案一：刀具结构不变，刀片采用经淬火处理的 T7 工具钢材料，如图 8-23 所示。

图 8-22 原刀具结构

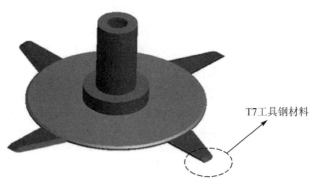

图 8-23 改进方案一

3) 改进方案二：刀具结构不变，刀片采用经淬火处理的 T7 工具钢材料，同时加入扭簧，如图 8-24 所示。

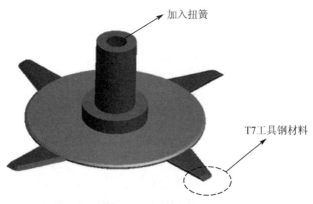

图 8-24 改进方案二

4) 改进方案三：刀具结构不变，刀片主体采用 45 号钢材料，刃部采用 GU30 硬质合金材料，如图 8-25 所示。

5) 改进方案四：整体圆锯式刀具结构，该结构中的刀片主体采用 65Mn 材料，刀刃

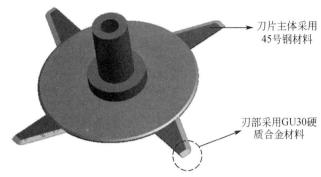

图 8-25　改进方案三

部采用 GU30 硬质合金材料，如图 8-26 所示。

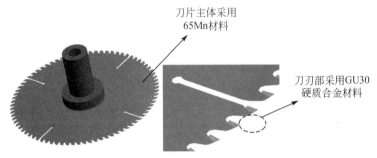

图 8-26　改进方案四

8.1.5.3　方案分析

（1）原方案

原方案刀具与石块的有限元模型如图 8-27 所示，单元数共计 19 813 个。在实际情况中，刀片是承受载荷及破坏的主要部位，刀盘结构利用壳单元进行建模，并以刚体处理，而刀片部位则采用三维实体单元建模，变形体处理，刀具转速为 700rpm。

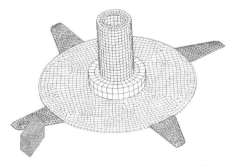

图 8-27　原方案刀具与石块的有限元模型

原方案刀具撞击石块的仿真结果如图 8-28 所示，原方案刀具撞击石块的应力分布图及原方案刀具与石块的碰撞力曲线分别如图 8-29、图 8-30 所示。整个撞击过程中，刀具的最大应力出现在刀刃处，达到 3905MPa，已超过 45 号钢材料的屈服极限（约 350MPa），表明刀刃局部可能出现类似的"卷刃"现象，同时石块也出现了较为严重的破坏现象。刀具与石块的碰撞峰值力出现在 1ms 左右，大小为 18.56kN。

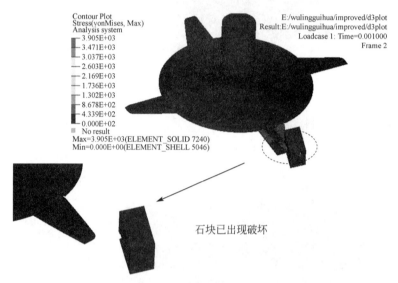

图 8-28　刀具撞击石块的仿真结果

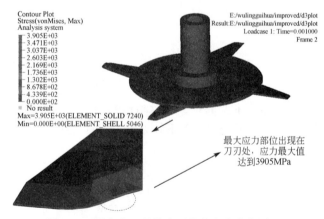

图 8-29　原方案刀具撞击石块的应力分布图

（2）改进方案一

改进方案一与原方案相比，整个刀片更换了相应的材料，即 45 号钢材料替换成为 T7 工具钢（淬火后屈服极限约为 1500MPa）。两种钢材料具有非常相近的弹性模量值，且采用相同的材料本构模型，因此，改进方案一得到的应力与碰撞力结果与原方案基本相同，最大应力值为 3905MPa，碰撞力峰值为 18.56kN。最大应力值仍然超过了 T7 钢材料屈服

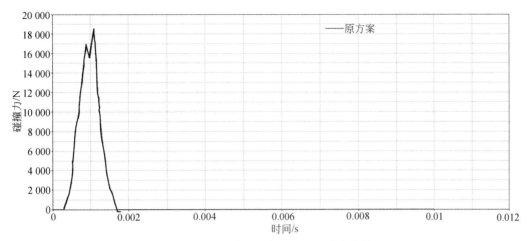

图 8-30　原方案刀具与石块的碰撞力曲线

极限值，表明刀刃局部同样可能出现类似的"卷刃"现象。

（3）改进方案二

改进方案二在改进方案一的基础上加入了扭簧，目的在于降低刀片与石块的接触碰撞力。仿真得到的改进方案二应力分布与碰撞力曲线如图 8-31、图 8-32 所示。

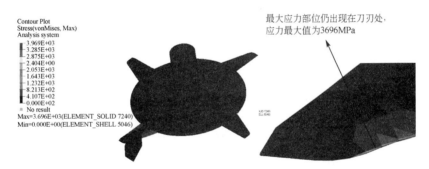

图 8-31　改进方案二刀具撞击石块的应力分布图

仿真结果表明，改进方案二最大应力仍出现在刀刃部位，应力最大值为 3696MPa；刀具与石块碰撞力的峰值为 17.92kN。图 8-32 中绿色虚线表示方案二的碰撞力结果，蓝色实线与红色虚线分别为原方案及改进方案一的碰撞力结果，可以看到，加入扭簧后对结构应力及碰撞力的影响较小。通常情况下，刀盘转速、刀具与被切割体的材料特性是影响碰撞作用力的重要因素，而扭簧的主要作用是在一定情况下降低碰撞力的传递效果，避免切割机机体出现过大的振动。

（4）改进方案三

改进方案三中，刀具结构不变，刀片主体采用 45 号钢材料，刃部采用 GU30 硬质合金材料，有限元模型如图 8-33 所示。仿真得到的应力分布与碰撞力曲线如图 8-34、图 8-35 所示。

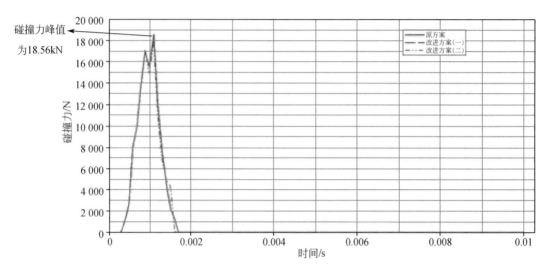

图 8-32　改进方案二刀具与石块的碰撞力曲线

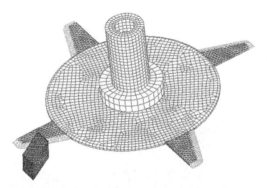

图 8-33　改进方案三刀具与石块有限元模型

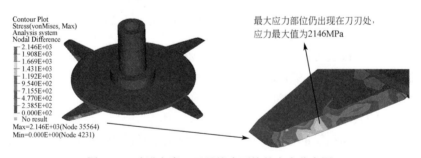

图 8-34　改进方案三刀具撞击石块的应力分布图

刀具结构中的最大应力仍然出现在刀刃部位，应力最大值为 2146MPa，由于刀刃采用了高硬度合金材料，应力最大值在一定程度上得到了降低，且未超过材料屈服极限值，故可认为在与石块碰撞过程中不会出现塑性变形。此外，硬质合金材料的使用导致碰撞力有所增加，峰值为 20.95kN（如图 8-35 中虚线所示）。

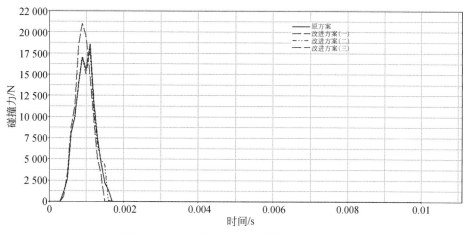

图 8-35　改进方案三刀具与石块的碰撞力曲线

（5）改进方案四

改进方案四采用整体圆锯式刀具结构，刀片主体部分采用 65Mn 材料，刀刃部位采用 GU30 硬质合金材料。圆锯式刀具结构有限元模型如图 8-36 所示。刀具与石块碰撞过程中的应力分布及碰撞力曲线分别如图 8-37、图 8-38 所示。结果表明，最大应力出现在刀具的间隙处，最大值为 417.3MPa，刀具锯齿部位的最大应力在 180MPa 左右，因此，均未达到两种材料 65Mn 和 GU30 的屈服极限，可认为该两种材料具有较高的强度，在与石块碰撞过程中不会出现塑性变形。此外，由于刀具结构的改进改变了载荷作用形式，使得碰撞力的峰值较其他方案大大降低，为 715.76N（如图 8-38 中粉色虚线所示）。

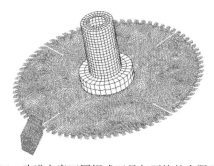

图 8-36　改进方案四圆锯式刀具与石块的有限元模型

8.1.5.4　分析结果

根据四种改进方案的刀具与石块碰撞过程进行仿真分析可得：

原方案中，高速旋转刀具的刃部直接与石块接触进行切割操作，石块承受横向剪切载荷，最大应力值为 3905MPa，超出了 45 号钢材料的屈服极限值，同时出现较大的碰撞力峰值，为 18.56kN。

改进方案一中，由于仅采用 T7 工具钢材料对原有 45 号钢材料进行了替换，仿真得到

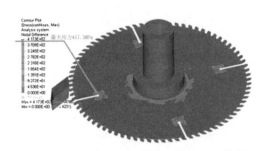

图 8-37　改进方案四刀具撞击石块的应力分布图

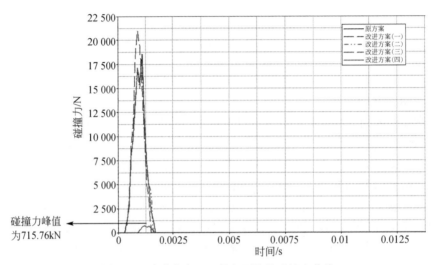

图 8-38　改进方案四刀具与石块的碰撞力曲线

与原方案相同的应力与碰撞力结果，且刀刃部的应力值超过 T7 钢材料的屈服极限
（1500MPa），故同样可能出现类似的"卷刃"现象。

　　改进方案二在改进方案一的基础上增加了扭转弹簧，由于未从根本上影响刀具的承载
形式，因此，仿真得到的结果与改进方案一相近，应力峰值略为降低，为 3696MPa，碰撞
力峰值为 17.92kN。

　　改进方案三在原方案基础上，将刀刃部位材料替换为硬质合金材料 GU30，而刀片主
体仍采用 45 号钢材料。结果表明，最大应力仍然出现在刀刃部位，最大应力值为
2146MPa，未达到材料的屈服极限。硬质合金材料的使用在一定程度上降低了应力值，碰
撞力峰值为 20.95kN。

　　改进方案四采用了整体圆锯式结构，刀片主体部位采用 65Mn 材料，刀刃部位则采用
GU30 硬质合金材料。由于针对刀具的结构形式进行了改进，因而改变了刀具与石块的碰
撞作用形式，即刀具或石块的载荷作用形式，因此有效降低了碰撞峰值，为 715.76N，
刀具的应力结果也得到降低，最大应力为 417.3MPa，出现在刀具的间隙处。此外，由于
采用了 GU30 高强度的硬质合金材料，结构中的应力结果均未超过材料屈服极限，碰撞过

程中整个结构不会出现塑性变形，具体结果见表8-4。

表8-4　五种方案的仿真分析结果对比

项目	原方案	改进方案一	改进方案二	改进方案三	改进方案四
最大应力值/MPa	3905	3905	3696	2146	417.3
出现部位	刀具刃部	刀具刃部	刀具刃部	刀具刃部	刀具间隙处
撞力峰值/N	18 560	18 560	17 920	20 950	715.76

综上所述，对比原方案及四种改进方案，对于该特定石块的碰撞冲击作用，从刀具结构应力分布及碰撞力结果方面评价，改进方案四具有更大优势。所以，A企业选择改进方案四作为最终开发方案进行后续生产改善和市场营销等相应工作，本书将不再对其进行展开介绍。

本案例描述的是A公司针对企业存在的实际问题，集成制造创新方法链创意激发模块中的系统分析、功能流分析、组件价值分析、理想解分析四种方法，技术突破模块中的冲突解决原理、裁剪法、功能导向搜索、科学效应库四种方法，成型优化模块中的数字样机、虚拟仿真等两种方法，实现了从创意激发、技术突破，到成型优化的新产品开发的系统创新。表8-5对这十种创新方法所属的创新模块、方法名称和发挥作用进行了总结。

表8-5　A公司实施的制造创新方法链

创新模块	创新方法	发挥作用
创意激发	系统分析、功能流分析、组件价值分析、理想解分析	准确了问题产生的原因，通过价值分析和理想解分析获得了问题解决的创新机会点
技术突破	冲突解决原理、裁剪法、功能导向搜索、科学效应库	支持各类创新问题的有效解决，产生大量具体的产品设计方案
成型优化	数字样机、虚拟仿真	通过方案数字化模型，分析、仿真了设计方案的有效性，消除了产品设计方案中的缺陷

8.2　B企业制造创新方法链实践

B公司所在集团开创了中国汽车工业新的历史，集团经过五十多年的发展，已经成为国内最大的汽车企业集团之一。B公司借助于B集团公司的支持，经过深思熟虑、科学论证，认为提升企业自身的创新能力，一方面可以通过技术研发，开发出具有市场竞争力的产品，另一方面也可以通过改善企业的生产管理过程，通过提高生产效率，以降低生产消耗和成本的方式增强自身的竞争力。

B公司是充分研究并分析了奥迪生产方式（Audi production system，APS）、丰田生产方式（Toyota productien system，TPS）、马自达生产方式（Mazda production system，MPS）等生产方式后，创造性地将多种管理创新方法和技术创新方法相集成，在企业自身制造链基础上提出了具有自身特色的"B模式"。该模式集成制造创新方法链在产品技术突破、成型优化、生产改善和市场营销四个模块的创新方法，并利用信息化手段开发开了基于"B模式"的产品全生命周期集成创新应用系统，该系统不仅是支持产品研发过程的技术创新体系，还包括质量设计、均衡化生产和准时化物流等完整的管理创新体系。该模式实现了制造创新方法链多个模块方法的集成运用，下面将就B公司提出的B生产方式内容、实施过程、应用平台和应用效果进行阐述。

8.2.1 企业实施制造创新方法链

8.2.1.1 企业实施制造创新方法链的背景

(1) 国内市场

近几年随着我国经济的发展和人民生活水平的提高，轿车的需求量逐年增加，轿车市场越来越吸引人们的眼球。各轿车公司都在积极扩建扩产，抢占市场份额。在激烈的市场竞争中，B公司在与国际大品牌的竞争中处于非常明显的劣势地位。一方面，大品牌有着雄厚的技术储备和成熟的复制体系，并且已经形成科学化的管理模式和全球化的品牌优势；另一方面，比亚迪、奇瑞等国内品牌的车型研发周期很短。这种情况下B公司面临的压力是巨大的，这迫切要求B公司寻求创新方法来提升企业自身的竞争力。

(2) 国际市场

作为一家大型国有企业，B公司从企业自身的长远发展意识到，B公司绝不能仅局限于中国市场，中国市场终有一天将迎来饱和，带领中国汽车企业走出国门也是其民族责任。全球汽车市场目前大约为7000万辆，预计到2015年，中国占据大约2000万辆的份额，B公司难以进入美、日等发达国家3000万辆的市场，但是还有剩下约2000万辆的第三世界市场，B公司是有机会进入的。中国近几年的政治、经济、生态环境不断调整，国际化是提升公司自身体系能力的良好选择，有利于公司更好地应对各种变化和挑战。海外市场也能引发强烈的民族自尊心，提升公司的体系能力、经营能力、全球视野和吸收人才的能力。目前，国内各大轿车公司都在积极抢占海外市场，在这种情况下，B公司也急需提升自身竞争力，在海外市场中抢得先机。

公司要提升自身的市场竞争力，实现产品的整体创新，仅靠实现产品研发、生产和销售某一阶段的创新是不够的。基于此，公司围绕产品研发、质量、成本和效率，通过集成各类设计方法提高产品设计质量；针对生产现场的改善，消除现场各种浪费，进而提高生产工作效率；降低制造成本并提高利润，提升公司在同行业中的竞争力。要实现产品的系统化创新，支持产品全生命周期不同阶段创新的方法是关键。而制造创新方法链提供了支持产品研发、生产制造和产品营销的创新方法群，为实施企业集成化创新奠定了基础。B公司通过认真考虑自身的基础能力、发展需要、公司文化和环境因素，结合国情和社会文化的影响因素，提出一种集成多种创新、支持产品多个创新阶段、符合自身发展需要的创新方法集成应用模式——"B模式"。"B模式"的诞生承载了B集团公司乘用车发展的历史使命和宗旨，凝结着 B 集团公司对未来发展目标的憧憬和永争第一的设计、生产和营销理念。

8.2.1.2 "B 模式"的核心思想

公司经营过程的本质是产品内部价值链的实现，公司竞争力最终源于产品价值的创造。毋庸置疑，如何实现产品价值流设计、优化、生产和销售，寻找其有效实现的制造创新方法链，是企业经营过程的关键。另外，随着信息技术的广泛应用，信息系统越来越多地与公司研发、成型、管理过程相结合，并由此形成了职能应用系统（如 CBD、PDF、MES）和全局应用系统（如 ERP），应用信息系统是科学地运用信息技术，将产品创新过程按照公司的发展需求演变成为高效率的应用平台。其中自动化、数字化、流程化、集成化、可视化等成为应用信息系统的突出特征。制造创新方法链体现的是以产品全生命周期等为核心的产品制造系统，而信息化实现的是将各种信息和资源进行有效整合，并在此基础上支持产品全生命周期的实现。

所以，"B 模式"是 B 企业将制造创新方法链与企业信息化相结合，在我国工业化与信息化融合的背景下，在公司对创新方法和信息技术的迫切需求的环境下应运而生的。"B 模式"的目的是通过制造创新方法链将各种创新方法、工具的系统化，与信息化技术的不断发展、深化融合起来，一方面，通过制造创新方法链提高公司实体产品价值流程能力，满足先进的应用信息系统的基础能力需求；另一方面，通过应用信息系统的运行，不断刺激制造创新方法链应用的广度和深度，促进二者的相互匹配、相互作用、相互提升。

8.2.2 "B 模式"的实施与创新方法

B 企业为了在企业中有效实现"B 模式"，借助信息化技术将制造创新方法链的各种技术创新方法和管理创新方法进行集成，开发了基于"B 模式"的产品生命周期管理（product lifecycle management，PLM）系统。该系统可支持企业从产品设计到生产制造、物流管理和市场营销全过程，实现了产品成型优化、生产改善和市场营销全过程的集成创新。

8.2.2.1 支持"B 模式"设计阶段的创新方法

在产品设计方面，B 公司借助先进的三维计算机辅助设计方法（computer bided design，CBD）和 PDM 系统，通过建立的 PLM 系统，将包括公理化设计、稳健设计等方法在内的技术突破模块，和包含数字样机和虚拟仿真等方法在内的成型优化模块集成在系统上，有效支撑了新产品开发工作量的急速提升、支持产品形成过程的规范化、支持生产制造体系及营销体系的需要以及产品开发知识经验的积累。CBD 方法通过提升产品设计自动化程度可以加快产品设计速度、提高设计质量、节省人力和资金；PDM 系统则保证产品数据的唯一性、准确性，利于各部门对设计数据的共享，为并行设计工程奠定基础，而且理顺了设计变更业务流程，保证设计变更的闭环控制。为缩短产品开发周期并保证一次性设计成功，对设计方案采用数字样机和虚拟仿真等方法进行成型优化，并对整体优化过程进行流程化设计，最终通过基于"B模式"的PLM系统，通过概念阶段、造型阶段、工程阶段三个阶段和由同步工程小组（由开发、质量、工艺、采购的工程师组成）进行的并行工程，保证了较短的产品开发周期和一次性设计成功。

8.2.2.2 支持"B模式"生产阶段的创新方法

在产品生产制造阶段，B公司通过建立的PLM系统，借助ERP系统帮助企业实现平准化生产，从而提高产品的生产效率、降低产品的生产成本。要实现平准化生产，首先要解决平准化生产计划编制方法问题，编制平准化生产计划时要考虑生产线生产能力、品种和数量均衡以及颜色排序，通过设定平准化条件，结合混流均衡生产排程法，公司运行ERP系统，实现混流均衡生产和精益生产。此外，B公司在产品生产现场管理方面，还采用了一种可视化信号系统——安东系统，以便能够及时发现生产过程中出现的问题并迅速响应和处理。

企业利用平准化车序实现后，要达到真正的平准化生产，还要针对车序实施准时化物流，这样才能减少线旁零件的库存，减少浪费，所以，要把平准化车序信息指示给各工序及物流配送环节，这样就必须建立与平准化生产配套的生产指示系统。B公司生产指示系统分为四个部分：

第一部分为焊装车间分焊合流指示系统，解决了四种车型混流后的侧围、底板、小件分焊的上线指示问题；

第二部分为涂装编组及投入总装的车身存储线指示系统，保证了投入总装的平准化车序；

第三部分为仓库管理系统（warehouse management system，WMS）物流散件组装（knock down，KD）拆捆指示系统，对国际物流公司三天内拆捆作业进行指示；

第四部分为电子看板指示系统，实现大众物流及部分顺引供应商接收平准化车序信息并实施零部件供给。

通过这个四部分实现了准时化物流，保证准时化生产。

8.2.2.3 支持"B模式"营销阶段的创新方法

B公司产品销售由B公司销售有限公司负责，公司使用了分销资源计划管理（distribution resource planning，DRP）系统、电子商务（electronic commerce/electronic business，EC/EB）、营销管理系统（total distribution system，TDS）和ERP等信息化工具，并使用供应链管理（supply chain management，SCM）和客户关系管理（customer relationship management，CRM）软件对供应商和重要客户进行科学管理，整合和优化供应链中的信息流、物流、资金流，以获得公司竞争优势。

"B模式"的实现得益于制造创新方法链中创新方法的支撑，整个"B模式"实施过程中集成的创新方法见表8-6。

表 8-6 支持 "B 模式" 各模块的创新方法

模块名称	创新方法
技术突破	CBD、公理化设计、稳健设计
成型优化	数字样机、虚拟仿真
生产改善	混流均衡生产排程法、安东系统、KPI 法、作业测定法、看板拉动方法、价值流图分析法、PDCA 循环法、TPM 管理法、目视管理、6S（整理、整顿、清扫、清洁、安全、素养）管理法、双通道育成、QC 小组
市场营销	DRP 系统、EC/EB、TDS、SCM、CRM

基于 "B 模式" 开发的 PLM 系统，将制造创新方法链中技术突破、成型优化、生产改善和市场营销模块常用的创新方法以系统工具方式加以集成，实现对产品研发、优化、制造和营销等整体创新过程的支持。下面将主要针对 "B 模式" 在产品生产改善模块的创新支持，对该模块包含的十大创新要素展开阐述。

8.2.3　面向生产改善模块的创新实现

"B 模式" 对产品生产改善模块的创新支持是一个以员工为中心、跨部门、有组织的网络化体系，是一种自主创新的先进技术与管理模式。"员工为中心" 体现以人为本、全员参与的原则；"跨部门" 指打破部门界限，各相关部门共同参加；"有组织" 指 B 公司领导小组领导下的矩阵式项目小组负责制；"网络化" 指将产品制造创新方法链通过信息化平台融合在一起，各模块互相依托，实现产品研发、制造和营销的全过程创新。

B 公司结合自身条件，融合公司自身忠诚、自强、合作、创新的公司文化，在 "B 模式" 的生产改善模块构建了针对十个创新要素的生产改善方法体系。十个要素相互关联又各自针对不同的创新需求，如图 8-39 所示。十个要素不仅涵盖生产现场，还包括产品优化、市场营销、组织战略、人力资源等各个方面，因此 "B 模式" 中的生产改善模块是一个以生产管理为核心，涵盖各个方面，各个方面又根据生产的要求而调整的全面管理体系。

（1）目标管理

目标管理是以目标的设置和分解、目标的实施及完成情况的检查、奖惩为手段，通过员工的自我管理来实现企业经营目标的一种管理方法。

目标管理活动的开展首先是企业经营目标的确定，要实现经营目标与企业的战略发展目标相一致，并能够有效地推动企业战略目标的实现。从战略目标、经营目标到运营层作业目标的制定过程是一系列紧紧围绕着确保目标实现的关键绩效指标 KPI 的逐级分解过程，这样就能够切实地、具体地把企业的经营目标落实到每一个工作岗位上，变成一个个可操作的定量化的作业考核目标，从而让企业的经营目标落地生根。这是一个目标实现的可操作化过程。

B 公司根据 KPI 体系指标设置了合理的激励机制以确保各级目标逐级向上实现。在这

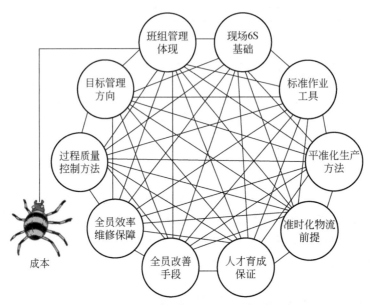

图 8-39　生产改善模块的十个要素关系图

个过程中，B 公司把还注意把公司文化融入 KPI 体系，帮助员工快速融入公司文化之中，真正成长为公司的主人，并让好的公司文化得到发展和传承。

B 公司建立了企业的目标网络，形成目标体系统，通过系统把各个部门的目标信息显示出来，就像看地图一样，任何人一看目标网络图就知道工作目标是什么，遇到问题时需要哪个部门来支持。

B 公司的 KPI 指标体系通过两个维度进行分解，并实现层层支撑：

1）值班主任→四大车间主任→部门经理（横向分解）。

2）部门经理→科室→班长→员工（纵向分解）。

以奔腾提升车辆保有群体（Enhanced new overall vehicle of besturn-customer，E. NOVB-C）部门为例，层层分解，如图 8-40 所示。

目标的分解与制定并不能天然地形成实际的成果，还必须通过可靠的创新方法来确保目标的实现，PDCA 循环就是目标落实的有效工具。

PDCA 循环又称"戴明环"，是一种用途广泛的有效管理工具。通过计划（plan）、实施（do）、检查（check）、处置（action）对一个活动过程进行管理。

计划阶段 P：明确各层级所要解决的问题或所要实现的目标，通过对比现状与目标的差距，运用"新老七种工具"、"5W2H"等创新方法进行问题分析和原因查找，并提出实现目标的切实可行的措施或方法。B 公司特别重视计划制定工作，要求各级主管在此阶段要多下工夫，反复推敲、探讨，要比较从各种角度出发而形成的多个方案，选择一个较好的方案（或融合数个方案优点的方案）。

实施阶段 D：各级组织和工作单元根据计划阶段制定的工作方案，采取切实可行的工作方法进行工作实施，将计划的工作落实到各个组织单元中。在实施阶段，B 公司特别注

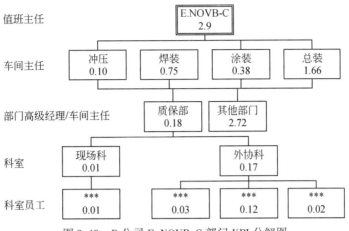

图 8-40 B 公司 E. NOVB-C 部门 KPI 分解图

注：***代表岗位名称

意用目标来指引实施工作的方向，围绕目标来合理配置组织的有效资源，提高资源的贡献率，注意把"好钢用在刀刃上"。认真记录过程中的数据资料，出现问题及时处置。B 公司还特别注意实施工作的实时报告，通过这种方式，就能够及时掌握全公司目标进展和落实的情况，做到全局掌控。

检查阶段 C：定期和不定期地把工作的实施进程、方向、成果等进行评定、总结，与计划阶段制定的方向、目标进行对比衡量，在"人、机、料、法、环、成本"等方面进行差异分析，确认是否按计划日程实施、是否达到预定目标。认真总结经验教训，把成功的经验通过"横展"的方式进行推广，对不足的方面制定整改方案限时改进。

处置阶段 A：对于完成和达到目标的好的做法进行整理、总结和汇报，形成标准化工作流程和标准化作业方法，固定到组织体系中；对失败和不足进行分析和总结，找出失败的原因，制定下一阶段目标，进入下一个 PDCA 工作循环。在这个阶段，B 公司还特别注意对结果的评价和奖惩，到预定的期限后，下级首先进行自我评估，提交书面报告；然后上下级一起考核目标完成情况，决定奖惩，鼓励先进鞭策后进。

在开展 PDCA 循环中，B 公司将目标层层分解，通过开展多层次的 PDCA 循环，形成"大环套小环，小环保大环，互相促进，共同提高"的工作局面。通过组织体系内的自下而上的目标逐级保证和完成，确保组织总体目标的实现；通过开展连续不断的 PDCA 循环，每完成一个循环，就要实现工作上一个台阶。通过不断的进步和上台阶，最终实现企业的不断创新和发展，确保组织的创新力和竞争力。

（2）标准作业

标准作业是指以人的动作为中心，按照没有浪费的程序，有效地进行生产的作业方法，是人、机、物最佳配合方式的描述。

标准化的目的是通过必要的、最少数量的作业人员进行生产。标准作业的第一个目标是通过排除无效劳动实现较高的生产率；第二个目标是实现与准时生产有关的各工序间的同步化；第三个目标是把在制品的标准持有量限定在必要的最小数量上。为了实现这些目标，要想办法避免事故发生和不合格品。另外，标准作业还是改进活动的基础，只有具备了标准化工作体系，改进活动才有基准，才有可衡量的依据。

企业建立标准作业采用的创新方法为方法研究和作业测定法。通过方法研究去除工作中那些不必要的劳动和动作，找到完成一项工作最合理、简洁的方法和工作程序；通过作业测定建立完成一项工作的标准作业时间。标准作业的建立就形成了一个作业的模板体系，任何一个作业人员的劳动都必须经过培训，符合标准作业。这样就能保证每一个作业单元工作完成时间的可靠性，为均衡化生产和节拍生产的实现奠定基础。

标准作业包含三方面内容：标准工时、标准手顺（作业顺序）、标准手持（在制品数量），如图 8-41 所示。

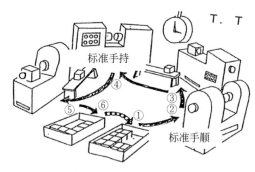

图 8-41　标准作业示意图

标准工时是指完成一个单位零部件所需要的时间；标准手顺是指在确定了节拍时间和每一种作业一个单位产品的手工作业时间后，应当分配给每个作业人员的各种作业的数目和顺序；标准手持是指生产线上正在进行的作业中所必需的、最小限度的在制品数量。

标准作业为每一道制造工序建立最佳的运作顺序，它包括一套任务控制程序，确保任务能被持续地执行，它控制着生产节奏，帮助消除浪费，并对当前情况进行改进。

标准作业的编制流程如下：

确定作业循环时间→用循环时间分配工位的作业内容→测定各个单位作业的完成时间→编制生产要素山积表→平衡工位的作业内容（作业改善）→确定节拍内的工作顺序→编制标准作业组合表→将作业进行组合→确定标准作业顺序→确定必要的作业内容→编制标准作业卡→细化单位作业的操作点→编制标准作业要领书。企业实施中标准作业的具体编制流程如图 8-42 所示。

在开展标准作业活动中，B 公司特别注意多层次的培训教育工作，特别是班组层次的培训、实训。通过开展培训教育，首先要让员工理解标准作业的作用，在思想上接受不断地进行作业再分配的工作方式，理解作业内容变化的目的，通过岗位轮换掌握多岗位操作技能，成为多能工。教导员工如何制定标准作业、要素山积表、作业指导书、作业组合表、标准作业卡、作业要领书，如何进行工时测定等基础工作。把进行标准作业的方法、工具、表单等基本工具的使用熟练化。更重要的是要教导他们改善以后一定要把新的工作方式进行标准化，有优化标准作业的意识和行动；然后在标准作业管理项目推进组的指导

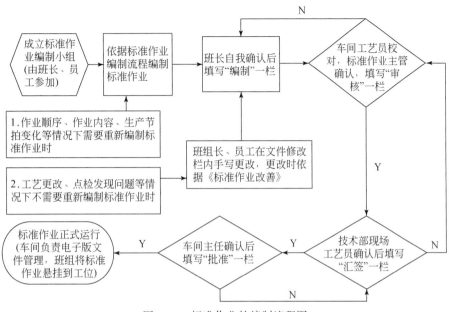

图 8-42　标准作业的编制流程图

下，推进整个公司各个环节制定标准作业，并定期进行稽查。

推行标准作业可以提高劳动效率：将总作业时间分为要素作业时间、辅助时间、走动时间三类；通过标准作业进行作业优化，把辅助时间和走动时间中无效、多余的时间进行识别和剥离，在整个作业过程中只保留必需的作业活动和必要的标准作业时间，提高有效作业时间比例，从而提高劳动生产率；标准作业是一条捷径，可以在较短的时间内掌握他人积累了几年的技术、经验和方法。

推行标准作业还能使质量过程控制能力增强：为了使生产作业活动顺畅地进行下去，必须推行品质管理的"三不"原则，即不接受不合格品、不制造不合格品、不传递不合格品。标准化作业是技术、经验、方法积累的结果，能最大限度地预防和降低不良品的发生，提高工序能力指数和过程控制能力。

B 公司还特别注意在全公司范围内开展全员改善活动，进一步完善标准作业，使得作业水平不断提升，满足公司产能提升及多品种混流生产的需求。

（3）平准化生产

实施平准化生产的前提是企业奉行"只按能销售的数量生产能销售的产品"的宗旨。平准化生产是以降低生产成本为目的，使生产系统的运营适应销售品种、数量变化的一种有效方法。就是把产品流量的波动尽可能控制到最低程度，其好处在于能够把生产资源的波动控制到最低程度，减少资源的闲置和浪费。

平准化生产包含总量均衡和品种数量均衡两个概念。总量均衡是按月或周为单位的总产量均衡。由于需求的季节化变动性，月度之间的需求变动不可避免，但企业可以做到在月度之内消除天与天之间的生产量波动，从而做到总量均衡；但由于销售产品品种的差别，还要做到日生产中品种的均衡，保证 JIT 销售以及各品种零部件生产的连续性、均衡性。

B 公司根据自身的实际情况和市场发展趋势，提出了公司实现平准化生产需要达到的三个方面的目标：

1）生产计划平准化。

2）运用平准化思想进行生产控制与实施。

3）生产预测机制的建立，保证未来 N+3 月生产和资源平准。

为此，B 公司建立了一整套完整的流程和体系来保证目标的实现，如图 8-43 所示。体系包含生产计划模块和生产控制模块，具体来说需要满足以下各个方面，要实现平准化生产就需要对下面各个环节逐一突破，保证每个环节都能够实现，从而实现平准化生产。

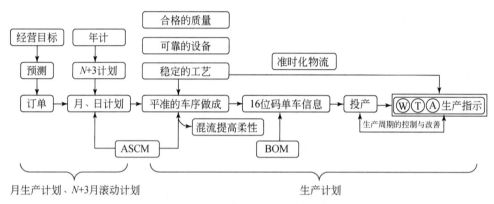

图 8-43　平准化生产计划排程体系

B 公司在生产计划层面，依据生产订单和销售预测，实现在作业计划中建立平准化车序，实施平准化生产方案，运用平准化实现柔性生产，应用看板拉动方法和快速换线技术。该方法的建立可实现对应多车型品种混流，降低管理难度，优化车身涂装颜色变化情况，降低焊装车间车身乱序频次，指示后续分总成顺序配货工作。

在生产控制层面，引入稼动管理和班次平推的方法。稼动管理包含工时利用率管理、各部门日均停台指标管理和停台控制管理。班次平准方法首先要确定全天计划产量，再根据全天计划产量确定单班产量，而全天计划产量是由工时利用率计算得出的，这样做提高了作业计划的灵活性。

B 公司在具体的创新实践中构建了混流生产的计算模型，指导日常混流生产。推行平准化生产时，按照总体均衡、品种均衡和数量均衡三个层级逐一施行，从而实现平准化生产。不同车型按照一定比例构成几种生产模式，在不同的订单需求下切换。图 8-44 为在 1.41 分钟的节拍下，两种车型比例的切换，从而保证需求发生变化的时候还能够保证平准化生产。

（4）准时化物流

B 公司成立了生产物流部管理公司整个物流体系，生产物流部下属各个科室负责体系推进。根据价值流图分析法，建立了基于准时化的物流系统，从而系统化地保证了企业物

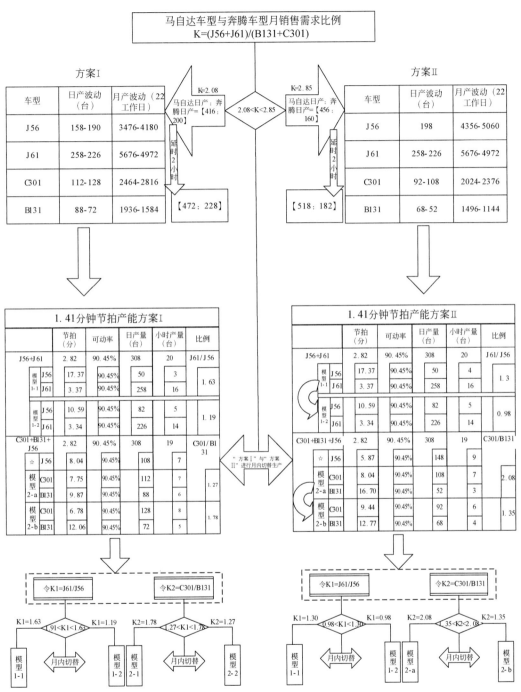

图 8-44 平准化生产产品比例切换图

流运作能力的实现，并通过该系统完成了各种物流信息的沟通与传递，如图 8-45 所示。

外物流：采用集荷便和中继地（国产化部品）的模式。

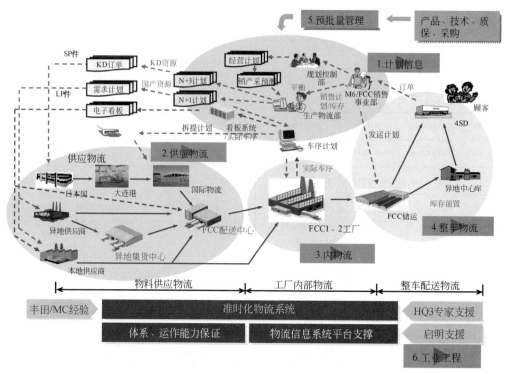

图 8-45　B 公司物流体系

内物流：采用 SPS、顺引、顺建、批量供给的标准化超市四种物流方式。

通过生产计划与物料管理系统与供应商建立良好的信息沟通平台，将生产计划信息及时与供应商共享，要求供应商按照生产计划供货，通过看板及时动态反馈供货与缺货信息。准时化物流首先要求计划的合理性，其次才是执行，如图 8-46 所示。

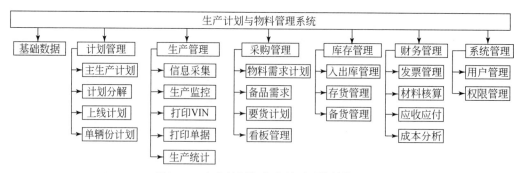

图 8-46　生产计划与物流关系系统结构图

(5) 过程质量控制

产品质量是过程质量的结果，是由生产过程的工作质量保障的，也是依靠各个生产加工单元的要素工作质量保障的。通过控制流程中各个单元的生产要素质量，保障流程的过程能力，最终保障产品质量。

保障过程质量是一个持续改进的过程。由于人们对过程和要素波动认识的局限性，对波动的控制也一定是一个由浅到深、逐步深入的过程；由于波动对质量的影响程度不同，解决问题可动用资源的有限性，所以只能抓住当前的主要矛盾，集中精力解决影响大的少数几个关键问题。如此不断深入，不断提高过程质量和产品质量，就是一个持续改善的过程。

做好过程质量控制首先要确定当前生产过程的过程能力水平，判断当前过程能力的指数符合性。对过程能力不足的部分，要开展多层次的创新活动，提高工作水平。B 公司在实践中注意在作业班组层面建立 QC 小组，充分发挥现场作业人员的主观能动性和聪明才智，同时开展多种形式的教育培训活动，由专业人员讲授在 QC 活动中需要运用的创新方法和工具，相关质量工具和方法如"新老七种工具"、过程能力指数法、实验设计法、PDCA 循环法等。通过全员的质量改善活动，有效地提升了工作质量和产品质量。

质量是企业经营的生命线。B 公司高度重视产品质量以及生产过程的工作质量，坚持在全公司范围内推广全面质量管理。为确保产品质量，B 公司强化质量先期策划管理体系，强化预防措施和纠正措施，贯彻汽车行业质量生产管理体系，设定了 8 个领域 55 项管理目标，建立了产品全生命周期的"质量门"管理控制系统，如图 8-47 所示。质量门是从构思阶段到投放市场的全过程控制，把产品开发过程分成一系列预定的阶段，每一阶段包含一组预定的、多功能的、平行的活动。进入各阶段有一个阶段门，这些阶段门控制着产品全过程，并为质量控制提供检查点：通过、不通过或需修正计划通过。在生产作业环节，根据作业容易度和工位保证度确定质量控制点、质量目标，进行过程审核。通过质量门流程保证过程质量，尤其是实物质量。

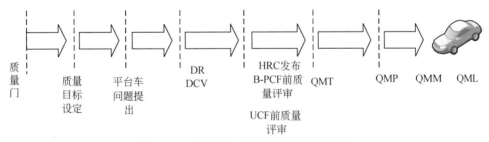

图 8-47　产品全生命周期质量门控制系统

在科学严密的质量控制体系下，使不同型号的奔腾轿车整车评审分值均达到或超过国外同列产品的水平。

在具体实践中，B 公司根据自身特点和质量控制的需要，设计实施了企业质量控制环流程，从操作流程入手防止错误产生。质量控制环的作用还在于一旦产生错误，后续相关工序的作业人员能够及时发现问题，并通过质量控制环及时反馈；对于经常会出现的问题，通过 QC 小组开展质量改进活动，通过优化操作方法，使用辅助工具降低作业难度来提高工位保证度，同时注意利用防错技术保证产品质量。质量控制环原理如图 8-48 所示。

在过程质量控制方面，构建质量控制环，如千斤顶槽漏雨项目质量控制环：

1）12 工位装配卡扣，操作完成后工人自检，如果发现问题及时纠正。

2）在 20 工位会对该项进行检查，如果发现问题及时纠正并记录。

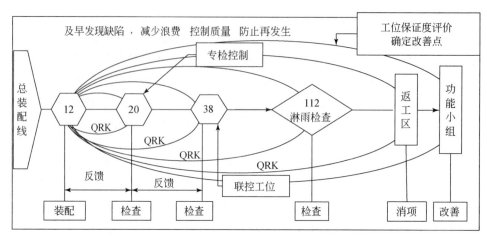

图 8-48　质量控制环

3）在 38 工位装配尾灯时需要在该区域作业，如果卡扣子没有卡好，尾灯安装会不顺利，也能迅速纠正错误。

4）最后一关是 112 工位淋雨检查，在检验时如果发现卡扣没有扣好，记录并反馈。

通过质量控制环，层层监管，前后几道防线，能够很好地保证工作质量，就算出现质量问题，也能够快速查出在哪个环节，是谁的原因导致了质量问题，方便进一步改进。如果同一个问题反复出现，就证明质量控制环不合适，需要对质量控制环进行改善。

（6）效率化保全

设备是企业存在与发展的硬件设施，设备管理担负着企业所有设备设施的运行和维护，是公司正常营运的基础。设备是产品质量的重要保障，同时也是成本的重要影响因子。如何在最低设备维护成本消耗下保障设备的稼动率和可动率是企业设备管理的重要工作之一。

效率化保全是以最高的设备综合效率为目标，以设备一生为目标的全系统的预防维修。要求设备的计划、使用、维修等所有部门都要参加，从企业的最高管理层到第一线职工全体参加。实行动机管理，即通过开展小组的自主活动来推进生产维修，B 公司 TPM 推进办法见表 8-7。

表 8-7　B 公司 TPM 的推进四阶段和 12 个步骤

阶段	步骤	主要内容
准备阶段	1. 领导层宣传引进 TPM 的决心	以领导讲演宣布 TPM 开始，表示决心，公司报纸刊登
	2.TPM 引进宣传和人员培训	按不同层次组织培训，利用投影宣传教育
	3. 建立 TPM 推进机构	成立各级 TPM 推进委员会和专业组织
	4. 制定 TPM 基本方针和目标	找出基准点和设定目标结果
	5. 制定 TPM 推进总计划	计划从 TPM 引进开始到最后评估为止
开始阶段	6. TPM 正式起步	举行仪式，开大会请订货、协作等相关公司参加，宣布 TPM 正式开始

续表

阶段	步骤	主要内容
实施推进阶段	7. 提高设备综合效率措施	选定典型设备，由专业指导小组协助攻关
	8. 建立自主维修体制	步骤、方式及诊断方法
	9. 维修部门建立维修计划	定期维修、预知维修、备品、工具、图纸及施工管理
	10. 提高操作和维修技能的培训	分层次进行各种技能培训
	11. 建立前期设备管理体制	维修预防设计，早期管理程序，寿命周期费用评估
巩固阶段	12. 总结提高，全面推行 TPM	总结评估，接受 PM 奖审查，制定更高目标

效率化保全的特点是与原来的生产维修相比，主要突出一个"全"字，"全"有三个含义，即全效率、全系统和全员参加。

TPM 的主要目标就落在"全效率"上。"全效率"能够限制和降低六大损失：①设备停机时间损失（停机时间损失）；②设置与调整停机损失；③闲置、空转与暂短停机损失；④速度降低（速度损失）；⑤残、次、废品损失，边角料损失（缺陷损失）；⑥产量损失（由安装到稳定生产间隔）。

具体做法上，B 公司针对效率化保全，采用包括设备点检法、六源查找法、OEE（overall equipment effectiveness）法等，推进企业 TPM 体系建设，编写了《B 集团 TPM 指导手册》，不仅在 B 公司内推行，也供 B 集团其他子公司推广 TPM，并提出四项基本原则：

1）效率最大原则。以效率化为核心开展工作，任何工作开展前，首先做效率评估，通过流程确保不走形式。

2）继承与改善的原则。继承 TPM 之前的工作经验（甚至包括苏联式设备维修、维护经验），而不是重新构造系统，吸收原有经验的基础上逐步改善。

3）现地现物原则。以现地现物为标的，解决实际问题，从关键、薄弱设备入手，控制重点设备状态，形成方法与流程，并坚持去做。

4）方法工具原则。多教解决实际问题的方法与工具，而不是仅仅宣传和传递理念。要做出流程、组织方法、操作方法，通过培训传递给每一位员工，并通过体系流程来监督。

构建预防性维修、计划保全、教育训练、自主维修等方面的计划，并形成文件。组建由公司经管会直接领导的 TPM 推进小组，每周开一次例会，保证 TPM 的持续进行。

（7）现场 6S 管理

生产现场是企业管理的重点，如何打造规范有序、高效运营、标识清晰、整洁安全的现场，以及锻炼出一只高素质、有执行力的员工队伍，就成为企业面临的一项重要工作。

现场是企业所有计划、方案和指令转化为现实产品的地方，现场的有序度会直接影响企业的产出、成本，并且所有的企业管理问题都会集中反映在现场的运作状况和水平上，是企业整体竞争力的综合体现。

为适应企业整体快速发展的步伐，B 公司领导层认为迫切需要建立规范的现场管理体系，使得企业的管理指令能够有效地传达到基层的各个环节并被忠实地执行。为此，就有必要进一步梳理组织体系，理顺管理流程，建立过程控制指标体系，实现各部门、各职能、各环节的协同高效运作。

通过开展6S活动，可以塑造规范、高效的企业形象；理顺生产现场的工作秩序、提高工作效率降低消耗；创造一个舒适、整洁的工作环境，提高员工工作热情和敬业精神。同时通过6S管理体系，可以强化现场管理，提高设备运行的可靠性、安全性，保障员工的人身安全；建立各个工作流程的过程指标，为员工的作业活动提供指导，从而建立规范的工作体系。

通过开展现场管理活动，可以打造一个精简有序、一目了然的工作场所，使得任何问题的发生都能够被及时感知和处理。同时，通过开展现场管理活动还可以培养员工良好的工作习惯，提升整体素质，形成优良的企业文化。

6S管理包括整理、整顿、清扫、清洁、安全、素养六个活动阶段。在创新活动中可以用到的创新方法和工具主要有：流程分析图，设施规划与布置，看板管理法，5Why法，目视管理法等。

B公司在推动现场6S管理过程中，制定了详细的工作阶段和工作计划，在6S管理导入阶段，公司成立了以主要领导为核心的工作推动委员会，并逐级建立工作组织，保证工作落实；聘请专业人员开展不同层次的进行6S管理体系的工作宣讲，从理念上解决企业为什么要开展6S管理、6S管理能够为企业和员工带来什么好处、6S管理在提升企业综合竞争力中的作用等疑惑。扫清6S只是做卫生，是形象工程，只有投入没有产出等认识障碍。

在样板示范阶段，推动委员会注意选取工作基础较好、员工素质较高的部门作为B公司6S管理样板示范点。通过样板的示范，为下一阶段工作的全面推开奠定基础。在这一阶段，全公司其他部门都成立了以基层管理人员和作业骨干为主的6S推动小组，这些小组也会以各种形式参与到样板示范点的6S工作中。通过实操和观摩交流，掌握6S管理推动的方法和技巧，发现存在的问题，研讨和设计解决方案，达到"建设队伍、培养骨干、掌握方法、提高能力"的目的。

在全面推行阶段，B公司特别注意进行定期的讲评和经验交流，每周进行6S工作推进情况汇报活动。公司高管、专家、各部门6S管理负责人和骨干参加会议，汇报6S的进展情况，取得的成果、存在的问题、工作中的心得、遇到的阻碍、希望得到的帮助等。通过点评和交流，把好的做法进行横向展开，失误的地方作为其他部门的借鉴。通过各种形式的交流，有效地提高了实施效率和工作进度。

此外，阶段性的评比表彰活动也是现场6S管理活动开展的重要保障措施。B公司根据细化6S管理法的项目内容，以项目为导向积极推进6S管理，制定了6S详细的推进计划与考核指标。通过奖惩制度，达到奖勤罚懒的目的。

通过开展6S活动，规范和强化了员工的行为，使得员工养成了良好的工作习惯，提升了员工素养。例如，通过宣传、培训、奖惩制度让员工养成"指差确认"（"指差确认"是指在工厂各物流交通路口需要先做前、左、右三个方向的手势确保自己查看周围路况，并告知周围人要通过物流交通路口，从而减少交通事故）的习惯；物品实现"三定"（定容、定量、定置），先教方法，后制定奖惩措施并长期点检；针对突出的 6S 问题形成专题进行攻关，如 2007 年下半年开展的"焊渣治理"课题。

（8）人才育成

人才育成涵盖一般员工、班组长及后备、核心技术工种三大部分。包括设计组织架构和合理的薪酬以及激励措施，进行员工、核心技术工种、多能工的培训和后备管理人才的储备，鼓励自主改善，关注员工成长，如图 8-49 所示。

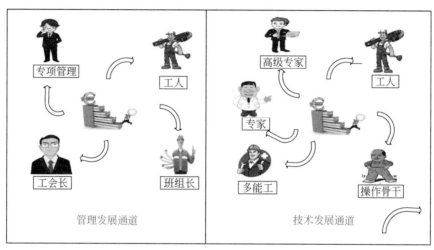

图 8-49　人才发展双通道体系

人力资源部与综合管理部共同制定公司的组织结构与薪酬体系，确保该体系能够鼓励员工改善，在改善中提高员工能力，帮助员工成长，在改善中培养核心工种技术工人，储备后备管理人才。具体来说，要构建技术和管理两个方面的人才发展双通道体系，让每个人都有自己合适的发展道路；在车间内建设各工种培训道场，方便员工培训，并正在筹划建设公司培训基地。

在具体措施方面，构建了工人培训方案、多能工培训方案、核心工种培训与考核方案，以及二级经理培养模型，具体如下：

1）工人培训方案。工人培训分为新员工上岗培训和老员工培训两部分。新员工上岗培训按"安全教育→通用理论培训→基本技能培训→岗位技能培训→岗位考核验证"等步骤组织开展，每一步骤均有考试和评价，合格后才能进入后一步骤的培训。

老员工培训由公司各领域的人员根据各自的人员需求、技能提升需求制订培训计划，人力资源部对培训计划进行审核后组织开展，考核通过笔试和实际操作的方式开展。老员工培训分为新工艺培训、新产品培训两部分，新工艺培训是指岗位或生产工艺发生变化后带来的岗位操作内容的变化需要开展的培训，新产品培训是指新车型带来的新的操作内容的培训，培训方法与新员工培训的"岗位技能培训"相同。

所有培训根据培训项目不同，制定一定量份的在线工作测试（1000 台、2000 台不等），只有通过在生产线上工作的检验才能够算通过。

2）多能工培训。多能工是指具备本岗位以外其他岗位操作技能的员工。以总装为例，在胜任本岗位工作以后，先学习同工位的工作，继而扩大到小组内（如内饰一组，内饰二组），进而扩大到内饰组所有岗位，最后扩大到总装所有岗位。开展多能工培养能够加强品质控制、应对人员流动、方便抽调人员支持新员工培训、提高生产线柔性。多能工培训主要以岗位作业文件为培训依据，通过学习作业文件、开展岗位操作学习和训练逐步培训，最终达到上岗的技能标准。培训多为师带徒方式，由原岗位人员或班组长对学习人员进行培训和作业指导及监控。

3）核心工种培训与考核。核心工种是指培养周期在一年以上，操作内容复杂，需要一定的专业知识、经验及技能积累的工种，也就是复杂技术工种。

核心技术工种的培训分为理论知识培训和技能积累培训两部分，针对现有新员工，主要通过校企联合培养的方式开展，即由公司和高校联合组建联合培养班，共同制定培养计划，由学校和公司共同开展专业知识教授；同时，学生有计划地进入工厂开展实际岗位的培训，理论与实际相结合使学生技能得到综合提升。

4）二级经理的培养模型。第一阶段，对员工进行资格初选、素质测评，然后进行考察，确定为后备人选。第二阶段，对后备人选实施管理技能平台培训，实施个人培训计划，要求他们参与项目，在项目中培养能力，然后进行岗位轮换或承担更重要的工作，在这个过程中人力资源部会跟踪识别个人培训计划和发展计划。第三阶段，在实施个人培训计划和发展计划之后任命为二级经理，如图8-50所示。

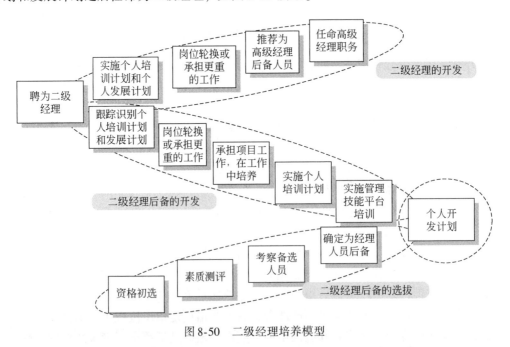

图8-50　二级经理培养模型

(9)　班组管理

企业的所有生产活动都在班组中进行，所以班组工作的好坏直接关系着企业经营的成败。班组是企业最小的组织机构，是将各种管理指令变成产品实物的转换机构。企业各个职能部门的工作最后都要在班组进行聚集、协调整合与落实。只有班组充满了勃勃生机，企业才会有旺盛的活力，才能在激烈的市场竞争中长久地立于不败之地。班组管理涉及以下几个方面的管理内容，包括班组生产管理、班组质量管理、班组物料管理、班组设备与工具管理、班组技术与工艺管理、班组人员管理、班组成本管理、班组现场 6S 管理等。

由此可见，企业各项指标的完成情况都依赖于班组层面的作业指标和水平。做好班组工作的管理，关系到企业总体目标的实现，所以 B 公司把班组建设与管理作为企业最重要的工作之一，也作为 B 模式的支柱之一。

B 公司深刻地认识到生产现场的"人、机、料、法、环"等生产要素的使用效率是决定企业成本和竞争力的关键，而职能部门由于自身条件所限，无法对多层次、多种类的生产要素进行精细化管理。一线生产工人是对现场各要素使用情况最为了解的人，只要把方法和技术传授给他们，提出相关要求，发挥他们的主观能动性，他们就能在各个作业单元有效地控制生产要素的投入产出率，进而提高生产效率，降低企业运营成本。

与传统企业各个职能部门发出工作指令，生产工人只需按指令作业，完成生产任务不同，B 公司生产班组在生产现场除了要完成生产任务外，还要完成生产、质量、成本、设备、工艺等的管理性工作，这些工作是各个职能部门工作指令的细化和定量化。

B 公司针对企业实际情况，采取在工段中划小生产单元，在单元中设立班长，负责生产单元的整体管理工作，运用创新方法中看板管理法、PDCA 循环法、控制图等方法工具对班组运行状况进行分析改进。同时，成立 QC 小组，让班组的所有员工都分担一些管理职责，参与到班组管理与工作改善中。定期开展 QC 成果发表会，把好的建议和方案落到实处，一方面能够充分发挥全体员工的工作热情和积极性，另一方面也能有效地解决日常管理无法覆盖之处的精益化管理。

B 公司特别注重开展多种形式和多层次的班组培训和实训，对各层次员工规定了每年至少要参加完成的培训课时。采用外聘和内部选拔授课教师的方法给员工讲授生产管理、作业改善、品质管理、设备保全等方面的专业知识和技能，培养员工自主管理、自我改善的能力。

通过定期的轮岗机制使员工了解上、下游工序的工作需求和工作标准，使工作的目的更明确；通过轮岗，使员工的工作经常充满新鲜感，不断提升工作的挑战性；通过轮岗成为多能工，逐步熟悉生产单元、工段、甚至全公司的工作岗位，成为精通现场状况的管理者和技术专家。

B 公司在班组管理上还特别注重班前会和班后总结，在班前利用十分钟的时间由班组长向员工布置当班的生产任务和注意事项，强调工作重点和人员工作安排；班后总结通过班组长展示当班生产、质量、成本、安全等方面的完成指标，运用看板、作业指导书、进度完成表等方法工具讲评各岗位工作实绩。完成指标优秀者讲述工作心得和操作方法。通过设立奖励办法，鼓励和激励员工不断改善岗位工作，提高精细化水平。

（10）全员改善

全员改善是全体员工共同参与，积极主动地提出任何有利于改善企业经营状况、提高产品质量和经济效益的改善活动。任何消除浪费的活动都是改善。

B 公司长期坚持改善提案活动，逐步培养了员工的问题意识和改善意识，提高了员工发现问题和解决问题的能力，引导员工从细微之处着眼消除各种浪费。通过全员改善活动，降低了产品成本、提高了生产运营效率，让全体员工都来关注企业的发展，积极主动地发现身边的问题并加以解决，从而造就了一支自主、积极进取的员工队伍，塑造积极向上的 B 公司企业文化。

全员改善活动的推进，可以达到消除浪费、降低成本的目的，进而提高公司的利润。

为了让员工更好地认识和发现浪费的存在，B 公司提出了各种浪费产生的领域和项目，以利于指导员工开展改善活动。这些浪费包括：生产过剩；库存；运输/搬运；过程内部/加工；废品/修复不良；位移/走动路径；等待时间/停台；污染源；清扫困难源；故障源；浪费源；缺陷源和危险源。

在全员改善活动的开展上，B 公司提出了以合理化建议、自主改善、QC 小组活动为主要内容的工作方法。

1）合理化建议。指改进和完善企业生产技术、产品质量、经营管理、业务流程等方面的方法、措施，也就是员工积极为公司的发展献计献策，为不断提升公司的经营管理出点子。

2）自主改善。对现场反馈和查找出来的问题，自己动手或组织他人进行改善。

3）QC 小组活动。由同一个工作场所的人员（6 人左右）为了解决工作问题，突破工作绩效自动、自发地组成一个小团队然后分工合作，应用品管的简易统计手法当工具，进行分析解决工作场所的障碍问题，以达到业绩改善的目的。

在全员改善的方法和工具上，B 公司提出了 PDCA 循环、QC 七种工具、5Why 法、5W2H 法、流程分析法、设施规划法、生产线平衡计算法等创新方法工具，通过教育培训传授给员工，让他们掌握改善的武器。

截止到 2009 年上半年，B 公司已经成立 113 个 QC 小组，对突出的问题进行攻关改善（截止到 2009 年已经完成课题 52 个），提供合理化建议并自主改善。公司定期举办 QC 发布会，向所有员工展示 QC 成果，同时对优秀 QC 小组进行奖励，激励日后更好地开展 QC 活动。

8.2.4 "B 模式" 生产改善模块的核心策略

8.2.4.1 价值识别与流程设计优化

精益生产最基本的一条就是消灭浪费，而在公司的生产经营活动中，要消灭浪费，就必须判别公司生产中的两个基本构成：增值活动和非增值活动。统计研究发现，公司生产活动中，增值活动约占公司生产和经营活动的 5%，必要但非增值活动约占 60%，其余 35% 为浪费。在精益生产的技术方法中，价值流图分析是识别增值活动与非增值活动、开展价值流改进、消除浪费、降低成本的重要方法。

价值流是制造产品所需一切活动的总和，包括了增值活动和非增值活动。活动范围可以包括：从原材料到成品的生产流程、从概念到正式发布的产品设计流程、从订单到付款的业务流程。使用价值流图分析意味着对全过程进行研究，而不只是研究单个过程；改进全过程，而不是仅仅优化局部。

价值流图是用于价值流分析的重要工具，用以绘制和设计全局物流和信息流。价值流图是以产品族为单位，用图形表示出各种活动，从用户到供应商跟踪产品的生产路径，在物流和信息流中仔细画出每一过程的代表图形。图 8-51 为价值流图示意图。

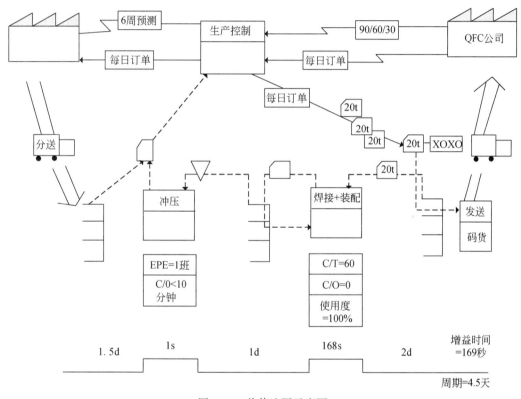

图 8-51　价值流图示意图

使用价值流图分析有以下好处：

1）目视化工具。反映某一产品系列，使全部生产过程中的物料和信息可视化。

2）信息沟通方式。用价值流图可反映各项作业怎样与生产控制中心沟通信息；各项作业怎样直接沟通信息。

3）有利于发现存在的问题。应用价值流图分析生产全过程，可以针对公司内部的活动进行分析和改善，也可以针对公司外部，即从供应商出货起到顾客收货为止的整个价值流的分析和改善。通过价值流图分析，有助于观察和理解产品的物料流动和信息流动，识别非增值活动，从而确定需要改善的活动。

4）创建一个改善的价值流。价值流图的绘制与分析是进行精益化实施计划的基础。

通过价值流图，可以使公司的管理层、工程技术部门、生产部门、上游供应商、下游顾客认识和识别浪费。通过对价值流现状图的描绘，可以构建新的优化价值流图。

8.2.4.2 业务流程再造与流程效率

业务流程再造就是重新设计和安排公司的整个生产、服务和经营过程，使之合理化。通过对公司原来生产经营过程的各个方面、每个环节进行全面的调查研究和细致分析，对其中不合理、不必要的环节进行彻底的变革。200 年来，人们一直遵循亚当·斯密的劳动分工思想来建立和管理公司，即把工作分解为最简单和最基本的步骤从而提高工作效率；而精益生产倡导无间断的流程，即把工作任务重新组合到首尾一贯的工作流程中去，由职能型组织转变为流程型组织。基于这种思想的转变，公司必须对业务流程进行重新思考，由"我们就是这样做的"思想转变为"为什么要这样做"，并对流程进行改进。

业务流程再造的主要方法有以下几个：

1）合并相关工作或工作组。如果一项工作被分成几个部分，而每一部分再细分，分别由不同的人来完成，那么每一个人都会出现责任心不强、效率低下等现象。而且，一旦某一环节出现问题，不但不易于查明原因，更不利于整体的工作进展。在这种情况下，公司可以把相关工作合并或整项工作都由一个人来完成，这样，既提高了效率，又使工人有工作成就感。

如果合并后的工作仍需几个人共同担当或工作比较复杂，则成立团队，由团队成员共同负责一项从头到尾的工作，还可以建立数据库或信息交换中心来对工作进行指导。在这种工作流程中，大家一起拥有信息，一起出主意想办法，能够更快更好地做出正确判断。

2）工作流程的各个步骤按其自然顺序进行。在传统的组织中，工作在细分化的组织单位间流动，一步未完成，下一步无法开始，这种直线化的工作流程使得工作时间大为加长。如果按照工作本身的自然顺序，是可以同时进行或交叉进行的。这种非直线化工作方式可大大加快工作速度。

3）根据同一业务在不同工作中的地位设置不同工作方式。传统的做法是，对某一业务按同一种工作方式处理，因此要对这项业务设计出在最困难最复杂中的工作中所运用的处理方法，把这种工作方法运用到所有适用于这一业务的工作过程中。这样做，存在着很大的浪费，因此，可以根据不同的工作设置出对这一业务的若干处理方式，这样就可以大大提高效率，也使工作变得简捷。

4）模糊组织界线。在传统的组织中，工作完全按部门划分。为使各部门工作不发生摩擦，又必须增加许多协调工作。业务流程再造可以使严格划分的组织界线模糊甚至超越组织界线。根据超级市场信息网传送的销售和库存情况，决定什么时候生产多少、送货多少，避免了很多协调工作。

8.2.4.3 物流系统设计与改善

作为生产制造公司的核心，物流系统的效率决定了生产系统的效率，对于 B 公司而言，随着产能的迅速增长和车型数量的增加，物流方式不断改进，物流方法不断创新，从而使物流配送成为了产能提升的基石。

2003 年以前,B 公司产品类型单一,产能较低,因此配送方式采取大众模式,即将零部件原包装上线,直接配送到生产线,批量存货,减少供应商到生产线之间的作业环节。在低产量、少品种的情况下使用以上配送方式能够满足生产要求。但在 2003 年引进新产品之后,为实现混流生产,开始学习新的配送方式,以 20 辆为一个批量的配送模式,减少库房到现场的批量。但在外部采购方式上,仍然是以仓储配送的方式满足生产计划需求,这种方式既积压资金,也存在质量隐患。经过 2008 年生产物流部物流科的专项项目,B 公司一工厂的物流系统得到巨大突破,实现了小仓储面积,准时化物流配送。在新的物流系统中,创新的方法与技术是重要的支撑,图 8-52 为 B 公司所采用的主要物流技术和物流方式。

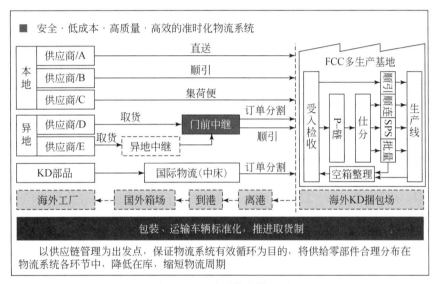

图 8-52　B 公司物流模型图

(1) 厂外物流

在厂外物流中,B 公司主要采用以下方法来满足生产需求,减少供应商压力,缩短供货周期,减小运输仓储成本:

1) 供应商直送。对于一些标准件、小零部件等,通过标准包装,由供应商按期直接配送至生产线,由于这部分零部件价值低,数量多,采用这种配送方式可以大大减少管理难度。

2) 顺引。将未来一定时间内的实际生产计划发给供应商,供应商按照这个生产计划配送相应量份的零部件,然后在指定的时间内配送到生产线,实现生产线与供应商的动态信息分享,减少了中间的仓储,实现准时化配送。

3) 集荷便。对于外地或远途供应商来说,若单纯减少供货批量,则会大大增加物流运输成本。因此根据若干家供应商的地理位置分布,选择合适的地方建立集货区,供应商按照经济合理的批量发货至集货区,在集货区重新配货装载,按照生产计划需求发货至生产线,从而实现高积载率,低运输成本。

4）取货制。对本地关键零部件供应商，由于小批量供货运输成本高，则采用需求方取货制，当生产线上出现需求时，由 B 公司派出车辆至各个供应商处取小批量货物，一次发车途经多个供应商，将多个零部件一并取回，实现高积载率，高动态性，准时准确，拉动式供货。

5）中继物流。中继物流与集荷便类似，主要针对异地供应商，用以缩短物流提前期，提高异常应对能力，同时也可以使分路径物流汇合，提高积载率。

6）订单分割。将一天内的物料需求进行分割，分解成四个小时甚至是一个小时所需要的量份，实现小批量多频次供货，减少仓储过程，实现准时化供货。

（2）厂内物流

在厂内物流中，B 公司主要采用以下方法满足生产线需求，实现准时化配送，减少生产线侧的仓储面积和作业人员的移动距离，实现物流作业与操作作业分离，提高现场作业人员的效率和质量：

1）SPS。将预知车辆的一辆份零件配置到相应的器具内，并在物流周期内搬运到生产线指定的地点，与预知车辆同步向操作者提供装配所用零件。减少了作业人员对零部件的识别与选择，提高作业人员的熟练程度，防止错漏装，并且大大减少了线侧存放区面积。

2）顺建。指工厂将零部件纳入之后，按照生产线生产车型顺序重新摆放零部件，或者在相关工程的副线上进行初加工的零部件，按照顺序供给到主线上。其目的在于提高装配操作者的作业节拍，减少行走距离、减轻劳动负荷，减少识别零部件环节，降低线侧库存，减少存储面积和存储成本、减少错装风险。采用顺建方式供应的零部件主要是体积大、重量大、种类或颜色类型多，供应商或中转仓库离工厂远，或者同一种零部件多家供货。

3）批量供给。对体积小、价值较低的零部件，采用批量供给的方式配送到生产线，减少物流人员与物流设备的投入，增加线侧库存，提高异常应对能力。

4）标准件超市。对一些标准零部件，在生产线周围设立标准件超市。当生产线停止员工休息时，有需要的工序到标准件超市领取相应的零部件进行补充，减少了物流配送环节，降低了物流管理难度。

5）工程内看板。通过看板发出下工序对上工序以及辅助零部件的需求，由物流配送人员根据看板及时配送货物，实现拉动式生产。通过看板数量的调整，可以保持一定的线侧库存，提高异常应对能力。

8.2.4.4 工艺改进与流程优化

对生产线工艺进行改进和优化是最大的改善，可以从源头减少浪费，降低成本，提高效率。而进行工艺改进的方法就是对生产线做程序分析，以发现整体流程的不足。程序分析是依照工作流程，从第一个工作地到最后一个工作地，全面地分析有无多余、重复、不合理的作业，程序是否合理，搬运是否过多，延迟等待是否太长等问题，通过对整个工作过程的逐步分析，改进现行的作业方法与空间布置，提高生产效率。也可以说，程序分析是通过调查分析现行工作流程，改进流程中不经济、不均衡、不合理的现象，提高工作效率的一种研究方法。

程序分析是针对整个生产过程的宏观分析，并不针对某个生产岗位、生产环节，而是以整个生产系统为分析对象。

程序分析的工作流程一般由五种基本活动组成，即加工、检查、搬运、等待和储存。通过将工作流程内容分解成这五个部分，分别进行分析。

1）操作分析。操作分析主要考虑是否可以采用一些先进的技术措施、先进的管理方法和手段，使产品加工工艺进一步优化，达到缩短加工次数、减少加工时间、提高生产效率的目的。

2）搬运分析。搬运不会带来价值的增加，只会消耗时间、人力、物力和财力。因此对搬运问题的分析，应重点放在分析物品的重量、形状、材质、距离、时间、频数等上，合理地安排设施布局，尽量使设施按直线、直角、U 型、环型、扇形、山型、S 型或者混合型布置，以减少物流过程中的交叉、往返、对流等现象，达到缩短运输距离，提高运输速度的目的。

3）检验分析。检验分析应重点考虑采用合适的检验方法、检验工具和检验手段。尽量考虑与加工等合并，减少检验次数，缩短检验时间，提高检验效率。

4）等待分析。等待不会增加任何附加价值，只会增加成本，延长生产周期，占用空间，造成资金积压。因此，应将等待降到最低限度，在分析时重点分析引起等待的原因，尽量消除等待现象。

5）储存分析。在精益生产的理念中，库存被认为是万恶之源。对储存的分析，应重点放在对仓库的管理策略、管理方法、订购批量、订购间隔期、物资供应计划等方面，保证能及时地将所需要的物资在需要的时候被送到所需要的地点，达到既能保证生产连续进行，又使库存最小的目的。

程序分析按照研究对象的不同，可以分为：工艺程序分析、流程程序分析、线路图分析以及管理事务分析。所采用的方法主要有：动作经济原则，ECRSI［取消（eliminate），合并（combine），调整顺序（rearrange），简化（simplify），改善（improvement）］五大改进原则，五个方面分析，5W1H 提问技术。在 B 公司第二发动机厂，工业工程人员大量采用这些方法对工作程序进行分析，做出改进，从而减少大量的多余工序和浪费。

工艺改进是一项系统工程。B 公司在 2008 年开始实施的工厂改造，首先是在工艺优化原则基础上，通过调整工序数量，重新进行设施布局调整，将生产节拍从 101 秒降至 65 秒，日产能从 512 台增至 800 台，效果极其显著。

8.2.4.5 生产计划与优化排程

生产计划是根据需求和公司生产能力的限制，对一个生产系统的产出产品种类、产出时间、产出速度、人力和设备等资源的配置以及库存等问题预先进行的考虑和安排。一方面，它根据市场需求和销售计划制定；另一方面，它又是制定物料供应计划、设备管理计划和生产作业控制的重要依据。生产计划的主要内容有：调查和预测市场对产品的需求，核定公司的生产能力，确定目标，制定策略，选择计划方法，正确制订生产计划、库存计划、生产进度计划和计划工作程序以及计划的实施与控制工作。

生产计划的制定要根据市场需求，提出公司的长远发展目标，进行产品决策、生产能力决策，以及确立何种竞争优势的决策，之后制定总生产计划、主生产计划、物料需求计划，然后根据主生产计划制定短期生产作业计划，即进行生产排程，将简单的主生产计划分解为复杂、具体的生产作业过程，并进行优化计算，提高工厂生产效率。

生产计划的制定与生产排程始于市场需求订单以及销售部门的预测，根据需求制定产能计划。为保证生产系统的稳定性，B公司采用平准化生产策略，将年度需求逐级分解至每个月、每个工作日，使每个工作日的产量大致维持在一个相近的水平，减少生产波动，减少员工和设备的负荷，提高质量控制过程的稳定性。在确定年度产能计划之后，B公司根据市场订单，修改车型比例，制定具体的生产计划，提前三个月锁定生产数量和车型品种计划，然后再根据工艺限制与销售需求，分别按照颜色和车型分组，制定单日混流生产计划，并通过生产控制系统进行微调。通过对生产工艺与生产能力的分析，以及综合考虑市场销售需求，B公司制定的生产计划能够保证完全满足市场需求，最大限度利用生产能力，并且使整个生产过程平稳、柔性生产。

B企业所建立的平准化生产制度，在生产计划方面按照均衡排产方法实现了年、季、月、周、日生产的总体均衡、品种均衡和数量均衡。总体均衡是在销售预测基础上实施滚动均衡计划，将每个月的生产总量中各种车型间的数量关系予以确认，月与月之间的产量波动在较小的范围内，减少对生产系统的冲击。数量均衡是根据月产量目标，将月生产计划均匀分配到周、日计划，使得每天的产量之间基本均衡，从而减少零部件供应和生产节奏的波动。品种均衡是指每天确定的产量中，各种车型以最小的匹配关系循环投入生产，确保各种产品均能以需求的速度产出，从而更好地满足客户的动态需求。

8.2.4.6 标准作业制定与改善

标准作业是为了实现以低廉的成本生产出优质产品的一个作业基准，是以人的动作为中心、以没有浪费的操作顺序有效地进行生产的作业方法。标准作业是由循环时间（节拍）、标准作业顺序、标准在制品三大要素组成。通过推行标准作业，可以提高作业效率，进行作业优化，提高劳动生产率，迅速地学习掌握别人积累的知识和技术，避免因人员流动带来的不稳定，提高质量过程控制能力。

标准作业的制定方法和步骤如下：

1）确定节拍时间；

2）用节拍时间确定工序内作业内容；

3）测定各个单位作业的完成时间；

4）制作要素作业山积表；

5）平衡工序内的作业内容；

6）编制标准作业组合表；

7）编制标准作业卡；

8）编制标准作业要领书。

通过制定标准作业，培训员工以最佳的作业方式进行操作。同时，如果员工在日常的作业过程中对操作顺序或者工装设备做出改善，则应该修改标准作业，重新编制标准作业要领书，对员工进行新的培训，从而保证通过标准作业不断地吸收员工的智慧，不断地进行改善。

在 B 公司的标准作业管理中，有三个指标是最为重要的，分别是编制率、符合率、执行率。只有将每一个作业操作标准化，才能有衡量员工工作好坏的标准，有保障产品质量的稳定操作，有不断进行改善的基础。

8.2.4.7　现场管理

现场是公司为顾客制造产品或提供服务的地方，是整个制造业的中心。企业实施的现场管理是通过运用制造创新方法链中的创新方法，对现场中的生产要素和管理目标要素进行设计和综合治理，达到全方位的配置优化，创造一个整洁有序、环境优美的场所，使现场中最具活力的人心情舒畅，操作得心应手，达到提高生产效率、提高产品质量、降低成本、增加经济效益的目的。

现场管理的创新方法主要有目视管理、6S 管理、定置管理、工厂设计、工作地布置、人机工程等。物流方面所采用的方法是目视管理，而生产线则采用 6S 管理。

（1）目视管理

目视管理是以公开化和视觉显示为特征的管理方式，它利用形象直观、色彩相宜的各种视觉感知信息使管理者的要求和意图让大家都看得见，以达到员工的自主管理、自我控制及提高劳动生产率的一种管理方式。在 B 公司，经过产能提升、物流系统改进，目前在分厂内的物流路径复杂，物流量大，人员设备众多，物料种类繁多，管理难度非常大。因此，在物流管理中采用目视管理的方法能够极大地减少管理人员，降低管理难度，通过视觉信息使每个物流人员都能够进行自我管理，根据一目了然的视觉信息判断管理状态。

主要做法包括：在分厂一和分厂二作整个物流过程的标识，包括区域标识、货架标识，零件在货架上的位置、货位标识、定置摆放的标识等。在分厂一进行物流路径指示标识、配货指示（操作者只需识别标识，不需认知物品）、操作指示（根据时间把握进程）、出货指示灯（控制住生产线上投货的节拍）。在分厂都使用了红绿灯安东系统、电子看板系统、纸质看板、生产贴纸、人员服装标识等。

（2）6S 管理

6S 管理是指通过开展以整理、整顿、清扫、清洁、素养和安全为内容的活动，对生产现场中的生产要素进行有效管理，打造洁净的工作场所和安全的作业环境。6S 对于塑造公司的形象、降低成本、准时交货、安全生产、高度标准化、创造令人心旷神怡的工作场所、改善现场发挥着巨大作用。

要达到这样的状态，一是要经常进行整理、整顿、清扫以保持清洁的状态；二是要建立良好的规章制度和行为守则，对员工进行培训，灌输理念，让员工自觉养成良好的习惯。可以看到，在 B 公司，这两方面做得都非常充分，在新员工入职的时候，进行军训和行为规范培训，在生产现场也有大量的标识和展板提醒员工；在生产现场，保洁人员定期与不定期地进行打扫，并且员工也自觉养成了爱卫生的习惯。

8.2.4.8　持续改善

持续改善是一个公司不断保持竞争力的重要保证，是充分利用员工智慧、培养优秀公司文化的重要层面。在 B 公司，全员改善是 B 公司的重要支撑。全员改善就是全体员工共同参与，积极主动地提出任何有利于改善公司经营品质、提高产品质量和经济效益的改善活动。公司长期坚持改善提案活动，可以培养员工们的问题意识和改善意识，提高员工发现问题和解决问题的能力，引导员工从细微之处着眼消除各种浪费，降低成本、提高效率，让全体员工都来关注公司的发展，积极地主动发现身边的问题并加以解决。从而造就自主、积极进取的员工，塑造积极向上的公司文化。"B 模式"中，公司主要通过三个方面实施全员改善：

1）合理化建议。是指改进和完善公司生产技术、产品质量、经营管理、业务流程等方面的方法、措施，也就是员工积极为公司的发展献计献策，为不断提升公司的经营管理出点子。

2）自主改善。对现场反馈和查找出来的问题，自己动手或组织他人进行改善。

3）QC 小组活动。由同一个工作场所的人员（6 人左右）为了解决工作问题，突破工作绩效自动、自发的组成一个小团队然后分工合作，应用品管的简易统计手法当工具，进行分析解决工作场所的障碍问题，以达到业绩改善的目的。

公司建立相应的持续改善提案制度，通过专门的培训，指导员工如何识别生产过程中的七大浪费，如何以 PDCB、质量管理七大工具、ECRSI 分析、5Why 分析等工具做出改善，并修订作业标准，重新培训，将新的方法和新的操作巩固传续下去。这里具体介绍 5Why 分析和 ECRSI 分析方法以说明 B 公司员工是如何在实际工作中进行改善的。

5Why 分析。5Why 分析是一种诊断性技术，被用来识别和说明因果关系链。通过不断提问为什么前一个事件会发生，直到回答"没有好的理由"或直到一个新的故障模式被发现时才停止提问，解释根本原因以防止问题重演。5Why 不是说一定就是 5 个，可能是 1 个，也可能 10 个都没有抓到根源，只是强调通过不断地追问原因从而找到根源。

ECRSI 分析。ECRSI 分析，是工业工程学中程序分析的五大原则，用于对生产工序进行优化，以减少不必要的工序，达到更高的生产效率。ECRSI，即取消（eliminate）、合并（combine）、调整顺序（rearrange）、简化（simplify）、改善（improvement）。

8.2.5　"B 模式"的应用成果

8.2.5.1　产能效率迅速提升

公司通过实施"B 模式"，特别是在生产改善模块推进各种创新方法的集成应用，在短时间内很快实现预期目标。四项改进是：①工艺流程优化，合理增减工序数量，将生产节拍大幅缩短，提高产出速度；②改进生产线和设施、设备布局，节省大量工作面积，并使之符合新工艺要求；③创新物流配送模式，实施四种物流方式组合，提高准时化配送率，减少对生产线的平面和空间占用，加速生产流程；④加强员工培训，实施标准化作业，提高作业效率。

（1）产能建设及工厂改造

相比于建新厂，改造后的分厂产能从 12 万辆一次性提升到 20 万辆，满负荷产能 24 万辆，增产 100%；改造仅投资 2.98 亿元，节省 19.42 亿元，单车投资成本降低 1.49 万元；工厂新增人员 1100 人，节省 2240 人，大幅降低人工成本；改造新增生产面积 27 031m²，节省 162 234m²，单位面积产出率大幅提升；生产车型从原来的 2 种增至 5 种，生产系统的柔性极大提升。

（2）生产速度提升 3 倍

分厂一建成投产后 2 年时间中，B 公司的生产节拍稳定在 192 秒。从 2006 年 11 月 ~ 2009 年 5 月，伴随着分厂一改造和生产产能提升要求，通过四次节拍提升，将生产节拍由 192s 降到 65s，生产节拍降为原来的 1/3，相应地，分厂一生产速度从原来的日产 280 辆提升至现在的 800 辆，达到了国际先进水平。

（3）产量实现跨越式发展

年产量由 2005 年的 5.89 万辆跨越到 2009 年的 19.1 万辆；截至 2009 年底产销累计 82.6 万辆，自主车型超过 40 万辆；2010 年上半年产销已超过 13 万辆，年产量可达 25 万辆；五年内公司年产量实现了从 5 万到 10 万再到 20 万的台阶跳跃。B 公司推出的 B70、B50 车型进入中级轿车市场后，自主品牌产销量猛增，而且占 B 公司总产量的比例稳步提升。

（4）生产效率稳步提高

在生产节拍时间不断缩短的前提下，通过标准作业改善和人才育成项目的持续推进，员工工作效率稳步提升，工时利用率实现重大突破。同时，通过实施 TPM，设备利用率不断提高，设备总有效性（overall equipment effectiveness，OEE）水平稳步攀升，尤其设备可动率水平稳定在较高水平。相应地，年人均产量得到稳步提升，2006 年全员劳动生产效率为 13.96 辆/（人·年），低于行业平均水平的 21 辆/（人·年），远低于最高广州本田 58.3 辆/（人·年）；2009 年 B 公司直接劳动生产率为 63 辆/（人·年），处于国内领先水平，短短的三年即发生翻天覆地的变化。

员工的操作按照标准执行的比例不断上升，为品质保障尤其是可视质量（顾客可以直观感觉到的品质）提供了极大保证。

（5）生产系统柔性国内领先

生产系统柔性是多品种生产的基本前提。目前，B 公司已经实现四种量产车型（分别是 J56、J61、B50 和 B70）的混流生产，由 31 种细分车型产品构成；如果再计算车漆颜色的差异，将会产生 197 组合，如果将内饰的差异包含在内，组合种类会更多；2010 年又增加了 J44 车型，当 J44 车型量产以后，种类会大幅增加。在如此复杂的情况下实现混流生产，系统柔性在行业内已处于领先地位。

8.2.5.2 经济效益与社会效益显著提高

（1）经济效益

2005 ~ 2009 年的 5 年，B 公司销售收入和净利润翻一番，净资产收益率更是从 2005

年的 6.5% 飞跃到 2009 年的 22.9%，每股净利润从 0.21 元飙升到 1.01 元，2009 年利润达到 19 亿元；其他各项经济指标全线快速提升，总体取得了明显的经济效益。

（2）社会效益

1）产品污染物排放量稳步降低，环保能力符合国家相关标准。目前，B 公司制造每辆车的污染物排放量稳步降低，符合绿色制造的理念，减少了对自然环境的破坏。

2）安全生产水平得到优先保障。由于公司严格按照安全生产流程与标准操作，公司至今没有发生较大的员工伤害事故，同时轻伤率维持在较低水平，保障了员工的生命健康安全。

8.2.6 "B 模式"的启示

B 公司根据企业自身的创新需求以及实际情况，创造性地将多种创新方法相集成，提出了适合企业发展的创新方法集成模式——"B 模式"。该模式集成制造创新方法链在产品技术突破、成型优化、生产改善和市场营销四个模块的创新方法，并利用信息化手段实现了制造创新方法链多个模块的集成运用，并已取得较好的经济和社会效益。8.2.4 小节以产品生产改善模块的创新方法对"B 模式"的支撑作用为重点展开论述，而技术突破、成型优化和市场营销模块的创新方法也对"B 模式"起到了良好的支持作用。"B 模式"的成功实施可以给其他企业以下启示。

1）制造创新方法链的六个创新模块中都包含了大量的创新方法群，欲提升企业从产品创意激发、技术突破、成型优化、生产改善到市场营销全过程的系统化创新，需尽可能多地集成多个创新模块的创新方法，这样的叠加效应会更加明显。

2）因为创新方法是用于指导人们创造性活动的规则和策略，对创新方法掌握的程度不同和经验不同，将会影响创新方法的集成应用效果。为了使一般员工都能熟练地应用创新方法链，需要利用现有资源搭建制造创新方法链的应用工具平台。

3）不同企业的内外部条件都是不同的，企业的性质和对创新的需求也是不同的，所以，企业在实施制造创新方法链的时候必须根据自身的特点，选择适合自身企业发展的创新方法集成模式，不能照搬其他企业的集成模式，并需根据自己的实际情况，调整集成的逻辑结构。

8.3 小　结

本章对制造创新方法链的具体应用结合企业案例进行了阐述，从 A 公司和 B 公司应用制造创新方法链的实践我们不难看出，制造创新链的创新方法集成模式是千变万化的，不同集成形式的制造创新方法链具有不同的特点，将解决不同类型的创新问题。所以，企业需要根据自己企业的实际情况，选择适合自身的创新方法进行集成，并利用各种手段将这种集成工具化，从而提高这个集成模式的效率并扩大其应用范围。